독학사

2단계

심리학과

발달심리학

SD에듀
(주)시대고시기획

머리말

학위를 얻는 데 시간과 장소는 더 이상 제약이 되지 않습니다. 대입 전형을 거치지 않아도 '학점은행제'를 통해 학사학위를 취득할 수 있기 때문입니다. 그중 독학학위제도는 고등학교 졸업자이거나 이와 동등 이상의 학력을 가지고 있는 사람들에게 효율적인 학점 인정 및 학사학위 취득의 기회를 줍니다.

학습을 통한 개인의 자아실현 도구이자 자신의 실력을 인정받을 수 있는 스펙으로서의 독학사는 짧은 기간 안에 학사학위를 취득할 수 있는 가장 빠른 지름길로 많은 수험생들의 선택을 받고 있습니다.

독학학위취득시험은 1단계 교양과정 인정시험, 2단계 전공기초과정 인정시험, 3단계 전공심화과정 인정시험, 4단계 학위취득 종합시험의 1~4단계 시험으로 이루어집니다. 4단계까지의 과정을 통과한 자에 한해 학사학위 취득이 가능하고, 이는 대학에서 취득한 학위와 동등한 지위를 갖습니다.

이 책은 독학사 시험에 응시하는 수험생들이 단기간에 효과적인 학습을 할 수 있도록 다음과 같이 구성하였습니다.

01 빨리보는 간단한 키워드
핵심적인 이론만을 꼼꼼하게 정리하여 수록한 '빨리보는 간단한 키워드'로 전반적인 내용을 한눈에 파악할 수 있습니다.
→ '빨리보는 간단한 키워드' 무료 동영상 강의 제공

02 기출복원문제
'기출복원문제'를 수록하여 최근 시험 경향을 파악하고 이에 맞춰 공부할 수 있도록 하였습니다.
→ 기출복원문제 해설 무료 동영상 강의 제공

03 핵심이론
시험에 출제될 수 있는 내용을 '핵심이론'으로 수록하였으며, 이론 안의 '더 알아두기' 등을 통해 내용 이해에 부족함이 없도록 하였습니다. (2022년 시험부터 적용되는 평가영역 반영)

04 실전예상문제
앞서 공부한 이론이 머릿속에 잘 정리되었는지 확인해 볼 수 있도록 해당 출제 영역에 맞는 핵심포인트를 분석하여 '실전예상문제'를 수록하였습니다.

05 최종모의고사
최신 출제 유형을 반영한 '최종모의고사(2회분)'로 자신의 실력을 점검해 볼 수 있으며, 실제 시험에 임하듯이 시간을 재고 풀어 본다면 시험장에서의 실수를 줄일 수 있을 것입니다.

시간 대비 학습의 효율성을 높이기 위해 이론 부분을 최대한 압축하려고 노력하였습니다. 문제들이 실제 기출 유형에 맞지 않아 시험 대비에 만족하지 못하는 수험생들이 많은데, 이 책은 그러한 문제점을 보완하여 수험생들에게 시험에 대한 확신을 주고, 단기간에 고득점을 획득할 수 있도록 노력하였습니다. 끝으로 이 책으로 독학학위취득의 꿈을 이루고자 하는 수험생들이 반드시 합격하기를 바랍니다.

편저자 드림

BDES

독학학위제 소개

독학학위제란?

「독학에 의한 학위취득에 관한 법률」에 의거하여 국가에서 시행하는 시험에 합격한 사람에게 학사학위를 수여하는 제도

- ✓ 고등학교 졸업 이상의 학력을 가진 사람이면 누구나 응시 가능
- ✓ 대학교를 다니지 않아도 스스로 공부해서 학위취득 가능
- ✓ 일과 학습의 병행이 가능하여 시간과 비용 최소화
- ✓ 언제, 어디서나 학습이 가능한 평생학습시대의 자아실현을 위한 제도
- ✓ 학위취득시험은 4개의 과정(교양, 전공기초, 전공심화, 학위취득 종합시험)으로 이루어져 있으며 각 과정별 시험을 모두 거쳐 학위취득 종합시험에 합격하면 학사학위 취득

독학학위제 전공 분야 (11개 전공)

국어 국문학　영어 영문학　심리학　경영학　컴퓨터 공학　간호학

법학　행정학　가정학　유아 교육학　정보 통신학

※ 유아교육학 및 정보통신학 전공 : 3, 4과정만 개설
　(정보통신학의 경우 3과정은 2025년까지, 4과정은 2026년까지만 응시 가능하며, 이후 폐지)
※ 간호학 전공 : 4과정만 개설
※ 중어중문학, 수학, 농학 전공 : 폐지 전공으로 기존에 해당 전공 학적 보유자에 한하여 응시 가능

※ SD에듀는 현재 4개 학과(심리학과, 경영학과, 컴퓨터공학과, 간호학과) 개설 완료
※ 2개 학과(국어국문학과, 영어영문학과) 개설 진행 중

독학학위제 시험안내

과정별 응시자격

단계	과정	응시자격	과정(과목) 시험 면제 요건
1	교양	고등학교 졸업 이상 학력 소지자	• 대학(교)에서 각 학년 수료 및 일정 학점 취득 • 학점은행제 일정 학점 인정 • 국가기술자격법에 따른 자격 취득 • 교육부령에 따른 각종 시험 합격 • 면세시싱기반 비누 등
2	전공기초		
3	전공심화		
4	학위취득	• 1~3과정 합격 및 면제 • 대학에서 동일 전공으로 3년 이상 수료 (3년제의 경우 졸업) 또는 105학점 이상 취득 • 학점은행제 동일 전공 105학점 이상 인정 (전공 28학점 포함) ➔ 22.1.1. 시행 • 외국에서 15년 이상의 학교교육과정 수료	없음(반드시 응시)

응시방법 및 응시료

• 접수방법 : 온라인으로만 가능
• 제출서류 : 응시자격 증빙서류 등 자세한 내용은 홈페이지 참조
• 응시료 : 20,400원

독학학위제 시험 범위

• 시험 과목별 평가영역 범위에서 대학 전공자에게 요구되는 수준으로 출제
• 시험 범위 및 예시문항은 독학학위제 홈페이지(bdes.nile.or.kr) ➔ 학습정보 ➔ 과목별 평가영역에서 확인

문항 수 및 배점

과정	일반 과목			예외 과목		
	객관식	주관식	합계	객관식	주관식	합계
교양, 전공기초 (1~2과정)	40문항×2.5점 =100점	–	40문항 100점	25문항×4점 =100점	–	25문항 100점
전공심화, 학위취득 (3~4과정)	24문항×2.5점 =60점	4문항×10점 =40점	28문항 100점	15문항×4점 =60점	5문항×8점 =40점	20문항 100점

※ 2017년도부터 교양과정 인정시험 및 전공기초과정 인정시험은 객관식 문항으로만 출제

합격 기준

■ 1~3과정(교양, 전공기초, 전공심화) 시험

단계	과정	합격 기준	유의 사항
1	교양	매 과목 60점 이상 득점을 합격으로 하고, 과목 합격 인정(합격 여부만 결정)	5과목 합격
2	전공기초		6과목 이상 합격
3	전공심화		

■ 4과정(학위취득) 시험 : 총점 합격제 또는 과목별 합격제 선택

구분	합격 기준	유의 사항
총점 합격제	• 총점(600점)의 60% 이상 득점(360점) • 과목 낙제 없음	• 6과목 모두 신규 응시 • 기존 합격 과목 불인정
과목별 합격제	• 매 과목 100점 만점으로 하여 전 과목 (교양 2, 전공 4) 60점 이상 득점	• 기존 합격 과목 재응시 불가 • 1과목이라도 60점 미만 득점하면 불합격

시험 일정

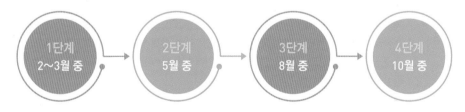

■ 심리학과 2단계 시험 과목 및 시간표

구분(교시별)	시간	시험 과목명
1교시	09:00~10:40(100분)	이상심리학, 감각 및 지각심리학
2교시	11:10~12:50(100분)	사회심리학, 생물심리학
중식 12:50~13:40(50분)		
3교시	14:00~15:40(100분)	발달심리학, 성격심리학
4교시	16:10~17:50(100분)	동기와 정서, 심리통계

※ 시험 일정 및 세부사항은 반드시 독학학위제 홈페이지(bdes.nile.or.kr)를 통해 확인하시기 바랍니다.
※ SD에듀에서 개설되었거나 개설 예정인 과목은 빨간색으로 표시하였습니다.

독학학위제 단계별 학습법

1단계 평가영역에 기반을 둔 이론 공부!

독학학위제에서 발표한 평가영역에 기반을 두어 효율적으로 이론을 공부해야 합니다. 각 장별로 정리된 '핵심이론'을 통해 핵심적인 개념을 파악합니다. 모든 내용을 다 암기하는 것이 아니라, 포괄적으로 이해한 후 핵심내용을 파악하여 이 부분을 확실히 알고 넘어가야 합니다.

2단계 시험 경향 및 문제 유형 파악!

독학사 시험 문제는 지금까지 출제된 유형에서 크게 벗어나지 않는 범위에서 비슷한 유형으로 줄곧 출제되고 있습니다. 본서에 수록된 이론을 충실히 학습한 후 '실전예상문제'를 풀어보면서 문제의 유형과 출제의도를 파악하는 데 집중하도록 합니다. 교재에 수록된 문제는 시험 유형의 가장 핵심적인 부분이 반영된 문항들이므로 실제 시험에서 어떠한 유형이 출제되는지에 대한 감을 잡을 수 있을 것입니다.

3단계 '실전예상문제'를 통한 효과적인 대비!

독학사 시험 문제는 비슷한 유형들이 반복되어 출제되므로, 다양한 문제를 풀어 보는 것이 필수적입니다. 각 단원의 끝에 수록된 '실전예상문제'를 통해 단원별 내용을 제대로 학습하였는지 꼼꼼하게 확인하고, 실력을 점검합니다. 이때 부족한 부분은 따로 체크해 두고, 복습할 때 중점적으로 공부하는 것도 좋은 학습 전략입니다.

4단계 복습을 통한 학습 마무리!

이론 공부를 하면서, 혹은 문제를 풀어 보면서 헷갈리고 이해하기 어려운 부분은 따로 체크해 두는 것이 좋습니다. 중요 개념은 반복학습을 통해 놓치지 않고 확실하게 익히고 넘어가야 합니다. 마무리 단계에서는 '최종모의고사'와 '빨리보는 간단한 키워드'를 통해 핵심개념을 다시 한 번 더 정리하고 마무리할 수 있도록 합니다.

COMMENT

합격수기

SD
에듀

> 저는 학사편입 제도를 이용하기 위해 2~4단계를 순차로 응시했고 한 번에 합격했습니다.
> 아슬아슬한 점수라서 부끄럽지만 독학사는 자료가 부족해서 부족하나마 후기를 쓰는 것이 도움이 될까 하여
> 제 합격전략을 정리하여 알려드립니다.

#1. 교재와 전공서적을 가까이에!

학사학위 취득은 본래 4년을 기본으로 합니다. 독학사는 이를 1년으로 단축하는 것을 목표로 하는 시험이라 실제 시험도 변별력을 높이는 몇 문제를 제외한다면 기본이 되는 중요한 이론 위주로 출제됩니다. SD에듀의 독학사 시리즈 역시 이에 맞추어 중요한 내용이 일목요연하게 압축·정리되어 있습니다. 빠르게 훑어보기 좋지만 내가 목표로 한 전공에 대해 자세히 알고 싶다면 전공서적과 함께 공부하는 것이 좋습니다. 교재와 전공서적을 함께 보면서 교재에 전공서적 내용을 정리하여 단권화하면 시험이 임박했을 때 교재 한 권으로도 자신 있게 시험을 치를 수 있습니다.

#2. 시간확인은 필수!

쉬운 문제는 금방 넘어가지만 지문이 길거나 어렵고 헷갈리는 문제도 있고, OMR 카드에 마킹까지 해야 하니 실제로 주어진 시간은 더 짧습니다. 1번에 어려운 문제가 있다고 해서 시간을 많이 허비하면 쉽게 풀 수 있는 마지막 문제들을 놓칠 수 있습니다. 문제 푸는 속도도 느려지니 집중력도 떨어집니다. 그래서 어차피 배점은 같으니 아는 문제를 최대한 많이 맞히는 것을 목표로 했습니다.
① 어려운 문제는 빠르게 넘기면서 문제를 끝까지 다 풀고 ② 확실한 답부터 우선 마킹한 후 ③ 다시 시험지로 돌아가 건너뛴 문제들을 다시 풀었습니다. 확실히 시간을 재고 문제를 많이 풀어 봐야 실전에 도움이 되는 것 같습니다.

#3. 문제풀이의 반복!

여느 시험과 마찬가지로 문제는 많이 풀어 볼수록 좋습니다. 이론을 공부한 후 실전예상문제를 풀다 보니 부족한 부분이 어딘지 확인할 수 있었고, 공부한 이론이 시험에 어떤 식으로 출제될지 예상할 수 있었습니다. 그렇게 부족한 부분을 보충해가며 문제 유형을 파악하면 이론을 복습할 때도 어떤 부분을 중점적으로 암기해야 할지 알 수 있습니다. 이론 공부가 어느 정도 마무리되었을 때 시계를 준비하고 최종모의고사를 풀었습니다. 실제 시험시간을 생각하면서 예행연습을 하니 시험 당일에는 덜 긴장할 수 있었습니다.

> 학위취득을 위해 오늘도 열심히 학습하시는 동지 여러분에게도 합격의 영광이 있으시길 기원하면서 이만 줄입니다.

이 책의 구성과 특징

기출복원문제

▶ 온라인(www.sdedu.co.kr)을 통해 기출문제
무료 동영상 강의를 만나 보세요.

※ 본 문제는 다년간 독학사 심리학과 2단계 시행에서 출제된 기출문제를 복원한 것입니다. 문제의 난이도와 수험경향 파악용으로 사용하시길
권고도립니다. 본 기출복원문제에 대한 무단복제 및 전재를 금하며 저작권은 SD에듀에 있음을 알려드립니다.

01 발달의 연구방법 중 구조화된 면접법에 대한 설명으로 옳지 않은
것은?
① 비숙련 직무분석가도 활용할 수 있다.
② 일관성과 신뢰성이 있다.
③ 심층적인 정보를 얻을 수 있다.
④ 면접 결과에 대한 비교가 쉽다.

01 구조화된 면접법이란 면접을 위한 질
문, 내용, 순서 등이 사전에 구체적으
로 계획된 대로 진행되는 방법이다.
구조화된 면접법에서는 구조화된 질
문지 내용으로만 질문하기 때문에 심
층적인 정보를 얻기는 어렵다.

02 다음과 같은 연구설계방법의 장점으로 옳은 것은?

청소년기의 가족 간 유대관계를 조사하기 위해 중학교 입학
부터 졸업까지 3년 동안 매년 동일 대상을 상대로 추적조사를
하였다.

① 횡단적 연구설계는 연령에 따른 개인의 변화를 알 수 있다.
② 횡단적 연구설계는 한 개인 혹은 집단의 시간에 따른 발달 변
화를 알 수 있다.

02 횡단적 연구설계는 개인의 차이가
불분명하여 연령에 따른 개인의 변
화를 알기 어려우나, 비교적 쉽고 빠
르게 조사할 수 있어 시간과 비용 면
에서 경제적이다. 종단적 연구설계
는 한 개인 혹은 집단의 시간에 따른
발달 변화를 살펴보므로 변화양식을
추적할 수 있다.

01 기출복원문제

'기출복원문제'를 풀어 보면서 독학사
심리학과 2단계 시험의 기출 유형과 경
향을 파악해 보세요.

제 1 장 | **발달심리학의 기초**

제1절 발달과 발달심리학

1 발달

(1) 개념
① 신체적·심리적·사회 정서적 요인의 상호작용에 따라 출생부터 사망에 이르기까지 전생애 걸쳐 나
타난다.
② 체계적이고 연속적이며 변화에는 어떤 순서와 패턴이 있으며 비교적 지속적이다.
③ 의모, 생각, 행동 등과는 구별되고 제외되며, 일시적 기분변화나 약물, 피로에 의해 잠시 나타나는
변화는 제외된다.
④ 양적 증대와 기능이 유능해지고 원숙해지는 상승적 시기가 있고 기능이 약화되는 퇴행적 시기도 있다.

(2) 원리
① 분화와 통합의 과정 : 발달은 분화와 통합의 과정으로 진행된다.
② 개인차의 존재 : 발달에는 개인차가 존재하므로 발달의 속도나 진행 정도가 동일하지 않다.
③ 결정적 시기의 존재 : 신체발달 및 심리발달에는 발달이 가장 용이하게 이루어지는 가장 적절한 시
기가 있다.
④ 유전 및 환경과의 상호작용 : 발달은 유전적 요인뿐만 아니라 외부로부터 받은 환경과의 상호작용으
로 진행된다. 즉, 성숙과 학습에 의존한다.
⑤ 연속성 : 발달은 전 생애 동안 계속된다. 그러나 발달의 속도가 일정한 것은 아니다.
⑥ 점성원리 : 발달은 기존의 기초 위에서 다음 발달이 이루어지며 점성의 원리가 적용된다.
⑦ 일정한 순서 및 방향성 : 상부에서 하부로, 중심에서 말초부위로, 전체활동에서 특수활동으로, 미분
화운동에서 분화운동으로 진행된다.

(3) 특성
① 기초성 : 발달의 길어의 대부분 초기에 이루어지므로, 이 시기에 저해된 이루어지는 것은 후의에 바

02 핵심이론

평가영역을 바탕으로 꼼꼼하게 정리된
'핵심이론'을 통해 꼭 알아야 하는 내용을
명확히 파악해 보세요.

03 실전예상문제

'핵심이론'에서 공부한 내용을 바탕으로
'실전예상문제'를 풀어 보면서 문제를
해결하는 능력을 길러 보세요.

제 **1** 장 | **실전예상문제**

01 발달은 구조의 변화가 기능의 변화
보다 먼저 이루어진다.

발달의 일반적 원리
• 발달은 연속적이고 점진적인 과정
이다.
• 발달의 속도는 때에 따라 차이가
있다.
• 발달에는 개별성 혹은 개인차가
있다.
• 발달은 유기체의 유전적 요인과 환
경(학습)의 상호작용으로 이루어
진다.
• 발달에는 일정한 방향과 순서가
있다.
• 발달은 분화와 통합의 과정이다.
• 초기 발달이 이후의 발달보다 중요
하다.
• 구조의 변화가 기능의 변화보다 먼

01 다음 중 발달의 원리에 대한 설명으로 옳지 않은 것은?

① 발달은 유기체와 환경의 상호작용으로 이루어진다.
② 발달은 하나의 분화과정이다.
③ 발달은 연속적이고 점진적인 과정이다.
④ 기능의 변화가 구조의 변화보다 먼저 이루어진다.

02 발달의 일반적 특징에 관한 설명으로 옳지 않은 것은?

---

04 최종모의고사

'최종모의고사'를 실제 시험처럼 시간을
정해 놓고 풀어 보면서 최종점검을 해
보세요.

제1회 | **최종모의고사** Ⅰ 발달심리학

제한시간: 50분 | 시작 ___시 ___분 ~ 종료 ___시 ___분

귀 정답 및 해설 261p

01 다음 중 사람도 동물의 일종이라는 전제로 인
간행동과 발달에 대해 연구한 학자는?

① 스키너   ② 프로이트
③ 다윈   ④ 루소

02 다음 중 프로이트(Freud) 정신분석이론의 주
요 특징에 해당하지 않는 것은?

04 다음 중 자기중심적 언어에 대한 비고츠키의
견해로 옳은 것은?

① 내적 언어단계 이전에 나타난다.
② 보존개념으로 설명된다.
③ 자기중심적 사고의 반영이다.
④ 아동은 스스로의 세계를 구조화하고 이해
하는 존재라고 생각한다.

+ P / L / U / S +

시험 직전의 완벽한 마무리!

빨리보는 간단한 키워드

'빨리보는 간단한 키워드'는 핵심요약집으로 시험 직전까지
해당 과목의 중요 핵심이론을 체크할 수 있도록 합니다.
또한, SD에듀 홈페이지(www.sdedu.co.kr)에 접속하시면
해당 과목에 대한 핵심요약집 무료 강의도 제공하고 있으니
꼭 활용하시길 바랍니다!

CONTENTS

목차

당신이 저지를 수 있는 가장 큰 실수는 실수를 할까 두려워하는 것이다.

– 앨버트 하버드 –

빨리보는 간단한 키워드

시/험/전/에/ 보/는/ 핵/심/요/약/ 키/워/드/

홀륭한 가정만한 학교가 없고, 덕이 있는 부모만한 스승은 없다.

– 마하트마 간디 –

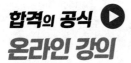

부록 | 빨리보는 간단한 키워드

제1장 발달심리학의 기초

■ 발달의 기본원리

- 분화와 통합의 과정
- 개인차 및 결정적 시기가 존재
- 유전 및 환경과의 상호작용(성숙과 학습에 의존)
- 연속성 : 전 생애를 통해 연속적으로 지속되지만 발달의 속도는 일정하지 않음
- 점성원리 : 기존의 기초 위에서 발달하며 이전단계에서 성취한 발달과업에 영향을 받음
- 일정한 순서 및 방향성 : 상부에서 하부, 중심에서 말초부위, 전체운동에서 특수운동, 미분화운동에서 분화운동으로 진행

■ 발달의 특성

기초성	인간발달의 과업이 대부분 초기에 이루어짐
적기성	발달과정은 결정적 시기가 있으며, 그 시기를 놓치면 다음 시기에 보충될 수 없음
불가역성	어떤 특정한 시기에 발달이 잘못되면 이후 교정·보충하는 데 한계가 있음
누적성	유아의 성장 또는 발달에 어떤 결손이 생기면 누적이 되어 회복을 더욱 어렵게 함
상호관련성	발달의 여러 측면들은 서로 밀접하게 연관되어 있음

■ 발달과 유사개념

성숙	경험, 훈련 등의 환경보다 나이 드는 과정의 결과로 유전적 특성에 의해 이루어지는 신체적·심리적 변화
학습	후천적 변화의 과정으로 특수한 경험이나 훈련 또는 연습과 같은 외부자극이나 조건에 의한 내적 변화
성장	신체의 크기나 근육의 세기 등 양적 증가를 의미하며, 특히 신체의 변화를 의미

■ 발달연구법

과학적 방법	상관설계, 실험설계, 자연유사실험설계, 사례연구설계
자기보고 방법	면접법, 질문지법, 임상법, 관찰법, 자기보고접근법
혼합적 방법	계열적 접근법(횡단적 연구와 종단적 연구의 장점 혼합)

■ 아동발달 연구설계

구분	횡단적 연구	종단적 연구
의미	서로 다른 연령 집단을 조사하여 각 연령대별 특성을 비교, 분석하는 연구	일정 기간 동안 동일한 연구 대상에 대한 자료를 수집하는 연구
장점	• 연령의 차이를 나타냄으로써 발달의 경향을 알 수 있음 • 비용과 시간 절약	• 시간에 따른 발달의 변화를 알 수 있음 • 역사적, 시대적 영향을 덜 받음
단점	• 시간에 따른 개인의 변화를 알 수 없음 • 연령과 출생 동시 집단 효과가 혼돈될 수 있음	• 시간과 비용이 많이 듦 • 피험자의 손실 가능성이 높음

■ 발달의 이론적 접근

• 프로이트의 정신분석이론
• 정신의 3요소

의식	어떤 순간에 우리가 알거나 느낄 수 있는 특정시점의 모든 감각과 경험
전의식	현재는 의식하지 못하지만 조금만 노력하면 의식으로 가져올 수 있는 것
무의식	의식적 사고의 행동을 전적으로 통제하는 힘

• 성격의 3요소

원초아(Id)	쾌락의 원리에 의한 성격의 기초로서의 기본적 욕구 및 충동
자아(Ego)	현실원리에 따라 작동하는 성격의 의사결정 요소, 이드와 현실의 중재
초자아 (Super Ego)	무엇이 옳고 그른가에 대한 사회적 기준을 통합하는 성격의 요소

■ 프로이트의 정신분석이론에 의한 인간발달의 단계

구강기 → 항문기 → 남근기 → 잠복기 → 생식기

■ 에릭슨의 심리사회이론

에릭슨과 프로이트의 성격발달단계

구분	심리사회적 단계	심리사회적 능력	주요 병리	프로이트
유아기 (0~1세)	신뢰감 대 불신감	희망	위축	구강기
초기 아동기 (1~3세)	자율성 대 수치심	의지력	강박적 행동	항문기
학령전기 또는 유희기 (3~5세)	주도성 대 죄의식	목적의식	억제	남근기
학령기 (5~12세)	근면성 대 열등감	능력감	무력함	잠복기

청소년기 (12~20세)	자아정체감 대 역할혼란	성실성	부인	
성인초기 (20~24세)	친밀감 대 고립감	사랑	배척	생식기
성인기 (24~65세)	생산성 대 침체감	배려	거절	
노년기 (65세 이후)	자아통합 대 절망감	지혜	경멸	

제2장 발달의 생물학적 기초

■ 유전과 환경

• 스카와 매카트니(Scarr & McCartney)의 유전·환경

수동적 유전·환경	부모의 양육환경은 부모의 유전자 및 아동의 유전자와 상호관계가 있음
유발적 유전·환경	아동의 유전특성이 주위환경에 영향을 미침
적극적 유전·환경	아동이 선호하는 환경은 아동의 유전환경에 부합하는 것

• 운하화와 반응범위

| 운하화 | • 유전인자의 성숙에 의해 특성이 나타나는 것
• 지능, 인성, 기질의 특성은 운하화가 낮아 환경의 영향에 따라 여러 방향으로 발전할 수 있음 |
| 반응범위 | 개인이 갖고 있는 유전형이 표현형으로 나타날 때 개인의 경험에 따라 다르게 나타나는 것으로, 사람의 발달은 선천적인 요소와 후천적인 요소가 복합적으로 작용한다는 이론 |

■ 태아기의 발달

배포기 (발아기)	수정 후 약 2주간	• 수정란이 급격한 세포분열을 하는 시기 • 자궁 속으로 들어온 후 배포가 착상되어 임신이 이루어지는 시기
배아기	수정 후 2~8주 사이	• 신체기관이 분화하는 시기 • 주요 신체기관과 신경계가 형성되는 시기 • 기형발생물질에 민감하게 영향을 받는 시기 • 임신 기간 중 환경이 가장 치명적인 영향력을 발휘하는 시기
태아기	수정 8주~출생까지	• 신체기관이 발육하는 시기 • 배아기보다 중추신경계가 더 빠르게 발달하는 시기 • 모든 기관 체계가 정교해지는 시기

■ 각종 증후군

병명	증상
다운증후군 (Down Syndrome)	• 21번 염색체가 쌍을 이루지 않고 세 개가 존재함으로써, 정상일 경우 46개인 염색체가 47개인 기형 • 주로 나이가 많은 초산부(주로 35세 이상)에서 주로 발생하며 600~700명 중 1명꼴로 발생
에드워드증후군 (Edward Syndrome)	• 18번 염색체가 3개인 선천적 기형증후군으로 다운증후군 다음으로 흔하며, 약 8천 명당 1명꼴로 나타남 • 장기의 기형 및 전신지체장애가 발생하며 대부분 출생 후 10주 이내에 사망
클라인펠터증후군 (Klinefelter Syndrome)	• 정상인의 성염색체는 남성 XY, 여성 XX이지만, 이 증후군에서는 XXY, XXXY 등의 여러 가지 이상한 형태를 보임 • 남성염색체가 있음에도 불구하고 유방이 발달하기도 하는 등 여성의 신체적 특성이 나타남
터너증후군 (Turner Syndrome)	성염색체 이상으로 X염색체가 1개이며, 전체 염색체수가 45개로 외견상 여성이지만 2차적 성적 발달이 없고 목이 매우 두꺼움
혈우병 (Hemophilia)	혈액이 응고되지 않는 선천적 장애로, 성염색체인 X염색체 이상으로 발병하며 질병 저항력이 약함
페닐케톤뇨증 (Phenylketonuria)	단백질 대사 이상장애로, 음식물에 들어있는 페닐알라닌을 분해하는 효소의 부족으로 발생
X염색체 결함증후군	여성보다 남성에게 많이 나타나는 증상으로, 얼굴이 길고 귀가 당나귀 모양

■ 신생아기의 반사

생존반사	빨기반사, 젖찾기반사, 눈깜빡이반사, 동공반사
원시반사	바빈스키반사, 모로반사, 파악반사, 걷기반사

■ 영아기의 신체적 발달

영아기	• 신체적 성장이 일생에서 가장 빠른 시기 • 신생아에게는 촉각이 환경에 대한 지식을 습득하는 주요 수단, 출생 시 입술과 혀에 집중 • 대근육이 소근육보다 일찍 발달하며, 여아가 남아보다 일찍 발달
유아기	• 영아기만큼 빠른 속도는 아니지만 신장과 체중이 점진적으로 증가 • 괄약근의 발달 • 이행운동 기능은 '머리들기 → 뒤집기 → 혼자앉기 → 혼자서기 → 가구잡고 걷기 → 잘 걷기 → 계단오르기' 등의 순으로 발달
청소년기	• 2차 급등 시기 • 대근육 운동능력이 남아들은 계속 증가하는 반면, 여아들은 약 15세부터 떨어지기 시작 • 청소년기 여자의 경우 체지방이 급증하는 반면, 남자의 경우 일반적으로 체지방의 큰 변화는 없음 • 어느 단계보다 신체 이미지가 자아존중감에 중요한 영향을 미침

- **선천적 장애**

유전자 이상장애	색맹과 근시, 선천적 청각장애, 페닐케톤뇨증 등은 열성인자에 의한 유전병이며, 헌팅턴병은 우성인자에 의한 유전질환임
Rh 동종면역	Rh- 여성이 Rh+ 남성을 만나 Rh+ 태아 임신 시 나타나는 것으로, 태아의 Rh+ 혈액 일부가 모체의 혈액에 침투하여 모체 내에 Rh+ 항체가 생성되는 것
상염색체 이상장애	21번째 염색체가 3개인 삼체형과 21번째 염색체 하나가 15번 또는 22번에 길게 누적되어 있는 전위형일 때 나타남
성염색체 이상장애	남아에게 발생하는 성염색체 이상으로 X염색체가 두 개일 때 나타나는 클라인펠터증후군, Y염색체가 두 개 이상일 때 나타나는 XYY증후군이 있음. 여아에게 발생하는 성염색체 이상은 터너증후군, 다운X증 후군이 있음

- **환경적 장애**

어머니의 음주	어머니의 습관적 음주는 태아알코올증후군, 얼굴기형, 지적장애 등을 일으킴
어머니의 흡연 및 약물복용	흡연은 태아에게 전달되는 혈액의 양을 감소시켜 혈액 속 일산화탄소 헤모글로빈 양을 급격하 게 증가시켜 저체중아, 조산, 태아의 얼굴기형을 유발함
어머니의 질병	임신 초기에 걸린 풍진은 태아의 시각장애, 청각장애, 심장질환, 지적장애 등과 연관이 높음
어머니의 영양 및 정서상태	어머니의 영양실조가 심한 경우 태아의 중추신경계가 손상되거나, 태아의 뇌신경세포가 정상 태아보다 15~20% 덜 생성되고, 뇌의 무게가 36% 적게 나갈 수 있음

제3장 인지발달

- **피아제의 인지발달이론**

  인지과정은 조직화와 적응의 과정이며, 적응은 동화와 조절의 활동으로 이루어짐

- **주요 개념**

조직화	유기체가 현재 가지고 있는 도식을 새롭고, 더욱 복잡한 도식으로 변화시키는 것
동화	자신이 이미 가지고 있는 도식이나 행동양식에 맞춰가는 인지과정
조절	새로운 대상에 맞도록 기존도식을 변경하여 인지하는 과정
평형화	인지적 평형을 이루려는 경향
인지구조(도식)	사물이나 사건에 대한 전체적인 윤곽 또는 지각의 틀
스크립트	매우 친숙한 활동과 연합되어 있는, 단순하면서도 잘 구조화된 사건의 순서를 기술하는 도식의 일종

■ 피아제의 인지발달 4단계

구분	연령	특징
감각운동기	0~2세	• 대상영속성을 이해하기 시작하고 목적지향적 행동을 함 • 자신과 외부대상을 구분하지 못함
전조작기	2~7세	• 대상영속성이 확립되는 단계 • 상징놀이와 물활론, 자아중심성이 특징 • 논리적 사고를 방해하는 요인은 자아중심성, 집중성, 비가역성
구체적 조작기	7~11, 12세	논리적 사고, 자아중심성 및 비가역성 극복, 유목화·서열화·보존개념 획득
형식적 조작기	11, 12세 이후	• 추상적 사고, 가설·연역적 사고 • 체계적인 사고능력, 논리적 조작에 필요한 문제해결능력 발달

■ 감각운동기의 하위단계

반사운동기	인지구조를 활용하여 모든 도식을 빨기 도식에 동화시키는 단계
1차 순환반응기	우연한 경험에 의한 단순행동의 반복반응
2차 순환반응기	이전에 획득한 반응을 의도적으로 새로운 상황에 적용
2차 도식협응기	목표를 달성하기 위해 두 가지 행동(수단-목표)을 협응하는 단계
3차 순환반응기	흥미를 유발하는 신기하고 새로운 결과를 위해 실험적이고 창의적인 사고를 함
정신적 표상	눈앞에 없는 사물을 정신적으로 그려냄(심상)

■ 전조작기의 주요 개념

대상영속성	모든 대상들이 독립적인 실체로서 그 대상이 사라지더라도 다른 장소에 계속해서 존재한다는 사실에 대한 지식
물활론	모든 사물에 생명이 있어서 의식이 있는 존재라고 믿음
실재론	마음의 생각이 실제로도 존재한다는 믿음을 가짐
중심화	여러 요소들이 관련되어 있음에도 불구하고 한 요소만을 고려하는 성향. 외양적·지각적 특성에만 의존
상징놀이	물리적으로 존재하지 않는 것으로 아이의 내적인 표상에 따라 대상을 만들고 놀이를 하는 것
지연모방	아동이 목격한 사태를 그 자리에서 모방하는 것이 아니라 일정한 시간이 지난 후 자발적으로 재현하는 형태
자기중심성	전조작기의 가장 큰 특징. 상대방을 고려하지 않고 대화하는 자기중심적 언어와도 관계가 있음

■ 구체적 조작기의 주요 개념

가역성	추리의 출발점으로 되돌아갈 수 있는 사고능력 ⑩ 한쪽 용기의 물을 다른 쪽 용기에 부었을 때 머릿속에서 이전단계의 과정을 그려볼 수 있음
탈중심화	• 자기중심성 경향에서 벗어나 여러 가지 특성을 고려 • 자신의 생각 외에 타인의 감정·생각·관점을 비교, 수용 가능
보존개념	• 물체의 모양이 바뀌어도 물리적 특성은 동일하다는 사실을 인식 • 외양적 특성이 아닌 여러 각도의 관계에서 사물인식 가능

위계적 유목화	물체를 여러 가지 특성에 따라 다양하게 분류할 수 있음
서열화	• 사물을 증가하거나 감소하는 순서대로 배열할 수 있음 • 서로 다른 크기의 네 개의 막대를 크기 순서대로 배열 가능
전이적 추론	서열화를 할 때 A와 B, B와 C를 비교한 후 A와 C의 관계를 추론
공간적 추론	• 거리와 시간, 속도의 관계를 이해 • 거리보존개념이 있으며 한 장소에서 다른 장소로 갈 수 있는 방법을 제시 • 이웃동네, 학교와 같은 친숙한 큰 규모의 공간에 대한 정신적 표상인 인지적 지도(cognitive map)를 형성
수평적 위계	• 보존개념이 차례로 습득되는 것 • 면적과 무게의 보존개념 이전에 수와 액체의 보존개념을 터득하는 것
인과관계	• 9~10세경 전환적 추론 이상의 인과 관계를 이해 • 사물을 합리적 인과 관계 속에서 재구성하고 분석

■ 비고츠키의 언어의 발달단계

원시적 언어단계 → 외적 언어단계 → 자기중심적 언어단계 → 내적 언어단계

■ 비고츠키와 교육

근접발달영역	• 아동 스스로 해결할 수 있는 문제에 의해 결정되는 실제적 발달수준과 다른 동료 학습자 또는 성인의 지원에 의해 문제해결이 가능한 잠재적 발달수준 간의 차이 • 아동은 더 높은 차원의 정신적 발달에 도달하기 위해 근접발달영역 내에 위치하여야 함
비계설정 (발판화)	아동이 학습을 하기 위해 성인의 도움을 필요로 하지만 집이 완성되는 과정에서 비계가 철거되듯이 성인의 역할도 점차 감소하게 되는 것의 의미로 '타인에 대한 의존 → 타인과의 협동 → 자기에 대한 의지 → 내면화'의 단계를 거침

■ 인지발달 : 정보처리

- 정보처리의 일반모형
- 감각기억, 단기기억, 장기기억의 단계를 거친다.

■ 앳킨슨과 쉬프린(Atkinson & Shiffrin)의 이중기억모형

감각등록기	많은 정보 중 선택된 정보만이 단기저장고로 가게 됨
단기저장고	리허설(복습)이나 코딩(부호화)을 통해 정보를 더 오랜 시간 동안 보존 유지하든지, 아니면 망각해버리든지 선택
장기기억	부호화된 자료를 오랫동안 저장하고, 정보의 양을 무제한으로 저장 가능

■ 지능발달

- 지능에 대한 연구

스피어만	2요인설	일반요인(G요인), 특수요인(S요인)
써스톤	다요인설	언어능력, 단어의 유창성, 수리능력, 기억, 공간관계인식, 지각속도, 논리능력
길포드	복합요인설	지능구조의 3차원적 입체모형(내용의 차원, 조작의 차원, 결과의 차원)
카텔	위계적 요인설	유동성 지능, 결정성 지능
가드너	다중지능이론	언어지능, 논리−수학지능, 시각−공간지능, 신체운동지능, 음악지능, 대인관계 지능, 개인 내적 지능, 자연탐구 지능
스턴버그	삼원지능이론	성분적 지능, 경험적 지능, 상황적 지능

- 유동성·결정성 지능

유동성 지능(Fluid Intelligence)	결정성 지능(Crystallized Intelligence)
• 유전적·선천적으로 주어지는 능력으로서 경험이나 학습의 영향을 거의 받지 않음 • 뇌와 중추신경계의 성숙에 비례하여 발달하다가 청년기 이후부터 퇴보현상이 나타남 • 기계적 암기, 일반적 추론능력, 새로운 상황에서의 문제해결능력으로 나타남	• 환경이나 경험, 문화적 영향에 의해 발달되는 지능으로서, 유동성 지능을 토대로 후천적인 발달이 이루어짐 • 언어이해능력, 문제해결능력, 상식, 논리적 추리력 등과 같이 나이가 들어도 계속 발달함

■ 지능검사의 종류

- 스탠포드−비네 검사
- 웩슬러검사
- 카우프만 아동용 진단검사
- 베일리의 영아척도

■ 길포드(Guilford)의 수렴적 사고와 확산적 사고

수렴적 사고	하나의 주어진 정보를 통하여 가장 안전하고 확실한 대안을 산출하는 것
확산적 사고	기존에 알려지지 않은 새로운 대안을 창출해내는 능력

■ 학습의 이론적 접근

- 고전적 조건형성이론의 주요 개념

무조건자극	• 학습이나 조건형성이 없이 자동적, 반사적인 반응을 유발하는 자극 • 무조건반응 : 무조건자극을 유기체에게 제시했을 때 인출되어 나오는 자연적이며 자동적인 반응
중성자극	• 학습되기 전에 유기체의 특정 반응과 무관한 자극 • 조건자극 : 원래는 중립적 자극이었으나 학습이나 훈련을 통해 학습자가 무조건자극과 연계하여 반응을 유발하는 자극
조건반응	• 중립적인 자극이 무조건자극과 결합하여 중립적인 자극의 제시만으로도 나타나는 반응 • 소멸 : 조건자극이 사라지는 것으로, 먹이 없이 종소리만 몇 번 울리게 되면 결국 그 종소리가 효과를 잃는 것

- 학습의 원리

습관화	반사를 유발하는 소리, 광경 및 기타 자극을 반복해서 제시할 때 반사 강도가 작아지거나 또는 반사의 빈도가 줄어드는 방식으로 제시자극에 익숙해지는 과정
탈습관화	같은 자극의 반복 제시에 의해서 반응이 감소된 습관화된 자극과 지각적으로 변별이 가능한 새로운 자극을 제시했을 때 반응행동으로서 반사 강도나 빈도가 회복되는 것
역조건형성	부적응적인 조건형성을 없애는 치료적 방법으로서, 자연적으로 조건형성이 소멸되는 소거와는 다름
자발적 회복	소멸이 상당시간 지난 후 다시 조건자극을 제공하면 일시적으로 조건반응이 나타나는 것
자극일반화	조건자극에 대한 조건반응으로서, 유사한 다른 자극에도 반응을 일으키는 것
자극변별	조건화가 완전해짐으로써 다른 유사한 자극에 대해 반응을 일으키지 않는 것
체계적 둔감법	혐오스러운 느낌이나 불안한 자극에 대한 위계목록을 작성한 다음, 낮은 수준의 자극에서 높은 수준의 자극으로 상상을 유도함으로써 불안이나 공포에서 서서히 벗어나도록 하는 것

■ 조작적 조건형성이론

- 주요 원리

강화의 원리	강화자극(보상)이 따르는 반응은 반복되는 경향이 있으며, 조작적 반응이 일어나는 비율을 증가시킴
소거의 원리	일정한 반응 뒤에 강화가 주어지지 않으면 반응은 사라짐
조형의 원리	조형은 실험자 또는 치료자가 원하는 방향 안에서 일어나는 다양한 반응들만을 강화하고, 원하지 않는 방향의 행동에 대해 강화받지 못하도록 하여 원하는 방향의 행동을 할 수 있도록 하는 것
자발적 회복의 원리	일단 습득된 행동은 만족스러운 결과가 주어지지 않는다고 하여 즉시 그 행동이 소거되지는 않음
변별의 원리	변별은 보다 정교하게 학습이 이루어지는 것으로, 유사한 자극에서 나타나는 조그만 차이에 따라 다른 반응을 보이는 것임
계속성의 원리	교육 내용의 여러 요소가 계속해서 반복되어야 한다는 원리
반복의 원리	같은 내용을 반복하여 되풀이하며 학습하는 원리
근접성의 원리	학습내용의 파지를 촉진하기 위하여 새로운 학습내용을 설명한 후 바로 학생들이 이미 알고 있는 것과의 관계를 설명하는 것

- 강화 vs 처벌

강화	• 반응이 다시 발생할 빈도를 증가시키는 것 • 정적 강화 : 유쾌 자극을 제시하여 행동의 빈도를 증가시키는 것 • 부적 강화 : 불쾌 자극을 철회하여 행동의 빈도를 증가시키는 것
처벌	• 이전의 부적 행동의 빈도를 줄이는 것 • 정적 처벌 : 불쾌 자극을 제시하여 행동의 빈도를 줄이는 것 • 부적 처벌 : 유쾌 자극을 철회하여 행동의 빈도를 줄이는 것

- 학습방법

토큰경제	바람직한 행동들에 대한 체계적인 목록을 정해놓은 후, 그러한 행동이 이루어질 때 그에 상응하는 보상(토큰)을 하는 것
타임아웃	특정 행동의 발생을 억제하기 위해 이전의 강화를 철회하는 것

■ 반두라(Bandura)의 사회학습이론(사회인지이론)

모델링을 통한 관찰학습, 모방학습을 강조

대리적 강화	다른 아동이 보상이나 벌을 받는 것을 관찰함으로써 간접적인 강화를 받는 것
자기효능감	아동이 다른 사람의 행동을 관찰함으로써 자신의 행동기준, 능력, 신념, 특성을 발달시키는 것

■ 생물학적 접근

- 종 특유의 행동은 생존을 위한 진화의 산물이라는 진화론적 관점을 강조
- 어머니와 유아 간 애착도 생존을 위한 것이라고 봄
- 게젤의 성숙이론, 보울비의 애착이론, 로렌츠와 틴버겐의 각인이론 등

각인	처음 접하는 물체에 애착을 형성하는 선천적 학습
결정적 시기	특정한 능력이 발달하는 데 최적의 시기가 있다는 주장

■ 브론펜브레너(Bronfenbrenner)의 생태학적 체계이론

- 인간발달의 생태학을 제시하여 인간을 삶의 맥락 속에서 연구하고자 함
- 아동을 둘러싼 여러 체계

미시체계	• 환경의 가장 안쪽에 있는 층 • 아동과 상호작용하거나 아동이 활동하는 직접적인 환경(가족, 또래)
중간체계	• 환경의 두 번째 층 • 두 가지 이상의 미시체계들 간의 상호작용 • 가정, 형제관계, 부모와 교사 간 관계, 또래 친구, 이웃, 보육기관 등
외체계	아동을 직접 포함하지 않으나 아동의 경험에 영향을 미치는 사회적 상황 ⑩ 부모의 취업, 정부기관의 정책, 아동센터, 대중매체의 영향
거시체계	• 개인의 생활에 직접적으로 개입하지는 않지만 간접적으로도 강한 영향력을 발휘하며 하위체계에 대한 지지기반과 가치 준거의 틀을 제공 • 사회의 문화적 가치나 규범, 신념, 태도, 전통, 관습, 법률 등
시간체계	시간경과에 따른 사람과 환경의 변화

■ 기억발달

- 기억의 종류

재인기억	저장된 정보에 인출단서가 주어질 때 정보가 인출되는 것
회상기억	환경 내에 단서가 없이 머릿속에 저장된 정보로부터 기억을 재구성하는 것

- 기억전략의 발달

시연	기억해야 할 정보를 여러 번 반복해서 암송하는 것
조직화	기억하려는 정보를 서로 관련 있는 것끼리 묶어서 범주나 집단으로 분류하여 기억의 효율성을 높이려는 전략
정교화	서로 관계가 없는 정보, 즉 같은 범주에 속하지 않는 기억재료 사이에 관계를 설정해 주는 것
상위기억 (메타인지)	자신의 기억능력을 알고 어떤 기억책략을 사용하는 것이 효과적인지 아는 것

■ 언어와 의사소통

- 촘스키(Chomsky)의 언어획득장치
- 모든 아동은 한정된 언어적 경험을 바탕으로 복잡한 문장구조를 빨리 터득하고 구사한다는 언어적 보편성과 생득적 입장을 지지함
- 언어획득장치 내에는 보편적 문법이 존재하며, 모든 인간의 언어에 적용된다고 봄

■ 언어의 구성요소

음운론적 발달	자음과 모음을 각각 구분하고 그 발성적 특징을 이해하는 것
의미론적 발달	어휘와 관련되며 단어와 단어의 조합으로 개념을 표현하는 방법
구문론적 발달	언어의 문법적인 면
화용론적 발달	같은 뜻을 가진 낱말이나 문장도 맥락에 따라 달리 표현되는 것

■ 언어발달단계

울음, 옹알이, 모방단계 → 한 단어 문장시기 → 두 단어 문장시기 → 전보어시기

과잉확장	어떤 단어가 실제 그 단어가 의미하는 것보다 더 광범위한 대상을 지칭
과소확장	어떤 단어를 그 단어의 실제 의미가 허용하는 것보다 더 적은 범위의 지시물에 적용하여 사용하는 것

■ 유아의 문법형태소의 오류

과잉조정 현상	과거형을 만들 때 모든 문장에 같은 형태를 추가하며, 불규칙 동사를 활용하지 못함
과잉일반화 현상	일반적으로 복수형을 만들 때 나타남

제4장	사회정서발달

■ 애착

• 영아의 애착발달단계

비사회적 단계 (0~6주)	사회적 자극에 대한 선호를 보이지 않음
비변별적 애착단계 (6주~6, 7개월)	애착에 있어서 특정인을 구별하지 않음. 인형보다는 사람을 더 선호함
특정인 애착단계 (약 7~9개월)	낯가림과 분리불안이 나타남
중다 애착단계 (약 9~18개월)	양육자 외에도 친밀한 몇몇 사람에게 애착을 보이며, 낯가림과 분리불안이 나타남

• 에인스워드(Ainsworth) 애착실험

안정애착	어머니가 잠시 떠나는 데 대해 크게 분리불안을 보이지 않으며, 영아의 약 65%가 이에 해당함
불안정 회피애착	낯선 상황에서 어머니가 떠나는 것에 대해 별로 신경 쓰지 않고, 어머니가 돌아와도 무시하고 다가가지 않음
불안정 저항애착	어머니가 돌아오면 접촉 추구와 함께 분노나 저항을 보이면서도 곁에 머무르려하는 양가적 행동을 보이며, 잘 놀지 않고 달래지지 않음
불안정 혼돈애착	• 일관성이 없고 혼란스러운 양상을 보임 • 때때로 접촉욕구가 강하면서도 어머니에 대한 공포를 보이기도 함

■ 기질

토마스와 체스(Thomas & Chess)의 기질유형

순한 아동	• 일상생활 습관에 있어서 대체로 규칙적이며 반응강도는 보통 • 대체로 평온하고 행복한 정서가 지배적이며 약 40%의 영아가 이에 해당함
까다로운 아동	• 새로운 음식을 받아들이는 속도가 늦고 낯선 사람에게 의심을 보이며 환경변화에 대한 적응이 늦음 • 크게 울거나 웃는 것과 같은 강한 정서가 자주 나타나며 부정적인 정서도 자주 보임. 약 10%의 영아가 이에 해당함
더딘 아동	• 생활의 변화에 대한 적응이 늦고 낯선 사람이나 사물에 부정적인 반응을 보인다는 점에서 까다로운 아동과 유사하지만 까다로운 아동보다 활동이 적고 반응강도 또한 약함 • 약 15%의 영아가 이에 속함

■ 자아개념의 발달

- 자아의 정의

범주적 자아	사회적으로 중요하게 인식되는 차원에 따라 자아를 범주화하는 것
공적 자아	외현적으로 드러나 타인이 알 수 있는 자아
사적 자아	자신만이 알고 있는 내적·주관적 자아

- 자아의 종류

자아개념	• 자신이 누구인지를 정의하는 특성, 능력, 태도와 가치에 대한 총체적인 개념
자아인식	• 자아인식은 자기와 타인이 서로 독립된 존재라는 주체로서의 인식 • 평가의 대상인 객체로서의 자기에 대한 인식
자아존중감	자신이 가진 특성, 즉 자아개념에 대한 평가적 측면을 말하며 자신의 가치에 대해 형성한 판단과 그와 관련된 감정
자아정체감	내가 누구이고 앞으로 어떠한 사람이 될 것이며 사회 속에서의 나의 역할은 무엇인가와 같은 개인이 추구하는 가치, 신념과 목표로 구성되어 있는 안정되고 조직화된 성숙한 자아정의

■ 마샤(Marcia)의 청소년 정체감이론

정체감 성취	자아정체감의 위기를 성공적으로 극복하여 신념, 직업, 정치적 견해 등에 대해 스스로 의사결정을 할 수 있는 상태
정체감 유예	현재 정체감 위기의 상태에 있으면서 자아정체감 형성을 위해 다양한 역할, 신념, 행동 등을 실험하고 있으나 의사결정을 내리지 못한 상태
정체감 유실	자신의 신념, 직업선택 등의 중요한 의사결정에 앞서 수많은 대안에 대하여 생각해 보지 못하고, 부모나 다른 사람의 역할모델의 가치나 기대 등을 그대로 수용하여 그들과 비슷한 선택을 하는 경우
정체감 혼란(혼미)	자아에 대해 안정되고 통합적인 견해를 갖는 데 실패한 상태를 말한다. 이는 위기를 경험하지 않았고 직업이나 이념선택에 대한 의사결정을 하지 않을 뿐만 아니라 이러한 문제에 관심도 없는 경우

■ 사회인지발달

- 마음이론(Theory of Mind)의 발달
- 인간의 행동이 믿음, 바람, 의도와 같은 마음 상태에서 비롯된다는 것을 이해하고 그 마음의 상태를 추론하는 능력

2세 이전	타인의 내재적 상태에 대한 초보적 표상을 가짐
2~3세	타인의 피상적 행동이나 정서를 예측
3~4세	• 타인의 생각이나 신념을 자신의 신념과 구분할 수 있음 • 욕구−마음이론의 틀린 믿음 과제의 습득에 의해 나타나는 믿음 • 관찰 가능한 특성으로 판단하는 경향
4~5세	• 초보적인 마음이론이 발달 • 어떤 사실에 대한 우리의 생각이 사실과 다를 수 있다는 믿음의 표상적 특성을 이해하게 되어 사람이 틀린 믿음을 가질 수 있다는 것을 이해

■ 성차와 성역할에 관련된 개념

성도식	남성과 여성에 대한 조직화된 신념과 기대
성유형화	성에 대한 문화적 고정관념에 부합하는 방식으로 생물학적 성과 연관된 대상, 행위, 습성, 역할
성고정관념	남성과 여성이 가져야 한다고 여겨지는 특성에 관한 일반적 관념
성역할	남성이 해야 할 일과 여성이 해야 할 일의 역할분담을 하는 것

■ 공격성의 발달

2~3세	물리적 공격성	때리고 밀치는 등 물리적 공격 위주
3~6세	도구적 공격성	놀리거나 흉보고 욕하는 등의 언어적 공격위주
4~7세	적의적 공격성	타인의 우연한 공격적 행동의 원인을 고의로 해를 가하려 했다는 공격적 의도로 추론하는 경향으로 인한 적대적 공격
7~11세	선택적 공격성	의도적인 공격과 비의도적인 공격을 구분할 수는 있지만 자신을 화나게 하거나 약 오르게 할 때 반응

■ 도덕발달

피아제(Piaget)의 도덕발달단계

1단계 전도덕 단계	아직 규칙을 이해하지 못하며 규칙위반에 대해 판단하지 못하는 단계
2단계 타율적 도덕성 (6세경에 시작)	• 의도보다는 결과에 의해 도덕성을 판단하는 객관적 책임성과 내재적 정의를 믿음 • 규칙을 깨뜨리면 부모나 교사 또는 신으로부터 반드시 처벌이 뒤따른다는 내재적 정의
3단계 자율적 도덕성 (9세경에 시작)	• 규칙은 상호협의에 의해서 고칠 수도 있다고 생각하며, 결과보다는 의도를 고려하여 도덕 판단을 하는 주관적 책임 중시 • 처벌에 대한 객관적인 관점을 견지 • 옳고 그름에 대한 판단을 행위자의 의도에 두며, 사회적 규칙위반에 항상 벌이 따르지 않는다는 것을 알게 되어 내재적 정의를 믿지 않음

■ 콜버그(Kohlberg)의 도덕발달이론

전인습수준 (4~10세)	규칙이 내면화되지 않았으며 행위의 결과에 따른 보상과 처벌의 정도에 따라 규칙을 따름	1단계 처벌 및 복종지향	• 행위의 옳고 그름은 결과에 달려있음 • 행위의 결과, 처벌의 양, 객관적인 손상의 정도가 중요함
		2단계 도구적 상대주의	• 쾌락주의 원칙 • 자신의 이익, 보상에 따라 규칙을 따름 • 타인 지향행동은 궁극적으로 이득이 돌아오리라는 상호 호혜적인 평등에 입각
인습수준 (10~13세)	칭찬과 인정, 사회적 질서유지와 규범준수가 주요 동기	3단계 착한 소년소녀지향	• 타인의 반응과 도덕적 고정관념에 따라 도덕적 행위를 판단 • 행위자의 의도를 고려하여 행위를 평가
		4단계 법과 질서지향	• 법의 준수, 사회, 집단에 대한 공헌을 중시 • 벌이 무서워서 법을 따르는 것이 아니라 법과 규칙의 절대적인 신뢰에 의한 것임

후인습수준 (13세 이상)	옳고 그름을 정의에 의해 판단하고, 법적으로 타당한 것이 도덕적으로 옳은 것이 아니라는 도덕기준이 내면화됨	5단계 사회적 계약지향	• 민주적 절차로 수용된 법을 존중하는 한편 상호합의에 의한 변경가능성을 인식 • 4단계와 달리 법에 대한 융통성을 부여 • 인간의 권리나 존엄성을 위태롭게 하는 강제된 법은 부당하고 변경할 수 있음
		6단계 보편적·윤리적 원리지향	• 옳고 그름을 자신의 윤리적 원칙, 인권, 인간의 존엄성과 개인의 양심에 비추어 판단 • 어떤 법이나 사회계약을 능가하는 추상적인 도덕지침 또는 보편적 정의와 개인의 권리에 대한 원리

■ 이타성 발달에 관련된 개념

역할수행기술	다른 사람의 입장에서 그 사람의 생각, 행동, 감정을 이해하는 것으로 상대방이 도움이 필요하다는 것을 알 수 있는 것
친사회적 도덕추론	친사회적 행동은 갈등상황에서 자신이 선택해야 할 행동을 도덕적으로 어떻게 판단하는가와 밀접하게 관련
친사회적 행동	다른 사람과의 관계에 있어서 사회적으로 바람직한 행동으로서 나누기, 돕기, 협조하기, 위로하기, 보살피기 등의 행동

■ 셀만(Selman)의 역할수용단계

미분화수준	3~6세	자기중심적, 미분화된 관점
제1수준 (사회적·정보적 역할수용)	6~8세	• 제한된 사회, 정보적 역할수용 • 다른 사람이 다른 정보를 가졌기 때문에 자신과 견해가 다르다고 인식
제2수준 (자기반성적 역할수용)	8~10세	자신의 견해와 타인의 견해가 일치하지 않을 수 있음을 알게 됨
제3수준 (상호적 역할수용)	10~12세	자신의 관점과 타인의 관점을 동시에 고려할 수 있게 됨
제4수준 (사회적 역할수용)	12~15세	타인의 관점을 상황, 맥락적으로 파악하고 이해

■ 아이젠버그(Eisenberg)의 친사회적 갈등상황

• 아동들에게 친사회적 갈등상황의 이야기를 들려주고 이야기 속의 주인공이 누구를 도와주어야 할지를 질문한 연구
• 아동들의 반응은 대부분 이기적인 반응이지만, 연령이 증가하면서 점차 타인의 욕구를 배려하기 시작함

■ **친사회적 갈등상황에서의 아동의 도덕적 추론능력 발달과정**

수준	특징	연령범위
자기중심적 쾌락추구	타인을 돕는 것이 자신에게 이익이 될 때만 이타적	아동기 초기 일부~입학 전 아동기
욕구지향	• 타인의 욕구를 근거로만 이타성을 고려 • 공감이나 죄의식이 주요인	입학 전 아동기 일부~초등학교 아동기
안전지향	타인으로부터 인정과 칭찬받기 위한 이타성	초등학교 아동기~일부 초기 중등학생
공감적	• 공감적 반응에 기초한 이타성 • 이타행위에 대한 기쁨과 죄의식 느낌	초등학교 아동기 일부~중등학생
내재적 원리	• 내재적 가치, 규준, 책임감, 확신에 근거한 이타성으로 인식, 의무, 가치관이 싹틈 • 내재적 이상과 원리에 따를 때 자기존중감 인식	중등학생 일부~청년기

■ **부모양육태도**

권위 있는 양육	자녀에게 온정적이며, 자녀의 요구에 대한 수용도가 높고 민감하게 반응함. 적정한 수준에서 통제를 하는 가장 바람직한 양육방법
권위주의 양육	자녀의 요구에 대해 비교적 덜 수용적이며 참여 정도가 낮고, 자녀의 자율성을 인정하지 않음. 자유가 없고 한계만 주어지는 양육방법
허용적인 양육	온정적이고 수용적이지만, 부모가 자녀의 요구에 대해 지나치게 관대하거나 자녀의 발달 수준과 상관없이 모든 결정을 자녀가 하도록 허락함
무관심한 양육	자녀 양육에 대한 참여 의지가 없으며 자녀에 대한 애정과 요구에 대한 수용 정도가 낮음

■ **부모의 양육 유형에 따른 자녀의 적응 행동**

권위 있는 양육 유형	책임감과 자신감이 있으며 높은 자존감을 형성하여 사회적, 도덕적으로 성숙된 모습을 보이고 학업 성취에 있어서도 우수함
권위주의 양육 유형	자율성이 낮아 다른 사람에게 의존적이며 반항적, 공격적 성향을 보이기도 하고 행복감을 갖지 못해 항상 불안감을 느낌
허용적인 양육 유형	충동적이거나 반항적이고 과도한 요구를 하는 경우가 많으며 참을성이 없고 학교생활에서 적응의 어려움을 겪음
무관심한 양육 유형	자녀와의 애착 관계, 인지발달, 놀이, 사회성 발달 등 거의 모든 영역에 걸쳐 부정적 영향을 주어 학업 수행이 떨어지고 공격적, 적대적, 자기중심적인 성향을 가짐

■ **가족의 다양성**

가족관계의 변화	• 위계질서가 명확한 수직적 가족관계에서 가족 개개인의 개성이 존중되는 민주적이고 수평적인 가족관계로 변화되고 있음 • 아버지의 양육 참여가 늘어나고 있으며, 아버지의 양육 참여는 자녀의 신체적, 인지적, 사회정서적 발달 및 심리적 안정감과 직접적인 관련이 있음
가족유형의 변화	맞벌이 가정, 한부모 가정, 조손가정, 다문화 가정 등 다양한 유형이 존재함

■ 아동기 심리적 장애

자폐스펙트럼 장애	• 의사소통과 사회적 상호작용 이해 능력의 저하를 일으키는 신경발달장애 • 증상의 원인은 명확하지 않으나 두뇌 특정 부분의 이상으로 보는 견해가 우세함 • 꾸준한 약물치료와 심리상담치료의 병행을 권장함
주의력결핍 과잉행동장애 (ADHD)	• 학령기 아동의 10~15%가 겪는 장애로 부주의, 과잉행동, 충동성의 세 패턴으로 나타남 • 선천적인 신경 화학적 문제를 발생원인으로 보는 학자가 다수임. 뇌신경 전달물질 부족으로 나타나는 질환이며, 전전두엽 피질부위 기능 저하가 원인임 • 약물치료와 더불어 사회적·학업적 행동을 강화해 줄 수 있는 행동치료 프로그램의 병행이 효과적임
학습장애	• 듣기, 말하기, 읽기, 쓰기, 계산능력 등 정보의 습득과 정보 처리상의 어려움을 갖는 장애 • 지능검사로 측정되는 지적능력과 성취검사로 측정되는 수행 간에 큰 차이를 보임 • 직접치료와 간접치료, 가족 간 갈등 해소를 위한 가족치료의 병행이 효과적임
불안장애	• 스트레스를 유발하는 구체적인 자극이 사라졌음에도 불구하고 심리적인 불안 상태가 지속되거나 불안 정도가 지나쳐 일상적인 생활에 어려움을 초래함 • 불안장애는 분리불안장애, 공황장애, 사회공포증, 범불안장애 등 다양함 • 행동치료기법 중 체계적 둔감법을 주로 사용함
학교공포증	• 학교거부증, 학교회피증, 장기결석, 학교중퇴, 분리불안까지를 포함하는 개념 • 원인이 명확하지 않으나 자신의 능력에 대한 전반적인 불안, 교우 및 교사관계, 분리불안장애와 관련이 높음 • 학교 등교에 관한 확고한 규칙을 설정하고 아동이 규칙을 수행할 수 있도록 계획하고 계획 실행을 돕는 것이 필요함
소아우울증	• 아동의 우울한 심리 상태가 장기간 지속되는 상태로, 화를 내거나 짜증내며 산만함이나 난폭함, 반항 등의 직접적 행동으로 표출됨 • 발병원인은 유전 이외에 각종 스트레스 상황과 연관이 높음 • 항우울제와 같은 약물치료와 함께 인지치료나 대인관계 심리치료의 병행이 효과적임
게임중독	• 과도한 전자게임으로 인하여 학업과 일, 가정 및 대인관계에 지대한 영향을 받는 상태 • 밤새 게임에 몰두하고, 게임을 하지 않을 때에도 게임을 생각하며, 현실과 가상공간의 구분을 어려워하고, 과도한 게임으로 인해 학업성적이 저하되며, 교우관계의 문제가 발생함 • 게임 시간을 점차 줄여나가는 방법이 효과적임

■ 청소년 문제행동

성문제	성과 관련된 의식, 행위적 측면에서의 규칙이나 규범의 위반행위
유해 매체	• 인터넷 중독 및 스마트폰 중독이 가장 심각함 • 인터넷 중독은 유형에 따라 '고위험군, 잠재적 위험군, 일반 사용자군'으로 나뉨
유해 약물	약물남용, 술, 흡연, 흡입제와 환각물질 등이 있음
학교폭력	학교 안이나 밖에서 학생을 대상으로 발생하는 상해, 폭행, 감금, 협박, 약취, 유인, 명예훼손, 공갈, 모욕, 성폭력, 따돌림, 사이버 폭력 등으로 신체, 정신 또는 재산상의 피해를 주는 모든 행위
자살	청소년 사망 원인의 1순위로, 자살예방을 위해서는 주변의 관심이 중요함

제5장　성인기 및 노년기 발달

■ 세포적 관점에서의 노화이론

유전적 계획이론		• 이미 계획된 유전자에 의해 예정된 순서에 맞추어 노화가 진행되는 것으로 보는 이론 • 내분비체계와 면역체계의 변화 및 기능상실로부터 노화가 시작됨
오류이론	마모이론	신체기관들을 장기간 사용하면 기능 및 구조가 약해져 결국 신체가 낡고 노화된다는 이론
	유리기이론	DNA 손상이 노화를 일으킨다고 보는 이론. 젊을 때는 몸에서 충분한 항산화제가 나오나 나이가 들면 항산화제의 생산이 떨어져 노화가 일어남
	자동면역이론	면역성을 지닌 세포가 바이러스나 세균 등 외부의 이물질과 자신을 구별하지 못하고, 자신의 물질에 저항하는 항체를 생성하여 자체의 세포를 공격함으로써 노화를 일으킴
	교차연결이론	콜라겐 분자들이 서로 부착되어 움직일 수 없게 되고, 세포 분열을 불가능하게 만들어 영양과 노폐물의 이동이 어려워져 단백질을 굳게 만들며, 각막 및 피부 등에 탄력성을 잃게 하여 노화를 촉진

■ 사회적 노화이론

• 1세대 이론(기능적 관점)

분리이론	노인과 사회는 상호 간에 분리되기를 원하며, 이러한 분리는 정상적이고 피할 수 없음
활동이론	노인의 활동 참여 정도가 높을수록 노인의 심리적 만족감과 생활 만족도가 높음
역할이론	노인의 역할을 새롭게 부여해 줌으로써 새로운 기능을 하여 행복함을 느끼게 함
연속이론	사회적 역할이나 관계를 바꾸기보다는 이전의 성격, 관심, 흥미, 대인관계 역할기술을 유지하려고 노력하는 시기
사회정서적 선택이론	노년기에 축소된 대인관계 속에서 사회심리적 욕구를 충족시키는 것을 연구한 것으로, 가까운 소수의 사람들과 사회적 정서가 깊어짐으로써 행복감을 느끼는 것
하위문화이론	노인들은 그들의 공통된 특성과 사회·문화적인 요인으로 인해 그들만의 집단을 형성함

• 2세대 이론(구조적 관점)

현대화이론	생산기술의 발달, 도시화 및 교육의 대중화 등 현대화의 제 양상으로 인해 노인들의 지위는 낮아지고 역할은 상실됨
교환이론	사회적 행동을 적어도 두 사람 사이의 교환활동으로 보며, 노인은 대인관계나 보상에서 불균형을 초래하게 됨
연령계층화이론	사회는 연령층으로 구분되어 있으며, 각각의 연령층에 따라 사람들은 동시대의 유사한 경험을 가짐

• 3세대 이론

사회심리학적 관점	• 사회적 와해 이론 • 사회적으로 일부 노인들에 대한 부정적인 인식이 전체 노인으로 확산되면서 노인들의 사회적 활동은 위축되며, 노인들은 사회적으로 와해상태에 이르게 됨
정치적·경제적 관점	정치적·경제적으로 약자이므로 제정 등에 있어서 노인을 배려하지 않는 정책의 결과로 노인문제가 발생한다고 봄

■ 레빈슨(Levinson)의 성인인생주기

성인 전기	성인 전기 전환기	17~22세	자신의 정체감을 확립하고 부모로부터 독립하여 성인으로 살기 위한 준비시기
	성인 전기 초보	22~28세	성인으로서 중요한 선택을 하고 자신의 삶을 계획하는 시기
	30세 전환기	28~33세	인생구조를 재평가하고 개별화. 가능성 탐색
	성인 전기 절정	33~40세	사회생활에서 안정적 입장에 위치
성인 중기 전환기		40~45세	• 노화의 증거가 나타나기 시작. 지나온 삶을 평가하고 이후의 삶을 준비하는 단계 • 상실감과 회의를 경험하는 중년의 위기단계
성인 중기	성인 중기 초보	45~50세	• 중년의 위기를 극복 • 지나온 삶의 결실을 맺는 생산적인 시기
	50세 전환기	50~55세	• 중년 입문기의 인생구조 재평가 • 자아와 세계에 대한 탐색과 발달적 위기의 가능성
	성인 중기 절정	55~60세	중년기의 중요한 야망과 목표 성취
성인 후기 전환기		60~65세	은퇴와 사회적 영향력 축소. 심리적 위축이나 우울감 경험. 긍정적인 마음으로 노년기의 인생구조의 기반을 마련하는 시기

■ 전환기

- 현재의 인생구조를 재평가하여 종결하고 그 다음 국면을 위해 준비하는 단계
- 각 전환기마다 그 다음의 안정적인 인생구조를 준비하기 위한 독특한 과제에 대해 다양한 가능성과 대안을 탐색하는 단계
- 전환기는 갈등이나 혼란을 겪을 수 있는 불안정한 시기

■ 펙(Peck)의 성인기 발달과제와 이슈

- 지혜에 가치부여 vs 물리적 힘에 가치부여
- 대인관계의 사회화 vs 성역할화
- 정서적 유연성 vs 정서적 빈곤성
- 정신적 유연성 vs 정서적 경직성

■ 성인기 인지변화

- 단기기억력은 약화되지만 장기기억력에는 변화가 없고, 오랜 인생의 경험에서 터득한 지혜 때문에 문제해결능력은 높아짐
- 유동성 지능은 10대 후반에 절정에 도달하고 성년기에는 중추신경 구조의 점차적인 노화로 인해 감소하기 시작
- 결정성 지능은 교육이나 경험의 축적된 효과를 반영하므로 생의 말기까지 계속 증가
- 기계적 지능은 연령이 증가하면서 감소
- 실재적 지능은 문화적 요인이 영향을 미치므로 결정성 지능과 마찬가지로 연령이 증가하더라도 감소하지 않음

■ 성인기 사고

문제발견적 사고	아르린(Arlin)	창의적 사고, 확산적 사고, 새로운 문제해결 방법의 발견 등
변증법적 사고	리겔(Riegel)과 바세체스(Basseches)	어떤 사실이 진실일 수도 있고, 아닐 수도 있음을 받아들이는 것
다원론적 사고	시노트(Sinnott)와 페리(Perry)	지식이란 절대적이고 고정 불변의 것이 아니라, 여러 개의 타당한 견해 중 하나일 수 있다는 사실을 이해함
후형식적 사고	크레이머(Kramer)	지식은 절대적인 것이 아니고 상대적이며 모순을 현실세계의 기본 양상으로 받아들임

■ 은퇴의 단계

퇴직 전 단계 → 밀월단계 → 환멸단계 → 방향 재정립단계 → 안정단계 → 종결단계

■ 노년기의 발달에 관한 펙(Peck)의 3가지 이슈

- 자아분화 vs 직업역할에 대한 몰두 : 은퇴에 대한 대처, 자기가치 재평가
- 신체 초월 vs 신체 몰두 : 건강 및 외모의 변화에 대한 적절한 대처
- 자아 초월 vs 자아 몰두 : 인생의 종합 및 죽음을 초월한 이상적·종교적인 삶

■ 퀴블러로스(Kubler-Ross)의 죽음에 대한 태도

부정단계	자신이 곧 죽는다는 사실을 부인
분노단계	자신의 죽음에의 이유를 알지 못하여 주위 사람들에게 질투, 분노를 표출
타협단계	죽음을 받아들이기 시작하며 인생과업을 마칠 때까지 생이 지속되기를 희망
우울단계	이미 죽음을 실감하기 시작하며 극심한 우울상태에 빠짐
수용단계	절망적인 단계로 거의 감정이 없는 상태

■ 노인학대 유형 및 학대행위

학대유형	개념	학대행위의 예시
신체적 학대	신체의 상해, 손상, 고통, 장애를 유발할 수 있는 물리적 힘에 의한 폭력적 행위	때리기, 치기, 밀기, 차기, 화상, 신체의 구속, 멍, 타박상, 골절, 탈구 등을 가하는 것
정서적·심리적 학대	정신적 또는 정서적인 고통을 주는 것	모멸, 겁주기, 자존심에 상처 입히기, 위협, 협박, 굴욕, 어린애 취급하기, 의도적인 무시, 멸시, 비웃기, 대답 안 하기, 고립시키기, 짓궂게 굴기, 감정적으로 상처 입히기 등
언어적 학대	언어로 정신적인 고통을 주는 것(정서적 학대에 포함)	욕설, 모욕, 협박, 질책, 비난, 놀림, 악의적인 놀림 등
성적 학대	노인의 동의가 없는 모든 형태의 성적 접촉 또는 강제적 성행위를 하는 것	노인의 동의 없이 옷을 벗기는 것, 기타 성적 행위를 하는 것

재정적·물질적 학대		자금·재산·자원의 불법적 사용 또는 부당한 착취, 오용 및 필요한 생활비 등을 주지 않는 것	재산이나 돈의 악용, 훔치기, 경제적으로 의존하기, 함부로 사용하는 것, 무단으로 사용하는 것, 허가 없이 또는 속이고 자기 명의로 변경하는 것, 무단으로 신용카드나 소유물을 사용하는 것, 연금 등의 현금을 주지 않거나 가로채서 사용하는 것, 노인 소유의 부동산을 무단으로 처리하는 것, 경제적으로 곤란한 노인에게 생활비·용돈 등을 주지 않는 것
방임	적극적 방임	의도적으로 서비스나 수발을 제공하지 않는 것 또는 보호의무의 거부, 불이행	일상생활에 필요한 것(식사, 약, 접촉, 목욕 등) 주지 않기, 생활자원 주지 않기, 신체적인 수발이 필요한 사람 수발 안 하기, 보호가 필요한 사람 보호 안 하기, 의도적으로 필요한 보건·복지·의료서비스의 이용을 거부하는 것, 노인에게 필요한 의치·안경을 빼앗는 것, 복용해야 할 약을 복용시키지 않기
	소극적 방임	비의도적으로 서비스나 수발을 제공하지 않는 것 또는 보호의무의 거부, 불이행	노인을 혼자 있게 하기, 고립시키기, 존재조차 잊어버리기, 수발자가 비의도적으로 적절한 보호를 하지 않거나 방치한 결과 신체적·정신적 고통이나 건강의 악화가 일어난 것, 수발자의 쇠약 또는 체력 부족·역량 부족·지식 부족으로 적절한 수발과 보호가 이루어지지 않았거나 보건·복지·의료서비스에 대한 인식 부족으로 서비스를 이용하지 않아서 케어가 제공되지 않은 경우
자기 방임	적극적 자기 방임	본래 자기가 해야 할 신변의 청결, 건강관리, 가사 등을 본인이 할 수 있는 능력이 있어도 스스로 포기하여 하지 않은 결과, 심신에 건강상의 문제가 생기는 것	스스로 의식적으로 식사와 수분을 섭취하지 않거나, 질병으로 인한 식사제한을 지키지 않거나, 필요한 치료와 약 복용을 중지한 결과 건강상태가 악화된 경우 등
	소극적 자기 방임	기본적인 일상생활을 본인의 체력·지식·기능 부족 또는 어떤 사정으로 인해 본인도 모르는 사이에 못하게 된 결과 신체 및 심리적 기능에 문제가 발생하는 것	자신의 체력, 지식, 능력의 부족 또는 기타의 사정으로 자신도 모르게 신변의 청결, 건강관리, 가사 등을 수행하지 못함으로써 심신의 건강상의 문제가 일어나는 것

■ 노인학대 이론

의존성이론	노화로 인한 기능의 저하와 사회적·심리적 변화로 타인의 지원을 요하는 의존성이 증가되어 학대가 발생한다고 봄
생태학적 접근이론	노인 개인의 특성, 가해자의 특성, 가족관계의 역동 및 지역사회 특성이 상호작용하여 학대가 발생한다고 봄
가정폭력적 접근이론	동거 가족뿐 아니라 같은 가구 내에서 생활하는 근친을 포함한 모든 가족 구성원들 간의 물리적·정신적 폭력 행위의 학습으로 인해 학대가 발생한다고 봄
사회학습이론	폭력행위를 모방함으로써 새로운 공격행동 기술을 습득하고 공격행위에 대한 양심의 가책이나 죄의식 없이 폭력을 사용하므로 학대가 발생한다고 봄
심리병리적 이론	가해자가 가진 문제에 초점을 두고 학대를 이해하는 관점
상황적 모델	학대의 원인을 가해자와 노인을 둘러싸고 있는 직접적인 환경으로 봄
상징적 상호작용이론	자아와 타자 사이의 상호작용 안에서 교환되는 상징 및 의미가 중요하다고 봄 예 노인은 무력한 존재

SD에듀와 함께, 합격을 향해 떠나는 여행

기출복원문제

출/제/유/형/완/벽/파/악/

교육은 우리 자신의 무지를 점차 발견해 가는 과정이다.

– 윌 듀란트 –

※ 본 문제는 다년간 독학사 심리학과 2단계 시험에서 출제된 기출문제를 복원한 것입니다. 문제의 난이도와 수험경향 파악용으로 사용하시길
권고드립니다. 본 기출복원문제에 대한 무단복제 및 전제를 금하며 저작권은 SD에듀에 있음을 알려드립니다.

01 발달의 연구방법 중 구조화된 면접법에 대한 설명으로 옳지
않은 것은?

① 비숙련 직무분석가도 활용할 수 있다.
② 일관성과 신뢰성이 있다.
③ 심층적인 정보를 얻을 수 있다.
④ 면접 결과에 대한 비교가 쉽다.

01 구조화된 면접법이란 면접을 위한 질문, 내용, 순서 등이 사전에 구체적으로 계획된 대로 진행되는 방법이다. 구조화된 면접법에서는 구조화된 질문지 내용으로만 질문하기 때문에 심층적인 정보를 얻기는 어렵다.

02 다음과 같은 연구설계방법의 장점으로 옳은 것은?

> 청소년기의 가족 간 유대관계를 조사하기 위해 중학교 입
> 학부터 졸업까지 3년 동안 매년 동일 대상을 상대로 추적조
> 사를 하였다.

① 횡단적 연구설계는 연령에 따른 개인의 변화를 알 수 있다.
② 횡단적 연구설계는 한 개인 혹은 집단의 시간에 따른 발달
변화를 알 수 있다.
③ 종단적 연구설계는 비교적 쉽고 빠르게 조사할 수 있어서
시간과 비용에서 경제적이다.
④ 종단적 연구설계는 개인을 반복 측정함으로써 연령에 따른
변화과정을 알 수 있다.

02 횡단적 연구설계는 개인의 차이가 불분명하여 연령에 따른 개인의 변화를 알기 어려우나, 비교적 쉽고 빠르게 조사할 수 있어 시간과 비용 면에서 경제적이다. 종단적 연구설계는 한 개인 혹은 집단의 시간에 따른 발달 변화를 살펴보므로 변화양식을 추적할 수 있다.

정답 01 ③ 02 ④

03 애착이론은 존 보울비(J. Bowlby)가 그 토대를 마련하였으며, 메리 에인스워드(M. Ainsworth)는 애착이론의 기본 개념을 강화하며 '안전기지'라는 개념을 소개하였다.

03 다음 사례와 관련된 내용으로 옳지 <u>않은</u> 것은?

> 엄마와 놀이를 지속적으로 한 아동은 긍정적인 정서가 높다(정적 상관)고 한다.

① 영아의 정상적인 감정과 사회성 발달을 위해서는 주 양육자와의 관계가 중요하다.
② 영아들은 6~24개월 사이에 애착관계를 형성한다.
③ 애착패턴으로는 안정애착, 불안정-회피애착, 불안정-저항애착, 불안정-혼돈애착이 있다.
④ 프로이트는 애착이론의 기본 개념을 강화하며 '안전기지'라는 개념을 소개했다.

04 ①·② 상관설계는 두 개 이상의 변인 간 관계를 살펴보기 위해 자료를 수집하며, 환경을 인위적으로 조작하지 않는다.
③ 상관설계는 인과관계를 밝히는 데는 한계가 있는 연구설계이다.
④ 특정 경험이 있는 소수의 사례를 기술하고 분석하는 것은 질적 연구이다.

04 다음 중 상관설계에 대한 설명으로 옳은 것은?
① 상관설계는 두 개 이상의 변인 간 관계를 살펴보기 위해 자료를 수집한다.
② 상관설계는 환경을 인위적으로 조작하여 실험한다.
③ 상관설계는 인과관계를 밝히는 데 탁월하다.
④ 상관설계는 특정 경험이 있는 소수의 사례를 상세하게 기술하고 분석한다.

정답 03④ 04①

05 다음 내용에서 괄호 안에 공통으로 들어갈 용어로 적절한 것은?

> 발달의 (   )는 특정 그 어느 때보다 활발하고 수월하게 최적의 발달이 이루어지는 특별한 시기를 말한다. (   )는 대부분 생의 초기에 집중되어 있으며, 이 시기의 발달에 문제가 생길 경우 향후 발달에 부정적인 영향을 미칠 수도 있다. 아동 발달에 있어 '감정조절, 청각, 시각' 등은 3세를 기준으로 (   )에 급격히 감소하나, '수에 관한 감각, 사회적 기술' 등은 취학 후에도 유지된다.

① 가소성
② 민감기
③ 감정기
④ 발달기

06 다음 사례는 브론펜브레너(Bronfenbrenner)의 생태학적 체계 이론에서 무엇과 관련이 있는가?

> 철수는 최근 유행하는 챌린지를 꾸준히 연습하여 지난달에 열린 지역축제에 참여하여 선보였다. 이후 촬영된 챌린지를 SNS에 올렸는데, 그 결과 무려 3천 명에게서 좋다는 반응을 받았다. 자신이 사는 지역사회에 일원으로 기여한 것 같아서 기분이 좋았다.

① 미시체계
② 시간체계
③ 외체계
④ 거시체계

05 아동 발달의 민감기는 최적의 발달이 이루어지는 특별한 시기를 말하며, '감정조절, 청각, 시각' 등은 3세를 기준으로 급격히 감소하나 '수에 관한 감각, 사회적 기술' 등은 취학 후에도 유지된다.

06 브론펜브레너의 생태체계 이론은 다섯 가지 환경 체계로, 개인의 가장 가까이에 존재하는 미시체계는 가족, 학교, 또래 등으로 구성된다. 중간체계는 미시체계 간의 상호작용이 일어나는 영역이다. 외체계는 사회체제나 대중매체, 지역사회 등 개인에게 간접적인 영향을 미치는 환경을 뜻한다. 거시체계는 개인이 속한 문화의 이데올로기 등을 포함한다. 마지막으로 시간체계는 이러한 생태환경이 개인의 시간 흐름에 따라 발생한다는 것을 보여 준다.

정답 05 ② 06 ③

07 ① 에릭슨은 내적 본능과 사회문화적 요구가 상호작용함에 따라 성격이 발달한다고 보았으며, 특히 자아를 강조하였다.
② 에릭슨의 자율성 대 수치심의 단계는 프로이트의 항문기에 해당하는 시기이다.
④ 프로이트는 총 5단계의 발달단계를 제시하였다.

07 에릭슨의 심리사회이론에 대한 설명으로 옳은 것은?

① 발달은 내적 본능과 사회문화적 요구가 상호작용한 것이라고 보며, 초자아의 기능을 중시하였다.
② 에릭슨의 자율성 대 수치심의 단계는 프로이트의 구강기에 해당하는 시기이다.
③ 인간의 발달을 8단계로 나누고, 각 단계별 심리사회적 위기와 발달과업을 제시하였다.
④ 프로이트도 에릭슨과 함께 8단계의 발달단계를 제시하였다.

08 프로이트는 발달단계를 '구강기, 항문기, 남근기, 잠복기, 생식기'의 5단계로 나누었으며, 프로이트의 '잠복기'는 에릭슨의 인간발달단계에서 '학령기'에 해당한다.

08 프로이트의 인간발달단계 중 '잠복기'에 해당하는 에릭슨의 인간발달단계는 무엇인가?

① 유아기
② 학령전기
③ 학령기
④ 청소년기

09 제시된 내용은 피아제의 발달단계 중 구체적 조작기와 관련이 있다. 구체적 조작기는 정신적 조작을 통해 체계적인 사고를 할 수 있으며, 논리적 사고가 가능해지는 시기이다. 이 시기에는 '보존, 분류, 서열' 개념을 확립한다.

09 다음 내용에 해당하는 피아제의 발달단계는?

- 모양이 바뀌어도 질량이 같다는 것을 안다.
- 정신적 조작을 할 수 있다.
- 색이나 모양과 같은 지각적 특성에 의존하여 분류할 수 있다.
- 눈에 보이는 특성을 넘어 대상 간의 관계성을 고려하여 분류할 수 있게 된다.

① 형식적 조작기
② 전조작기
③ 구체적 조작기
④ 감각운동기

정답 07 ③ 08 ③ 09 ③

10 다음 내용에 해당하는 증후군은 무엇인가?

> • 성염색체 이상으로, 1개가 없다.
> • 여성에게만 영향이 있다.
> • 불임 가능성이 높다.

① 페닐케톤뇨증(Phenylketonuria)
② 에드워드증후군(Edward syndrome)
③ 터너증후군(Turner syndrome)
④ 클라인펠터증후군(Klinefelter syndrome)

11 신생아의 반사행동에 대한 설명으로 옳은 것은?

① 반사행동이란 태어나면서부터 외부의 자극에 의식적으로 반응하는 행동이다.
② 모로반사는 갑자기 큰 소리가 나면 팔을 폈다가 안쪽으로 움츠리는 행동을 말한다.
③ 바빈스키반사는 발바닥을 만지면 발가락을 가지런히 모으는 행동을 말한다.
④ 빨기반사는 자기 발가락을 계속 빠는 행동을 말한다.

12 정상발달 영아의 지각능력에 대한 설명으로 옳은 것은?

① 깊이지각은 물체의 깊이를 지각할 수 있는 능력으로, 영아기에 형성된다.
② 패턴지각에는 사물의 크기를 안정적으로 인식하는 안정지각과 대조민감성이 있다.
③ 감각 간 지각은 서로 다른 자극을 변별하여 감각의 지각적 특성을 확인하는 능력이다.
④ 유아들은 기어 다닐 수 있을 때 시각절벽을 피할 수 없다.

10 제시된 내용은 터너증후군과 관련이 있다. 터너증후군은 23번, 즉 성염색체에 결실 등의 문제가 생겨 발생하는 유전질환으로, 여성에게서 나타난다. 외견상 여성이지만 2차적 성적 발달이 없고, 목이 매우 두껍다.

11 ① 반사행동이란 태어나면서부터 외부의 자극에 무의식적으로 반응하는 행동이다.
③ 바빈스키반사는 신생아의 발바닥을 간질이면 발가락들을 부채 모양으로 펼치는 것을 말한다.
④ 빨기반사는 집게손가락을 입 근처에 가져가면 빠는 행동을 말한다.

12 ② 영아기에는 깊이지각과 패턴지각이 발달한다. 깊이지각에는 '운동 깊이지각, 쌍안의 깊이지각, 회화적 깊이지각'이 있고, 패턴지각에는 대조민감성과 안면지각이 있다.
③ 감각 간 지각은 한 감각을 통해 친숙해진 자극을 다른 감각으로 알아낼 수 있는 능력이다.
④ 유아들은 기어 다닐 수 있을 때 시각절벽을 피할 수 있다. 깊이를 지각하고 이에 따른 공포를 경험하기 때문이다.

정답 10 ③ 11 ② 12 ①

13 수초화는 태내 약 4개월경부터 시작되어, 2세경에 정점에 이른다.

13 다음 중 수초화에 대한 설명으로 옳지 <u>않은</u> 것은?

① 신경섬유가 수초라는 덮개에 의해 둘러싸이는 과정이다.

② 뇌와 신체의 다른 부분 사이에 신경충동이 더 효율적으로 빠르게 흐를 수 있도록 돕는 역할을 한다.

③ 어떤 뇌의 영역은 사춘기까지도 완전한 수초화가 이루어지지 않는다.

④ 수초화는 출생과 동시에 시작되어 만 2세에 최고조에 달한다.

14 대뇌는 임신 5주부터 생성되고, 7주부터 이동 및 피질을 형성하며, 축색과 수상돌기를 통해 연결된다.

14 대뇌발달에 대한 설명으로 옳지 <u>않은</u> 것은?

① 시냅스 생성은 생득적 결정으로, 영역마다 형성 시기가 다르다.

② 대뇌피질은 기억, 집중, 사고, 언어, 각성 및 의식 등의 기능을 수행한다.

③ 대뇌는 임신 10주부터 생성되고, 7주부터 이동 및 피질을 형성한다.

④ 대뇌국소화는 대뇌의 오른쪽과 왼쪽 양반구가 서로 구분되어 다른 기능을 하는 것을 말한다.

15 임신 30주 정도가 지나야 신경계 조절능력이 갖춰져서, 조산아의 생존이 가능하다.

15 태내기 발달에 대한 설명으로 옳지 <u>않은</u> 것은?

① 임신 16주경이 되면 산모는 태아의 움직임을 알 수 있다.

② 터너증후군, 클라인펠터증후군은 염색체 이상으로 나타난다.

③ 일반적으로 임신 5개월 혹은 20주가 되면 조산아의 생존이 가능하다.

④ 배아기는 수정 후 2~8주 사이를 말한다.

정답 13 ④ 14 ③ 15 ③

16 다음 사례와 관련 있는 피아제의 이론은 무엇인가?

> 영희는 가족과 함께 동물원에 갔는데, 사슴을 처음 본 영희는 집에 있는 강아지를 떠올리며 "뿔 달린 강아지"라고 말했다.

① 도식
② 조절
③ 동화
④ 평형

17 피아제의 발달단계에 따를 경우, 5세 아동의 인지특성으로 옳지 <u>않은</u> 것은?

① 물활론적 사고
② 추상적 사고
③ 상징적 사고
④ 직관적 사고

18 다음 사례에 해당하는 것은 무엇인가?

> 생후 5개월 된 희수는 여러 모양의 도형 중 동그라미를 골라 쌓아 올리기 시작하였다. 지켜보던 엄마가 희수에게 세모를 건네주자 한번 힐끗 보고는 세모를 던져버리고 다시 동그라미를 집어 들었다.

① 단일성
② 추상화
③ 지각적 범주화
④ 범주위계

16 동화는 새롭게 들어오는 정보를 기존에 가지고 있는 도식에 따라 해석하는 것이다.
① 도식은 이해의 틀을 말한다.
② 조절은 새로운 자극이 도식에 맞지 않을 때 기존의 구조를 변형시키는 것이다.
④ 평형은 새로운 자극을 충분히 받아들이고 기존의 것과 안정성을 이루려는 시도이다.

17 피아제의 발달단계에 따르면 2~7세는 전조작기에 해당한다. 전조작기는 '상징적 사고, 비가역적 사고, 물활론적 사고, 직관적 사고'가 특징이다.

18 지각적 범주화(perceptual categorization)는 형태와 색깔에 따라 대상을 분류하는 것으로, 생후 3~4개월 된 영아도 지각적 범주화가 가능하다. 월령이 증가함에 따라 형태 개념이 발달하는데, 영아의 형태 개념은 '동그라미, 네모, 세모'의 순으로 형성된다.
④ 범주위계(category hierarchy)는 대상을 상·하위의 관계로 범주화하는 것으로, '상위 수준, 기초 수준, 그리고 하위 수준'으로 구분된다.

정답 16 ③ 17 ② 18 ③

19 반두라의 관찰학습은 환경적 자극에 대한 반응을 통해 학습하는 것이 아니라 카인의 행동을 관찰함으로써 학습하는 것이다. 관찰학습의 과정은 '주의집중 → 보존(기억) → 운동재생 → 동기화(자기강화)' 순으로 진행된다.
① 주의집중과정 : 모델에 주의를 집중하는 과정
② 보존(기억)과정 : 반응패턴을 상징적 형태로 기억 속에 표상하는 과정
④ 동기화과정 : 강화를 통해 학습한 행동을 수행할 가능성을 높이는 과정

19 반두라의 사회학습이론과 관련하여 관찰학습의 과정에 대한 설명으로 옳은 것은?

① 주의집중과정은 관찰학습의 마지막 단계로 모방할 행동의 특징을 지각하는 과정이다.

② 보존과정은 기억한 것을 망각하여 인지하지 못하는 것이다.

③ 운동재생과정은 모델의 행동에 주의하고 파지한 후 학습자가 모델처럼 행동하기 위해 여러 번의 시도를 통해 모방하며 운동재생에 노력하는 것이다.

④ 동기화과정에서는 학습자가 보상 없이도 기억한 것을 행동하려 한다는 것이다.

20 ① 결정성 지능은 성인기 동안 서서히 상승하여 60~70세까지도 비교적 조금씩 증가하며, 감퇴율이 적고 경험의 축적에 의해 결정될 가능성이 크다.
② 유동성 지능은 유전적·신경생리적 요인으로, 학습이나 연습으로 발달하거나 증가하지 않는다.
③ 선천적으로 타고난 지능으로 사회문화의 영향을 적게 받는 것은 유동성 지능이다.

20 카텔의 유동성·결정성 지능에 대한 설명으로 옳은 것은?

① 결정성 지능은 성인기 동안 서서히 감소하며, 뇌손상이나 노령화의 영향을 잘 받는다.

② 유동성 지능은 유전적·신경생리적 요인으로, 학습이나 연습으로 발달한다.

③ 결정성 지능은 선천적으로 타고난 지능으로, 사회문화의 영향을 적게 받는다.

④ 유동성 지능은 자동적으로 수행할 수 없는 새로운 과제를 만날 때 복합적인 정보를 사용하는 능력이다.

정답 19 ③ 20 ④

21 다음 내용에서 밑줄 친 3가지 지능에 해당하지 <u>않는</u> 것은?

> 스턴버그는 사회적 상황이나 일상생활에서 필요한 능력으로, 타인과의 원활한 소통 및 협력 및 적절한 대응에 필요한 능력을 성공지능이라 하였다. 성공지능을 위해 필요한 <u>3가지 지능</u>은 미래 진로 및 학습전략에도 중요한 역할을 한다.

① 분석적 지능
② 창의적 지능
③ 통합적 지능
④ 실제적 지능

22 다음 사례에 해당하는 것은 무엇인가?

> 엄마는 아이가 늦잠을 자서 학교에 안 가는 일이 많아지자, 아침에 일어날 때까지 잔소리를 했다. 아이는 엄마의 잔소리가 듣기 싫어서 일찍 일어나게 되었다.

① 정적 강화
② 부적 강화
③ 정적 처벌
④ 부적 처벌

21 스턴버그(Sternberg)의 삼원지능이론은 성공지능이론이라고도 하며, '분석적, 창의적, 실제적 지능'의 상호작용을 통해 다양한 환경에서의 성공적 적응과 문제해결능력을 높인다고 보았다.

22 행동 경향성을 줄이기 위해 어머니가 사용한 것은 '잔소리'이다. 잔소리는 '처벌'의 성격이고, 잔소리하는 것은 '정적'이다. 따라서 처벌 성격의 잔소리를 하는 것은 정적 처벌이다.

> ※ 이런 유형의 문제를 해결하기 위해서는, 주어진 지문을 분석하여 구조화하는 것이 필요하다.
> • 엄마는 아이가 늦잠자고 학교에 안 가는 행동(a)을 없애기 위해, 잔소리(b)를 했다.
> • 아이는 잔소리가 듣기 싫어서(b), 아침에 일찍 일어난다(c).
> • (a)를 (c)로 변화시키기 위해 (b)의 작용을 주는 것이다.
> • (b)는 정적 작용을 하고, 처벌의 성격이다.

정답 21 ③ 22 ③

23 정교화는 서로 관계가 없는 정보, 즉 같은 범주에 속하지 않는 기억재료 사이에 관계를 설정해 주는 전략이다.
    ① '인출'은 저장된 정보들 중 필요한 정보를 인출하기 위한 기억전략이다.
    ② '시연'은 기억해야 할 정보를 여러 번 반복해서 암송하는 전략이다.
    ③ '조직화'는 기억하려는 정보를 서로 관련 있는 것끼리 묶어서(범주나 집단으로 분류하여) 기억의 효율성을 높이려는 전략이다.

23 다음 사례에 해당하는 기억전략은 무엇인가?

> '보라색', '책상', '연필'이라는 단어를 기억하기 쉽게 하려고, 철수는 "책상 위에 보라색 연필이 있다."라는 문장을 만들어 기억했다.

① 인출
② 시연
③ 조직화
④ 정교화

24 '사회적 참조'란 다른 사람의 표정을 보고 상황에 대한 정보를 얻는 것을 의미한다. 사회적 참조에 관한 대표적인 예인 '시각절벽' 실험에서 아이는 엄마의 표정에 따라 행동을 달리한다. 하버드 대학(Harvard University)의 에드워드 트로닉(Edward Tronick) 박사는 엄마의 무표정이 아이에게 어떤 영향을 주는지 알아보는 '무표정의 경험(Still Face Experiment)'이라는 실험을 하기도 했다.

24 다음 실험의 내용과 관련 있는 것은?

> 아이가 유리판으로 덮은 다리를 건너려고 할 때, 무표정한 엄마의 얼굴을 보고서 건너지 않고 되돌아갔다.

① 시각통합
② 시각 간 지각
③ 형태항상성
④ 사회적 참조

정답 23 ④ 24 ④

25 다음 중 애착에 대한 설명으로 옳은 것은?

① 낯선 사람과 자신을 주로 돌봐주는 친숙한 양육자에게 다르게 반응하는 시기를 전애착 단계라고 한다.

② 애착장애의 유형은 억제형과 탈억제형으로 나뉘며, 탈억제형은 사회관여 장애로 부적절한 친밀감을 나타낸다.

③ 양육자가 사라졌다 다시 돌아와도 달려가지 않고 시선을 돌리거나 피하는 반응을 보이는 것을 저항애착이라고 한다.

④ 애착이론은 1950년대 널리 퍼진 행동주의 및 정신분석이론에 대응하여 심리학자인 피아제(Piaget)에 의해 제시된 이론이다.

26 정서표현발달에 대한 설명으로 옳지 <u>않은</u> 것은?

① 1차 정서는 출생 후부터 7개월까지 보편적으로 나타나는 선천적 정서로, '기쁨, 슬픔, 놀람, 분노, 공포'와 같은 것이다.

② 공포는 생후 2년 후반부터 나타나기 시작한다.

③ '분노'는 4개월경에 노여움으로 나타나며, 2세경에 최고조에 이른다.

④ 18개월 이후에 나타나는 2차 정서는 자기의식적, 평가적 정서라고 불린다.

27 토마스와 체스의 기질의 하위차원에 해당하지 <u>않는</u> 것은?

① 활동성
② 규칙성
③ 적극성
④ 기분

---

25 ① 전애착 단계는 출생부터 6~8주 가량의 시기로, 친숙한 사람을 선호하지만 주 양육자가 떨어져 있어도 괴로움을 나타내지 않는 단계이다.
③ 양육자가 한 공간에 함께 있어도 멀리 떨어져 있거나 낯선 환경에 놓여도 별 반응을 보이지 않는 것을 회피애착이라고 한다.
④ 애착이론은 보울비(Bowlby)에 의해 제시된 이론이다.

26 공포는 생후 6개월경에 나타나며, 불안과 밀접한 관련이 있다.

27 토마스와 체스(Thomas & Chess)는 기질 특성을 9가지 차원으로 설명하였고, 9개의 기질 차원에 대한 평가에 기초하여 영아의 기질을 순한 기질, 까다로운 기질, 느린 기질로 분류하였다. 9개의 기질 차원은 '활동성, 규칙성, 접근/회피, 적응성, 반응강도, 반응역치, 기분, 주의산만성, 주의력/지속성'이다.

정답 25 ② 26 ② 27 ③

28 불안정 저항애착은 자기부정–타인긍
정적이며, 타인에게 의존하려는 성향
이 강하다.
② 안정애착은 자기긍정–타인긍정
적이며, 관계적이다.
③ 불안정 회피애착은 자신에게는
긍정적이나 타인에게는 부정적이
고, 관계는 회피적으로 나타난다.
④ 불안정 혼돈애착은 자기부정–타
인부정적이며, 대인관계에서 회
피와 집착을 모두 보인다.

28 다음 내용에서 괄호 안에 들어갈 적절한 용어를 순서대로
고른 것은?

1세 영아의 10% 정도가 불안정애착 중 하나인 저항애착을
보인다. 저항애착은 엄마와 떨어지지 못하고 항상 가까이
있으려고 하며, 엄마와 격리되면 심하게 고통스러워한다.
엄마가 돌아오면 자기를 혼자 남겨 둔 것에 대해 화를 내며
엄마 곁에 있으려고 하지만, 엄마가 만지려고 하면 뿌리치
며 양가 반응을 보인다. 저항애착은 자기에게는 (㉠),
타인에게는 (㉡), 성인기에는 (㉢) 성향을 보인다.

	㉠	㉡	㉢
①	부정적	긍정적	의존적
②	긍정적	긍정적	안정적
③	긍정적	부정적	회피적
④	부정적	부정적	양가적

29 ① 학습된 무력감은 위축감과 무능
감이 발달한다.
② 비정상적인 발달로, 영아의 사회
적 신호에 반응하는 사람이 없을
때 발생한다.
③ 양육자의 관심을 끌어내려는 과
정에서 소용이 없으면 발생한다.

29 학습된 무력감이 있는 아동에 대한 설명으로 옳은 것은?
① 지속적인 경험으로 위축감과 유능감이 발달한다.
② 정상적 발달의 과정으로, 사회적 신호로 인해 발생한다.
③ 양육자의 관심과는 무관하게 발달한다.
④ 절망감과 수치심에 휩싸이고 아무도 자신에게 도움을 줄 수
없다고 생각하여 도움을 구하지도 않는다.

정답 28 ① 29 ④

30 다음 중 마음이론에 대한 설명으로 옳은 것은?

① 마음은 마음이라는 실체를 통해 행동에 제약을 준다.

② 마음은 이론으로 정립한 뒤에 감정 과정을 거친다.

③ 마음은 행동의 원인으로 기능하고, 행동을 예측하는 데 사용할 수 있다.

④ 마음과 내용은 직접 관찰될 수 없기에 그 무엇으로도 추론할 수 없다.

30 ① 마음은 실체가 없으며 행동에 영향을 준다.
② 마음은 감정 과정을 거친 뒤에 이론으로 정립한 것이다.
④ 마음과 내용은 직접 관찰될 수 없기에 마음의 존재 양상과 본성은 추론될 수밖에 없다.

31 다음 사례는 마샤의 자아정체감 이론에서 어느 상태에 해당하는가?

> 29세의 김군은 부모님이 하시는 식당을 운영하라고 하자, 요리에 소질이나 관심도 없고 식당 운영에도 별다른 관심이 없으면서도 고민하지 않고 그냥 하겠다고 했다.

① 정체감 혼미

② 정체감 유실

③ 정체감 유예

④ 정체감 성취

31 정체감 유실은 위기를 경험하지 않은 채 잘못된 정체감을 가지고 있어, 부모의 성향이나 태도를 그대로 받아들이는 상태이다.
① 정체감 혼미는 아직 특별한 정체감을 가지지 않은 상태로 위기와 관여를 경험하지 않은 상태로, 정체감을 위해 아무런 노력도 하지 않는 상태이다.
③ 정체감 유예는 현재 정체감 위기나 변화를 경험하면서 정체감 확립을 위해 노력하는 상태를 말한다.
④ 정체감 성취는 삶의 목표와 가치, 진로와 직업, 인간관계 등 위기를 경험하고 대안을 탐색하며 자아정체감을 확립한 상태이다.

32 다음 중 청소년기 사고의 특징으로 옳은 것은?

① 몸이 커지면서 스스로 어른이라고 생각하는 시기이다.

② 자신은 다른 사람과 다르다고 생각한다.

③ 삶에서 마주치는 많은 문제 상황을 극복해 가며 포용하는 시기이다.

④ 문제 발견의 사고단계가 창의적, 확산적, 새로운 문제해결 방법의 발견으로 특징된다.

32 청소년기에는 자신이 다른 사람과 다르다고 사고한다.
① 청소년기는 '몸은 커서 어른 같은데, 아직 아이인가'라는 혼란에 빠지는 시기이다.
③·④ 성인기의 특징이다.

정답 30 ③ 31 ② 32 ②

33 ① 콜버그의 도덕성 발달단계 이론은 성인기까지 확장했다.
③ 개인의 욕구를 충족하면 그것으로 옳다는 사고는 도덕적 상대주의 지향의 전인습적 수준이다.
④ 인습적 수준의 법과 질서 지향에 있어서 사고의 법률적 예외를 인정하지 않는다.

33 콜버그의 도덕성 발달단계 이론에 대한 설명으로 옳은 것은?

① 콜버그의 도덕성 발달단계 이론은 청소년기까지를 말한다.

② 콜버그는 도덕성 발달이 인지능력의 발달과 무관하지 않다고 강조한다.

③ 개인의 욕구를 충족하면 그것으로 옳다는 사고는 대인관계의 조화를 지향한 인습적 수준이다.

④ 인습적 수준의 법과 질서 지향에 있어서 사고의 법률적 예외를 인정한다.

34 제시된 내용은 권위주의 양육과 관련 있다. 권위주의 양육(authoritarian parenting)은 애정은 낮지만, 통제가 높을 때 생기는 양육 유형이다. 이 유형의 부모는 아주 엄격하고, 아이에게 작은 어른이 될 것을 강요한다. 또한, 체벌을 사용하는 경우가 많으며, 아이의 감정을 존중하지 않고 통제를 우선시한다.

34 다음 내용과 관련 있는 부모의 양육태도는?

- 자녀의 요구에 대해 비교적 덜 수용적이며 참여 정도가 낮다.
- 자녀에게 많은 것을 요구하고 자녀의 행동을 통제한다.
- 자녀의 자율성을 인정하지 않는다.
- 자유가 없고 한계만 주어지는 양육방법으로, 독재자처럼 자녀를 통제한다.

① 무관심한 양육

② 권위주의 양육

③ 권위 있는 양육

④ 허용적 양육

35 노년기에 통합성을 이루면 큰 동요 없이 남은 인생을 평온하게 보내고, 죽음에 대해서도 유연하게 대처할 수 있다.

35 노년기 정서에 대한 설명으로 옳지 <u>않은</u> 것은?

① 자신의 삶에 의미와 만족과 보람을 느끼고 높은 수준의 인생철학을 발전시켜 통합성을 이룬다.

② 인생을 낭비하고 헛살았다는 느낌을 받아 절망과 우울감을 경험하고 죽음에 대한 불안을 느낀다.

③ 아무런 동요 없이 남은 인생을 평온하게 보내도 죽음에 대한 불안과 공포에서 벗어날 수 없다.

④ 노년기 신체적 기능의 감퇴에 대한 걱정과 몰두로 절망감에 빠진다.

정답 33 ② 34 ② 35 ③

36 아동의 품행장애에 지속해서 영향을 끼치는 요인으로 볼 수 있는 것은?

① 긍정적인 자아상
② 학교 부적응
③ 반사회적 성격장애
④ 부모의 폭력적인 태도

37 다음 내용과 관련 있는 노화이론은?

- 불안정한 산소 분자가 불안정하고 파괴적인 방식으로 DNA 및 다른 분자들과 반응
- 활성산소가 몸에 지나치게 축적되면서 세포막 구조를 공격하여 대사성 쓰레기 물질을 생성

① 세포시계(Cellular Clock)이론
② 진화(Evolutionary)이론
③ 자유기(Free-Radical)이론
④ 호르몬 스트레스(Hormonal Stress)이론

36 품행장애란 아동기나 청소년기에 나타나는 행동 및 정서장애로, 타인의 권리나 사회적 규범을 침해하는 지속적·반복적 행동의 패턴을 특징으로 한다. 아동기의 품행장애는 주로 정서결핍과 충동적 특징 등이 나타나는데, 정서결핍을 보이는 아동은 낮은 친사회적 정서, 후회나 죄책감의 부재, 무신경함, 피상적이고 결핍된 정서 등의 특징을 갖는다. 특히 아동기 품행장애는 청소년기에 발병한 품행장애보다 더 높은 수준의 정서결핍과 상관이 있으며, 이후 품행장애에서 더 심각하고 폭력적인 행동을 예측할 수 있다. 아동의 품행장애에 지속적인 영향을 주는 것은 부모요인으로 볼 수 있는데, 이는 가정환경 및 양육행동, 즉 부모의 이혼이나 재혼 등 가족구조 변화, 부모의 실업 등의 가족 스트레스, 부모의 정신질환이나 아동학대 또는 방임, 신체적·언어적 폭력 등의 요인과 연관이 깊다.
② 학교 부적응은 청소년기의 품행장애요인이다.
③ 반사회적 성격장애는 18세 이상에서 진단이 내려진다.

37 자유기이론은 세포가 에너지를 대사할 때 부산물로 '자유기'라고 하는 불안정한 산소 분자를 포함하는데, 나이가 들면서 항산화제 생산이 떨어지게 되므로, 이 때문에 노화가 일어난다고 본다.

정답 36 ④ 37 ③

38 기억장애에만 해당하는 것은 건망증이다. 알츠하이머는 뇌의 구조적·화학적 퇴화로 인해 기억을 포함하여 행동 및 인지능력이 점진적으로 상실된다.

38 알츠하이머에 대한 설명으로 옳지 않은 것은?

① 치매의 원인 중 가장 흔한 것으로 50~60%를 차지하며, 뇌 질환의 일종이다.

② 뇌의 구조적·화학적 퇴화로 인한 기억장애에만 해당한다.

③ 원인에는 뇌세포 손상, 유전적 요인, 환경적 요인 등이 있다.

④ 진행을 늦추는 약물치료, 적절한 영양, 운동, 기억훈련 등이 도움이 된다.

39 ① 나이가 들면서 단기기억력과 장기기억력이 모두 약화된다.
③ 노년기에 유동성 지능은 감소하지만, 결정성 지능은 생의 말까지 계속 증가한다.
④ 실재적 지능은 문화적 요인이 영향을 미치므로, 결정성 지능과 마찬가지로 연령이 증가해도 감소하지 않는다.

39 노화의 영향을 받는 기억에 대한 설명으로 옳은 것은?

① 나이가 들어감에 따라 장기기억은 떨어지나 단기기억은 그대로 유지된다.

② 노화성 인지감퇴는 기억력과 주의·집중력 저하로 나타난다.

③ 유동성 지능과 결정성 지능은 노화에 영향을 받으며 감퇴한다.

④ 실재적 지능은 나이가 들수록 감소한다.

40 ① 죽음을 받아들이는 타협단계 다음에는 우울단계를 거치게 된다.
② 자기 죽음의 이유를 알지 못하면 주변 사람들에게 질투와 분노를 표출하게 된다.
③ 노인학대 경험 여부와 관계없이 죽음을 받아들이는 과정은 일정한 단계를 거치게 된다.

40 다음 중 죽음에 대한 설명으로 옳은 것은?

① 죽음을 받아들이는 단계의 과제를 수행하면 바로 죽음을 수용할 수 있게 된다.

② 자기 죽음의 이유를 모르면 주위 사람들로부터 이유를 찾기 위해 자문하게 된다.

③ 노인학대 경험이 있으면 부정의 단계에서 바로 수용의 단계로 들어갈 수 있다.

④ 퀴블러로스는 죽음의 수용을 '부정-분노-타협-우울-수용'의 5단계로 설명하였다.

정답 38 ② 39 ② 40 ④

합격의 공식 SD에듀

SD에듀와 함께, 합격을 향해 떠나는 여행

제 1 장

발달심리학의 기초

교육이란 사람이 학교에서 배운 것을 잊어버린 후에 남은 것을 말한다.

– 알버트 아인슈타인 –

제 1 장 | 발달심리학의 기초

제1절 | 발달과 발달심리학

1 발달

(1) 개념

① 신체적·심리적·사회 정서적 요인의 상호작용에 따라 출생부터 사망에 이르기까지 전생에 걸쳐 나타난다.

② 체계적이고 연속적이며 변화에는 어떤 순서와 패턴이 있으며 비교적 지속적이다.

③ 외모, 생각, 행동 등과는 구별되고 제외되며, 일시적 기분변화나 약물, 피로에 의해 잠시 나타나는 변화는 제외된다.

④ 양적 증대와 기능이 유능해지고 원숙해지는 상승적 시기가 있고 기능이 약화되는 퇴행적 시기도 있다.

(2) 원리

① **분화와 통합의 과정**: 발달은 분화와 통합의 과정으로 진행된다.

② **개인차의 존재**: 발달에는 개인차가 존재하므로 발달의 속도나 진행 정도가 동일하지 않다.

③ **결정적 시기의 존재**: 신체발달 및 심리발달에는 발달이 가장 용이하게 이루어지는 가장 적절한 시기가 있다.

④ **유전 및 환경과의 상호작용**: 발달은 유전적 요인뿐만 아니라 외부로부터 받은 환경과의 상호작용으로 진행된다. 즉, 성숙과 학습에 의존한다.

⑤ **연속성**: 발달은 전 생애 동안 계속된다. 그러나 발달의 속도가 일정한 것은 아니다.

⑥ **점성원리**: 발달은 기존의 기초 위에서 다음 발달이 이루어지며 점성의 원리가 적용된다.

⑦ **일정한 순서 및 방향성**: 상부에서 하부로, 중심에서 말초부위로, 전체활동에서 특수활동으로, 미분화운동에서 분화운동으로 진행된다.

(3) 특성

① **기초성**: 발달의 과업이 대부분 초기에 이루어지므로, 이 시기에 지체가 이루어지는 경우 후일의 발달에 영향을 미친다.

② **적기성**: 어떤 발달과업을 성취하는 데는 결정적 시기가 있는데, 그 시기를 놓치면 다음 시기에 보충될 수 없다.

③ **불가역성**: 어떤 특정한 시기에 발달이 잘못되면, 이후 그것을 교정·보충하는 데 한계가 있다.

④ **누적성** : 유아의 성장·발달에 어떤 결손이 생기면, 그 결손은 다음 시기의 발달에 좋지 않은 영향을 주며, 이는 누적되어 회복을 더욱 어렵게 한다.

⑤ **상호관련성** : 발달의 여러 측면들은 서로 밀접하게 연관되어 있다.

(4) 발달과 유사한 개념

① **성숙(Maturation)** : 경험, 훈련 등의 환경보다 나이 드는 과정의 결과로, 유전적 특성에 의해 이루어지는 신체적·심리적 변화를 의미한다.

② **학습(Learning)** : 후천적 변화의 과정으로, 특수한 경험이나 훈련 또는 연습과 같은 외부자극이나 조건에 의해 개인이 내적으로 변하는 것을 의미한다.

③ **성장(Growth)** : 신체의 크기나 근육의 세기 등 양적 증가를 의미하며, 특히 신체의 변화를 설명할 때 주로 사용된다.

(5) 연령별 발달시기(최경숙 외, 2011 인용)

발달시기	기간
태내기	수정에서 출산할 때까지 만 9개월 동안
신생아기	출생부터 약 2주
영아기	신생아가 끝나는 시기부터 약 2세까지
유아기	영아기가 끝나는 시기부터 약 6, 7세(초등학교 입학 전까지)
아동기	유아기가 끝나는 시기부터 약 12, 13세까지의 초등학교 시기
청소년기	아동기가 끝나는 시기부터 약 22, 23세까지의 시기
성인 초기	청년기가 끝나는 시기부터 약 40세까지의 시기
성인 중기(중년기)	약 40세 이후부터 60~65세까지의 시기
성인 후기(노년기)	약 65세 이후

(6) 발달과업(발달과제)

① **개념**

하비거스트(Havighurst)는 발달과업을 인간발달의 각 단계마다 성취해야 할 과업으로 보았고 발달과업의 성공적인 성취가 이후의 삶에 행복과 성공을 가져오는 반면, 실패는 불행과 이후 과업에서의 장애와 부적응상태를 가져온다고 보았다.

② **개인생활 주기와 발달과업**

영아기	젖떼기, 걷기, 말하기 시작, 돌봐주는 사람에 대한 신뢰와 애착 형성
유아기	기본적 생활 습관 형성, 언어에 의한 의사소통
아동기	또래 친구들과 어울리기, 적절한 성역할 학습, 기본적 기능 익히기, 도덕성 가치관의 기초형성
청소년기	자아정체감 형성, 사회적으로 책임감 있는 행동수행, 가치체계확립, 가정을 이루기 위한 준비
장년기	건전한 가정의 형성 및 유지, 직업의 선택 및 유지, 자녀 출산과 양육, 노후 준비
노년기	건강관리, 배우자 사별에 대한 준비, 여가선용, 경제적 대책마련

2 발달심리학

(1) 개념

① 인간이 태어나 성장, 변화해 가는 과정과 법칙을 연구하는 분야이다.

② 연령이 증가함에 따라 발달의 변화를 객관적으로 정확히 기술하는 학문이다.

③ 각 연령단계에서 나타나는 평균적인 발달과정을 밝힌다.

④ 각 단계는 분리된 영역이 아니라 상호연관되어 있으며 전 생애 발달심리의 틀 속에서 연구되어야 한다.

⑤ 규준적 발달과 개별적 발달수준을 진단한다.

> **더 알아두기**
>
> • 규준적 발달 : 구성원을 특징짓는 발달적 변화, 전형적 발달패턴
> • 개별적 발달 : 발달 속도, 정도 또는 모든 방향에서의 개인적 발달

⑥ 개체의 시기에 따라 아동심리학, 청년심리학, 노년심리학으로 나누어 평생의 발달, 변화과정을 연구 대상으로 한다.

(2) 발달연구의 역사

① **17세기 이후**

17세기 전까지 아동은 심리적 측면에서 성인과 차이가 없는 성인축소판으로 여겨졌다. 그러다 아동에 대한 새로운 인식이 대두되며 아동기를 하나의 독립된 발달단계로 중요시하게 되었는데 이러한 발달이론과 연구에 영향을 끼친 학자는 로크(Locke)와 루소(Rousseau)이다. 그 외에도 다윈(Darwin), 스탠리 홀(Stanley Hall), 비네(Binet), 게젤(Gesell) 등이 있다.

② **1920년대와 1930년대**

하버드와 캘리포니아 대학 및 여러 아동연구 기관에서 10년 이상의 종단연구가 시작되었고 발달심리학은 프로이트(Freud)의 정신분석학 이론과 행동주의이론, 피아제(Piaget)의 인지발달이론 등의 미국과 유럽심리학에 크게 영향을 받았다.

③ **2차 세계대전 이후 1960년대**

실험 아동심리학이 대두되어 아동행동에 대한 원인이나 이유를 파악하고자 하였으며, 행동주의적 입장에서 관찰될 수 있는 외적행동에 관심을 두어 환경 결정론적 관점을 보였다.

④ **1960년대 전후**

행동주의의 한계로 피아제의 이론이 대두되었으며 1970년대에는 심리학의 정보처리 모델을 기초로 한 인지발달 연구가 활성화되어 현재까지 전반적인 발달연구에 영향을 미치고 있다. 최근 동물행동학적 이론, 생태학적 이론, 사회문화적 이론에 대한 연구가 진행되고 있다.

(3) 주요 학자

① 로크(Locke)

㉠ 영국의 경험주의 철학자로 아동의 특성에 최초로 관심을 보였다.

㉡ 아동이 태어날 때 선천적으로 결정된 어떠한 특성도 갖지 않는 백지상태라 간주하고 환경 속에서 경험한 내용에 따라 서로 다른 성인으로 성장한다는 환경결정론적 입장을 취한다.

㉢ 반복, 모방, 보상, 처벌을 내용으로 하는 행동주의에 영향을 주었다.

② 루소(Rousseau)

㉠ 프랑스의 철학자이며 최초의 아동심리학자이다.

㉡ 로크와는 달리 아동을 태어날 때부터 각기 독특한 발달적 잠재력을 갖고 있는 존재로 보았다.

㉢ 환경이나 교육에 의해 의도적이고 계획적으로 통제되고 억압되지 않을 때 최상의 발달을 기대할 수 있다고 보았다.

㉣ 저서 '에밀'에서 아동의 발달을 유아기, 아동기, 아동 후기, 청년기로 구분하여 각 단계가 갖는 독특한 심리적 특성을 진술하여 현재의 발달관의 기초가 되었다.

㉤ 게젤(Gesell)의 성숙이론과 피아제(Piaget)의 인지발달이론에 영향을 주었다.

③ 다윈(Darwin)

㉠ 영국의 생물학자로 진화론적 특성에 관심을 두었다.

㉡ 면밀한 관찰을 통해 개인의 발달을 추적하여 진화론적 관점에서 서술하였다.

㉢ 한두 명의 아동을 대상으로 연구했기 때문에 관찰이 객관적이거나 체계적이지 않아서 보편적인 아동발달의 과학적 연구로 이끄는 역할에는 한계가 있다.

④ 스탠리 홀(G. Stanley Hall)

㉠ 최초로 발달심리학 분야를 확립한 미국의 심리학자이다.

㉡ 질문지법을 적용하여 아동들의 활동과 흥미에 대해 질문하며 발달의 순서와 시기를 작성하였다.

㉢ 객관적인 측정을 적용하여 과학적 연구를 도입하였다.

⑤ 비네(Binet)

㉠ 프랑스의 심리학자로 아동연구의 과학적 접근에 공헌하였다.

㉡ 1905년 최초의 지능검사를 만들고 이를 실제 교육장면에 적용하였다.

㉢ 이후 아동의 지능 및 성격, 능력, 적성 측정에 활용되었다.

⑥ 게젤(Arnold Gesell)

㉠ 심리학, 의학을 전공하여 아동발달과정을 객관적으로 검토하고, 태내 배아의 성장과정과 초기 신체 및 운동기능의 발달을 연구하여 신체발달의 기본 방향을 설명하였다.

㉡ 정상적인 아동은 동일한 순서를 거치긴 하지만 그 성장속도는 상이하며 성장속도가 기질의 차이에서 기인한다고 주장하였다.

3 발달연구법

(1) 과학적 방법

자료를 수집하고 해석하는 것이 객관적으로 이루어지는 것으로, 측정이 가능해야 하고 신뢰도와 타당도를 갖추어야 한다.

① **상관설계(Correlational design)** 기출
ㄱ 둘 또는 그 이상의 변수 간의 관계를 알아보는 연구로서, 두 변수의 관계의 정도를 밝히기 위해 통계적 분석에 기초한 상관계수를 사용한다.
ㄴ 제3의 변인에 의해 야기되었을 가능성이 있어 인과적 관계로 보기에는 불명확하다. 즉, 폭력적인 게임과 공격성의 상관관계 측정의 결과가 정적 상관관계일 때 유의미한 관계로 본다.

② **실험설계(Experimental design)**
ㄱ 상관설계와 달리 원인과 결과를 정확하게 평가할 수 있는 설계이다.
ㄴ 엄격히 통제된 상황에서 두 변수 사이의 인과관계를 검증한다.
ㄷ 인과관계에 대한 가설을 검증하기 위해 변수를 조작·통제하여 그 효과를 관찰한다. 즉, 무선배정으로 피험자를 독립변인인 폭력성이 있는 게임을 한 집단(실험집단)과 폭력성이 없는 게임을 한 집단(통제집단)을 비교하고 그 행동결과(종속변인)를 측정할 수 있다.

> **더 알아두기**
>
> **실험설계의 조건**
> • 독립변수의 조작 : 실험자가 독립변수를 인위적으로 변화시킨다.
> • 외생변수의 통제 : 독립변수와 종속변수 외에 종속변수에 영향을 미칠 수 있는 변수의 영향을 제거한다.
> • 실험대상의 무작위화 : 무작위표집 또는 무작위할당한다.

③ **자연유사실험설계(natural/quasi experiment design)**
ㄱ 실험설계가 윤리적 이유 때문에 사용될 수 없는 경우 적용할 수 있다.
ㄴ 실험하고자 하는 상황과 유사한 설정을 함으로써 현실적으로 많이 사용되는 방법이다.

④ **사례연구설계**
ㄱ 소수의 사례를 심층적으로 다루어 문제를 종합적으로 파악하는 방법이다.

장점	• 어느 특정 사상이나 사례에 대한 특례분석과 같은 탐색적 작업에 사용한다. • 조사대상에 대한 문제의 원인을 밝혀줄 수 있다. • 조사대상을 포괄적으로 파악할 수 있다.
단점	• 대표성이 불분명하다. • 다른 조사와 같은 변수에 대하여 관찰이 이루어지지 않기 때문에 비교가 불가능하다. • 관찰할 변수의 폭과 깊이가 불분명하다.

ㄴ 단일사례연구의 특징
• 사례가 하나이며, 기본적으로 외적 타당도가 낮다.
• 어떤 표적행동에 대한 개입의 효과를 관찰하여 분석한다.

- 시계열적인 반복관찰을 통해 개입 전과 개입 후의 상태를 비교한다.
- 체계적 반복은 원래 실험에 적용된 요소들을 의도적으로 변경시켜 반복 연구를 수행하는 것이고 직접 반복은 많은 대상자들을 상대로 동일한 실험 절차를 적용시키는 것을 의미한다.
- 대상자의 수는 연구자의 의도에 의하여 결정된다.

(2) 자기보고법

① 면접법
ⓐ 어떤 내용에 대해서 연구자가 수검자와의 대화를 통해 정보를 얻는 방식이다.
ⓑ 연구자가 수검자의 답변에 대해 실시간으로 대응할 수 있기 때문에 보다 심층적인 측정이 가능하다.
ⓒ 비용과 시간이 많이 소요되며 응답자에 대한 편의가 제한적이다.

② 질문지법
ⓐ 계획적으로 작성된 일련의 문항들에 피험자가 응답하도록 하는 방법이다.
ⓑ 시간과 비용이 절약되며, 조사자의 편견이 배제될 수 있다.
ⓒ 면접법과 달리 적은 노력과 시간으로 다수의 대상을 조사·연구할 수 있지만, 융통성이 낮고 회수율이 떨어지며, 응답자의 비언어적인 행위를 기록할 수 없다.

③ 임상법
ⓐ 개인의 성장·발달 과정의 구체적인 사례를 임상적으로 연구하는 방법으로 사례연구법(Case Study Method)이라고도 한다.
ⓑ 현상에 대한 자세한 기술 및 설명·평가를 목적으로 한다.
ⓒ 한두 명의 대상을 깊이 있게 연구한다.
ⓓ 심층적이고 질적인 정보를 얻을 수 있는 반면, 소수의 사례에서 얻은 결과를 다수의 경우로 일반화하기 어려운 문제점이 있다.

④ 관찰법
ⓐ 응답자가 행동을 통해 나타내는 태도나 의견 등을 조사하고 분석하는 방법으로 '현장연구'라고도 한다.
ⓑ 대상자가 비협조적이거나 면접을 거부하는 경우에도 가능하며, 대상자의 무의식적인 행동을 포착할 수 있다.
ⓒ 관찰자의 선택적 관찰이 문제가 되며, 시간·비용·노력이 많이 소요된다.
ⓓ 대상 그대로 관찰하는 자연관찰법과 표준화된 상황에서 관찰하는 구조적 관찰법이 있다.

⑤ 자기보고 접근법
인간의 정의적 영역의 검사 또는 평가방법의 하나로서 피험자 스스로의 관찰결과를 스스로 보고하게 하여 평가자료를 수집하는 방법이다.

(3) 혼합적 방법

계열적 접근법은 상이한 연령의 피험자를 선별하여 이 집단들 각각을 얼마 동안의 기간에 걸쳐서 연구하는 것으로서 횡단적 연구와 종단적 연구의 장점들을 혼합하여 연구하는 방법을 말한다.

더 알아두기

각 연구법의 장점과 단점

방법	장점	단점
관찰법	• 현재의 상태를 가장 생생하게 기록할 수 있다. • 응답과정에서 발생하는 오차를 줄일 수 있다. • 언어와 문자의 제약 때문에 측정하기 어려운 사실도 조사가 가능하다. • 연구대상의 무의식적인 행동이나 인식하지 못한 문제도 관찰이 가능하다. • 대상자가 표현능력은 있더라도 조사에 비협조적이거나 면접을 거부할 경우 효과적이다.	• 대상자의 내면적인 특성이나 사적 문제, 과거 사실에 대한 자료는 수집할 수 없다. • 대상자가 관찰을 당하고 있다는 것을 알면 평소와 다른 행동양식을 보일 수 있다. • 조사대상의 변화양상을 포착할 수 없으므로 결과를 일반화하는 데 제약이 있다. • 관찰자가 선택적으로 관찰하게 되는 경우가 있다. • 시간과 비용, 노력이 많이 소요된다.
질문지법	• 현장연구원이 필요 없다. • 응답자의 편의에 따라 대답을 완성할 수 있다. • 익명성이 보장되어 응답자가 안심하고 응답할 수 있다. • 표준화된 언어구성으로 모든 응답자에게 동일하게 적용된다. • 조사자의 편견이 배제될 수 있다. • 보다 넓은 범위에서 쉽게 응답자에게 접근할 수 있다. • 시간과 비용이 절약된다.	• 질문의 요지를 설명할 수 있는 융통성이 낮다. • 질문에 대한 무응답률이 높으며, 질문지의 회수율이 매우 낮다. • 비언어적 행위나 특성을 기록할 수 없다. • 관심도가 낮은 질문의 내용에는 기록하지 않을 가능성이 있다. • 복합적인 질문지 형식을 사용할 수 없다. • 질문지에 대한 통제를 제대로 할 수 없다. • 우편조사 등에서 응답해야 할 사람이 응답했는지가 의문시될 수 있다.
면접법	• 다양한 조사내용을 비교적 긴 시간에 걸쳐서 상세하게 조사할 수 있다. • 면접자가 자료를 직접 기입하므로 응답률이 매우 높다. • 질문의 내용을 응답자가 잘 이해하지 못하는 경우에 면접자가 설명해 줄 수 있고, 응답자의 내용이 분명하지 않은 경우에도 면접자가 응답의 내용을 점검할 수 있어서 응답의 오류를 줄일 수 있다. • 질문서에 포함된 내용 외에도 연구에 필요한 기타 관련된 정보들을 수집할 수 있다. • 오기나 불기를 예방할 수 있다. • 적절한 질문을 현장에서 결정할 수 있는 융통성이 있다. • 비언어적 행위를 직접 관찰할 수 있다. • 개별적으로 진행하는 면접환경을 표준화할 수 있다. • 면접 시에 복잡한 질문지를 사용할 수 있다.	• 비용과 시간이 많이 소요된다. • 방문시각을 항상 고려해야 하며, 방문계획시간을 엄수해야 한다. • 면접자와 응답자 사이에 친숙한 분위기가 형성되지 않거나 상호 이해가 부족한 경우 조사 외적인 요인들로부터 오류가 개입될 가능성이 있다. • 응답자의 익명성이 결여되어 정확한 내용을 도출하기 어렵다. • 응답자에 대한 편의가 제한적이다. • 특수층의 사람에 대해 면접이 곤란한 경우가 있다.
사례 연구법	• 어느 특정 사상이나 사례에 대한 특례분석과 같은 탐색적 작업에 사용한다. • 조사대상에 대한 문제의 원인을 밝혀줄 수 있다. • 조사대상을 포괄적으로 파악할 수 있다.	• 대표성이 불분명하다. • 다른 조사와 같은 변수에 대하여 관찰이 이루어지지 않기 때문에 비교가 불가능하다. • 관찰할 변수의 폭과 깊이가 불분명하다.

(4) 발달연구 설계

① 횡단연구와 종단연구 [기출]

횡단연구	종단연구
• 어느 한 시점에서 다수의 분석단위에 대한 자료를 수집하는 연구이다. • 표본연구이다. • 모집단을 대표할 수 있는 자료를 제공한다. • 측정이 단 한 번 이루어진다. • 정태적 연구이다. • 연구대상의 특성에 따라 집단을 분류하여 비교분석하므로 표본의 크기가 클수록 좋다. • 인구연구, 여론연구 등이 해당된다.	• 둘 이상의 시점에서 동일한 분석단위를 연구하는 것을 말한다. • 현장연구이다. • 연구마다 새롭게 표집된 표본에 관한 자료를 제공한다. • 반복적으로 측정이 이루어진다. • 동태적 연구이다. • 유형에 따라 서로 다른 시점에서 동일 대상자를 추적해 연구해야 하므로 표본의 크기가 작을수록 좋다. • 동년배(코호트)연구, 경향연구, 패널연구 등이 이에 해당된다.

② 횡단적 설계(cross-sectional design)와 종단적 설계(longitudinal design) [기출]

횡단적 연구설계	• 한 시점에 대한 조사를 토대로 하며, 일원적 설계, 상관관계 설계 등이 이에 해당한다. • 같은 시기에 서로 다른 여러 연령집단을 대상으로 하여 특정한 발달특성에 대한 자료를 수집한 후, 이를 토대로 연령집단 간의 비교를 통해 발달적 차이 및 비교를 진행하는 연구방법이다. • 일원적 설계는 특정 사건이나 현상을 단 한 번의 조사를 통해 개개변수의 값의 빈도를 파악하는 방법이다. • 상관관계 설계는 '교차분석적 설계'라고도 하며, 독립변수 또는 종속변수로 간주할 수 있는 각각의 변수에 해당 속성을 부여하여, 이를 분류하거나 교차함으로써 통계적 기법을 통해 상관관계를 추정하는 방법이다. • 인구연구, 여론연구 등이 이에 속한다.
종단적 연구설계	• 횡단적 연구설계와 달리, 여러 시점에 걸친 조사를 토대로 한다. • 환경적 변인들 간의 상관을 분석할 수 있다. • 일정기간에 걸쳐서 반복적으로 동일 연구대상에 대한 자료를 수집하는 연구설계이다. • 경향연구설계, 패널연구설계, 동년배집단연구설계 등이 해당한다.

③ 아동발달 연구설계

구분	횡단적 연구	종단적 연구
의미	서로 다른 연령 집단을 조사하여 각 연령대별 특성을 비교, 분석하는 연구이다.	일정 기간 동안 동일한 연구 대상에 대한 자료를 수집하는 연구이다.
장점	• 연령의 차이를 나타냄으로써 발달의 경향을 알 수 있다. • 비용과 시간이 절약된다.	• 시간에 따른 발달의 변화를 알 수 있다. • 역사적·시대적 영향을 덜 받는다.
단점	• 시간에 따른 개인의 변화를 알 수 없다. • 연령과 출생 동시 집단 효과가 혼동될 수 있다.	• 시간과 비용이 많이 든다. • 피험자의 손실 가능성이 높다.

④ 변수의 종류

　　㉠ 독립변수 : 원인을 가져다주는 기능을 하는 변수

　　㉡ 종속변수 : 결과를 나타내는 기능을 하는 변수

4 발달연구에서의 윤리적 문제

(1) 아동을 대상으로 연구할 경우에 가장 고려해야 할 부분은 윤리적 문제이다.

(2) 아동이 직접 연구에 참여할 경우에 어떤 해로운 영향을 받을지 모른다는 점에서 주의를 기울여야 한다.

(3) 영유아는 성인보다 지식과 경험이 제한되어 있어서 쉽게 좌절하거나 상처받기 쉬우며, 그 결과 정상적 발달이 저해될 수 있으므로 영유아의 건강이나 안녕 혹은 존엄성을 손상시키는 연구는 수행되어서는 안 된다.

(4) 연구의 과정은 비밀이 보장되어야 하며, 아동과 관련된 부모나 보호자에게 연구수행의 동의를 구해야 한다.

더 알아두기

연구윤리의 일반원칙

- 무피해의 원칙 : 피험자는 연구에 참여함으로 인해 피해를 입어서는 안 된다.
- 이익의 원칙 : 상담연구는 상담의 기술, 체제, 이론의 개발과 검증과정에 기여하고 이를 더 발전시켜야 하며, 인류의 건강과 안녕에 기여해야 한다.
- 자율성의 원칙 : 연구에 참여하느냐 안하느냐는 피험자의 자발적 의사에 의한다.
- 신용의 원칙 : 연구 시 불가피하게 기만이 사용된 경우에도 실험과 자료 수집을 마친 후에 '디브리핑' 절차를 이행하는 등 피험자에게 한 약속을 지켜야 한다.

고지된 동의

- 연구에는 위험과 이익이 공존하고 있기 때문에 피험자는 이에 대한 설명을 듣고 참여에 대해 동의할 권리를 갖는다.
- 동의능력이라는 것은 제공된 정보를 이해하는 능력, 참여 유무에 따른 결과를 스스로 이해할 수 있는 능력, 합리적 선택을 내릴 수 있는 능력이 있음을 의미한다.
- 동의는 서면으로 하여야 한다.
- 미성년자의 경우에는 부모나 법적보호자로부터 동의를 받아야 하며, 동의를 받은 경우에도 미성년자는 언제든지 참가를 거부할 수 있다.
- 피험자가 자발적으로 자유의 선택에 의해 동의해야 하며, 실험이 진행되는 중에 언제든지 자유롭게 실험참가를 그만둘 수 있어야 한다.

디브리핑

실험의 목적을 달성하기 위해 실험의 의도 등을 숨기거나 속이고 실험을 진행한 후에 실험 참여자에게 연구의 성질, 결과 및 결론에 대하여 모든 상세한 내용을 설명해 주는 절차로, 의문이나 오해를 제거하는 것을 말한다.

| 제2절 | 발달이론 |

1 발달에 대한 기본적인 이슈

(1) 발달개념

① 발달에 관한 여러 가지 접근으로 능동성과 수동성, 유전과 환경, 성숙과 학습에 대한 논쟁이 제기되고 있다.

② 발달은 양적 변화와 질적 변화를 포함한다.

③ 발달에는 기능과 구조가 쇠퇴하는 부정적 변화도 포함된다.

④ 신체적, 도덕적, 사회적 발달은 독립적이기보다는 통합적이고 총체적이다.

⑤ 발달은 수정에서 죽음에 이르기까지 개인의 체계적인 연속성과 변화를 말한다.

(2) 발달의 능동성 대 수동성

① **능동성** : 유기체이론으로 유아 내부에 발달을 조절하는 심리적 구조가 있고 성장에 영향을 미치는 환경을 적극적, 능동적으로 선택한다고 본다.

② **수동성** : 인간을 환경자극을 받아 변화하거나 행동하는 수동적 반응자로 본다.

(3) 발달에 대한 유전적 입장과 환경적 입장

① 인간의 많은 특성은 하나의 유전인자에 의해 결정되지 않는다.

② 유전자의 효과는 출생 직후에 나타나지 않고 오랜 시간을 거쳐 나타난다.

③ 유전적 요인에 영향을 받는 신체적 특성에서도 환경적 요인이 강하게 작용한다.

④ **신체발달의 영향요인**

㉠ 생물학적 요인 : 유전적 요인, 성장과 성숙의 단계로 나타나는 결과

㉡ 환경적 요인 : 영양, 질병, 심리적 요인 등

(4) 발달에 대한 연속성과 비연속성

① 연속적 이론가들은 발달과정을 양적인 과정으로 보는 반면, 비연속적 이론가들은 발달과정을 질적인 변화로 주장하고 있다.

② **발달의 연속성에 관한 이론** 기출

구분	연속성이론	비연속성이론
의의	• 발달과정이 급격한 변화가 없이 점진적으로 완만한 성장곡선을 보인다는 이론이다. • 인간의 발달을 과거 경험에 새로운 지식 혹은 기술이 습득되어가는 연속적인 과정으로 이해한다. • 한번 씨로부터 싹이 나면 계속 크기만 하고 모양은 변하지 않는 식물의 성장에 비교된다.	• 성장과정이 계단식의 발달과정을 거치며, 각 발달단계는 서로 구별되는 생의 기간으로, 특정한 정서, 동기, 행동이 각 생의 기간마다 독특한 특징을 보인다는 이론이다. • '알-유충-애벌레-성충'의 과정을 지나고 각 과정은 각기 다른 단계와 구별되는 독특한 특성을 지니는 곤충의 성장에 비교된다.

특징	양적 변화 – 아동이 해가 갈수록 점점 더 커지고 성장속도가 점점 더 빨라지며, 세상에 대한 지식을 더 많이 획득한다.	질적 변화 – 어렸을 때와 기본적으로 다르게 변화하는 것으로서 올챙이에서 개구리의 변형이 그 예이다.
주요 학자	행동주의자와 같이 기계론적 관점을 지닌 학자	프로이트(Freud)와 피아제(Piaget) 등의 초기 발달심리학자

> **더 알아두기**
>
> **가소성(Plasticity)**
> - 긍정적이거나 부정적인 삶의 경험에 대한 반응 안에서의 변화를 위한 역량을 말한다.
> - 유전과 환경이 발달에 미치는 영향 중에서 환경적 경험에 의해 발달이 촉진될 수 있는 가능성을 의미한다.
> - 정상적인 발달이 바람직한 환경적 경험에 의해 촉진되는 과정과 바람직하지 못한 환경으로 인해 발달이 위축되고 억제된 상태로부터 환경이 정상화되면 정상적으로 회복되는 과정을 모두 포함한다.
> - 이러한 맥락에서 볼 때, 인간의 전 생애 중에서 유아기와 아동기는 많은 발달적 가소성을 갖는 시기라고 할 수 있다.

(5) 발달의 주요 쟁점

① 안정성과 불안정성의 쟁점은 집단 내 개인의 상대적 위치 변동과 관련된다.

② 연속성과 불연속성의 쟁점은 양적·질적 변화의 문제와 관련된다.

③ 초기경험을 강조하는 학자에 비해 후기경험을 강조하는 학자들은 발달의 변화가능성을 더 크게 평가한다.

④ 발달의 주요 쟁점 중 최근에는 한 번 형성되면 변화가 불가능하다는 의미를 내포하는 '결정적 시기'라는 용어보다 일단 형성되면 지속성이 강한 특성이 보다 쉽게 형성되는 시기라는 의미를 가진 '민감기'라는 용어를 사용하고 있다.

⑤ 오늘날 유전과 환경 중 어느 한쪽만을 주장하는 입장은 설득력이 떨어진다.

2 발달의 이론적 접근

(1) 정신분석적 접근

① **개념**

㉠ 무의식적 심리과정과 동기에 대한 이해를 촉진하고, 역사적인 근거를 탐색함으로써 현재의 문제행동을 해결하는 것을 치료의 초점으로 삼는다.

㉡ 무의식적 자료에 접근하기 위해 환자들의 관념이나 느낌, 환상 등을 거리낌 없이 자유롭게 표현하도록 하는 방법을 사용한다.

ⓒ 인생의 초기경험을 중시하며, 무의식 혹은 심층에 숨어있는 문제의 원인을 분석하여 그것을 의식의 세계로 노출시킴으로써 자아의 기능을 강화한다.

ⓔ 마음의 깊이에 대한 지형학적 모형(의식, 전의식, 무의식), 마음의 구조에 대한 3원 구조모형(원초아, 자아, 초자아), 마음의 발달에 대한 심리성적 발달모형(구강기, 항문기, 남근기, 잠복기, 생식기)으로 구성된다.

ⓜ '건전한 성격'이란 '자아(Ego)'가 '초자아(Superego)'와 '원초아(Id)'의 기능을 조정할 능력이 있어서 적절한 심적 균형을 유지하는 것을 말한다.

② **학자들의 이론**

㉠ 프로이트(Freud)

• 발달단계

구강기 (0~1세)	• 아동의 리비도(Libido)는 입, 혀, 입술 등 구강에 집중되어 있다. • 구강기 전기에는 빨기, 삼키기에서 자애적 쾌락을 경험한다. • 구강기 후기에는 이유(離乳)에 대한 불만에서 어머니에 대한 최초의 양가감정을 경험한다. • 이 시기에 고착되는 경우 손가락 빨기, 손톱 깨물기, 과음, 과식 등의 행동이 나타날 수 있다.
항문기 (1~3세)	• 배변으로 생기는 항문 자극에 의해 쾌감을 얻으려는 시기이다. • 배변훈련을 통한 사회화의 기대에 직면한다. • 이 시기에 고착되는 경우 결벽증이나 인색함 등이 나타날 수 있다.
남근기 (3~6세) 기출	• 리비도가 성기에 집중되어 성기를 자극하고 자신의 몸을 보여주거나 다른 사람의 몸을 보면서 쾌감을 얻는다. • 남아는 오이디푸스 콤플렉스(거세불안), 여아는 엘렉트라 콤플렉스(남근선망)를 경험한다. • 아동은 부모와의 동일시 및 적절한 역할습득을 통해 양심과 자아이상을 발달시키며, 이 과정에서 초자아가 성립된다.
잠복기 (6~12세)	• 다른 단계에 비해 평온한 시기로서, 성적 욕구가 억압되어 성적충동 등이 잠재되어 있다. • 리비도의 대상은 동성친구로 향하고, 동일시 대상도 주로 친구가 된다. • 잠복기 아동의 에너지는 지적인 활동, 운동, 친구와의 우정 등에 집중된다.
생식기 (12세 이후)	• 잠복되어 있던 성적 에너지가 되살아나는 시기이다. • 리비도의 대상이 동성친구에서 또래의 이성친구에게로 옮겨간다. • 이 시기에 사춘기를 경험하며, 2차 성징이 나타난다. • 사춘기에서부터 시작하여 노쇠할 때까지 지속된다.

• 정신의 3요소

의식	특정 시점에 인식하는 모든 것으로서, 어떤 순간에 우리가 알거나 느낄 수 있는 모든 감각과 경험이다. 정신생활의 극히 일부분만이 의식의 범위 안에 포함된다.
전의식	의식과 무의식의 교량 역할을 하는 것으로서, 현재는 의식하지 못하지만 주의를 집중하는 경우 의식으로 가져올 수 있는 정신작용의 부분이다.
무의식	무의식 의식적 사고와 행동을 전적으로 통제하는 힘으로써, 자신이 전혀 인식하지 못하는 정신작용의 부분이다.

• 성격의 3요소

원초아 (Id)	• 쾌락의 원리에 따른다. • 성격의 기초가 되는 기본 욕구와 충동을 대표한다. • 정신적 에너지의 저장소로서 성격의 원초적(일차적)·본능적 요소이며, 행동의 힘을 부여하는 근원적인 생물학적 충동(식욕, 성욕 등)을 저장하고 있다.

자아 (Ego)	• 현실의 원리에 따른다. • 성격의 의사결정 요소로서, 즉각적인 만족을 추구하려는 원초아의 충동을 현실을 고려하여 만족시키고자 한다. • 사회규범·규칙·관습과 같은 사회적 현실을 고려하여 행동을 결정한다.

초자아
(Superego)
	• 도덕의 원리에 따른다.
	• 부모가 아이에게 전달하는 사회의 가치와 관습, 양심과 자아이상의 두 측면이 있다.
	• 자아가 현실을 고려하는 데 비해, 초자아는 무엇이 옳고 그른가에 대한 사회적 기준을 통합하는 성격의 요소이다.
	• 초자아에는 두 측면이 있는데 하나는 양심이고 다른 하나는 자아이상으로, 외부(주로 부모)로부터 주어지는 상과 벌을 통한 보상체계 내지 가치체계가 내면화된 것이다.
	  ※ 양심: 잘못된 행위에 대해서 처벌을 받거나 비난을 받은 경험에서 생기는 죄책감과 결부된 것으로 외부의 제재, 대개는 부모의 제재가 내면화된 것이다.
	  ※ 자아이상: 잘한 행위에 대해서 상을 받은 경험이 이상적으로 자아상을 형성하고, 이를 추구하게 되는 것이다.

- 인간관
  - 인간은 비합리적이고 결정론적인 존재이다.
  - 인간을 생물학적 존재로 파악하였으며, 인간의 행동은 기본적인 생물학적 충동과 본능을 만족시키는 욕망에서 동기화된다고 보았다.
  - 인간은 무의식적인 존재로서, 사람들은 자신에 대하여 극히 일부분만을 깨닫고 있을 뿐이며, 깨어있는 의식은 무의식의 지배를 받는다.
  - 사람들이 겪는 심리적 문제는 무의식이 작용한 결과이다. 즉, 무의식의 저장고에 있어야 할 고통스러운 기억들이 마음의 방어력이 약해진 틈을 타고 의식 상태로 올라오려 하는 과정에서 심리적 증상이 형성된다.
  - 프로이트는 남근기 이전 단계에서 이미 성격형성에 중요한 모든 것이 결정된다고 하였다.
  - 인간의 행동은 의식적 과정이라기보다는 인식할 수 없는 무의식에 의해 동기가 유발된다.
  - 리비도(Libido)는 성본능·성충동의 본능적·인성적 에너지를 말하는 것으로서, 개인의 사고 및 행동에 지대한 영향을 미친다.
  - 프로이트의 인간발달 단계에서 특정심리성적 단계에 고착되면 다음 단계로 나아가는 것을 방해하여 그것에 집착하게 된다.
  - 프로이트의 정신분석이론은 융(Jung)의 분석심리이론, 아들러(Adler)의 개인심리이론에 영향을 주었으며, 에릭슨(Erikson), 설리반(Sullivan)과 같은 신프로이트학파 등에 의해 수정·계승되었다.

더 알아두기

리비도

프로이트에 의해 사용된 리비도(Libido, 라틴어에서 유래하였으며 갈망, 욕망이라는 뜻이다)는 성적 충동의 심리적 삶(특히 무의식)에서 역동성을 지적하기 위한 용어로 프로이트 후기 이론에서 모든 애정적 경향 및 사랑의 다양한 현상들(자기애, 가족애, 우정)의 핵심이라 할 수 있다.

ⓒ 에릭슨(Erikson)의 심리사회적 이론 기출

- 에릭슨은 인간의 발달단계를 8단계로 구분하고, 각 발달단계마다 해결해야 할 중요한 발달과업과 위기가 있는데, 이러한 과업과 위기를 성공적으로 달성할 때 개인은 건강한 발달을 할 수 있다고 주장하였다.
- 에릭슨과 프로이트의 각 발달단계 비교

구분	심리사회적 단계	특징	프로이트
유아기 (0~1세)	신뢰감 대 불신감	• 부모의 보살핌의 질이 결정적이다. • 부모가 자신감이 결여되면 유아가 불신감을 느끼며, 이것이 이후 타인과의 신뢰관계 형성에 영향을 미친다.	구강기
초기 아동기 (1~3세)	자율성 대 수치심	• 배변훈련을 통해 자기통제 감각을 익힌다. • 이 시기의 발달은 독립심과 존중감을 기르는 데 기초가 된다.	항문기
학령전기 또는 유희기 (3~5세)	주도성 대 죄의식	• 기초적인 양심이 형성된다. • 이 시기에 계획을 세우고 목표를 달성하고자 하는 목적의식이 형성되기도 하지만, 지나친 처벌이나 의존성이 역의 효과를 가져오기도 한다.	남근기
학령기 (5~12세)	근면성 대 열등감	• 또래집단과 교사 등의 주위환경을 지지기반으로 한다. • 이 시기에 성취기회와 성취과업의 인정과 격려를 통해 성취감이 길러지지만, 반대의 경우 좌절감이나 열등감을 야기할 수 있다.	잠복기
청소년기 (12~20세)	자아정체감 대 역할혼란	• 심리사회적 유예기간의 특수한 상황을 통해 정체감을 형성한다. • 자아정체감 혼미가 직업 선택이나 성역할 등에 혼란을 가져오기도 하며, 나아가 인생관과 가치관의 확립에 심한 갈등을 야기하기도 한다.	생식기
성인 초기 (20~24세)	친밀감 대 고립감	• 사회적 친밀감을 형성하며, 성적·사회적인 관계형성이 이루어진다. • 이 시기에 친밀감이 형성되지 못하면 대인관계를 기피하며 융통성이 없는 성격을 보인다.	
성인기 (24~65세)	생산성 대 침체감	• 가정과 사회에서 중요한 역할을 수행하며, 다른 사람을 보호하거나 양보하는 미덕을 보인다. • 이 시기에 생산성이 결핍되면 사회의 발전에 대한 헌신보다는 자기중심적인 성향을 가지게 된다.	
노년기 (65세 이후) 기출	자아통합 대 절망감	• 죽음을 앞둔 채 지나온 생을 반성한다. • 이 시기에는 삶에 대한 긍정적인 인식을 통해 죽음에 맞설 용기를 가지기도 하지만, 그것에 대한 부정적인 인식에 의해 절망에 이르기도 한다.	

3 학습이론적 접근

(1) 행동주의이론의 기본가정

① 파블로프(Pavlov)의 고전적 조건형성이론에서 출발하여, 헐(Hull)의 학습이론, 스키너(Skinner)의 조작적 조건형성이론으로 이어진다.

② 정신분석이나 인간중심상담이론에서와 같은 추정적이거나 가설적인 개념을 배제하고, 관찰 및 측정이 가능한 행동에 초점을 둔다.

③ 인간의 행동이 자연현상과 마찬가지로 일정한 법칙성을 지니고 있다고 가정한다.

④ 현재의 모든 행동이 오랜 학습의 과정을 거쳐 이루어진 것으로 보며, 그 행동을 지속시키는 환경적인 자극이 있음을 강조한다.

⑤ 초기의 행동주의자들은 과학적 법칙성에 의해 인간의 행동을 설명할 수 있다고 보았다. 즉, 초기의 인간관은 주로 환경의 자극에 반응하는 수동적인 양상을 통해 인간의 행동을 유전과 환경의 상호작용으로 설명함으로써 기계론적·결정론적인 입장을 보였다.

(2) 파블로프(Pavlov)의 고전적 조건형성

① 파블로프의 고전적 조건형성은 개에게 종소리를 들려준 후 먹이를 주자, 이후 종소리만 들려주어도 개가 침을 흘리는 실험 과정에서 비롯되었다.

② 파블로프의 개 실험에서 먹이는 '무조건자극', 먹이로 인해 나오는 침은 '무조건반응', 조건화되기 이전의 종소리는 '중성자극', 이후 들려주는 종소리는 '조건자극', 종소리로 인해 나오는 침은 '조건반응'에 해당한다.

③ 왓슨(Watson)은 이러한 기제를 유아에게 실험함으로써 윤리적 문제가 제기되었지만, 자극과 반응의 연합을 계획적으로 통제함으로써 부모나 보호자가 어떤 방향으로든 키울 수 있다고 믿었다.

④ 결론적으로 자극이 반응의 앞에 오며 반응은 추출된다. 특수반응은 특수자극을 일으키고 한 자극이 다른 자극을 대치할 수 있다.

⑤ 이와 같은 조건형성으로 정서적·불수의적 행동이 학습될 수 있다고 본다.

(3) 스키너(Skinner)의 조작적 조건형성

① 스키너의 조작적 조건형성은 파블로프의 고전적 조건형성을 확장한 것으로, 자신이 고안한 '스키너 상자(Skinner Box)'에서의 쥐 실험을 통해 구체화되었다.

② 상자내부에 지렛대를 누르면 먹이가 나오는 장치에서, 먹이는 '무조건자극', 먹이를 먹는 것은 '무조건반응', 지렛대는 '조건자극', 지렛대를 누르는 것은 '조건 반응'에 해당한다.

③ 스키너는 인간이 환경의 자극에 능동적으로 반응하여 나타내는 행동인 조작적 행동을 설명한다.

④ 인간이 환경적 자극에 수동적으로 반응하여 형성되는 행동인 반응적 행동에 몰두한 파블로프의 고전적 조건형성과는 달리, 스키너의 조작적 조건형성은 행동이 발생한 이후의 결과에 관심을 가진다.

⑤ 반응은 효과나 보상 앞에 오며 이에 따라 반응이 방출된다. 특수반응을 일으키는 특수자극은 없으며 자극의 대치는 일어나지 않는다.

⑥ 보상에 의한 강화를 통해 반응행동을 변화시키려는 방법이므로 '강화이론(Reinforcement Theory)'이라고도 불린다.

⑦ 인간행동은 법칙적으로 결정되고 예측가능하며 통제될 수 있고 자아나 인지기능, 내면적 동기로 설명될 수 없다. 즉, 목적 지향적, 수의적 행동이 학습된다.

(4) 반두라(Bandura)의 사회학습이론

① 인간의 행동은 보상이나 처벌의 조작결과로서 형성되는 것이 아니라 다른 사람의 행동을 관찰하고 모방한 결과로서 이루어진다고 주장하였다.

② 행동주의자들이 철저하게 관찰 가능한 외형적 행동에 대해서만 관심을 가진 반면, 사회학습이론가들은 인간의 내적 과정을 인정함으로써 인간학습의 인지론적 경향을 함께 수용하였다.

③ **자기효능감(Self-efficacy)**

㉠ 사람들은 어떤 행동이 자신과 타인에게 주는 효과를 관찰한 후 그 결과를 바탕으로 자신의 행동을 평가하고 미래의 성공여부를 가늠한다고 보았다.

㉡ 이것을 자기효율성이라 하며 자기효능감은 내적 표준과 자기강화에 의해 형성되는 것으로서, 어떤 행동을 성공적으로 수행할 수 있다는 신념이다.

㉢ '자기강화(Self-Reinforcement)'는 자신이 통제할 수 있는 보상을 자기 스스로에게 주어 자신의 행동을 유지하거나 변화시키는 과정이다.

4 인지발달적 접근

(1) 피아제(Piaget)의 인지발달이론

① 피아제의 인지이론은 인간이 외부세계를 이해하고 파악하는 바탕인 인지적 구조가 형성되는 과정을 설명한다.

② 인간은 나름대로 의미를 부여하는 주관적인 현실로서 존재하고 각 개인의 정서·행동·사고는 개인이 현실세계를 구성하는 방식에 따라 다르다.

③ 지식의 구체적 내용보다 인지적 성숙과정에 관심을 가진다.

④ 인지라는 의미는 정보를 획득하고, 저장하고, 활용하는 높은 수준의 정신과정을 말하며 그 개념 속에는 지적과정, 지각, 기억, 지능학습, 회상, 상상, 추리, 판단능력 그리고 문제해결 등 추상적인 일련의 정신과정이 포함된다.

⑤ 인간은 변하고 성장하는 존재로, 인간의 의지 또한 환경과 상호작용하면서 변하고 발달한다.

⑥ 피아제의 인지발달 4단계 [기출]

구분	연령	특징
감각운동기	0~2세	• 감각경험과 운동을 조합하여 세상에 대한 지식을 형성하는 단계 • 대상영속성을 이해하기 시작 • 목적지향적 행동 • 자신과 외부대상을 구분하지 못함
전조작기	2~7세	• 정신적 표상에 의한 사고가 가능하나 아직 개념적 조작능력이 충분히 발달하지 않은 단계 • 대상영속성이 확립되는 단계 • 상징놀이와 물활론, 자아중심성의 특징 • 논리적 사고를 방해하는 요인은 자아중심성, 집중성, 비가역성

구체적 조작기	7~11, 12세	• 구체적 사물을 조작함으로써 문제를 해결하는 단계 • 논리적 사고, 자아중심성 및 비가역성 극복 • 유목화 · 서열화 · 보존개념 획득
형식적 조작기	11, 12세 이후	• 현실적 세계를 넘어 추상적으로 사고를 할 수 있는 단계 • 추상적 사고, 가설 · 연역적 사고, 체계적인 사고능력, 논리적 조작에 필요한 문제 해결능력 발달

(2) 정보처리이론

① 인간의 지각현상, 학습현상, 기억현상 등을 컴퓨터의 정보처리모형에 비추어 설명하는 인지심리학의 주된 이론이다.

② 일반적으로 인간의 정보처리 과정을 '환경적 자극의 부호화(기억에 입력) → 저장(기억에 보관) → 인출(기억으로부터 회상)'의 3단계로 설명한다.

③ 기억의 유형을 단기기억, 장기기억, 그리고 정보를 기억에 저장하거나 기억으로부터 인출하는 작동기억으로 설정하고 있다.

④ 인지적 정보처리이론은 이러한 정보처리 과정과 기억유형에 근거해서 정보의 지각, 저장, 변형, 인출, 학습, 망각과 같은 현상을 해석하였다.

⑤ 기억과 학습현상을 설명하는 데 있어 종래의 자극-반응결합주의이론에 반하여 대두되었다.

⑥ 단점으로 상상력과 창의력과 같은 인지과정이 논리적이 아닌 대상에 관해서는 그 과정을 밝히기 어렵다.

⑦ 실제 상황보다 실험실에서 수행되어 실생활과 동떨어졌다는 비판도 받고 있다.

5 생물학적 접근

(1) 게젤(Gesell)의 성숙이론

① 게젤의 성숙이론에 의한 발달의 원리

ⓐ 자기규제의 원리 : 아동은 자기규제를 통해 자신의 수준과 능력에 맞게 성장을 조절한다.

ⓑ 상호적 교류의 원리 : 발달상 서로 대칭되는 양측은 점차적으로 효과적인 체제화를 이루어 나간다.

ⓒ 기능적 비대칭의 원리 : 발달은 구조상 대칭적이더라도 기능상 약간 불균형을 이루어서 어느 한쪽이 우세한 경우 오히려 더욱 기능적이다.

ⓓ 개별적 성숙의 원리 : 성숙은 내적 요인에 의해 통제되는 과정으로서 외적 요인에 의해 영향을 거의 받지 않는다.

ⓔ 발달 방향의 원리 : 특정한 순서대로 진행되도록 성숙에 의해 지속적으로 지시를 받는다.

(2) 동물행동학

① 종 특유 행동은 생존을 위한 진화의 산물이라는 진화론적 관점을 강조한다. 따라서 어머니와 유아 간 애착도 생존을 위한 것이라고 보았다.

② 동물행동학자들은 애착행동 이외의 사람의 정서표현, 공격성, 협동심 등 사회적 행동들이 영장류와 공통점이 있다고 보고 연구하였다.

③ 아동은 적응적이며 유전적으로 프로그램 된 특성들을 가지고 태어나는 생물학적 존재라는 것을 강조하였다.

④ 인간발달을 정상적인 일상의 환경에서 연구하고 인간발달을 다른 종의 발달과 비교하는 등의 방법론적 기여를 하였다.

⑤ 정신분석학과 같이 검증하기 어려운 면이 있으며 점차 성숙에 학습의 개입을 받아들이는 추세에 있다.

더 알아두기

1. 동물행동학자들의 이론

로렌츠(Lorenz)와 틴버겐(Tinbergen)의 각인이론
- '각인'은 태어나서 처음 접하는 물체에 애착을 형성하는 선천적 학습을 일컫는 말이다.
- 결정적 시기 : '각인' 현상은 결정적 시기에만 일어난다. 어린 동물이 생후 초기의 특정한 시기 동안 어떤 대상에 노출되어 그 뒤를 따르게 되면, 그 대상에 애착을 가지게 된다.
- 결정적 시기의 개념은 특정한 능력이 발달하는 데 최적의 시기로 아동이 이 시기에 특정 환경의 자극에 대해 더 민감하게 반응한다는 민감기의 개념을 발전시켰다.

2. 보울비(John Bowlby)의 애착이론 기출
- 초기의 애착형성이 인간 본성의 가장 중요한 기본이 되고, 애착형성이 잘 되지 않으면 아동기 뿐 아니라 성인기의 여러 가지 정신질환의 원인이 될 수 있다는 애착이론을 정립했다.
- 로렌츠의 각인개념을 인간에게도 적용해서 생물학적으로 아기와 엄마는 서로에게 애착을 형성하려는 본능적 동기가 있다고 보았다.

---

6 맥락적 접근

(1) 비고츠키(Vygotsky)의 사회문화이론

① 사회문화적 이론은 아동이 보다 유능한 협력자와의 대화를 통해 자기문화의 가치, 신념, 문제해결방식을 습득한다는 이론이다.

② 인간을 내적인 힘(천성)과 외적 영향(육성)의 연속적이고 역동적인 상호작용을 나타내는 능동적 존재로 본다.

③ 비고츠키가 학습이 발달을 유도한다고 보고 능동적인 사회적 환경을 강조한 반면, 피아제는 어느 정도 발달이 이뤄진 뒤 학습이 이루어진다고 보았다.

더 알아두기

근접발달영역(Zone Proximal Development)
성인이 이끌어줄 수 있는 학습영역 내에 위치하는 개발 가능한 영역을 말한다.

내면화(internalization)
사회적 활동 중에 생긴 기능이 점점 능숙해 질수록 내적 기능으로 변화하는 과정이며, 사회적 현상에서 심리적 현상으로, 외적인 수준에서 수행된 활동이 내적인 수준으로 실행, 타자주도에서 자기주도로 바뀌게 된다.

(2) 브론펜브레너(Bronfenbrenner)의 생태학적 체계이론

① 발달하는 인간이 환경과 어떻게 관계되어 있는지 설명하기 위해 인간발달의 생태학을 제시하였다.
② 인간에 대한 이해는 인위적인 실험실 연구가 아닌 인간을 둘러싼 삶의 맥락 속에서 연구되어야 한다고 주장하였다.
③ 유아의 발달이 이루어지는 주변세계와 더 넓은 세계와의 관계를 이해하기 위해 유아의 주변세계에 대한 해석과 그 해석들이 어떻게 변화하는지에 초점을 맞추었다.
④ 인간을 둘러싸고 있는 생태학적 환경을 4개의 구조체계로 구분했으며 이후 시간체계를 추가했다.
⑤ **아동을 둘러싼 여러 체계들** 기출

미시체계	• 환경의 가장 안쪽에 있는 층 • 아동과 상호작용하거나 아동이 활동하는 직접적인 환경(가족, 또래) • 개인의 특성과 성장 시기에 따라 미시체계는 달라짐 예 어릴 때는 가족이 미시체계이지만 청소년기에는 또래집단이 될 수도 있음
중간체계	• 환경의 두 번째 층 • 두 가지 이상의 미시체계들 간의 상호작용 • 가정, 형제관계, 부모와 교사 간 관계, 또래 친구, 이웃, 보육기관 등 예 부모님 간의 불화, 우정과 사랑 사이에서의 갈등
외체계	• 아동을 직접 포함하지 않으나 아동의 경험에 영향을 미치는 사회적 상황 예 부모의 취업, 정부기관의 정책, 아동센터, 대중매체의 영향 • 개인에게 영향을 미치는 환경요소로 개인의 전 생애에 걸쳐 일어나는 변화와 역사적인 환경을 포함하는 체계 • 개인은 외체계에 직접 참여하지 않지만 외체계는 인간행동에 여러 가지 영향을 미침
거시체계	• 개인의 생활에 직접적으로 개입하지는 않지만 간접적으로도 강한 영향력을 발휘하며 하위체계에 대한 지지기반과 가치 준거의 틀을 제공 • 사회의 문화적 가치나 규범, 신념, 태도, 전통, 관습, 법률 등
시간체계	시간경과에 따른 사람과 환경의 변화

01 발달은 구조의 변화가 기능의 변화
보다 먼저 이루어진다.

발달의 일반적 원리
• 발달은 연속적이고 점진적인 과정
이다.
• 발달의 속도는 때에 따라 차이가
있다.
• 발달에는 개별성 혹은 개인차가
있다.
• 발달은 유기체의 유전적 요인과 환
경(학습)의 상호작용으로 이루어
진다.
• 발달에는 일정한 방향과 순서가
있다.
• 발달은 분화와 통합의 과정이다.
• 초기 발달이 이후의 발달보다 중요
하다.
• 구조의 변화가 기능의 변화보다 먼
저 이루어진다.

02 발달의 각 영역(신체, 언어, 인지, 사
회, 정서 등)은 상호 밀접한 연관이
있으며, 발달은 분화와 통합의 과정
을 거친다.

03 발달의 결과는 유전적 요인 및 환경
적 요인의 역동적인 상호작용으로 인
해 상당히 다를 수 있다.

01 다음 중 발달의 원리에 대한 설명으로 옳지 않은 것은?

① 발달은 유기체와 환경의 상호작용으로 이루어진다.
② 발달은 하나의 분화과정이다.
③ 발달은 연속적이고 점진적인 과정이다.
④ 기능의 변화가 구조의 변화보다 먼저 이루어진다.

02 발달의 일반적 특징에 관한 설명으로 옳지 않은 것은?

① 발달은 이전 경험의 누적에 따른 산물이다.
② 삶의 중요한 사건이나 경험이 발달상의 큰 변화를 가져올
수 있다.
③ 발달의 각 영역은 상호의존적이기보다는 서로 배타적이다.
④ 대부분의 발달적 변화는 성숙과 학습의 산물이다.

03 발달에 관한 설명으로 옳지 않은 것은?

① 다양한 맥락의 영향을 받지만 발달의 결과는 동일하다.
② 발달은 양적 변화와 질적 변화를 포함한다.
③ 기능과 구조가 쇠퇴하는 부정적 변화도 포함된다.
④ 신체적, 도덕적, 사회적 발달은 독립적이기보다는 통합적
이고 총체적이다.

정답 01 ④ 02 ③ 03 ①

04 "발달은 연속적인가, 비연속적인가?"라는 기본 쟁점에 대한 입장을 기준으로 발달이론을 구분할 경우, 비연속적 발달이론에 해당하는 이론은?

① 브론펜브레너(U. Bronfenbrenner)의 생태체계이론
② 피아제(J. Piaget)의 인지발달이론
③ 스키너(B. F. Skinner)의 행동주의이론
④ 반두라(A. Bandura)의 사회학습이론

»»○

[발달의 연속성에 관한 이론]

구분	연속성이론	비연속성이론
의의	• 발달과정이 급격한 변화가 없이 점진적으로 완만한 성장곡선을 보인다는 이론이다. • 인간의 발달을 과거 경험에 새로운 지식 혹은 기술이 습득되어가는 연속적인 과정으로 이해한다. • 한번 씨로부터 싹이 나면 계속 크기만 하고 모양은 변하지 않는 식물의 성장에 비교된다.	• 성장과정이 계단식의 발달과정을 거치며, 각 발달단계는 서로 구별되는 생의 기간으로, 특정한 정서, 동기, 행동이 각 생의 기간마다 독특한 특징을 보인다는 이론이다. • '알-유충-애벌레-성충'의 과정을 지나고 각 과정은 각기 다른 단계와 구별되는 독특한 특성을 지니는 곤충의 성장에 비교된다.
특징	양적 변화: 아동이 해가 갈수록 점점 더 커지고 성장속도가 점점 더 빨라지며, 세상에 대한 지식을 더 많이 획득한다.	질적 변화: 어렸을 때와 기본적으로 다르게 변화하는 것으로써 올챙이에서 개구리의 변형이 그 예이다.
주요 학자	행동주의자와 같이 기계론적 관점을 지닌 학자	프로이트(Freud)와 피아제(Piaget), 콜버그(Kohlberg), 에릭슨(Erikson) 등의 초기 발달심리학자

04 [문제 하단의 표 참고]

정답 04 ②

05 발달의 주요 쟁점 중 최근에는 한 번 형성되면 변화가 불가능하다는 의미를 내포하는 '결정기'라는 용어보다 일단 형성되면 지속성이 강한 특성이 보다 쉽게 형성되는 시기라는 의미를 가진 '민감기'라는 용어를 사용하고 있다.

05 발달의 주요 쟁점에 관한 설명으로 옳지 <u>않은</u> 것은?

① 안정성과 불안정성의 쟁점은 집단 내 개인의 상대적 위치 변동과 관련된다.

② 연속성과 불연속성의 쟁점은 양적・질적 변화의 문제와 관련된다.

③ 초기경험을 강조하는 학자에 비해 후기경험을 강조하는 학자들은 발달의 변화가능성을 더 크게 평가한다.

④ 인간발달의 특성을 설명하는 데 '결정기(Critical Period)'가 '민감기(Sensitive Period)'보다 설득력이 더 크다.

06 ㄹ. 타율 및 외적 통제에서 자율 및 내적 지배로 발달이 이루어진다.

발달의 순서와 방향
• 상부 → 하부
• 중심 → 말초
• 전체운동 → 특수운동
• 미분화운동 → 분화운동
• 일반적인 것 → 구체적인 것
• 절대적인 것 → 상대적인 것
• 타율 및 외적 통제 → 자율 및 내적 지배

06 다음 중 발달의 순서와 방향에 대한 내용으로 옳은 것을 모두 고르면?

> ㄱ. 상부에서 하부로
> ㄴ. 중심에서 말초로
> ㄷ. 일반적인 것에서 구체적인 것으로
> ㄹ. 자율 및 내적 지배에서 타율 및 외적 통제로

① ㄱ, ㄴ, ㄷ   ② ㄱ, ㄷ
③ ㄴ, ㄹ   ④ ㄱ, ㄴ, ㄷ, ㄹ

07 발달에 일정한 순서와 방향성이 있다는 것은 위에서 아래로, 중심이나 중추에서 말초나 모세혈관 쪽으로 등 방향성을 가지며 발달한다는 것이다.

07 다음의 내용과 연관된 발달의 원리에 해당하는 것은?

> 인간을 비롯한 동물은 보통 머리가 먼저 발달하고 꼬리나 사지가 나중에 발달한다.

① 발달에는 개별성 혹은 개인차가 있다.
② 발달에는 일정한 순서와 방향성이 있다.
③ 발달은 연속적이고 점진적인 과정이다.
④ 발달은 통합되어 상호관련성을 가진다.

정답 05 ④ 06 ① 07 ②

08 다음의 내용과 연관된 발달의 원리에 해당하는 것은?

> 나의 키는 중학교 1학년 때 20cm가 컸고 그 후에는 5cm 정도 컸고, 이제는 거의 변화가 없다.

① 발달은 연속적이다.
② 중심부위에서 말초부위로 발달한다.
③ 발달에는 결정적 시기가 있다.
④ 발달에는 개인차가 존재한다.

08 발달에 있어서 결정적 시기(결정기)는 신체 및 심리의 발달과정상 가장 용이한 시기가 있음을 의미하는 것으로, 이 시기를 놓치는 경우 발달과업 획득의 효율성이 떨어지게 된다는 것이다.

09 다음 중 발달에 대한 설명으로 옳은 것은?

① 사춘기에 2차 성징이 나타나는 것이다.
② 신체가 크는 것과 같은 양적 증가를 의미하는 것으로 신체의 부분에 국한한다.
③ 신체적·심리적·사회적 측면에서의 변화를 의미하는 것으로 상승적·하강적 변화를 포함한다.
④ 경험 훈련 또는 연습의 결과로 개인이 내적으로 변하는 것을 말한다.

09 ①은 성숙, ②는 성장, ④는 학습에 대한 설명이다.

10 다음 중 적절한 시기에 발달과업을 이룩해야 건전한 성격을 형성할 수 있다고 주장한 학자는?

① 루소(Rousseau)
② 레빈슨(Levinson)
③ 하비거스트(Havighurst)
④ 에릭슨(Erikson)

10 하비거스트(Havighurst)의 발달과업이란 특정한 발달단계에서 개인이 배우지 않으면 안 되는 여러 가지의 과제를 뜻한다.

정답 (08 ③ 09 ③ 10 ③)

11 변수의 종류
- 독립변수 : 원인을 가져다주는 기능을 하는 변수
- 종속변수 : 결과를 나타내는 기능을 하는 변수
- 매개변수 : 두 변수 중간에서 매개자 역할을 하는 변수
- 통제변수 : 제3의 변수를 통제하는 변수

11 다음 내용에서 괄호 안에 들어갈 용어가 순서대로 알맞은 것은?

> 어떤 행동을 야기하는 원인이 되는 것은 (㉠)이고, 그 원인으로 말미암아 유발되는 반응이나 결과는 (㉡)이다.

① 독립변수, 종속변수
② 종속변수, 독립변수
③ 매개변수, 통제변수
④ 통제변수, 매개변수

12 가소성(Plasticity)
- 긍정적이거나 부정적인 삶의 경험에 대한 반응 안에서의 변화를 위한 역량을 말한다.
- 유전과 환경이 발달에 미치는 영향 중에서 환경적 경험에 의해 발달이 촉진될 수 있는 가능성을 의미한다.
- 정상적인 발달이 바람직한 환경적 경험에 의해 촉진되는 과정과 바람직하지 못한 환경으로 인해 발달이 위축되고 억제된 상태로부터 환경이 정상화되면 정상적으로 회복되는 과정을 모두 포함한다.
- 이러한 맥락에서 볼 때, 인간의 전 생애 중에서 유아기와 아동기는 많은 발달적 가소성을 갖는 시기라고 할 수 있다.

12 다음의 특징을 나타내는 발달개념은?

> - 변화에 대한 역량
> - 긍정적인 또는 부정적인 삶의 경험에 반응하여 변화할 수 있는 능력
> - 환경이 정상화되면 위축된 발달이 정상적으로 회복될 수 있는 역량

① 성숙(Maturation)
② 가소성(Plasticity)
③ 연속성(Continuity)
④ 최적화(Optimization)

13 관찰법은 시간과 비용이 많이 소요된다.

13 다음 자료수집방법 중 관찰법의 장점에 해당하지 <u>않는</u> 것은?

① 현장연구에 해당한다.
② 대상자가 비협조적이거나 면접을 거부하는 경우 유효하다.
③ 대상자의 무의식적인 행동을 포착할 수 있다.
④ 시간과 비용의 측면에서 유리하다.

정답 (11 ① 12 ② 13 ④)

14 다음 중 사례연구의 특징에 해당하지 <u>않는</u> 것은?

① 질적·경험적인 탐구방법에 해당한다.
② 관찰연구에 비해 비교적 많은 수를 대상으로 한다.
③ 현상에 대한 자세한 기술 및 설명·평가를 목적으로 한다.
④ 맥락과 과정의 기술이다.

15 종단적 연구와 횡단적 연구에 대한 설명으로 옳지 <u>않은</u> 것은?

① 종단적 연구는 검사 결과상 비교불능으로 연구 도중 사용하던 도구를 변경할 수 없다.
② 종단적 연구는 초기와 후기의 인과관계를 규명하는 주제에 용이하다.
③ 횡단적 연구는 연령에 따른 성장의 특성을 밝혀 일반적인 성향을 파악한다.
④ 횡단적 연구는 한 대상에게 반복적으로 같은 도구를 사용하므로 신뢰성이 문제시된다.

16 발달연구에서 연령효과, 동시대 출생 집단 효과, 측정시기 효과를 분리해서 볼 수 있는 연구접근법은?

① 횡단적 접근법
② 종단적 접근법
③ 계열적 접근법
④ 자기보고 접근법

---

14 관찰연구가 비교적 많은 수를 대상으로 하는 것에 반해, 사례연구는 한두 명의 대상을 깊이 있게 연구한다.

15 ④는 종단적 연구에 대한 설명이다.

16 계열적 접근법 : 상이한 연령의 피험자를 선별하여 이 집단들 각각을 얼마 동안의 기간에 걸쳐서 연구하는 것으로서 횡단적 연구와 종단적 연구의 장점들을 혼합하여 연구하는 방법을 말한다.
① 횡단적 접근법 : 어느 한 시점에서 다수의 분석단위에 대한 자료를 수집하는 연구로 어떤 현상의 단면을 분석한다.
② 종단적 접근법 : 둘 이상의 시점에서 동일한 분석단위를 장기간에 걸쳐 추적하여 연구한다.
④ 자기보고 접근법 : 인간의 정의적 영역의 검사 또는 평가방법의 하나로서 피험자 스스로의 관찰결과를 스스로 보고하게 하여 평가자료를 수집하는 방법이다.

정답 (14 ② 15 ④ 16 ③)

17 ① 자연관찰은 자연적인 조건 하에서 전개되는 그대로의 행동을 관찰·기록하는 방법으로 자연 상황에서 돌발적으로 일어날 수 있는 가외변인의 통제를 할 수 없다.
② 질문지법은 질문을 위해 제작된 설문지를 이용하여 응답자가 직접 작성하도록 하는 방법이다.
④ 구조적 면접법은 면접의 내용과 순서가 미리 일관성 있게 준비되고 동일하게 면접이 이루어진다.

18 초자아는 무엇이 옳고 그른가를 판단하는 데 관여하는 성격의 일부분으로 자아로부터 발달한다.

19 근면성 대 열등감 : 자아성장의 결정적인 시기로 학교를 통해서 근면성을 획득하고 실패를 거듭하면 열등감이 발달한다.

정답 17 ③ 18 ④ 19 ①

---

17 발달연구의 자료수집 방법에 관한 설명으로 옳은 것은?

① 자연관찰은 실험실관찰보다 가외변인의 통제가 더욱 용이하다.
② 개인의 정보를 가장 정확하게 수집할 수 있는 방법은 질문지법이다.
③ 사례연구에서는 소수의 피험자를 깊이 연구함으로써 개인의 복잡한 내적 현상을 기술한다.
④ 구조적 면접법은 정해진 질문 없이 전문 면접관에 의해 체계적으로 이루어진다.

18 다음 중 프로이트(Freud)의 성격의 요소에 대한 설명으로 옳지 <u>않은</u> 것은?

① 자아는 의식과 무의식의 중간에 있다.
② 초자아는 아동기(3~6세)에 발달한다.
③ 원초아는 무의식에 감추어진 일차적이고 정신적인 힘이다.
④ 초자아는 원초아로부터 발달한다.

19 에릭슨(E. Erikson)의 심리사회적 발달단계에 관한 설명으로 옳지 <u>않은</u> 것은?

① 근면성 대 열등감 : 타인에 대한 믿음을 증가시키고 자신의 행동을 선택하고 통제한다.
② 주도성 대 죄책감 : 새로운 것을 시도하고 목표를 설정하며 그에 따라 활동한다.
③ 정체감 대 정체감 혼란 : '나는 누구이며 미래의 나는 어떻게 될 것인가?'에 대해 고민한다.
④ 생산성 대 침체감 : 다음 세대에게 기술을 전수하고 지역사회에 도움이 되는 일을 한다.

20 프로이트(Freud)의 성격구조에 관한 설명으로 옳은 것은?

① 초자아는 성적 욕구와 관련된 것으로 쾌락의 원리를 따른다.

② 자아는 일차적 사고과정을 따른다.

③ 자아는 현실원리를 따르며 개인이 현실에 적응하도록 돕는다.

④ 원초아는 옳고 그름에 대한 판단을 한다.

20 구조적 모형(성격의 3요소)
- 원초아(Id) : 출생 시 타고나는 성격의 가장 원초적인 부분으로, 본능적 충동과 쾌락의 원리에 의해 지배되므로, 충동적·비합리적·자애적으로 나타난다.
- 자아(Ego) : 출생 후에 발달하기 시작하는 것으로, 성격의 조직적·합리적·현실지향적인 체계이다.
- 초자아(Superego) : 무엇이 옳고 그른가를 판단하는 데 관여하는 성격의 일부분으로, 도덕성 및 죄책감과 연관된다.

21 청소년기의 신체발달 특징에 관한 설명으로 옳은 것을 모두 고른 것은?

> ㄱ. 청소년의 성장급등은 남학생보다 여학생에게서 먼저 나타난다.
> ㄴ. 청소년기에는 뇌의 발달이 두드러져 뇌의 무게가 크게 증가한다.
> ㄷ. 여학생의 사춘기 발달에 큰 영향을 미치는 호르몬은 테스토스테론이다.
> ㄹ. 청소년의 성적 성숙은 그 시기에 있어서 개인차를 보인다.

① ㄱ, ㄹ 　　　　② ㄴ, ㄷ

③ ㄷ, ㄹ 　　　　④ ㄱ, ㄴ, ㄹ

21 ㄴ. 뇌 무게는 생후 6개월에 두 배가 되며 7~8세가 되면 성인의 뇌 무게의 90%에 도달한다. 이후에 서서히 증가하여 남자는 20세, 여자는 18~19세 정도에서 성장을 멈춘다.
ㄷ. 여학생의 사춘기 발달에 큰 영향을 미치는 호르몬은 에스트로겐이다. 에스트로겐은 2차 성징에 관여한다.

정답 20 ③ 21 ①

22 잠복기 – 근면성 대 열등감
   [문제 하단의 표 참고]

22 프로이트(Freud)의 심리성적 발달단계와 에릭슨(Erikson)의 심리사회적 위기의 연결이 옳지 <u>않은</u> 것은?

① 구강기 – 신뢰감 대 불신
② 항문기 – 자율성 대 수치심과 회의
③ 남근기 – 주도성 대 죄책감
④ 잠복기 – 생산성 대 침체성

»»»〇

[에릭슨(Erikson)의 인간발달단계]

시기	심리사회적 위기	프로이트 발달단계
유아기 (출생~1세)	신뢰감 대 불신감	구강기
초기 아동기 (1~3세)	자율성 대 수치심·회의	항문기
학령전기 (3~5세)	주도성 대 죄의식	남근기
학령기 (5~12세)	근면성 대 열등감	잠복기
청소년기 (12~20세)	자아정체감 대 정체감 혼란	생식기
성인 초기 (20~24세)	친밀감 대 고립감	
성인기 (24~65세)	생산성 대 침체	
노년기 (65세 이후)	자아통합 대 절망	

23 에릭슨(Erikson)의 심리사회적 발달이론에서 다음의 아동에 해당되는 단계는?

> 5세 슬기에게 엄마가 '이제 많이 컸으니 동생을 잘 보살펴야 한다.'라고 말씀하신다. 슬기는 혼자서 신나게 놀고 싶은 생각이 있지만, 한편으로 동생을 챙겨야 한다는 책임감도 느끼고 있다. 슬기는 동생에게 놀이터에서 자전거를 타자고 적극적으로 말할지 말지 고민하고 있다.

① 주도성 대 죄의식
② 정체감 확립 대 정체감 혼란
③ 근면성 대 열등감
④ 자율성 대 수치심

24 다음 중 심리사회적 측면에서 갈등과 위기를 통해 성격의 발달단계를 구분한 학자는?

① 에릭슨
② 피아제
③ 길포드
④ 하비거스트

25 다음 중 에릭슨(Erikson)의 심리사회이론에서 학령기에 해당하는 것은?

① 신뢰감 대 불신감
② 근면성 대 열등감
③ 자아정체감 대 정체감 혼란
④ 복종 대 칭찬

---

23 학령전기 또는 유희기(3~5세) : 이 시기의 아동은 주도성을 가지고 계획을 세우고 목표를 설정하며 그것을 달성하고자 노력하지만, 부모는 그런 주도성을 제한하고 책임감과 죄의식을 통해 양육한다.

24 에릭슨(Erikson)은 프로이트의 제자로 프로이트와는 달리 자아를 매우 창의적이고 의식적인 존재로 보았다. 즉, 신뢰감과 희망, 자율성과 의지력, 주도성과 목적의식, 근면성과 능력감, 자아정체감과 성실성, 친밀감과 사랑, 생산성과 배려, 자아통합과 지혜 등과 같은 성격을 자아 속에 포함시킴으로써 문화적·역사적 맥락 속에서 분석하였다. 따라서 그의 이론을 심리사회적 발달이론이라고 한다.

25 에릭슨에 의하면, 근면성 대 열등감이 학령기(5~12세)의 중심문제가 된다. 학교나 가정으로부터 요구되는 일들을 아동이 수행할 때 또래에 비하여 자신이 잘 하지 못하게 되면 열등감에 빠지게 되고, 반면에 과제를 끝마치고 성취감을 맛보거나 또래에 비해 우수한 능력을 발휘하고 주변환경으로부터 칭찬을 듣게 되면, 자신감을 갖고 매사 열심히 몰입하는 성격으로 성장하게 된다고 하였다.

정답 23 ① 24 ① 25 ②

26 ㄱ. 게젤(A. Gesell)은 아동은 타고 난 유전적 요인에 의해 성장과 발달이 이루어지며, 발달속도의 개인차는 유전적 기제의 차이에서 비롯된다고 하였다. 환경적 요인은 성장 과정을 지지하거나 수정할 뿐 근본적인 발달의 진전을 유발하지는 못한다고 하였다.
ㄹ. 보울비(J. Bowlby)는 생애초기를 사회적 관계의 질이 그 후의 발달에서 결정적인 역할을 하는 '민감한 시기'로 보았으며, 부정적인 부모-자녀 관계의 경험은 성인의 관계까지 그 영향을 미친다고 하였다. 즉, 발달 초기에 중요한 타인과 맺었던 초기 애착은 전 생애에 걸쳐 영향을 미친다.

26 **이론가와 발달에 관한 주장이 바르게 연결된 것을 모두 고른 것은?**

> ㄱ. 게젤(A. Gesell) – 아동발달의 근본적 힘은 환경이다.
> ㄴ. 촘스키(N. Chomsky) – 언어적 성취는 유전적 프로그램에 의한 것이다.
> ㄷ. 왓슨(J. B. Watson) – 성격 형성은 환경에 의해 좌우된다.
> ㄹ. 보울비(J. Bowlby) – 생의 초기 불안정애착 효과는 지속적이지 않다.

① ㄱ, ㄴ ② ㄱ, ㄹ
③ ㄴ, ㄷ ④ ㄷ, ㄹ

27 ㄷ. 로렌츠는 각인을 통해 아동발달에 있어서 '결정적 시기'의 주요 개념을 도출하였다. 여기서 결정적 시기란 아동이 적응적인 행동을 획득하기 위해 생물학적으로 준비되어 있는 특정의 시기를 말하는 것으로, 이 시기에 각인이 이루어지지 않는 경우, 이후 그와 같은 행동을 습득하기 매우 어렵다는 것이다.

27 **발달의 동물행동학적 이론에 관한 설명으로 옳은 것을 모두 고른 것은?**

> ㄱ. 인간발달에 있어 진화론적 관점을 강조한다.
> ㄴ. 종 특유 행동은 생존을 위한 진화의 산물이다.
> ㄷ. 로렌츠(K. Lorenz) 이론에서 각인은 결정적 시기와 상관없이 이루어지는 본능적 행동이다.
> ㄹ. 동물행동학적 관점에서 볼 때 어머니와 유아 간 애착은 생존을 위한 것이다.

① ㄱ, ㄴ ② ㄷ, ㄹ
③ ㄱ, ㄴ, ㄷ ④ ㄱ, ㄴ, ㄹ

정답 26 ③ 27 ④

28 피아제(Piaget)의 인지발달단계 중 감각운동기의 발달과정에서 이미 알고 있는 과정을 새로운 상황에 응용하는 시기에 해당하는 것은?

① 4~10개월 ② 10~12개월

③ 12~18개월 ④ 18~24개월

29 비고츠키(Vygotsky)의 사회문화적 인지이론에 대한 설명으로 옳지 <u>않은</u> 것은?

① 아동의 환경 속에 존재하는 다양한 사회적 맥락이 아동의 학습발달에 지대한 영향을 미친다.

② 아동의 지적 발달은 자기중심적 언어의 변형 및 발달에 의해 도출되는 외적 언어와 내적 언어에 의해 영향을 받는다.

③ 비계설정은 근접발달영역 내에서 개인정신 내의 국면이 개인정신 간의 국면으로 전환하는 것을 말한다.

④ 비계의 기능은 '타인에 대한 의존 → 타인과의 협동 → 자기에 대한 의지 → 내면화'의 단계로 전개된다.

30 다음의 내용과 연관된 학자는 누구인가?

> 일정한 자극에 의해 일반적으로 유발되는 반사를 처음 그것과 아무 관계가 없던 중립자극과 연합시킴으로써 그 중립자극이 선천적 반사반응을 유발시킨다.

① 에릭슨(Erikson)

② 스키너(Skinner)

③ 피아제(Piaget)

④ 파블로프(Pavlov)

---

28 피아제의 인지발달단계 중 감각운동기의 발달과정

- 반사활동(0~1개월) : 아기의 행동은 의도적인 것이 아닌 단지 반사적인 것
- 1차 순환반응(1~4개월) : 반사적 행동의 반복, 운동근육의 협응
- 2차 순환반응(4~10개월) : 우연히 관심을 끄는 환경적 사건의 발견에 행동 반복
- 2차 도식의 협응(10~12개월) : 전단계에서 얻은 여러 도식을 가지고 있다가 새로운 상황에 부딪히면 문제해결을 위해 의도적으로 이 도식들을 협응하여 사용함
- 3차 순환반응(12~18개월) : 감각운동기의 절정기로 새로운 행동이나 진기한 사건을 일으키는 데 적극적인 관심을 보임
- 사고의 시작(18~24개월) : 감각운동적 탐색이나 행동이 상징적 사고로 전환되는 단계

29 비계설정은 근접발달영역 내에서 개인정신 간의 국면이 개인정신 내의 국면으로 전환하는 것을 말한다. 즉, 아동은 자신의 노력과 함께 부모나 교사 또는 유능한 또래의 도움을 통해 스스로 문제를 해결할 수 있는 능력을 습득하게 된다.

30 파블로프(Pavlov)의 이론은 고전적 조건형성이라고 하는데, 이것은 일정한 자극에 의해 일반적으로 유발되는 반사를 처음 그것과 아무관계가 없던 중립자극과 연합시킴으로써 그 중립자극이 선천적 반사반응을 유발시키는 것을 말한다. 예를 들어, 개에게 종소리를 들려준 후 먹이를 주자, 이후 종소리만 들려주어도 개가 침을 흘리는 것은 고전적 조건형성 실험의 대표적인 예이다.

정답 28 ② 29 ③ 30 ④

31 자기효율성 또는 자기효능감은 특정 과제를 성공적으로 수행할 수 있다는 자신의 능력에 대한 신념이다. 자기효능감의 4가지 주요 원천은 성취경험, 대리경험, 언어적 설득, 정서적 각성이다.

31 다음 중 자기효능감의 원천이 <u>아닌</u> 것은?

① 자아통제　　　　　② 성취경험
③ 언어적 설득　　　　④ 정서적 각성

32 로렌츠(Lorenz)의 각인이론은 진화론적 관점과 동물행동학적 방법 등을 인간행동의 연구에 접목시킴으로써 새로운 접근방식을 제시하였으며, 아동연구에 대한 관찰법의 적용에 영향을 미쳤다. 또한 '각인'을 통해 인간발달에 있어서 '결정적 시기'의 개념을 도출하였다. 그러나 그의 각인이론은 객관적이고 체계적인 검증 및 비판이 부족하며, 인간발달에 있어서 '결정적 시기'의 개념을 지나치게 강조함으로써 학습과 경험의 역할 및 기능을 도외시했다는 비판을 받고 있다.

32 다음 중 각인이론의 공헌점에 대한 내용으로 옳지 <u>않은</u> 것은?

① 진화론적 관점과 동물행동학적 방법 등을 인간 행동의 연구에 접목시켰다.
② 인간발달에 있어서 결정적 시기의 개념을 제시하였다.
③ 성장의 신호에 대한 적절한 반응의 필요성을 주지시켰다.
④ 인간발달에 있어서 학습과 경험의 역할을 강조하였다.

33 보울비(Bowlby)는 어린 시절 어머니와의 애착관계 형성이 아동의 정서적인 문제를 비롯하여 아동 발달에 영향을 미친다는 점을 강조하였다. 그는 유아가 양육자인 어머니에게 신호를 보내고, 어머니는 그러한 신호에 생물학적으로 반응함으로써 이들 간에 애착이 형성된다고 보았다.

33 다음 중 애착을 인간에게서 나타나는 종 특유의 행동으로 간주하여 유아가 자신의 어머니에게 애착을 형성하는 과정을 이론적으로 제시한 학자는?

① 로렌츠(Lorenz)
② 보울비(Bowlby)
③ 반두라(Bandura)
④ 게젤(Gesell)

정답 31 ① 32 ④ 33 ②

34 다음 내용과 연관된 학자는 누구인가?

> • 인간은 성숙이 성장의 모든 면을 좌우한다고 믿었다.
> • 형태화 과정에 의해 행위가 체계화된다고 믿었다.
> • 발달의 상호교류원리가 다른 행동에도 광범위하게 적용된다고 보았다.

① 보울비(Bowlby)
② 왓슨(Watson)
③ 반두라(Bandura)
④ 게젤(Gesell)

35 브론펜브레너(Bronfenbrenner)의 생태학적 체계이론에 대한 설명으로 옳지 <u>않은</u> 것은?

① 인간에 대한 이해는 인위적인 실험실 연구가 아닌 인간을 둘러싼 삶의 맥락 속에서 연구되어야 한다고 주장하였다.
② 발달하는 인간이 환경과 어떻게 관계되어있는지 설명하기 위해 인간발달의 생태학을 제시하였다.
③ 유아의 발달이 이루어지는 주변세계와 더 넓은 세계와의 관계를 이해하기 위해 유아의 주변세계에 대한 해석과 그 해석들이 어떻게 변화하는지에 초점을 맞추었다.
④ 인간을 둘러싸고 있는 생태학적 환경을 4개의 구조체계로 구분했으며 이후 외체계를 추가했다.

36 다음 중 행동주의이론의 조작적 조건형성에 대한 내용으로 옳지 <u>않은</u> 것은?

① 인간이 환경의 자극에 수동적으로 반응하여 나타내는 행동인 조작적 행동을 설명한다.
② '강화이론(Reinforcement Theory)'이라고도 불린다.
③ 보상과 행동의 재현의 상관관계를 강조한다.
④ 행동이 발생한 이후의 결과에 관심을 가진다.

---

34 게젤(Gesell)은 인간이 출생 전부터 이미 짜인 프로그램으로서 성숙에 의해 발달한다고 주장하였다. 그의 이론은 대부분 초기운동발달에 관한 것으로, 성숙이 성장의 모든 면을 좌우한다고 보았다.

35 인간을 둘러싸고 있는 생태학적 환경을 미시, 중간, 거시, 외체계로 구분했으며 이후 시간 체계를 추가했다.

36 인간의 자극에 대한 수동적·반응적 행동에 몰두하는 파블로프의 고전적 조건형성과 달리, 스키너의 조작적 조건형성은 인간이 환경의 자극에 능동적으로 반응하여 나타내는 행동인 조작적 행동을 설명한다.

정답 34 ④ 35 ④ 36 ①

37 체계적 둔감법은 무조건자극과 조건자극의 연합의 원리를 기초로 한 고전적 조건화의 대표적인 행동치료기법이다.

37 다음 내용에 해당하는 행동주의이론의 주요 개념은?

> 혐오스러운 느낌이나 불안한 자극에 대한 위계목록을 작성한 다음, 낮은 수준의 자극에서 높은 수준의 자극으로 상상을 유도함으로써 혐오나 불안에서 서서히 벗어나도록 한다.

① 소거
② 토큰경제
③ 체계적 둔감법
④ 타임아웃

38 반두라(Bandura)는 아동이 자신의 행동에 대해서 직접적인 강화를 받지 않더라도 다른 아동이 보상이나 벌을 받는 것을 관찰함으로써 간접적으로 강화를 받기 때문에, 다른 아동이 보상받은 행동은 학습하게 되고 벌을 받은 행동은 학습하지 않게 된다고 주장하였다.

38 다음 중 아동이 사회적 상황에서 타인들의 행동을 관찰함으로써 그들의 행동을 학습할 수 있다고 주장한 학자는?

① 스키너(Skinner)
② 왓슨(Watson)
③ 파블로프(Pavlov)
④ 반두라(Bandura)

39 로렌츠는 다윈의 진화론적 관점을 인간에게 적용하여 인간의 행동양식에도 진화가 이루어진다고 보았으며, 동물연구방법으로 각인설을 주장하였다. 많은 종류의 새들과 포유동물의 새끼는 그들 어미에게 추종반응을 보이는 후천적·사회적 본능을 지니고 있으며, 이 현상은 결정적 시기에 형성되어 그 이후에는 지울 수 없는 행동으로 작용한다고 보았다.

39 다음 중 동물연구방법으로 각인이론을 주장한 학자는?

① 로렌츠(Lorenz)
② 왓슨(Watson)
③ 반두라(Bandura)
④ 게젤(Gesell)

정답 37 ③ 38 ④ 39 ①

제 2 장

합격의 공식 SD에듀 www.sdedu.co.kr

발달의 생물학적 기초

우리 인생의 가장 큰 영광은 결코 넘어지지 않는 데 있는 것이 아니라
넘어질 때마다 일어서는 데 있다.

– 넬슨 만델라 –

제 **2** 장 | 발달의 생물학적 기초

유전과 발달

---

1 유전의 기본요소

(1) DNA

① DNA는 꼬인 사다리처럼 보이는 두 개의 긴 가닥으로 된 분자로, 사다리의 각 발판은 염기라고 불리는 한 쌍의 화학물질로 구성되어 있다.

② 왓슨과 크릭은 두 역평행의 당−인산 사슬이 DNA 구조의 외부에 존재하며 나선구조를 이루고 있음을 추론하였다.

③ 이 염기는 항상 똑같은 방법으로 A와 T, G와 C가 수소결합을 하고 있는 특이적 염기쌍을 이루며 많은 단백질이 DNA 복제와 수선에 관여한다.

④ 이러한 염기쌍의 순서가 유전적 지시를 제공하며 DNA의 염기배열은 인간의 성장발달을 결정하여 인간의 발달에 영향을 끼친다.

(2) 염색체

① 염색체는 DNA 또는 디옥시리보핵산이라고 하는 화학물질로 주로 이루어져 있다.

② 여러 개의 유전인자를 포함하고 있으며, 이 유전인자에는 부모로부터 전달되는 유전적 특질을 나타내는 유전물질이 들어있다.

③ 하나의 인간염색체에는 대략 2만~2만 5천 가지에 이르는 유전자가 들어있다.

(3) 세포분열

① DNA의 독특한 모양은 유사분열 과정을 통하여 복제되며, 성세포는 감수분열을 하여 46개의 염색체의 절반인 23개의 염색체를 갖는다.

② 23개 중에 22는 남녀가 공동으로 가지며 23번째 쌍은 성염색체로, 여자는 X염색체가 두 개인 XX이고, 남자는 X와 Y가 하나씩인 XY로 성을 결정한다.

③ **세포분열의 종류**

유사분열	세포와 자기의 염색체를 복제하고 난 후 유전적으로 동일한 두 개의 세포로 나뉘어지는 것을 말한다.
감수분열	세포가 분열하여 원래 부모세포가 갖는 염색체수의 반을 갖는 생식세포를 생산한다.

제2절   유전과 환경

1 유전과 환경의 영향

(1) 유전의 영향

① 일란성 쌍생아가 이란성 쌍생아보다 지능지수의 상관도가 높다.

② 남자가 여자보다 공간 지각력이 높고 여자가 남자보다 공감능력이 높다.

③ 한 쌍의 유전인자가 여러 행동특성에 영향을 준다.

④ 유전인자의 효과는 오랜 시간에 걸쳐 나타난다.

(2) 환경의 영향

① 교육환경이 서로 다른 곳에서 자란 일란성 쌍생아의 경우 도시에서 자란 아동이 벽지에서 자란 아동보다 지능지수가 높다고 본다.

② 성역할에 따른 역할모델이나 가정의 경제수준에 따른 인지, 사회, 신체 발달의 차이도 환경의 영향에 속한다.

2 유전과 환경의 상호작용

(1) 의의

① 인간 발달은 유전과 환경의 상호작용으로 본다.

② 부모의 유전자형이 자녀에게 제공하는 가정환경의 종류에 부분적으로 영향을 준다.

③ 유전적으로 영향 받은 자녀의 속성은 자녀 자신을 대하는 타인의 행동에 영향을 주고 자녀는 자신의 유전적 성향에 가장 적절한 환경을 선호하고 추구한다.

④ 유전적 요인에 영향을 받는 키나 체중 등에서도 환경적 요소가 작용한다.

(2) 운하화와 반응범위

① **운하화(canalization)**

㉠ 유전인자가 극히 한정된 결과만을 일으키는 경우를 말한다.

㉡ 환경이 거의 영향을 미치지 못하고 단지 유전인자의 성숙에 의해 특성이 나타난다.

㉢ 생후 4~6개월부터 모든 영아들은 농아인 경우까지도 거의 같은 방식으로 옹알이를 한다.

㉣ 지능, 인성, 기질 등은 운하화가 낮아 환경의 영향에 따라 여러 방향으로 발전할 수 있다.

② **반응범위(reaction range concept)**

개인이 갖고 있는 유전형이 표현형으로 나타날 때 개인의 경험에 따라 다르게 나타난다. 즉, 사람의 발달은 선천적인 요소와 후천적인 요소가 복합적으로 작용한다는 이론이다.

(3) 수동적 유전환경과 적극적 유전환경

① 스카와 매카트니(Scarr & McCartney)

㉠ 생후 몇 해 동안은 환경을 선택하는 것이 어려우므로 이 시기에는 유전이 매우 중요하며, 이후 발달이 진행되면서 적극적인 유전환경관계가 점점 중요해진다.

㉡ 아동은 생후 몇 년 동안 수동적 유전환경에서 적극적 유전환경으로 발전해간다.

수동적 유전·환경	부모의 양육환경은 부모의 유전자와 아동의 유전자와 상호관계가 있다.
유발적 유전·환경	아동의 유전특성이 주위환경에 영향을 미친다.
적극적 유전·환경	아동이 선호하는 환경은 아동의 유전환경에 부합하는 것이다.

제3절 인간의 성장과 발달

1 태아기

(1) 태아기의 발달

① 이 기간 동안 태아는 여러 신체기관이 형성되고 기능이 시작되며 기관의 크기와 무게가 급속히 증가하게 된다.

② 개인의 발달에 태내의 환경이 영향을 미치기 전에 관여하는 것이 유전이다. 개인이 가지고 있는 유전정보는 한 개인의 발달을 위한 테두리를 설정해 준다.

(2) 태아기의 과정 [기출]

① 배포기(발아기)

㉠ 수정 후 2주간의 기간을 말한다.

㉡ 수정에서부터 수정체가 나팔관을 거쳐 자궁벽에 착상하기까지의 시기이다.

② 배아기

㉠ 수정 후 2~8주에 일어난다.

㉡ 태아의 신체계통과 각 기관의 발달이 가장 급속하게 이루어지는 시기이다.

㉢ 수정체의 내면은 외배엽·중배엽·내배엽의 세 개의 층으로 분리된다.

외배엽	머리카락, 손, 발톱, 피부의 외층, 감각세포 및 신경계 형성
중배엽	근육, 골격, 순환계, 피부의 내층이 형성
내배엽	장기, 호흡기, 기관지, 폐, 췌장, 간 등의 기관 형성

㉣ 이 시기 말에 형성되는 심장과 뇌 등의 순환계와 신경계가 기능을 시작한다.

㉤ 매우 빠른 발달과 분화과정으로 태내 환경에 가장 민감한 시기이므로 모체가 질병이나 영양부족, 약물의 영향을 받으면 태아에게 손상을 입힐 수 있다.

ⓗ 배아기 끝 무렵에 얼굴 모습이 나타나고, 손가락이나 발가락, 외적 생식 기관을 구별할 수 있다.

ⓢ 이 시기에 아기가 자궁벽으로부터 떨어져 나오는 자연유산을 조심해야 한다.

③ 태아기

㉠ 수정 후 3개월~출산 전까지의 기간을 말한다.

㉡ 신체기관의 분화는 더 이상 일어나지 않지만, 배아기에 형성된 기관의 구조는 더욱 정교화되고, 기능이 보다 원활해지는 등 빠른 발달을 보인다.

㉢ 4개월 말 무렵에는 태아의 움직임을 산모가 느끼며 5개월경에는 딸꾹질, 빨거나 삼키기 등의 반사가 나타난다. 또 손톱, 땀샘이 나타나며 솜털도 보인다.

㉣ 눈이 발달하며 중추신경과 근육도 세밀하게 발달한다.

[태아기의 발달]

배포기 (발아기)	수정 후 약 2주간	• 수정란이 급격한 세포분열을 하는 시기 • 자궁 속으로 들어온 후 배포가 착상되어 임신이 이루어지는 시기
배아기	수정 후 2~8주 사이	• 신체기관이 분화하는 시기 • 주요 신체기관과 신경계가 형성되는 시기 • 기형발생물질에 민감하게 영향을 받는 시기 • 임신 기간 중 환경이 가장 치명적인 영향력을 발휘하는 시기
태아기	수정 8주~ 출생까지	• 신체기관이 발육하는 시기 • 배아기보다 중추신경계가 더 빠르게 발달하는 시기 • 모든 기관 체계가 정교해지는 시기

(3) 태내발달에 영향을 미치는 요인

① 임신부의 영양상태

㉠ 임산부의 영양상태는 태아의 발달에 결정적인 영향을 미치는 태내환경이 된다.

㉡ 또 체중미달, 조산, 성장지체, 지적결함, 사산의 위험성을 초래한다.

㉢ 특히 임신 초기의 영양결핍은 뇌와 신경계의 발달에 지장을 초래한다.

② 임신부의 질병

㉠ 성병, 매독, 임질은 태아의 사망, 정신지체, 시·청각 손실 및 유산을 초래할 수 있으며 풍진, 홍역, 독감, 유행성이하선염, 수두, 성홍열 등은 태아의 심장결함 및 질환, 정신지체 기형, 백내장, 청력손실뿐 아니라 심하면 사망에 이르게 할 수 있다.

㉡ 임신 후 1개월 이내에 어머니가 풍진에 걸리면 58%의 신생아가 장애를 보일 정도로 위험하며, 2개월까지 26~36%의 가능성으로 장애를 보일 수 있고 5개월 이후부터는 영향이 없는 것으로 알려져 있다.

③ 임신부의 정서 상태

임신부의 강한 정서적 경험은 태아의 발육에 지장을 줄 수 있고, 출생 후 정서적 불안정을 보일 수 있다.

④ 임신부의 연령

㉠ 임신부의 연령이 높을수록 태아의 지적 장애가 나타날 가능성이 커진다.

ⓛ 이는 분만장애, 불임 및 다운증후군과 연관을 보인다. 반면 10대의 출산은 아기의 체중미달이나 미숙아가 될 위험이 크다.

⑤ **약물복용** 기출

ⓐ 진정제인 탈리도마이드를 복용한 경우 아기의 사지발달에 결함을 보였고, 마약류의 복용은 신체장애와 지적 발달의 지체를 수반한다.

ⓑ 특히 임신 1~3개월은 태아가 약물에 가장 취약한 시기로, 테라토겐(Teratogen)은 기형을 유발하는 물질을 의미한다.

⑥ **알코올**

임신 중 알코올 섭취로 '태아알코올증후군'이 있다.

⑦ **흡연**

많은 연구에서 흡연은 저체중아 출산, 자연유산 증가, 임신과 출산에 관련된 문제의 증가 및 사망과 관련이 있다고 본다.

(4) 각종 증후군 기출

병명	증상
태아알코올증후군 (Fetal Alchol Syndrome)	임신한 여성의 음주는 그 양과 횟수에 관계없이 ADH와 ALDH가 생성되어 레티노산(Retinoic acid)생성이 결핍되므로 태아의 뇌세포 발달과정을 교란시켜 태아의 행동발달, 학습능력을 떨어뜨리고 정신장애를 초래한다.
다운증후군 (Down Syndrome)	• 성염색체의 이상 중에서 21번 삼체성이 가장 흔한데 이를 다운증후군, 혹은 몽고증이라고 한다. • 21번 염색체가 쌍을 이루지 않고 세 개가 존재함으로써, 정상인 경우 46개인 염색체가 47개가 되는 유형이다. • 주로 나이가 많은 초산부(주로 35세 이상)에서 주로 발생하며 600~700명 중 1명 꼴로 있다.
에드워드증후군 (Edward Syndrome)	• 18번 염색체가 3개인 선천적 기형증후군으로, 다운증후군 다음으로 흔하며 약 8천 명당 한 명꼴로 나타난다. • 장기의 기형 및 전신지체장애가 발생하며 대부분 출생 후 10주 이내에 사망한다.
클라인펠터증후군 (Klinefelter Syndrome)	• 정상인의 성염색체는 남성 XY, 여성 XX이지만, 이 증후군에서는 XXY, XXXY 등의 여러 가지 이상한 형태를 보인다. • 남성염색체가 있음에도 불구하고 유방이 발달하기도 하는 등 여성의 신체적 특성이 나타난다.
터너증후군 (Turner Syndrome) 기출	성염색체 이상으로 X염색체가 1개이며, 전체 염색체수가 45개로 외견상 여성이지만 2차적 성적발달이 없고 목이 매우 두껍다.
혈우병 (Hemophilia)	혈액이 응고되지 않는 선천적 장애로, 성염색체인 X염색체 이상으로 발병하고 질병 저항력이 약하다.
크렉 아기 (Crack Baby)	• 크렉(Crack)은 코카인을 정제한 것으로, 임신부가 이를 복용할 경우 태아의 인지기능에 손상을 입는다. • 출생 당시에는 정상으로 보이지만 몸의 크기가 작고 머리둘레도 비정상적으로 낮아 지능이 낮을 가능성이 높다.
페닐케톤뇨증 (Phenylketonuria)	단백질 대사 이상장애로, 음식물에 들어있는 페닐알라닌을 분해하는 효소의 부족으로 발생한다. 출생 즉시 특수한 식이요법으로 정상생활을 유지할 수 있다.
X염색체 결함증후군	여성보다 남성에게 많이 나타나는 증상으로, 얼굴이 길고 귀가 당나귀 모양이다.

(5) 출산기

① 모체의 자궁 속에 있던 태아가 모체 밖으로 나오는 과정을 말하며 수정으로부터 약 280일경에 이루어진다.

② 개구기의 단계에 초산일 경우 대략 12시간 정도 소요되며 출산경험이 있는 산모는 약 6시간 정도 걸린다.

③ 진통은 불규칙한 자궁수축으로부터 규칙적인 수축이 일어나며 세단계로 진행된다.

④ **출산의 단계**

개구기	자궁경부가 열려 머리가 통과될 수 있을 때만큼 열리는 시기
만출기	아기의 머리가 산도를 통해 움직이며 밖으로 완전히 나올 때까지의 시기
후산기	태반과 탯줄이 나오는 단계

⑤ **출산 시 문제**

㉠ 장기적 진통이나 난산은 태아의 뇌에 압력이 가해져 출혈, 산소결핍증, 신경계 손상을 가져올 수 있다.

㉡ 임신 28~37주에 출산한 경우를 조산이라 하며 체중 미달아는 정상 시기에 태어났어도 2.5kg 이하인 경우를 말한다.

㉢ 체중미달로 해서 나타난 인지적 결함은 산소결핍증으로 인한 것보다 더 지속적인 경향을 보이나 대부분의 미숙아는 4세경이 되면 운동 및 지적발달에서 정상아와 크게 차이가 없다.

㉣ 약간의 산소결핍은 모든 아기들이 경험하는 보편적인 현상이다.

2 신생아기

(1) 신체적 특성

① 신생아기(출생~2주)의 신장과 체중은 다소 차이가 있으나 대체로 평균 신장 약 50cm, 평균체중은 3.3kg정도이다.

② 신생아의 골격은 부드럽고 연해서 출생과정에서 일어날 수 있는 마찰을 방지한다.

③ 두개골은 완전한 구조를 형성하지 못하고 6개의 숫구멍을 가지고 있으며 생후 2년경에 굳어진다.

④ 간 기능의 미숙으로 인해 신생아 황달을 보이는 경우도 있는데 보통 신생아 후반에 사라진다.

⑤ 가장 두드러진 특징은 가슴둘레보다 머리둘레가 더 큰 것이며, 성인의 머리 크기가 전체의 1/8인데 비하여 신생아는 약 1/4정도이다. 이런 현상은 출생 후 1개월이 되면 바뀌기 시작하여 가슴둘레가 머리둘레보다 점점 더 커진다.

(2) 주요 반사 및 기능 [기출]

① 신생아는 출생 시에 여러 가지 놀랄만한 운동반응을 보이는데 이런 것들은 선천적이고 반사적인 것이다.

② 이러한 반사는 어떤 특정 자극에 대한 반응으로서 예측이 가능하며 학습되지 않은 자동적이고 비의 도적인 반응이다.

③ **반사의 종류**

　　㉠ 생존반사

빨기반사 (Sucking reflex)	• 영양분을 섭취하게 해준다. • 감각이 둔한 아기에게는 약한 빨기반사가 나타나며 분만 시 약물복용과 관계가 있다.
젖찾기반사 (Rooting reflex)	아기의 입 주위나 뺨 등을 손가락 끝으로 가볍게 찌르면 젖을 찾는 것처럼 반응한다.
눈깜박이반사 (Blink reflex)	강한 자극에 대해 눈을 보호한다.
동공반사 (Pupillary reflex)	빛에 대한 동공의 수축현상으로 밝은 빛을 받으면 축소되고 어두운 곳에서는 확대된다.

　　㉡ 원시반사

바빈스키반사 (Babinski reflex)	• 신생아의 발바닥에 자극을 주면 부채처럼 발을 편다. • 약 1세까지 나타난다.
모로반사 (Moro reflex)	• 갑자기 큰소리가 나거나 빛의 자극이 달라지면 팔과 다리를 뻗쳤다가 다시 오므리는 반사이다. 출생 후 3~5개월 사이에 사라진다. • 중추신경계가 미약할 경우 나타나지 않는다.
파악반사 (Grasping reflex)	손바닥에 물체를 대면 꼭 쥐는 반사로서 생후 3~4개월에 의도적으로 잡는 행동에 대체되면서 사라진다.
걷기반사 (Stepping reflex)	바닥에 아이의 발을 닿게 하여 바른 자세가 갖추어지면 아이는 걷는 것처럼 두 팔을 번갈아 떼어놓는다.

(3) 생리적 특징

① 신생아의 호흡은 1분에 평균 40~45회 정도이고 성인이 되면 보통 18회 정도가 된다.

② 맥박은 출산 직후에는 120~140회 정도이나 며칠 후에 120회 정도 줄어든다.

③ 신생아는 2~3시간 간격으로 1일 7~8회 수유를 하는데 위의 모양이 수직이어서 많이 먹으면 토하기 쉽다.

④ 산모의 첫 1~2일 내에 나오는 초유는 태변의 배설을 촉진하고 면역체를 함유하고 있어서 신생아에게 도움이 된다.

⑤ 신생아는 출생 후 1~2일에 하루에 4~5회 끈끈한 태변을 배설하며 소변은 1일 18회 정도 본다.

⑥ 수면은 출생 직후 1일 20시간 정도이며 평균 2시간 간격 잠을 깨지만 총 수면시간은 점차 줄어든다.

⑦ 신생아는 출생 직후 체온이 급격히 떨어지고 약 8시간 정도 지속되다가 다시 정상으로 돌아오는데 이는 성인보다 지방층이 부족하여 체온을 일정하게 유지하기 힘들기 때문이다.

⑧ 수면과 각성, 울음소리는 각 영아마다 다르며 보통 1년쯤 되면 밤에 깨지 않고 잘 잔다. 즉 낮에 깨고 밤에 자는 습관이 형성된다.

⑨ 수면의 50%가 REM 수면(빠른 안구운동 수면이라고도 하며, 눈동자의 움직임이 빠르고 뇌파활동이 깨어 있을 때와 비슷한 패턴을 보이는 상태의 수면)이나 점차 그 비율이 감소한다.

⑩ 수면의 유형에는 규칙적 수면과 졸음이 있다.

    ㉠ 규칙적 수면 : 눈은 감겨져 있고 완전히 움직이지 않은 상태로 호흡은 느리고 규칙적이다.

    ㉡ 졸음 : 비교적 비활동적이며 눈을 간헐적으로 떴다 감았다 하고 호흡은 다소 불규칙하고 빠르다.

3 영아기

(1) 특징

① 생후 2주에서 15개월까지를 영아라 한다.

② 모든 영아들의 성장은 일정한 순서를 따라 이루어지나 성장속도는 영아에 따라 차이가 있다.

(2) 신생아 · 영아기 감각 발달

① **시각의 발달**

    ㉠ 시각은 출생 시에 어느 정도 기능을 할 수 있다.

    ㉡ 밝기에 대한 변별은 생후 몇 주 안에 급격히 발달하고, 2개월 무렵에는 백지위에 5% 정도의 광도 차이를 보이는 하얀 선을 구별할 수 있다.

    ㉢ 출생 시 거리시각은 약 20/300으로 정상적인 시력을 가진 성인이 9km 밖에서 볼 수 있는 것을 신생아는 600m 떨어진 곳에서 볼 수 있다.

    ㉣ 신생아들은 시각대비에서 뚜렷한 것이 요구되기 때문에 여러 형태를 구별하는 데는 어려움이 있다.

    ㉤ 영아가 성인만큼 볼 수 있으려면 6개월에서 1년 정도 걸린다.

② **청각의 발달**

    ㉠ 신생아도 비교적 잘 들을 수 있고 4~6개월경에 매우 향상된다.

    ㉡ 작은 미세한 소리의 탐지는 후기 아동기에 가능하다.

③ **기타 촉각 · 미각 · 후각 · 균형 및 청각의 발달**

[미각과 후각 · 촉각 · 균형 · 청각의 발달(이종숙 외, 2008 인용)]

연령	미각과 후각	촉각	균형	청각
출생	• 단맛 · 신맛 · 쓴맛의 구별 • 냄새를 구별 • 단맛을 선호	• 촉각과 고통에 반응 • 손바닥에 놓인 사물 구별가능	시각흐름에 따라 머리의 움직임	• 단순음보다 복잡한 소리 선호 • 거의 모든 말소리의 차이를 인식 • 소리 나는 방향으로 고개를 돌림 • 일부 소리패턴 구별가능
1~6개월	• 경험을 통해 맛의 선호가 바뀜 • 맹물보다 짠맛을 선호	사물을 입으로 탐색하는 경향	시각흐름에 따라 자세적응	• 더 정확하게 소리의 위치를 인식 • 모국어의 음절과 강세 패턴에 민감함 • 음악 구절과 같이 소리를 복잡한 패턴으로 조직화
7~12개월	-	-	균형을 잃지 않으려는 자세조정	• 의미를 이해하는 데 있어서 보다 큰 언어 단위 인식 • 모국어에서 사용되지 않는 소리의 차단

④ **영아기 지각 발달** `기출`

    ㉠ 깊이지각 : 대상의 거리를 판단하는 능력으로 환경의 배치를 이해하는 데 필요하다.

운동 깊이지각	• 가장 먼저 감지하는 지각. 3~4주경 물체가 얼굴을 칠 것처럼 가까이 다가오면 방어하기 위해 눈을 깜빡임 • 생후 3개월경 사물이 평면이 아닌 3차원이라는 것을 알게 됨
쌍안의 깊이지각	• 두 눈의 시야가 조금 다른 시각을 가짐으로서 생겨남 • 물체까지의 거리를 맞추기 위해 팔과 손의 움직임을 조정하는 데 사용
회화적 깊이지각	• 가장 늦게 발달 • 원근감, 질감의 변화, 물체가 겹치는 것 등

    ㉡ 패턴지각 : 신생아도 평이한 자극에 반대되는 패턴을 선호하며 크면서 점점 더 복잡한 패턴을 선호한다.

      • 대조민감성 : 많은 대조가 있는 패턴을 선호한다.

      • 안면지각 : 사람의 얼굴처럼 자연스럽게 배열된 것을 선호한다. 3개월에 얼굴의 미세한 특징을 구별하고, 5개월경 얼굴의 정서적 표현을 인식하며, 6개월이 지나면 긍정적 표정과 부정적 표정을 다른 것으로 인식한다.

제4절   신체적 발달

1 신체적 성장의 과정

(1) 신체 크기의 변화

    ① 영아기는 신체적 성장이 일생에서 가장 빠른 시기이다.

    ② 성장비율은 생후 6개월 동안이 가장 빠르며 그 다음 6개월은 다소 느려진다.

    ③ 영아의 신장발달은 체중증가에 비해 아주 늦다.

    ④ 생후 1년경에 약 50%가 증가하고 출생 후 1년이 되면 출생 시 신장의 약 1.5배가 된다.

    ⑤ 영아기는 인간의 발달과정에 있어 급속한 성장이 이루어지므로 성장급등기라 부른다.

    ⑥ 아동기의 신체의 성장속도는 보다 완만해진다.

    ⑦ 아동기 후반기부터 2차성장이 나타나기 시작하며 전반적으로 여아들이 남아들에 비해 크다.

    ⑧ 유아기의 신체발달은 빠른 속도로 꾸준히 진행되며 머리 크기가 몸 전체에서 차지하는 비율이 점차 줄어든다.

    ⑨ 이목구비가 뚜렷해지고 턱과 목이 길어지며 특히 유치 20개가 모두 나며 5세 말에 이갈기가 시작된다.

    ⑩ 아동기 때 신체 성숙도는 완만해지며 과거와 달리 2차 성장이 아동기 후반부터 나타나기 시작하는 추세이다.

더 알아두기

1. **급격한 성장이 이루어지는 시기**
   - 제1성장기 : 아동
   - 제2성장기 : 청소년기(사춘기)

2. **신체 크기의 변화를 알아보는 변화곡선**
   - 간격 곡선(distance curve) : 각 연령에서 표본 아동의 평균키를 나타낸다.
   - 속도 곡선(velocity curve) : 1년 간격으로 성장의 평균적인 양을 그림으로 표시한 것으로 급격한 성장이 일어나는 시기를 보여준다.

3. **뼈 나이(Skeletal age)**
   - 아동의 신체 성숙을 측정하는 가장 좋은 방법이다.
   - 출생 직전에 골단이라 불리는 뼈 속의 특별한 성장 중추가 신체의 긴 뼈 양 끝부분에 나타나고 연골세포들이 골단의 성장판에 계속 만들어지면서 아동기 동안 연골세포가 증가하고 성장이 진행됨에 따라 얇아지다가 점차 없어지게 된다.
   - 성장중추가 없어지면 뼈 길이는 더 이상 성장하지 않는다.

---

(2) 신체 비율의 변화

① 성장 급등은 주로 다리, 몸통부분에서 일어난다.

② 신체발달은 영・유아기 동안 중심에서 신체외부로, 중심에서 말초로 발달하므로 머리・가슴・몸통이 먼저 성장하고 그 다음 팔과 다리・손과 발 순서대로 발달하여 비율이 안 맞는 것처럼 보일 수 있다.

③ 사춘기 동안은 성장이 반대방향으로 진행되며 손, 다리, 발의 성장이 가속화되고 다음에 몸통이 성장한다.

(3) 근육・지방 구성의 변화

① 태내기의 마지막 몇 주에 증가하고 출생 후 지속적으로 증가해서 9개월에 절정에 이른다.

② 신생아의 지방 증가는 체온을 일정하게 유지하는 데 도움을 준다.

③ 여아가 남아보다 지방이 더 있고 이후에도 더 커지는 현상을 보인다.

④ 대근육이 소근육보다 일찍 발달하며 여아가 남아보다 일찍 발달한다.

⑤ 근육은 사춘기 때 남녀 모두 증가하고 골격근육・심장 폐활량이 발달한 남아에게서 더 나타난다.

(4) 골격 성장

① 태아의 골격은 연골이며 부드럽고 유연한 조직으로 이루어져 있다.

② 신생아의 머리중심부에 있는 숫구멍은 9~12개월이 되어야 완전히 닫히게 된다.

③ 출생 직전에 골단이라 불리는 뼈 속의 특별한 성장중추가 신체의 긴 뼈 양 끝부분에 나타난다.

④ 성장중추가 없어지면 뼈 길이는 더 이상 성장하지 않게 된다.

⑤ 청소년기에는 성호르몬 작용으로 골격의 변화에 큰 차이를 보인다.

2 발달시기별 신체성장과 운동능력 변화

(1) 영아기

① 영아의 운동발달은 중추신경계, 골격, 근육의 성숙 정도에 따라 영향을 받는다.

② 운동발달의 속도는 개인차가 있으며 발달의 전개는 시간적으로나 계통적으로 일정한 순서가 있다.

  ⊙ 신체의 대근육이 먼저 발달하고 소근육이 점차 발달한다.

  ⓛ 미분화된 전체운동에서 분화적 특수운동으로 발달한다.

  ⓒ 머리에서 시작하여 팔과 다리 등의 발달로 진행된다.

  ② 신체의 중앙부분에서 발달하여 가까운 부분, 즉 팔이나 다리 등의 말초부분으로 발달한다.

③ 신생아는 머리 크기가 성인 머리의 약 70%에 이를 만큼 머리부터 발달한다.

④ 잡기 기능은 물건을 가슴으로 덮치듯이 잡기 – 팔로 끌어당기기 – 손바닥으로 잡기 – 손가락으로 잡기 순으로 발달한다.

⑤ 신생아는 촉각이 환경에 대한 지식을 습득하는 주요 수단이고, 출생 시 입술과 혀에 집중되어 있다.

⑥ 운동발달은 크게 이행능력과 조작능력으로 나누어 볼 수 있다.

이행능력	조작능력
• 생물체가 자기 몸의 위치를 스스로 움직여서 옮기는 것을 말한다. • 이행운동 기능은 '머리 들기 – 뒤집기 – 혼자앉기 – 혼자서기 – 가구잡고 걷기 – 잘 걷기 – 계단오르기' 등의 순으로 발달한다. • 이들의 발달은 일정한 순서대로 진행되며 걸음마기에 이행운동은 급격히 발달된다.	• 협응기능은 생후 첫 1년 동안에 발달한다. • 스스로 물체를 잡을 수 있는 시기는 출생 후 5개월 이후에 가능하다. • 즉, 5개월 이후에는 시간적·공간적 지각이 발달하고 엄지손가락을 쓸 수 있게 되며 몸과 팔이 협응하여 손을 물체 쪽으로 뻗어 집을 수 있다.

(2) 유아기의 신체발달

① 두미 방향, 중심에서 말단 방향으로 이루어진다.

② 영아기만큼 빠른 속도는 아니지만 신장과 체중이 점진적으로 증가한다.

③ 괄약근이 발달하여 배변훈련을 통해 대소변을 가리기 시작한다.

④ 뇌와 머리는 신체의 다른 어떤 부분보다 빠르게 성장하는데, 특히 눈이나 뇌 등의 상부가 턱과 같은 하부보다 빠른 성장을 이룬다.

⑤ 신체성장과 발달에는 개인차와 문화적 차이가 있다.

(3) 유아기의 운동발달

① 영아기 때 운동기술이 발달되지 못하고 운동형태만 발달한 반면, 유아기에는 새로운 운동 형태와 함께 걷기, 달리기, 뛰기 등 보다 많은 운동기술을 배운다.

② 성장함에 따라 활동량과 활동반경이 확대된다.

③ 아동기의 운동능력은 보다 안정되고 정교해진다.

④ 유아기 운동발달

나이	대근육 운동기능	소근육 운동기능
2~3세경	• 걷기 : 율동적으로 잘 걷는다. • 달리기 : 몸을 뻣뻣하게 세우고 달린다. 방향을 바꾸거나 갑자기 멈추는 것이 어렵다. • 뛰기 : 두 발로 깡충깡충 뛴다. • 페달밟기 : 장난감 자동차에 올라타고 두 발로 민다. • 오르기 : 계단을 오를 때 한쪽 발을 먼저 올려놓고, 그 다음 다른 쪽 발을 그 옆에 놓는다. 높은 곳에 올라갈 수 있지만 내려오지는 못한다. • 던지기 : 목표물을 향해 공을 던지는 데 두 팔을 사용한다. 발이나 몸은 움직이지 못한다.	• 유아는 손가락으로 물건을 잡을 수 있으며, 많은 양의 액체가 담긴 컵이나 용기를 엎지르지 않고 옮길 수 있다. • 주전자에 담긴 물을 다른 용기에 부을 수 있으며, 옷의 큰 단추와 지퍼를 채울 수 있다. • 검지, 중지와 엄지손가락을 사용하여 크레용을 잡을 수 있으며, 끄적거리기 단계에서 발전하여 가로, 세로, 둥근 선이 나타난다.
3~4세경	• 걷기 : 팔을 앞뒤로 흔들며 걷는다. 직선 위를 잘 걷는다. • 달리기 : 유연하게 잘 달리고 출발과 정지를 잘 한다. • 뛰기 : 두 발로 높이 뛰어오른다. 한 발로 장애물을 뛰어 넘는다. • 페달밟기 : 세발자전거를 탈 수 있다. • 오르기 : 계단을 오를 때는 한발로 차례차례 오르지만, 내려올 때는 두 발을 모아서 내려온다. • 던지기 : 몸을 앞뒤로 흔들며 한쪽 팔로 공을 던진다.	• 실로 작은 구슬을 꿸 수 있고, 올바른 방식으로 크레용을 쥘 수 있다. • 목적을 가지고 그림을 그리지만 대부분 뜻대로 잘되지 않고, 자신의 이름과 몇 개의 숫자를 쓸 수도 있다.
4~5세경	• 걷기 : 곡선 위를 걷는다. 평균대 위를 걷는다. • 달리기 : 빨리 잘 달리고 달리면서 방향을 바꿀 수 있다. • 뛰기 : 깡충깡충 뛰면서 앞으로 나간다. • 페달밟기 : 세발자전거를 빠르고 유연하게 잘 탄다. • 오르기 : 발을 번갈아가면서 계단을 오르내린다. 사다리, 정글짐, 미끄럼틀, 나무 등을 타고 오르내린다. • 던지기 : 팔꿈치를 사용해서 공을 던진다.	• 손의 움직임이 세밀해져 완벽하지는 않아도 가위로 대부분의 모양을 선 따라 자를 수 있고, 연필을 정확하게 잡을 수 있으며, 선 안으로 색을 칠할 수 있다. • 펜을 쥐고 균형 잡힌 문자를 빠르게 쓸 수 있다. • 유아기에는 그리기, 오리기, 자르기, 붙이기, 찢기, 접기 등의 활동을 통해 소근육 운동을 발달시킬 수 있다. • 소근육이 발달함에 따라 그리는 능력이 발달한다.
5~6세경	• 걷기 : 성인처럼 걷는다. • 달리기 : 속력을 내서 잘 달린다. • 뛰기 : 높이뛰기, 멀리뛰기, 줄넘기를 한다. • 페달밟기 : 두발자전거를 탈 수도 있다. • 오르기 : 성인처럼 오르고 내린다. • 던지기 : 발을 앞으로 내밀고 팔을 쭉 뻗어 공을 던진다.	–

더 알아두기

연령별 가능한 운동

• 3세 : 줄을 따라 똑바로 걷기, 달리기, 두발로 깡충 뛰기
• 4세 : 한발로 깡충 뛰기
• 5세 : 능숙하게 세발자전거 타기, 단추 끼우기, 신발끈 매기
• 7~12세 : 스케이트 타기, 능숙하게 두발자전거 타기, 춤추기, 수영하기, 나무에 올라가기 등

(4) 청소년기의 특징

① 사춘기 때는 2차 성징이 나타나고 호르몬의 변화가 일어난다.

② 제2차 성장급등의 시기이며 청소년의 성장급등은 남학생보다 여학생에게서 먼저 나타난다.

③ 운동능력은 사춘기 전에는 남·녀 차이가 크게 없지만, 이후에는 차이를 나타낸다.

④ 대근육 운동능력은 남아들은 계속 증가하는 반면, 여아들은 약 15세부터 떨어지기 시작한다.

⑤ 청년기는 신체적 기능이 최고조에 달하는 시기이다.

⑥ 청소년기 여자의 경우 체지방이 급증하는 반면, 남자의 경우 일반적으로 체지방의 큰 변화는 없다.

⑦ 어느 단계보다 신체 이미지가 자아존중감에 중요한 영향을 미친다.

⑧ 여학생의 사춘기 발달에 큰 영향을 미치는 호르몬은 에스트로겐이다. 에스트로겐은 2차 성징에 관여한다.

⑨ 조숙한 남성의 경우 이성 관계에서 긍정적 자아개념을 가지게 된다.

⑩ 섭식장애의 발병률은 남성보다 여성이 더 높다.

⑪ 사춘기 동안은 손, 다리의 성장이 몸통의 성장보다 빠르다.

⑫ 남아와 여아는 청소년기에 골격의 변화에 큰 차이를 보이지 않는다.

3 뇌의 발달

(1) 특징

① 출생 시 아기의 뇌는 모든 뇌세포를 갖추고 있지만 뇌 무게는 성인의 25% 정도이다.

② 생후 6개월경에는 성인 크기의 50%가 되고 2세 말경에는 75%에 이른다.

③ 뇌의 발달은 일정한 순서대로 발달한다.

④ 시각이 청각보다 더 빨리 발달하지만, 시각과 청각에 대한 통제영역은 늦게 발달하는 편이다.

(2) 신경 발달

① 수정 후 100일이 되면 태아의 뇌는 인간의 뇌 형태를 갖춘다.

② 임신 5~6개월경에는 신경세포의 증식이 거의 완료된다.

③ 태내 4개월경에 시각 피질에서 시냅스 생성이 활성화되고 생후 1년경에 가장 크게 활성화된다.

(3) 시냅스 생성과 수초화

① 시냅스는 하나의 신경세포와 또 다른 신경세포간의 연결부위를 말한다. 즉, 신경세포 간의 연결부위를 의미한다.

② 시냅스의 형성 시기는 뇌의 영역에 따라 매우 큰 차이를 보인다.

③ 전두엽의 뉴런이 수초화되고 첫 1년 동안 시냅스가 증가하면서 영아는 반사를 보다 잘 통제할 수 있게 되고 생리적 상태를 조절하는 능력이 발달한다.

④ **수초화** 기출

ⓐ 수초화란 신경섬유가 수초라는 덮개에 의해 둘러싸이는 과정으로 신경전달을 빠르게 해주는 것으로, 뇌가 신체의 다른 부위와 더 효율적으로 신경충동이 빠르게 흐를 수 있도록 돕는 것이다.

ⓑ 수초화과정은 태내 약 4개월경부터 시작하여 2세경에 정점에 이르지만, 어떤 뇌의 영역은 성인기 초기까지도 수초로 덮이지 않을 수 있다.

(4) 대뇌국소화와 뇌의 기능

① 대뇌국소화란 왼쪽과 오른쪽 대뇌 양반구가 서로 구분되어 다른 기능을 하는 것을 말한다. 기출

② **뇌의 기능**

우반구	시공간과 관련된 지각능력, 운동능력 그리고 정서기능 등을 담당
좌반구	논리, 지적 사고와 같은 언어기능 담당
전두엽	주의 계획 사고기능과 발성 등 운동기능을 담당하는 브로카 영역이 있으며 브로카 영역이 손상된 환자에서 운동성 실어증이 나타남
두정엽	감각정보의 통합 및 판단을 담당하며, 다양한 형태의 감각정보를 통해 사물을 인식
측두엽	베르니케 영역이라고 하는 부위에서 언어이해를 담당하며, 손상되면 글을 읽거나 말의 의미를 파악하는데 심각한 어려움을 경험함
후두엽	시각정보를 분석하고 통합하는 역할을 수행

(5) 영유아기 뇌 발달의 특징

① 두뇌발달의 가장 큰 특징은 일단 많이 만들어 놓고 불필요한 것을 버리는 방식이다(뉴런과 시냅스의 과잉생성 후 선택적 소멸과정).

② 시냅스의 선택적 소멸은 뇌의 구조와 기능이 형성되는 현상이다.

③ 시냅스와 뉴런은 여러 자극을 통해 신경망을 더 발달시키고 이 과정에서 정보를 잘 처리하면서 발달한다.

④ 수초화는 정보 전달의 효율성을 높인다.

⑤ 뇌 가소성은 뇌 신경회로가 외부 자극, 경험, 학습에 의해 구조적으로 움직이면서 재조직을 되풀이하는 것을 의미한다.

⑥ 가소성(회복력)은 대뇌 편재화(대뇌의 어느 한쪽 반구에 기능적인 전문화가 이루어지는 현상)가 완료되기 전인 생애 초기에 가장 크고 대뇌 편재화 이후 점차 쇠퇴한다.

⑦ 태아기 신경세포 증가는 영양 공급의 결과이며 영아기는 두뇌성장 급등기이다.

⑧ 약 6세경에는 뇌의 무게가 성인의 90~95%에 달한다.

⑨ 전두엽의 발달은 초등학교 시절에 1차로 완성되었다가 사춘기를 전후하여 기능의 재편성에 들어가며 25~30세 정도 되어서야 완성이 된다.

제5절 태내기 이상발달

1 선천적 장애

(1) 유전자 이상장애

① 정상 유전자는 비정상 유전자에 비해 우성이다.

② 대부분의 유전병은 열성인자에 의해 발생한다.

③ 색맹과 근시, 선천적 청각장애, 페닐케톤뇨증 등은 열성인자에 의한 유전병이다.

④ 우성인자에 의한 유전질환도 있는데 대표적인 것이 헌팅턴병이다.

(2) Rh 동종면역

① 모체가 태아의 세포를 적으로 판단하여 이를 공격하는 항체를 형성하는 경우를 말한다.

② 동종면역은 Rh− 여성이 Rh+ 남성을 만나 Rh+ 태아 임신 시에 나타난다.

③ 태아의 Rh+ 혈액 일부가 모체의 혈액에 침투하여 모체 내에 Rh+ 항체가 생성되는 것이다.

④ 첫아이 출산으로 생성된 Rh+ 항체가 둘째 아이의 Rh+ 혈액을 균으로 인식해 적혈구를 파괴시키는 태아 적구증이 나타날 수 있다.

⑤ 태아 적구증은 임신 8개월째와 출산 직후 면역 글로불린 주사를 맞으면 예방이 가능하다.

(3) 상염색체 이상장애

① 가장 흔한 염색체 이상장애는 다운증후군이다.

② 21번째 염색체가 3개인 삼체형과 21번째 염색체 하나가 15번 또는 22번에 길게 누적되어 있는 전위형일 때 나타난다.

③ 삼체형은 유전되지 않으나, 전위형의 유전확률은 70%이다.

④ 다운증후군은 특이한 용모와 저지능, 사교성을 지닌다.

⑤ 조기 사망률이 높았으나 의료기술 발달로 생존율이 높아졌다.

(4) 성염색체 이상장애 기출

① 성염색체 이상으로 나타나는 장애는 여성과 남성으로 나눠서 볼 수 있다.

② 남아에게 발생하는 성염색체 이상으로 X염색체가 두 개일 때 나타나는 클라인펠터증후군이 있다.

③ 남아에게 발생하는 성염색체 이상으로 Y염색체가 두 개 이상일 때 나타나는 XYY증후군이 있다.

④ 여아에게 발생하는 성염색체 이상으로 X염색체만 가질 때 나타나는 터너증후군이 있다.

(5) 염색체 이상장애의 원인

① 성염색체 이상장애는 부모의 성세포 감수분열 시 오류 발생으로 일어난다.

② 터너증후군이나 XYY증후군은 아버지의 성염색체 이상으로 나타나나, 터너증후군의 20%는 어머니의 성염색체 이상으로 발생한다.

③ 클라인펠터증후군, 다운X증후군, X결함증후군도 아버지뿐 아니라 어머니의 성염색체 이상으로 발생한다.

④ 염색체 이상장애의 주요 요인으로 어머니 연령이 있다. 어머니 연령이 높아질수록 위험 요인이 높아진다.

⑤ 아버지의 연령은 어머니의 연령에 비해 염색체 이상에 영향력이 적게 나타난다.

2 환경적 장애

(1) 어머니의 음주

① 어머니의 습관적인 음주는 태아알코올증후군을 유발한다.

② 눈 간격이 넓고 윗입술이 얇고 코가 짧은 얼굴기형과 지적장애를 수반한다.

③ 음주는 태아의 지적장애를 야기하는 대표적 원인이다.

④ 어머니의 음주는 태반을 통해 빠른 속도로 태아에게 전달된다. 태아의 알코올 분해능력은 성인의 절반 수준이다.

(2) 어머니의 흡연 및 약물복용

① 임신 중 흡연은 태아에게 전달되는 혈액의 양을 감소시키고 혈액 속 일산화탄소 헤모글로빈 양을 급격하게 증가시켜 저체중아, 조산, 태아의 얼굴기형을 유발한다.

② 입덧을 가라앉히는 효과가 있는 탈리노마이드는 태아의 사지기형, 얼굴기형, 내부기관기형, 저지능을 유발할 수 있다.

③ 아스피린 복용은 유산 가능성 증가, 태아의 저지능, 주의력결핍, 운동기술 결함의 요인이 될 수 있다.

④ 항우울제와 비타민제 과다 섭취는 태아에게 부정적인 영향을 준다.

⑤ 마약류인 헤로인, 코카인, 마리화나는 조산이나 저체중아 출산의 위험을 높인다.

(3) 어머니의 질병

① 태내 결함을 유발하는 대표적 질병은 풍진이다.

② 임신 초기에 걸린 풍진은 태아의 시각장애, 청각장애, 심장질환, 지적장애 등과 연관이 높다.

③ 임신계획이 있는 경우 풍진 항체 검사, 항체가 없는 경우 예방접종, 접종 후 3개월간 피임이 필요하다.

④ 톡소플라즈마병은 임신 중 덜 익은 고기를 먹거나 감염된 고양이의 배설물을 치울 때 감염될 수 있다. 임신 초기 톡소플라즈마병에 감염되면 태아의 눈과 뇌에 심각한 결함이 생길 수 있다.

⑤ 임신 중에는 고기를 익혀 먹고 요리도구의 살균에도 신경 써야 한다.

(4) 어머니의 영양 및 정서상태

① 어머니가 임신 중 필요한 영양을 충분히 섭취하지 못할 경우 조산 또는 유산을 하거나 저체중아를 출산할 수 있다.

② 어머니의 영양실조가 심한 경우 태아의 중추신경계가 손상되거나, 태아의 뇌신경세포가 정상 태아보다 15~20% 덜 생성되고, 뇌의 무게가 36% 적게 나갈 수 있다.

③ 엽산이 부족하면 태아의 신경계 손실을 초래하므로 임신 3개월 전부터 꾸준한 복용이 필요하다.

④ 임신 중기에는 철분이 충분히 공급돼야 한다. 철분은 혈액 속 적혈구를 만드는 데 중요한 역할을 한다.

⑤ 임신부의 공포, 분노 등의 정서적인 반응은 태반 내 혈액량을 감소시켜 태아가 산소와 영양분을 섭취하는 것을 방해할 수 있다.

⑥ 태아의 심장박동이 빨라지고 심각한 불안 증상이 지속될 경우 유산, 미숙아, 저체중아, 언청이 또는 호흡기 질환을 가진 아기를 출산할 확률이 높다.

01 신생아의 반사운동
- **탐색반사**: 아기 입 근처에 손을 대면 입을 벌리고 좌우로 입을 움직이면서 먹을 것을 찾는 현상
- **모로반사**: 아기가 갑작스러운 큰소리를 듣게 될 때 자동적으로 팔과 다리를 쫙 펴는 현상
- **쥐기반사**: 아기에게 무엇을 쥐어주면 빼기 힘들 정도로 그 물건을 꼭 쥐는 현상
- **바빈스키반사**: 신생아의 발바닥에 자극을 주면 부채처럼 발을 펴는 현상

02 태아에게 영향을 주는 요인
임신부의 영양상태, 약물복용과 치료, 알코올과 흡연, 임신부의 나이, 기타 사회·경제적 요인, 질병, 정서상태 등

03
① 다운증후군: 몽고증이라고도 하며, 염색체의 이상으로 발병한다. 대부분 21번째 염색체가 3개(정상은 2개) 있어서 전체가 47개로 되어 있는 기형이다.
② 페닐케톤뇨증: 12번째 염색체의 이상으로 인해 필수 아미노산 중 하나인 페닌알라닌을 타이로신으로 변환하는 효소인 PAH 기능에 이상이 발생하여 페닐알라닌이 체내에 분해되지 못한 채 축적됨으로써 비정상적인 두뇌발달을 초래하는 성염색체성 열성 유전질환이다.
③ 클라인펠터증후군: 남성 염색체가 있음에도 불구하고 여성의 신체적 특성을 나타낸다.

정답 01 ② 02 ① 03 ④

---

01 반사운동 중 경악반응이라고도 하는 것으로, 갑자기 큰소리를 듣게 되면 그때마다 자동적으로 팔과 다리를 쫙 펴는 것은 무슨 반사인가?

① 탐색반사 ② 모로반사
③ 쥐기반사 ④ 바빈스키반사

02 태아에게 영향을 주는 임신부의 중요한 요인으로 모두 묶인 것은?

ㄱ. 연령	ㄴ. 건강상태
ㄷ. 약물복용	ㄹ. 교육정도

① ㄱ, ㄴ, ㄷ ② ㄱ, ㄷ
③ ㄴ, ㄹ ④ ㄱ, ㄴ, ㄷ, ㄹ

03 태아기의 발달장애에 관한 설명으로 옳은 것은?

① 다운증후군은 23번 염색체가 하나 더 있어 염색체 수가 47개이다.
② 페닐케톤뇨증은 지방의 분해효소가 결여되어 발생한다.
③ 클라인펠터증후군에서는 여성의 2차성 특징이 나타나지 않는다.
④ 혈우병은 남성에게서 발병하며 X염색체의 열성유전자에 기인한다.

04 신체발달에 대한 설명으로 옳지 <u>않은</u> 것은?

① 신체발달은 영·유아기 동안 중심에서 신체 외부로, 중심에서 말초 방향으로 발달한다.

② 사춘기 동안에는 손, 다리의 성장이 몸통의 성장보다 빠르다.

③ 남아와 여아는 청소년기에 골격의 변화에 큰 차이를 보이지 않는다.

④ 영아기 때는 운동기술이 현저히 발달한다.

05 영아기 신체발달에 관한 설명으로 옳은 것을 모두 고른 것은?

> ㄱ. 신생아는 머리 크기가 성인 머리의 약 70%에 이를 만큼 머리부터 발달한다.
> ㄴ. 잡기 기능은 '물건을 가슴으로 덮치듯이 잡기 – 팔로 끌어당기기 – 손바닥으로 잡기 – 손가락으로 잡기' 순으로 발달한다.
> ㄷ. 촉각은 환경에 대한 지식을 습득하는 주요 수단으로, 출생 시 손과 발에 집중되어 있다.
> ㄹ. 이행운동 기능은 '머리들기 – 뒤집기 – 혼자앉기 – 혼자서기 – 가구잡고 걷기 – 잘 걷기 – 계단 오르기' 등의 순으로 발달한다.
> ㅁ. 눈으로 보는 것을 잡을 수 있는 협응 기능은 4세경에 발달한다.

① ㄴ, ㄹ, ㅁ

② ㄱ, ㄷ, ㅁ

③ ㄱ, ㄴ, ㄹ

④ ㄴ, ㄷ, ㄹ

04 영아기에는 운동형태만 발달한 반면, 유아기에는 새로운 운동형태와 함께 걷기, 달리기, 뛰기 등 더 많은 운동기술을 배운다.

05 ㄷ. 촉각이 환경에 대한 지식을 습득하는 주요 수단이고, 출생 시 입술과 혀에 집중되어 있다.
ㅁ. 협응 기능은 생후 첫 1년 동안에 발달한다.

정답 04 ④ 05 ③

06 뇌와 머리는 신체의 다른 어떤 부분보다 빠르게 성장하는데, 특히 눈이나 뇌 등의 상부가 턱과 같은 하부보다 빠른 성장을 이룬다.

06 유아기 신체발달의 특징에 관한 설명으로 옳지 <u>않은</u> 것은?

① 두미 방향, 중심에서 말단 방향으로 이루어진다.
② 영아기만큼 빠른 속도는 아니지만 신장과 체중이 점진적으로 증가한다.
③ 성장함에 따라 활동량과 활동반경이 확대된다.
④ 뇌와 머리는 신체의 다른 부분보다 느리게 성장한다.

07 ㄷ. 3~4세경 : 계단을 오를 때는 한발로 차례차례 오르지만, 내려올 때는 두발을 모아서 내려온다.

07 유아기 대근육 운동기능의 발달이 연령대별로 바르게 연결된 것을 모두 고른 것은?

> ㄱ. 2~3세경 : 제자리에서 두 발로 깡충 뛸 수 있다.
> ㄴ. 3~4세경 : 몸을 앞뒤로 흔들며 한쪽 팔로 공을 던질 수 있다.
> ㄷ. 4~5세경 : 계단을 오를 때는 한발로 차례차례 오르지만, 내려올 때는 두발을 모아서 내려온다.
> ㄹ. 5~6세경 : 높이뛰기와 멀리뛰기를 할 수 있다.

① ㄱ, ㄴ
② ㄴ, ㄷ
③ ㄱ, ㄴ, ㄹ
④ ㄱ, ㄴ, ㄷ, ㄹ

08 인간은 유전적 영향을 받긴 하지만, 유전이 인간의 행동특성에 어떤 영향을 끼치는지에 대해서 구체적으로 밝히기에는 어려움이 있다.

08 유전과 환경에 대한 설명으로 옳지 <u>않은</u> 것은?

① 한 쌍의 유전인자가 여러 행동특성에 영향을 준다.
② 유전인자의 효과는 오랜 시간에 걸쳐 나타난다.
③ 유전적 요인의 영향을 받는 키나 체중 등에서도 환경적 요소가 작용한다.
④ 유전이 인간의 행동특성에 결정적인 영향을 끼치는 것에 대한 연구결과가 밝혀졌다.

정답 06 ④ 07 ③ 08 ④

09 영아기에 대한 설명으로 옳지 <u>않은</u> 것은?

① 제1성장 급등기이다.
② 머리 중심부의 숫구멍은 9~12개월이 되면 닫힌다.
③ 반사적인 운동 반응을 보인다.
④ 신장발달이 체중증가보다 크다.

10 배아기에 나타나는 특징으로 옳은 것은?

① 수정 후 2주부터 8주까지의 과정이다.
② 배아기에는 외배엽, 중배엽, 내배엽으로 나누어지고, 내배엽
  으로부터는 근육, 골격, 순환계와 피부의 내층이 형성된다.
③ 중추신경계도 이 기간에 빨리 발달한다.
④ 딸꾹질, 빨거나 삼키기 등의 반사가 나타난다.

11 태아의 발달단계에 대한 설명으로 <u>틀린</u> 것은?

① 발아기는 수정부터 수정란이 자궁벽에 정착되기까지 2주간
  을 말한다.
② 배아기는 정착기 이후 약 6주간의 기간이며 주요 기관이 형
  성되는 시기이다.
③ 태아기에는 보조 기관인 양막, 태반, 탯줄이 발달한다.
④ 배아기 끝 무렵에는 얼굴 모습이 드러나고 손가락이나 발가
  락, 외적 생식기관을 구별할 수 있다.

---

09 영아의 신장발달은 체중증가에 비해 아주 늦다. 생후 1년경에 약 50% 증가하고 출생 후 1년이 되면 출생 시 신장의 약 1.5배가 된다.

10 ② 근육, 골격, 순환계와 피부의 내층이 형성되는 것은 중배엽이다.
③·④ 태아기의 특징이다.

11 양막, 태반, 탯줄이 발달하는 시기는 배아기이다.

정답 09 ④ 10 ① 11 ③

12 약 6세경에는 뇌의 무게가 성인의 90~95%에 달한다.

12 영유아기 뇌 발달의 특징이 <u>아닌</u> 것은?

① 두뇌발달의 가장 큰 특징은 일단 많이 만들어 놓고 불필요한 것을 버리는 방식이다.

② 두뇌발달에 중요한 뉴런이라고 불리는 뇌세포는 생후 8개월에 가장 많고, 그 이후로는 대체로 감소하는 것으로 알려져 있다.

③ 유아기에는 눈이나 뇌 등의 상부가 턱과 같은 하부보다 빠른 성장을 이룬다.

④ 약 5세경에는 뇌의 무게가 성인의 90~95%에 달한다.

13 8주된 배아는 성인에게 있는 대부분의 기관들을 가지고 있는데, 이 시기는 기형발생물질에 민감하게 영향을 받는 시기이다.

13 기형발생물질에 의한 구조적 기형이 발생할 가능성이 가장 큰 태내발달단계는?

① 접합기   ② 배아기

③ 태아기   ④ 민감기

14 ① 시냅스와 뉴런은 여러 자극을 통해 신경망을 더 발달시키고 이 과정에서 정보를 잘 처리하면서 발달한다.
② 영아기가 두뇌 성장 급등기이다.
③ 뇌 가소성은 뇌 신경회로가 외부 자극, 경험, 학습에 의해 구조적으로 움직이면서 재조직을 되풀이하는 것을 의미한다.

14 두뇌발달에 관한 설명으로 옳은 것은?

① 뉴런의 크기와 시냅스 생성은 외부 감각 경험의 영향을 받지 않는다.

② 청소년기는 두뇌 성장 급등기이다.

③ 두뇌 가소성은 좌뇌와 우뇌의 기능분화를 의미한다.

④ 영아기에는 수초화가 활발하게 이루어진다.

정답   12 ④   13 ②   14 ④

15 다음 중 유아기(2~4세)에 대한 설명으로 옳은 것은?

① 프로이트의 항문기에 해당한다.

② 영아기 때보다 급속한 성장이 이루어진다.

③ 유치가 부분적으로 난다.

④ 낯가림과 분리불안을 경험한다.

16 청소년기(13~24세)의 발달특성으로 옳지 <u>않은</u> 것은?

① 성장하면서 남녀 모두 체지방이 감소하는 경향이 있다.

② 사춘기 때는 2차 성징이 나타나고 호르몬의 변화가 일어난다.

③ 제2차 성장 급등의 시기이다.

④ 대근육 운동능력은 남아들은 계속 증가하는 반면, 여아들은 약 15세부터 떨어지기 시작한다.

17 다음 괄호 안에 들어갈 말로 적절한 것은?

( )란 왼쪽과 오른쪽 대뇌 양반구가 서로 구분되어 다른 기능을 하는 것을 말한다.

① 수초화 ② 대뇌국소화

③ 시냅스화 ④ 대뇌양분화

15 ② 유아기는 영아기 때처럼 급속한 성장이 이루어지지 않지만 성장은 지속적이다.
③ 유치 20개가 모두 난다.
④ 생후 6개월에서 1년 정도의 기간에 낯가림과 분리불안을 경험한다.

16 청소년기 여자의 경우 체지방이 급증하는 반면, 남자의 경우 일반적으로 체지방의 큰 변화는 없다.

17 ① 수초화는 신경섬유가 수초라는 덮개에 의해 둘러싸이는 과정으로 신경전달을 빠르게 해준다.
③ 시냅스는 뉴런상호 간 또는 뉴런과 다른 세포 사이의 접합 관계를 말한다.

정답 15 ① 16 ① 17 ②

18 Scarr & McCartney의 유전과 환경
   이론
   • 수동적 유전환경 관계로 부모가 제
     공하는 양육환경은 부모 자신의 유
     전자에 의해 영향을 받으며, 아동
     자신의 유전형과 상관관계가 있다.
   • 생후 몇 해 동안은 환경을 선택하
     는 것이 어려우므로 유전이 이 시
     기에는 매우 중요하며, 이후 발달
     이 진행되면서 적극적인 유전환경
     관계가 점점 중요해진다.
   • 유발적 유전환경 관계로 아동의 유
     전적 특성이 아동에 대한 다른 사
     람의 행동에 영향을 미친다.
   • 적극적 유전환경 관계는 아동이 선
     호하고 추구하는 환경은 자신의 유
     전적 성향에 가장 잘 부합되는 것
     이라는 개념이다.

19 ① 민감기: 특정한 능력이 발달하는
      최적의 시기로 아동은 이 시기에
      특정 환경의 자극에 대하여 더 민
      감하게 반응한다.
    ③ 성숙: 경험, 훈련 등의 환경보다
      나이 드는 과정의 결과로 유전적
      특성에 의해 이루어지는 신체적·
      심리적 변화를 말한다.
    ④ 운하화: 유전인자가 극히 한정
      된 결과만을 일으키는 경우를
      말한다.

20 염기쌍의 순서는 유전적 지시를 제
   공하고, DNA의 염기 배열은 인간의
   성장발달을 결정하며 인간의 행동에
   영향을 준다.

18 다음은 Scarr & McCartney의 유전과 환경에 대한 개념 중
   어느 것에 해당하는가?

   > 유전적으로 음악적 소질이 있는 부모가 아동의 음악활동을
   > 격려하는 경우

   ① 수동적 유전환경
   ② 특정한 시기의 유전환경
   ③ 유발적 유전환경
   ④ 적극적 유전환경

19 개인이 갖고 있는 유전형이 표현형으로 나타날 때 개개인의
   경험에 따라 달라질 수 있다는 개념은 무엇인가?

   ① 민감기   ② 반응범위
   ③ 성숙   ④ 운하화

20 DNA에 대한 설명으로 옳지 <u>않은</u> 것은?

   ① 많은 단백질이 DNA 복제와 수선에 관여한다.
   ② 나선형 모양을 띠고 있다.
   ③ 항상 A와 T, G와 C가 결합을 하여 쌍을 이룬다.
   ④ DNA의 염기 배열은 인간의 행동을 설명할 수 없다.

21 다음은 무엇에 대한 설명인가?

> • DNA 또는 디옥시리보핵산이라고 하는 화학물질로 주로 이루어져 있다.
> • 여러 개의 유전인자를 포함하고 있으며, 이 유전인자에는 부모로부터 전달되는 유전적 특질을 나타내는 유전물질이 들어있다.
> • 대략 2만~2만 5천 가지에 이르는 유전자가 들어있다.

① 성세포   ② 염색체
③ 유사분열   ④ 염기

21 해당 제시문은 염색체에 대한 설명이다.

22 세포분열에 대한 설명으로 옳은 것은?

① 체세포분열은 세포와 자기의 염색체를 복제하고 난 후 유전적으로 동일한 두 개의 세포로 나눠지는 것을 말한다.
② 감수분열 시 염색체의 수에는 변화가 없다.
③ DNA의 독특한 모양은 감수분열 과정을 통하여 복제된다.
④ 성세포는 감수분열을 하여 46개의 염색체의 절반인 23개의 염색체를 갖는다.

22 ① 체세포분열은 양파 뿌리 끝에서 이루어지는 식물성 분열이다.
② 감수분열은 원리 부모 세포가 갖는 염색체 수의 반을 갖는다.
③ DNA의 독특한 모양은 유사분열 과정을 통하여 복제된다.

23 출산과정에 대한 설명으로 옳은 것은?

① 모체의 자궁 속에 있던 태아가 모체 밖으로 나오는 과정을 말하며 수정으로부터 약 280일경에 이루어진다.
② 진통은 규칙적인 자궁수축으로부터 불규칙적인 수축이 일어나며 세 단계로 진행된다.
③ 후산기는 아기의 머리가 산도를 통해 움직이며 밖으로 완전히 나올 때까지를 말한다.
④ 개구기의 단계는 초산일 경우 24시간 정도 소요되며 출산경험이 있는 산모는 6시간가량 소요된다.

23 ② 진통은 불규칙적인 자궁수축으로부터 규칙적인 수축으로 진행된다.
③ 두 번째 단계인 만출기에 대한 설명이다.
④ 개구기의 단계에 초산일 경우 대략 12시간 정도 소요되며 출산경험이 있는 산모는 약 6시간 정도 걸린다.

정답 21 ②   22 ④   23 ①

24 ① 임신 28~37주에 출산한 경우를
조산이라 하며 체중 미달아는 정
상 시기에 태어났어도 2.5kg 이
하인 경우를 말한다.
② 약간의 산소결핍은 모든 아기가
경험하는 보편적인 현상이다.
④ 체중 미달로 해서 나타난 인지적
결함은 산소결핍증으로 인한 것
보다 더 지속적인 경향을 보이나
대부분의 미숙아는 4세경이 되면
운동 및 지적 발달에 정상아와 크
게 차이가 없다.

24 **출산 시 문제가 되는 것에 대한 설명으로 옳은 것은?**

① 체중이 2.5kg 이하인 경우라도 정상 시기에 태어났으면 체
중 미달아로 볼 수 없다.

② 분만 과정 중에 약간의 산소결핍이라도 치명적인 손상을 가
져올 수 있다.

③ 장기적 진통이나 난산은 태아의 뇌에 압력이 가해져 출혈,
산소결핍증, 신경계 손상을 야기한다.

④ 대부분의 미숙아는 추후에 정상아와 운동 및 지적 발달에서
큰 차이를 보인다.

25 신생아들은 시각대비에서 뚜렷한 것
이 요구되기 때문에 여러 형태를 구
별하는 데는 어려움이 있다.

25 **신생아의 시각에 대한 설명으로 옳지 _않은_ 것은?**

① 출생 시에 어느 정도 기능이 가능하다.

② 2개월 무렵에는 백지 위에 5% 정도의 광도 차이를 보이는
하얀 선을 구별할 수 있다.

③ 출생 시 정상적인 시력을 가진 성인이 9km 밖에서 볼 수
있는 것을 신생아는 600m 떨어진 곳에서 볼 수 있다.

④ 신생아도 여러 형태를 구별하는 것이 가능하다.

26 물체까지의 거리를 맞추기 위해 팔과
손의 움직임을 조정하는 데 사용하는
것은 쌍안(양안)의 깊이지각이다.

26 **영아의 깊이지각에 대한 설명으로 옳지 _않은_ 것은?**

① 회화적 깊이지각은 제일 늦게 발달한다.

② 쌍안의 깊이지각은 두 눈의 시야가 조금 다른 시각을 가짐
으로써 생겨난다.

③ 생후 3개월경 사물이 평면이 아닌 3차원이라는 것을 알게
된다.

④ 운동 깊이지각은 물체까지의 거리를 맞추기 위해 팔과 손의
움직임을 조정하는 데 사용한다.

정답 24 ③ 25 ④ 26 ④

27 다음 설명 중에서 옳지 <u>않은</u> 것은?

① 아동의 신체 성숙을 측정하는 가장 좋은 방법은 뼈 나이를 이용하는 것이다.

② 표본 아동들의 평균 키를 보여주며 나이별 성숙도를 보여주는 것은 간격 곡선이다.

③ 신체발달은 머리, 가슴, 몸통이 먼저 발달하고 그 다음에 팔과 다리, 손과 발 순서로 발달한다.

④ 표현형은 부모로부터 물려받은 대립유전자의 결합 형태이고 유전형은 겉으로 나타난 유전적 특징을 말한다.

28 다음 중 우성인자에 의한 유전질환은 무엇인가?

① 색맹과 근시

② 선천적 청각장애

③ 페닐케톤뇨증

④ 헌팅턴병

29 다운증후군의 특성으로 옳지 <u>않은</u> 것은?

① 삼체형과 전위형이 있음

② 특이한 용모

③ 낮은 지능

④ 모두 유전됨

---

27 유전형은 부모로부터 물려받은 대립 유전자의 결합 형태이고 표현형은 겉으로 나타난 유전적 특징을 말한다.

28 헌팅턴병은 우성인자에 의한 중추신경계 질환으로 무도증, 정신장애, 치매가 나타난다. 색맹과 근시, 선천적 청각장애, 페닐케톤뇨증 등은 열성인자에 의한 유전병이다.

29 삼체형은 유전되지 않으나 전위형의 유전확률은 70% 이상이다. 그러나 다운증후군이 모두 유전된다고 보기는 어렵다.

정답 27 ④ 28 ④ 29 ④

30 클라인펠터증후군은 남아에게 나타나는 것으로 X염색체가 2개 이상일 때 나타난다. 이 경우 남아에게 골반이 넓어지며 사춘기에 유방이 돌출되는 2차 성징이 나타나기도 한다. 고환이 미성숙하여 정자 생산에 어려움을 가져 생식이 불가능하거나 지능이 낮은 경우들도 있다.

30 성염색체 이상 중 남아에게 발생하는 장애는?

① 클라인펠터증후군

② 터너증후군

③ 다운X증후군

④ X결함증후군

31 어머니 연령이 염색체 이상의 원인이 되는 이유는 난모세포의 노화현상 때문이다. 정자는 재생산되나 난모세포는 태어날 때 가지고 태어난다. 어머니의 연령이 29세 이하인 경우, 염색체 이상 아기를 낳을 확률이 450명당 1명, 어머니의 연령이 40~44세인 경우 40명당 1명, 45~49세인 경우 12명당 1명으로 급격하게 증가하나, 아버지의 연령과의 관계는 영향력이 적게 나타난다.

31 염색체 이상장애의 원인으로 옳지 않은 것은?

① 성염색체 이상장애는 부모의 성세포 감수분열 시 오류로 발생함

② 터너증후군은 아버지의 성염색체 이상으로 나타나나 어머니의 성염색체 이상으로도 나타남

③ 염색체 이상의 주요 요인으로 아버지의 연령이 영향을 미침

④ 염색체 이상의 주요 요인으로 어머니의 연령이 영향을 미침

32 방사능은 유전자의 변화를 초래하여 신체 기형이나 지적 장애를 유발할 수 있다. 임신부가 살충제에 노출되면 선천성 결함을 가진 태아를 낳을 수 있다. 임신 중 첫 7주 동안 체온이 10분 이상 38.9도 이상 올라가면 유산의 위험이 크다. 어머니의 흡연과 약물복용, 어머니의 정서상태 및 질병은 태아에게 영향을 줄 수 있다.

32 다음 중 환경적 장애에 들어가지 않는 것은?

① 방사능, 살충제, 장기간의 사우나

② 어머니의 흡연 및 약물복용

③ 가족의 정서상태

④ 어머니의 질병

정답 (30 ① 31 ③ 32 ③)

제 3 장

인지발달

얼마나 많은 사람들이 책 한 권을 읽음으로써 인생에 새로운 전기를 맞이했던가.

– 헨리 데이비드 소로 –

제 3 장 │ 인지발달

제1절 │ 인지발달 : 피아제와 비고츠키

1 피아제(Piaget)의 인지발달이론

(1) 의의

① 세계에 대한 의미는 인간에 의해 부과되는 것이지, 인간과 독립적으로 존재하지 않는다.

② 각 개인의 정서·행동·사고는 개인이 현실세계를 구성하는 방식에 따라 다르다.

③ 인간은 변화하고 성장하는 존재로서 인간의 의지 또한 환경과 상호작용하면서 변화하고 발달한다.

④ 인간은 '인지적 적응', '인지적 조직화', '인지적 평형화'의 기본적 성향을 통해 학습하며, 인지적 성장을 이룬다.

⑤ 생물학적 특성을 바탕으로 인간의 기본적인 지적 능력의 습득방법을 과학적 방법으로 연구하였다.

⑥ 아동의 인지발달이 성인과 질적으로 다르다고 제안하였다.

⑦ 인지발달이론에서 가장 널리 알려졌고 교육활동에 많이 적용되었다.

⑧ 아동을 태어날 때부터 수동적인 존재가 아닌 인지구조를 적극적으로 사용하는 능동적인 존재로 인식하였다.

(2) 주요 개념

① 지능

　㉠ 지능을 인간이 환경에 적응하기 위한 기본적인 능력, 즉 일반적인 인지적 능력으로 보았다.

　㉡ 아동이 새로운 환경에 노출될 때 그 자극을 즉각적으로 이해하지 못하면 인지적 불평형이 일어나고 이러한 불평형은 새로운 자극에 대처할 수 있게 하여 평형상태로 회복시켜 준다.

　㉢ 즉, 지능은 이러한 평형화의 한 형태로서 조작 체계이자 수행능력이다.

　㉣ 내적 정신적 구조와 외부 환경적인 자극간의 부조화가 인지적 활동을 일으킬 때 논리적 사고과정으로 지적 성장을 이루는 상호관계 모델로 설명하였다.

② 인지구조(도식)

　㉠ 우리가 세계를 이해하고 반응하기 위하여 사용하는 지식, 절차, 관계 등을 말한다.

　㉡ 사물이나 사건에 대한 전체적인 윤곽 또는 지각의 틀을 말한다.

　㉢ 환경을 조작함으로써 이 환경에 적응하도록 하는 데 관련된 지식과 기술을 포함한다.

　㉣ 도식을 형성하고 평형을 이루기 위한 기제로서 동화와 조절이 필요하다.

　㉤ 평형에 대한 욕구 관련 반응으로 삶에서의 경험을 구조화시켜 조직하려는 경향을 말한다.

　㉥ 도식은 상황이나 사건에 대한 일반화된 지식이라고 할 수 있다.

ⓐ 스크립트는 매우 친숙한 활동과 연합되어 있는 단순하면서도 잘 구조화된 사건의 순서를 기술하는 도식의 일종이다. 기출

③ 도식의 종류

행동적(감각운동) 도식	• 사물을 신체적으로 조작하는 것이다. • 빨기, 잡기 등
조작적(인지적) 도식	• 과거의 경험들과 연관된 사상 및 기억과 관련된다. • 문제해결을 목적으로 이러한 경험들을 조작하는 것과 관련된 논리적·인지적 능력이다. • 7세 이후 아동에게서 나타난다.
상징적(언어적) 도식	• 심상이나 언어와 같은 정신적 상징을 말한다. • 2세경에 나타난다.

④ 인지과정(도식의 과정) 기출

인지과정은 조직화와 적응의 과정이며, 적응은 동화와 조절의 활동으로 이루어진다.

인지기능	조직화	개체의 내부적 변화	평형화
	적응	동화	
		조절	

㉠ 조직화
  • 유기체가 현재 가지고 있는 도식을 새롭고, 더욱 복잡한 도식으로 변화시키는 것을 말한다.
  • 환경보다는 개체의 내부적 변화를 의미한다.
    예 날아다니는 대상을 새와 비행기의 하위범주로 구성된 위계적 도식으로 형성한다.

㉡ 적응
  • 동화(assimilation, 흡수) 기출
    새로운 정보 혹은 새로운 경험을 접할 때, 그러한 정보와 경험을 이미 자신에게 구성되어 있는 도식에 적용시키려 하는 경향을 말한다.
    예 비행기를 보고 이를 새라고 부른다.
  • 조절(accommondation)
    기존에 가지고 있던 도식을 변경하거나 새롭게 만들어가는 과정을 말한다. 조절의 과정에서는 도식의 형태에 질적인 변화가 나타난다. 즉, 경험에 근거하여 도식을 수정하는 것이다.
    예 비행기와 새가 다르다는 것을 인식하고, 인식의 불균형을 경험하게 되어 비행기에 대해 질문하거나 새의 이름을 붙인다.

㉢ 평형화
  • 인간에게는 질서와 체계를 유지하려는 본능적이고도 선천적인 욕구가 있다. 피아제는 이러한 경향을 평형에 대한 욕구라고 부른다.
  • 이러한 평형에 대한 욕구에 대한 반응으로 개인은 삶에서의 경험을 구조화시켜 조직하려는 경향이 있는데, 피아제는 이를 도식이라 하였다.
    예 모든 날아다니는 대상을 새라고 생각한다.

- 평형화의 단계

평형상태	사물을 해석하는 데 문제가 없는 단계
불평형상태	기존의 사고틀로 사물의 해석이 안 되는 단계
평형상태	기존의 사고틀을 변경하거나 인지구조를 분화, 수정, 통합하여 더 높은 단계에 이르는 상태

(3) 발달단계

① 개념

㉠ 각 단계는 발달의 일반적인 이론과 유사한 과정을 따르고, 고정된 순서로 일어나고 통합된 방식으로 변화한다.

㉡ 각 단계는 보편적으로 모든 아동의 특성을 반영한다.

㉢ 각 개인의 경험이나 환경요인에 따라 도달하는 연령단계는 다를 수도 있다.

② 네 단계의 발달단계 기출

㉠ 감각운동기(0~2세)

- 언어가 나타나기 이전의 감각자극에 의한 신체적 반응으로, 감각운동기의 신생아는 감각과 운동으로 환경을 이해한다는 특징을 가지고 있다.
- '대상 개념' 혹은 '대상 연속성'이라는 지적 능력이 형성된다. 이 시기에 대상 연속성 개념을 얻는다는 것은 머릿속으로 그 대상에 대한 내적 표상 혹은 심상을 그릴 수 있다는 것을 의미한다.
- 이 단계 후기에 아동은 환경을 더 이상 감각과 운동에 의존해서 파악하지 않고, 그 대신 머릿속으로 표상의 형태를 파악하거나 저장하는 능력이 생긴다. 이 능력은 영아의 지적인 능력이 다음 단계, 즉 전조작기로 발전해 나가는 데 필수적인 능력이다.
- 감각운동기의 하위단계

반사운동기	출생~1개월	• 태어날 때부터 갖고 있는 찾기, 빨기, 쳐다보기 등의 인지구조를 활용하여 모든 도식을 빨기 도식에 동화시켜 보는 것이다. 예 빨기 반사는 동화이고 젖꼭지를 찾는 반응을 조절이라고 본다. • 반사가 효율적으로 이루어지지만, 행동과 욕구를 분별하지 못한다.
1차 순환반응기	1~4개월	• 순환운동이란 우연한 경험에 의한 단순행동의 반복반응을 뜻한다. • 계속 손가락을 빤다든가 주먹을 쥐었다 폈다 하는 등의 반복행동이 나타난다. • 이러한 행동은 목적이나 의도성이 없이 재미로 하는 단순 반복행동이다. • 신체와 신체주변에 관심, 간단한 습관형성 단계이다. • 유쾌한 자극에 대해 의도적인 행동을 반복하며, 선천적인 반응을 자신의 신체에 적용시켜 새로운 반응을 획득한다.
2차 순환반응기	4~8개월	• 외부세계나 사건에 대해 반복적인 행위를 한다. 이는 선천적인 반사를 넘어서 학습을 통해 획득한 반응의 양상을 보이며, 이전에 획득한 반응을 의도적으로 새로운 상황에 적용한다. 예 공굴리기, 딸랑이 흔들기 등 • 사물의 일부가 보이는 경우는 찾을 수 있지만 완전히 안 보이는 경우는 찾을 수 없다. • 친숙한 행동을 모방하는 단계이다.

2차 도식협응기	8~12개월	• 목표를 달성하기 위해 두 가지 행동(수단-목표)을 협응하는 단계로 목표가 되는 하나의 도식에 도달하기 위해 수단이 되는 다른 도식을 사용한다. 예 장난감을 찾기 위해 기고 찾고 밀고 잡는 도식을 결합한다. 예 TV를 보고 싶은 아기가 엄마의 손을 잡아끌어서 TV전원 스위치로 가져가는 행동을 할 수 있게 된다. • 대상영속성을 보이고 사건에 대한 기대를 보인다.
3차 순환반응기	12~18개월	• 흥미를 유발하는 신기하고 새로운 결과를 위해 실험적이고 창의적인 사고를 한다. • 인과적 상황에 대한 실험 및 시행착오적인 행동을 보인다. • 대상의 특성과 사물의 속성을 탐색하는 단계이다. 예 숨겨진 물건을 찾기 위해 여러 장소를 살핀다.
정신적 (내적)표상	18~24개월	• 전조작기로 이행하는 중요한 질적인 변화를 겪는다. • 눈앞에 없는 사물을 정신적으로 그려낸다(심상). • 점차 시행착오적인 행동에서 벗어나, 행동하기 이전에 상황에 대해 사고한다. 예 대상영속성 이해, 지연모방, 언어사용, 가장놀이

- 대상영속성 개념의 발달
  - 출생부터 2세 사이에 일어나는 중요한 인지발달과 변화의 하나이다.
  - 대상영속성은 우리자신을 포함하는 모든 대상들이 독립적인 실체로서 그 대상이 사라지더라도 다른 장소에 계속해서 존재한다는 사실에 대한 지식을 의미한다.
  - 피아제는 이런 능력들이 감각운동기 동안에 서서히 발달하는 것으로 보았다.
  - 대상영속성 발달단계

1~2단계	0~4개월	• 영아는 대상이 시야에 있는 동안에는 흥미를 가지고 대상을 바라보지만 대상물을 숨겨 시야에서 사라지게 하면 곧 흥미를 잃고 대상을 찾을 생각을 하지 않는다. • 시야에서 사라진 대상이 존재한다는 사실을 이해하지 못한다.
3단계	4~8개월	영아가 사라진 대상물을 찾는 행동을 보임으로써 대상영속성 개념이 형성되기 시작하지만 시야에서 완전히 보이지 않는 대상은 찾으려 하지 않는다.
4단계	8~12개월	완전히 가려졌거나 사라진 대상물을 사라진 자리에서 찾을 수 있게 되는 획기적인 발달을 하게 된다. 그러나 감추어지는 과정을 보았더라도 그 대상을 이전에 보았던 장소에서 찾으려 한다.
5단계	12~18개월	대상물을 어디에 숨기든지 가장 최근에 사라진 곳에서부터 대상을 찾는 능력을 보이게 된다. 그러나 자신이 볼 수 있는 공간에서는 대상영속성이 발휘되나 볼 수 없는 공간의 대상에 대해서는 그 숨겨진 위치를 정신적인 표상만으로 정확하게 추적하는 능력은 갖고 있지 못하다.
6단계	18~24개월	• 대상이 완전히 숨어버려도 정신적인 표상을 통해 이동과정을 추적하여 대상을 찾아낸다. • 대상영속성과 더불어 자신이 독립된 개체라는 것을 명확하게 깨닫게 된다.

ⓒ 전조작기(2~7세) 기출
  - 이 시기의 아동은 지각적 경험에만 의존하지 않으나 논리보다는 지각에 더 의존하는 경향이 있다.
  - 이 단계에서 가장 중요한 것은 언어를 사용하기 시작하고 언어 능력이 발달한다는 것이다.

- 언어의 습득으로 사물이나 사건을 내재화할 수 있는 능력이 생기며, 보이지 않는 것을 기억하는 표상이 가능하다. 그러나 직접적으로 지각적 경험을 하지 않은 사건이나 대상을 조작하는 능력은 제한되어 있다.
- 자기중심성, 상징놀이, 물활론, 도덕적 타율성, 꿈을 외적 사건으로 생각하는 것, 보존개념의 부족이 특징이다.
- 전 개념적 사고기(2~4세)
  - 초기단계는 전 개념적 사고기로 눈앞에 보이지 않는 사물을 표상하는 것이 가능하다.
  - 자연모방, 상징놀이, 심상, 언어 등에서 표상의 형태를 찾아볼 수 있다.
  - 상징기능이 발달되어 언어나 그림을 인지과정에 사용할 수 있다.
  - 가상놀이는 6세 이전의 거의 모든 아이들에게 나타나는 행동이며, 이것은 상상력과 창의성을 발달시키는 수단이 되고, 소꿉놀이, 병원놀이와 같은 역할 놀이를 통해서 아이들은 자신과 남을 구분하고, 남의 입장을 공감하며 이해하는 등 사회인지 능력이 발달하게 된다.
- 직관적 사고기(4~7세)
  - 사물과 사건에 대한 이해가 여전히 논리적 과정보다는 지각적 특성을 띠며 중심화(centered) 경향이 있다.
  - 보존, 분류, 서열, 관계, 사회적 인지, 자기중심성과의 관계

보존	• 아동은 순간적으로 보이는 형태만으로 물리량이 달라졌을 것으로 인식하는데 보존개념을 획득한 아동은 이러한 자기중심성에서 벗어나 객관적으로 사물을 인식하게 된다. • 외양적·지각적 특성에만 의존하기 때문에 한쪽 측면의 변화에만 주목한다. 예 높이가 높거나 양이 많아 보이는 용기의 우유가 더 많다고 대답한다. • 이는 중심화와 관계가 있으며 직관적 사고 후반기에는 중심화 현상이 한쪽에만 초점이 맞추어져 있지 않고 왔다 갔다 한다. 예 우유의 높이가 높은 컵의 양이 많다고 했다가 길고 가느다란 컵의 형태로 바뀌면 양이 적다고 말한다.
분류	• 대상을 일정한 특징에 따라 다양한 범주로 나누는 능력을 말한다. • 이 시기에는 무계획적이고 언제든지 변할 수 있는 분류에서 사물의 속성에 따라 분류로 발전하지만 사실상 분류 범주 속에 포함된 관계를 이해하지 못한다. • 전체와 부분의 기본 논리관계의 이해가 부족하다.
서열	• 사물의 증가와 감소 순서대로 배열하지 못한다. • 서열에 대한 인지능력이 아직 발전하지 못해 몇 개만 차례로 나열하고 전체 하나로 통일하려는 시행착오적 모습이 나타난다.
관계	• 사물을 이해하는 데 있어서 자신을 중심으로 생각하므로 상대적인 판단과 주변관계를 이해하지 못한다. • 주관과 객관이 미분화되어 있어 두 사건이 동시에 일어나거나 시간적으로 밀접해 있으면 관계가 있다고 생각한다. • 물활론과 실재론의 경향을 보인다.
사회적 인지	• 놀이 활동에서 정해진 규칙이 있다는 것을 이해하지 못한다. • 도덕적 판단에서도 행위의 의도나 동기보다는 결과만으로 판단한다.
자기중심성	• 전조작기의 가장 큰 특징이다. • 자기중심적 언어와도 관계가 있는데 상대방과 관계없이 듣는 사람을 고려하지 않고 대화하는 것을 말한다. 예 같은 단어 반복, 혼잣말

더 알아두기

용어 설명

- **물활론** : 모든 사물에 생명이 있어서 의식이 있는 존재라고 믿는다.

  예 구름이 자신을 따라온다고 믿거나 인형이 슬퍼한다고 생각한다.

- **실재론** : 마음의 생각이 실제로도 존재한다는 믿음을 가진다.

  예 꿈이 실제현상이라고 믿는다.

- **중심화** : 여러 요소들이 관련되어 있음에도 불구하고 한 요소만을 고려하는 성향이다.

- **상징놀이** : 물리적으로 존재하지 않는 것으로 아이의 내적인 표상에 따라 대상을 만들고 놀이를 하는 것이다.

- **가역성**

  - 사고의 방향을 끝에서 시작으로 돌릴 수 있는 정신적 조작의 융통성, 수행능력을 말함

  - 전조작기에는 이러한 보존개념과 가역성이 부족하고 중심화의 경향을 가짐

- **지연모방** : 아동이 목격한 사태를 그 자리에서 모방하는 것이 아니라 일정한 시간이 지난 후 자발적으로 재현하는 형태를 보이는 것을 말한다.

- **영아기 기억상실증** : 영아기 기억상실증은 3~4세 이전의 영아기 시절에 경험한 사건을 기억하지 못하는 것을 의미한다. 그 원인은 영아기의 기억이 오래 되어 소멸된 것이 아니고, 영아기 시절은 언어능력의 부재 혹은 자아감이 발달하지 않았기 때문에 기억하지 못하는 것이다. 기출

- **아동기의 기억상실증 원인**

  - 언어적 부호화 능력과 명시적 기억이 발달하지 않음

  - 저장된 정보를 연합하고, 마음속에 있는 정보를 가져오도록 도와주는 외적 정보인 인출단서의 변화

  - 영아기에 기억과 관련된 신경구조가 충분히 성숙되지 않음

ⓒ 구체적 조작기(7~11, 12세)

- 구체적 사물을 중심으로 한 이론적 · 논리적 사고가 발달한다.

- 논리적인 사고는 가능하나 가설 · 연역적 사고에 이르지는 못한다.

- 자아중심성과 비가역성을 극복(탈중심화와 가역성 획득)할 수 있고 집중력을 향상시킬 수 있다.

- 분류(유목화), 서열화(연속성), 보존개념을 획득한다.

- 구체적 조작기의 특성

가역성	추리의 출발점으로 되돌아갈 수 있는 사고능력 예 한쪽 용기의 물을 다른 쪽 용기에 부었을 때 머릿속에서 이전단계의 과정을 그려볼 수 있음
탈중심화	• 자기중심성 경향에서 벗어나 여러 가지 특성을 고려 • 자신의 생각 외에 타인의 감정 · 생각 · 관점을 비교 · 수용 가능
보존개념	• 물체의 모양이 바뀌어도 물리적 특성은 동일하다는 사실을 인식 • 외양적 특성이 아닌 여러 각도의 관계에서 사물인식 가능
위계적 유목화	물체를 여러 가지 특성에 따라 다양하게 분류할 수 있음

서열화	• 사물을 증가하거나 감소하는 순서대로 배열할 수 있음 • 서로 다른 크기의 네 개의 막대를 크기 순서대로 배열 가능
전이적 추론	서열화를 할 때 A와 B, B와 C를 비교한 후 A와 C의 관계를 추론
공간적 추론	• 거리와 시간, 속도의 관계를 이해 • 거리보존개념이 있으며 한 장소에서 다른 장소로 갈 수 있는 방법을 제시 • 이웃동네, 학교와 같은 친숙한 큰 규모의 공간에 대한 정신적 표상인 인지적 지도 　(cognitive map)를 형성
수평적 위계	• 보존개념이 차례로 습득되는 것 • 면적과 무게의 보존개념 이전에 수와 액체의 보존개념을 터득하는 것
인과관계	• 9~10세경 전환적 추론 이상의 인과관계를 이해 • 사물을 합리적 인과관계 속에서 재구성하고 분석

더 알아두기

수평적 격차

같은 정신적 조직을 필요로 하는 유사한 문제 중 어떤 문제를 해결할 수 있는 단계가 다른 것을 말한다.

• 보존개념의 수평적 격차
  – 수 : 6~7세
  – 무게 : 9~10세
  – 부피 : 10~15세
• 서열상 수평적 격차
  – 길이 : 7~8세
  – 무게 : 9세
  – 부피 : 11~12세

보상(compensation)

동시에 여러 차원을 볼 수 있어서 한 차원에서의 변화를 다른 차원의 변화로 상쇄할 수 있는 것을 뜻한다.

　ⓔ 형식적 조작기(11, 12세 이후)
　　• 추상적 사고가 발달한다.
　　• 가설의 설정·검증·연역적 사고가 가능하며 가설의 타당성을 입증하는 실험을 수행할 수 있다.
　　• 체계적인 사고능력과 논리적 조작에 필요한 문제해결능력이 발달한다.
　　• 구체적인 장면에 예속되었던 전 단계와 달리 구체적인 내용에서 독립된 고도의 형식적 조작이
　　　가능해진다.
　　• 현실 상황을 고려하지 않고도 명제의 논리만으로도 사고할 수 있다. 즉, 명제, 언어, 숫자, 기
　　　호를 통해 사고할 수 있다.
　　• 추상적 개념에 대해 언어적 추론이 수반되므로 물리에서 시공간·물질 사이의 관계에 대한 사
　　　고 및 철학, 사회학에서 자유와 정의에 대한 관념도 이와 같이 형성된다.
　　• 자신과 타인에 대한 추상적인 관점을 구분하지 못하는 새로운 형태의 자아중심성이 나타난다.

> **더 알아두기**
>
> **피아제의 진자과제(pendulum problem)**
>
> 줄 끝에 추가 매달린 진자를 보여주고 그 줄의 길이와 추의 무게, 높이와 힘의 양을 고려하여 어떤 것이 추 진동의 빠르기를 결정하는지를 묻는 실험이다.
>
> • 구체적 조작기
>   - 무계획적으로 실험하고 4가지 요소의 변수를 고려하지 않는다.
>   - 구체적인 상황에서 본 것만을 중심으로 생각한다.
>   - 줄 길이의 영향만 보고하였고 보이지 않는 높이와 힘의 영향은 주목하지 못하였다.
> • 형식적 조작기
>   - 조직화된 방식으로 문제에 접근하고 모든 가능한 가설을 검증하기 위한 실험을 계획하여 한 가지 요인을 변화시킬 때는 다른 요인을 통제하여 실험하였다.
>   - 모든 상황을 동일하게 한 후 한 요소만 실험한 결과 줄의 길이가 진자운동의 빠르기를 결정한다는 결론을 내렸다.

(4) 피아제이론의 평가

① 개념

㉠ 피아제이론은 아동의 수학적, 과학적 추리능력이 어떻게 발달하는지, 그리고 아동이 부족해서가 아니라 어른들과 달리 사고한다는 것을 밝혀주고 있다.

㉡ 아동의 인지발달에 대한 폭넓은 관점은 아동에 대한 이해를 넓혀주었음에도 불구하고 몇 가지 비판을 피하기 어렵다.

② 장점

㉠ 아동이 지식습득과정에서 수동적인 역할을 한다는 기존의 관점에서 벗어나 연령에 따라 지식을 습득하고 구성하는 능력이 다르다는 입장으로 발달심리학에 혁명을 일으켰다.

㉡ 이론의 기본적 기능인 자료를 체계적으로 조작하고 새로운 연구를 창출하였다. 여러 행동들을 단계라는 개념으로 조직화하였다.

  ㉮ 물활론과 실제화를 묶어 전조작기의 특성으로 설명한다.

㉢ 이론의 범위가 아주 넓다. 생물학과 교육학 등 다양한 학문분야와 연계되어 있고 인지발달의 다양한 측면에서 유용한 길잡이가 되어 주었다.

㉣ 표준화된 검사방법의 한계를 인식하고 스스로 고안해 낸 임상적 면접방법이나 활동 중인 아동을 관찰하는 자연관찰법을 사용하였는데, 이를 통해 각기 다른 연령의 아동이 어떻게 사고하는지 구체적이고 체계적인 이론을 제시하였다.

③ 단점

㉠ 모든 유형의 과제에 영향을 끼치는 단계가 존재한다는 설명은 타당하지 않다는 비판으로 질적으로 구별되는 인지발달단계보다 일반적인 발달의 경향성이 있다고 주장하였다.

㉡ 어린 아동의 능력을 과소평가하였다. 즉, 실제에서 할 수 있는 과제를 과제실험에서 아동에게 추상적인 지시를 줌으로써 수행하지 못하는 것과 같은 것이다.

ⓒ 연령이 높은 아동의 능력을 과대평가하였다. 즉, 형식적 조작기의 아동이라고 해서 추상적인 현상에 대해 다 논리적으로 사고하는 것은 아니다.

ⓔ 아동의 논리적 능력은 실제로 피아제가 제안한 것보다 구체적 영역에서 경험과 지식에 더 크게 작용한다. 즉, 적절한 경험이 문제해결에 영향을 미친다.

ⓜ 문화의 영향을 적절하게 고려하지 못하였다. 아동의 경험, 가치관, 언어, 주위 사람들과의 상호관계가 문화에 영향을 받는 요소를 무시하였다.

ⓗ 피아제의 임상적 기법은 제한된 사례수로 인해 일반화의 한계를 갖는다는 약점을 지닌다.

ⓢ 피아제가 제시한 인지발달의 시기가 정확하지는 않다. 즉, 대상영속성은 4개월 된 영아에게서도 나타날 수 있다.

ⓞ 행동주의자들은 아동의 발달이 자발적이라는 주장에 반대하였다. 학습의 효과가 없이 아동들이 스스로 인지구조를 발달시킨다는 이론에 대해 행동주의자들은 훈련의 효과와 부모와 교사의 교육적 중요성을 강조한다. 그러나 피아제에 대한 이론을 수정하거나 대체하는 것에 대한 합의가 이루어진 것은 아니다.

ⓩ 최종인지발달은 청소년기가 되면 이루어진다는 피아제의 입장에 대해 일부학자들은 성인기에도 인지발달이 계속된다고 주장하였다.

ⓒ 피아제의 수학적, 과학적 사고발달이론은 인정하지만 사회적 발달부분, 즉 자아중심성과 도덕적 판단부분은 정교하지 못하다는 비판이 있다.

2 비고츠키(Vygotsky)의 사회문화이론

(1) 의의 기출

① 피아제의 인지발달이론에 사회문화적인 접근을 시도함으로써 새로운 인지발달이론을 전개하였다.

② 피아제의 인지발달이론이 개인의 심리적·인지적 발달을 내면적이고 개별적인 것으로 간주한 반면, 비고츠키의 사회문화적 인지이론은 사람들과의 상호작용 및 사회문화 현상에 의한 것으로 간주하였다.

③ 아동은 사회적인 매개체와 함께 현재 및 과거의 상호작용에 의해 지식을 구성해 나간다. 즉, 지식은 역사적 산물인 동시에 사회문화적 반영의 결과로 주어진다.

④ 아동보다 유능한 사람의 도움을 받으면 아동은 현재보다 더 잘 할 수 있다. 학습은 아동 스스로 학습하려는 노력과 함께 다른 사람, 즉 교사나 부모 또는 좀 더 능력이 있는 또래와의 상호작용을 통해서 이루어진다고 주장하였다.

⑤ 성숙이 특정한 인지발달을 위한 기본전제가 될 수는 있지만 그것이 전적으로 발달을 결정하는 것은 아니다.

⑥ 발달이 학습에 의해 촉진되고 학습은 인지발달에 영향을 미친다.

⑦ 언어는 인지과정 자체의 일부분이자 아동의 사회적 지식교환에 의한 인지발달을 가능하게 하는 가장 중요한 도구이다.

⑧ 아동의 지적 발달은 자기중심적 언어의 발달 및 변형에 의해 도출되는 외적 언어와 내적 언어에 의해 영향을 받는다.

⑨ 내적 언어는 사고 및 계획의 설정 도구가 되며 외적 언어는 의사소통의 도구가 된다.

⑩ 인지발달을 촉진하는 방법으로 유도된 참여와 비계설정(발판화, Scaffolding)이 있다.

⑪ 아동 교육에 있어서 언어 교육의 중요성을 강조하는 학자들의 이론적 바탕이 되었다.

(2) 기본개념

① 언어발달

㉠ 언어는 정신의 도구이다. 정신적 성장에는 자연적 발달과 문화적 발달이 있으며 이 중 문화적 발달은 사회문화적 경험, 문화적 행동, 관습 등과 관계가 있고 이러한 능력들은 대부분 언어를 매개로 습득된다.

㉡ 언어는 고등 정신 기능을 이끄는 중요한 요인이다. 즉 사고를 지시하는 근원이 된다.

㉢ 언어에는 사회적 의사전달 기능인 공적인 언어(public speech)가 있고 자기통제기능인 혼잣말(private speech)이 있다.

㉣ 아동이 처음에는 언어를 사회적 상호작용의 도구로 사용하다가 점차적으로 놀이를 할 때 혼잣말을 하며 환경과 개인의 상호작용을 시작한다.

㉤ 비고츠키(Vygotsky) 언어의 발달단계

원시적 언어단계	0~2세	• 언어와 사고발달이 모두 미약한 상태이다. • 사고이전의 언어이다. • 언어는 울음과 같은 정서적 형태를 띠거나 부모가 반복적으로 들려주는 특정단어에 반응하는 정도이다.
외적(사회적) 언어단계	2~4세	• 언어와 사고가 점차 결합되기 시작한다. • 유아의 생각을 반영하고, 사회적 언어를 사용한다. • 단어나 문장과 같은 형태로 변형되어 나타난다. • 이 단계에서 사회적 의사소통이 가능해진다. • 문법에 대한 이해 없이도 문장형성이 가능하다.
자기중심적 언어단계	4~7세	• 자신의 사고과정을 중얼거리듯이 혼잣말로 표현한다. • 독백어의 형태, 언어와 사고가 본격적으로 결합한다. • 타인과 의사소통할 때 외적 언어뿐만 아니라 자기중심적 언어를 사용한다. • 기능적으로는 내적 언어와 유사하며 내적 언어를 구성하는 기초가 된다.
내적 언어단계	7세 이후	• 표상적인 과정 없이 머릿속으로 언어를 구상한다. • 사고가 언어화되는 단계이다. • 사고의 도구로서 외적·내적 언어를 모두 사용한다.

ⓗ 피아제와 비고츠키의 아동의 초기 언어에 대한 견해

피아제(자기중심적 언어)	비고츠키(혼잣말)
• 아동의 미성숙한 자기중심적 사고에 기인한다. • 다른 사람의 입장을 이해하지 못하는 전조작기 아동의 특성이다. • 언어와 행동 간의 상호작용 관계는 특별한 의미가 없으며 인지적 기능에서도 중요한 기능을 하지 않는다(인지발달의 보편화). • 자기중심적 과정이 사회적 과정으로 변화한다.	• 아동은 자기 지도(self-guidance)를 위해 혼잣말을 사용한다. • 언어는 아동의 정신적 활동과 행동에 대해 생각하고 행위의 과정을 선택하는 데 도움을 준다(인지발달의 다양화). • 혼잣말은 조절된 주의집중, 정교한 기억, 회상, 분류, 계획, 문제해결, 추상적 추론, 자기반영 등 모든 고등 인지과정에 대한 기초이다. • 사고발달은 언어를 통하여 이루어지며 그 과정은 아동의 사회화 수단이 된다. • 사회적 과정이 개인적 과정으로 전환된다.

② **근접발달영역(ZPD ; Zone of Proximal Development)**

ⓐ 사회적 상호작용의 영역으로서 '근접발달영역'은 아동 스스로 해결할 수 있는 문제에 의해 결정되는 실제적 발달수준과 다른 동료 학습자 또는 성인의 지원에 의해 문제해결이 가능한 잠재적 발달수준 간의 차이를 의미한다.

ⓑ 근접발달영역은 일종의 학습과 발달을 위한 전략이며, 이 영역 내에서 사회적 상호작용을 통한 학습발달이 촉진된다.

ⓒ 아동은 문화적 도구를 획득하고 더 높은 차원의 정신적 발달에 도달하기 위해 근접발달영역 내에 위치하여야 한다.

ⓓ 근접발달영역에서는 교수자와 학습자 간의 적극적이고 능동적이며, 활발한 상호작용이 강조된다.

ⓔ 근접영역발달의 단계

1단계 (타인의 도움, 모방)	유능한 타인의 도움을 받아 과제를 수행하는 단계이다. 이 단계에서 학생은 독립적으로 과제를 수행할 수 없기 때문에 유능한 타인인 교사나 동료 등의 도움을 필요로 하는 '모방'의 단계라고 볼 수 있다.
2단계	학생 스스로 과제를 수행하는 단계이다.
3단계 (내면화, 자동화)	이 단계에서 학생은 근접발달영역을 벗어나서 과제를 수행하는 데 있어서 더 이상 타인의 지속적인 도움이 거의 필요 없이 과제를 완전하게 수행해 낼 수 있게 된다.
4단계 (탈자동화)	새로운 능력의 발달을 위해 반복해서 근접발달영역이 순환되는 탈자동화의 단계이다.

[더 알아두기]

근접발달영역의 모형

• 문제해결 불가능영역 : 아무리 설명해도 아동의 능력 밖의 영역
• 조력으로 문제해결을 할 수 있는 영역 : 근접발달영역
• 독립적으로 문제해결을 할 수 있는 영역 : 아동 스스로 할 수 있는 영역

③ **비계설정(발판화 : Scaffolding)** 기출

 ㉠ 비계설정이란 집을 지을 때 임시로 설치하는 '비계'에 비유하여 성인 교사의 역할을 지칭하는 것이다.

 ㉡ 아동이 학습을 하기 위해 성인의 도움을 필요로 하지만 집이 완성되는 과정에서 비계가 철거되듯이 성인의 역할도 점차 감소하게 되는 것을 말한다.

 ㉢ 비계수업의 특징 중 핵심적 특징은 교수자와 학습자 간에 주고받는 대화의 역할에 있다.

 ㉣ 비계설정은 근접발달영역 내에서 개인정신 간의 국면이 개인정신 내의 국면으로 전환되는 것을 말한다.

 ㉤ 비계의 기능은 '타인에 대한 의존 → 타인과의 협동 → 자기에 대한 의지 → 내면화'의 단계로 전개된다.

 ㉥ 비계수업의 요소들

끌어들이기	교사는 학생의 주의와 관심을 끌어들이고 학습동기를 부여한다.
과제의 범위축소	학생이 과제를 수행할 수 있도록 단위를 쪼개거나 효율적인 전략을 제시한다.
과제의 방향통제	교사는 과제에 필요한 방법을 따르도록 학생을 돕는다.
주요 특징 밝히기	과제가 지닌 특성을 분명히 해준다.
스트레스 수준조절	과제참여 도중 야기되는 스트레스나 좌절이 어느 정도인지 예측하고 이를 최소화하도록 노력한다.
시범	• 교사는 과제의 이상적 수행을 위해 효과적이고 효율적인 과제를 완수해 보이며 문제에 내포된 단계들에 대해 적절한 설명을 해준다. • 학습자가 교사의 정형적 과제수행 모형을 세심하게 관찰하고 모방할 수 있도록 모범을 보인다.

④ **상호주관성(Intersubjectivity)**

 ㉠ 과제수행 시 서로 다르게 이해하고 있던 두 사람이 공유된 이해에 도달하는 과정을 말한다.

 ㉡ 초기에는 영아와 양육자의 관계에서 정서적인 신호를 교환하거나 모방할 때 존재하며 아동기 때는 서로 원하는 것을 말함으로써, 의사소통을 위한 공통의 근거를 만들어주고 상대방의 관점을 조율해 나간다.

⑤ **모방** : 아동에게 모방의 대상은 교사나 더 높은 수준의 동료 학생이며, 처음에는 이들을 모방하다가 아동에게 내면화되었을 때 잠재적 발달 수준이 실제적 발달수준이 된다.

⑥ **가장놀이**

 ㉠ 놀이를 통한 추상적 사고의 형성이라고 볼 수 있다.

 ㉡ 추상적 사고 능력의 발달에 상응하여 규칙이 발달하게 되는데, 이를 통해 어떤 행동의 의미가 일인지 놀이인지 기본적으로 구별할 수 있게 된다.

 ㉢ 즉, 행동을 먼저 하고 나중에 의미를 생각하던 아동이 의미를 먼저 생각하고 행동을 하게 된 단계에 이른 것으로 본다.

 ㉣ 상상놀이를 통해 아동은 사회적 행위를 어떻게 조절해야 하는지 배우며 자제력을 키우게 된다.

⑦ **유도된 참여**

 ㉠ 아동이 성인의 활동을 관찰하고 참여함으로써 아동 자신의 인지와 사고방식을 형성하는 것을 말한다.

ⓛ 모방은 학생이 교사의 문제해결 과정을 따라가는 것을 통해서 학습을 하는 반면, 유도된 참여는 학생에게 적절한 도움을 줌으로써 학생 스스로 자신의 상황에 맞는 발명을 하도록 하는 것이다.

⑧ **상호교수(Reciprocal teaching)**: 교사와 소수의 학생이 팀을 이루어 돌아가면서 교재의 내용에 대해 의견을 교환하며 주도적 역할을 한다. 이 과정에서 집단은 질문, 요약, 명료화, 예측의 인지전략을 사용한다.

⑨ **협동학습(Cooperative learning)**: 서로 다른 또래와의 집단구성을 통해 근접발달영역 내에서 서로를 이끌어 문제를 해결하는 학습방법을 말한다.

(3) 피아제와 비고츠키의 관점 비교

비교	피아제의 인지발달이론	비고츠키의 사회문화이론
관점	자연적이고 생물학적인 면 강조	사회적이고 역사적인 환경을 강조
인지발달	• 문화적 맥락과 관계없이 보편적 • 모든 아동의 인지발달은 비슷한 단계를 거침	• 문화적 맥락이 아동의 인지과정 유형을 결정 • 인지발달은 개인에 따라 다양화
언어	• 자기중심적 과정이 사회적 과정으로 변화 • 언어는 인지발달의 부산물 • 사고와 인지발달이 언어보다 선행	• 사회적 과정이 개인적·심리적 과정으로 전환됨. 즉, 내적 언어로 구현됨 • 언어는 인지발달에 주도적 역할
학습	• 스스로 학습해나가는 능동적 존재 • 아동의 발달수준이 학습능력을 결정	• 어른은 아동이 내재화하는 지적 적응의 문화적 도구를 전수함으로써 아동을 변화시키는 중요한 존재 • 학습이 아동의 발달을 주도 • 부모나 교사의 도움으로 문제해결
사회성	구체적 조작기에 이르러 자기중심성을 극복할 때까지 협동학습이 이루어지지 않음	협동학습의 가능 시기는 정해져 있지 않으며 새로운 인지능력은 모든 연령이 익힐 수 있음
지적 자극	기존의 인지구조에 새로운 정보가 들어옴	사람들과의 상호작용 가운데 얻어짐
공통점	교사는 설명과 주도적 강의를 지양하고 아동이 적극적으로 인지적 사고를 할 수 있도록 환경을 조성해주는 역할	

(4) 비고츠키이론의 평가

① **장점**

ㄱ 사회적 맥락과 협력의 중요성을 강조하는 새로운 교수학습을 제시하였다.

ㄴ 교사가 아동의 근접발달 내에서 사회적으로 의미 있는 활동과 가장놀이의 경험을 풍부하게 제공하여 학문적인 학습을 위해 요구되는 자기훈련을 촉진하게 하였다.

ㄷ 인지변화의 도식을 주장한 피아제와 달리, 다양한 문화나 경험과 관계된 발달경로의 모습을 제시하였다.

② **단점**

ㄱ 언어가 인지발달에 미치는 영향을 지나치게 강조하여 다른 형태의 상징적 기능들이 고등정신기능의 발달에 어떻게 영향을 미치는지 제대로 설명하지 못하였다.

ㄴ 공유된 활동에서 타인의 역할을 지나치게 강조한 반면, 아동의 능동적 참여자로서의 역할은 부각하지 못하였다.

제2절 ┃ 인지발달: 정보처리

1 정보처리의 일반모형

(1) 의의

① 새로운 정보가 투입되고 저장되며 기억으로부터 인출되는 방식을 연구학습자의 내부에서 학습이 발생하는 기제로 설명하는 이론이다.

② 정보처리이론에서는 인간의 정보처리 과정을 '환경적 자극의 부호화(기억에 입력)-저장(기억에 보관)-인출(기억으로부터 회상)'의 3단계로 설명한다.

③ 기억의 유형으로는 단기기억, 장기기억, 그리고 정보를 기억에 저장하거나 기억으로부터 인출하는 작동기억이 있다.

④ 인지적 정보처리이론은 이러한 정보처리 과정에 근거해서 정보가 지각, 저장, 변형, 인출, 학습, 망각되는 것과 같은 현상을 설명한다.

⑤ **정보처리의 일반모형**

감각기억	시각이나 청각 등의 감각기관으로 들어온 정보를 순간적으로 저장하는 기억
단기기억	우리가 현재 의식 중에서 능동적으로 정보를 처리하는 활동 중인 기억·감각적 기억에 들어온 환경에 관한 정보 중 약간만이 이 단계로 전환됨
장기기억	감각기억과 단기기억의 과정을 거쳐 장기적으로 저장되는 기억

(2) 앳킨슨과 쉬프린(Atkinson & Shiffrin)의 이중기억모형 기출

기억의 과정을 감각등록기, 단기기억, 장기기억의 3가지 구조로 분리하여 설명하였다.

① **구성요소**

㉠ 감각등록기
- 학습자가 환경으로부터 눈이나 귀와 같은 감각수용기관을 통해 정보를 최초로 저장하는 곳이다.
- 감각등록기는 자극을 아주 정확하게 저장하지만, 매우 짧은 시간 동안 저장한다(시각의 경우 1초, 청각의 경우 4초).
- 감각등록기는 그 수용량에 제한이 없지만, 투입되는 즉시 처리되지 않으면 정보는 유실된다.
- 정보를 작업기억(작동기억)으로 넘기려면 주의를 기울여야 한다.

㉡ 작동기억
- 작동기억은 보통 '단기기억'이라고도 하며, 일시적인 저장소 역할을 한다.
- 성인의 경우 보통 5~9개의 정보가 약 20초 동안 저장될 수 있다.
- 작동기억의 가장 큰 특징은 정보의 양과 지속시간에 제한이 있다는 점이다.
- 작동기억에 있어서 단위화(Chunking)의 역할이 매우 중요한데, 단위화는 분리되어 있는 항목들을 보다 큰 묶음으로, 보다 의미 있는 단위로 조합하는 것이다.
- 단위화의 적극적인 활용은 제한된 작동기억의 수용량을 증가시키는 좋은 방안이다.

ⓒ 장기기억
- 장기기억은 무한한 정보를 영구적으로 저장할 수 있는 곳으로, 일상기억과 의미기억으로 구분된다.
- 현재 사용하지 않더라도 필요할 때 저장된 정보를 사용할 수 있도록 한다.
- 일상기억은 개인의 경험을 보유하는 저장소이다.
- 의미기억은 문제해결 전략과 사고 기술 그리고 사실, 개념, 규칙 등과 같이 우리들이 경험으로부터 습득했던 일반화들이 저장된다.

② 작동기억과 장기기억의 비교

기억유형	입력	용량	지속시간	내용	인출
작동기억	매우 빠름	제한적	매우 짧음	단어, 심상, 아이디어, 문장	즉각적
장기기억	비교적 느림	무제한적	사실상 무제한적	명제망, 도식, 산출, 일화	표상과 조직에 따라 다름

더 알아두기

쉐마(스키마, Schema)
학습자의 지식의 구조에 해당하는 것으로, 개별적인 사례들을 토대로 하나의 구조화를 이룸으로써 다른 자극을 인식할 때 기준으로 삼는 것이다. 즉, 유기체는 자신의 내부에 과거 반응들의 능동적인 조직을 가지고 있어서 고정된 것이 아니라 상황에 따라 재구성하며, 부호화의 과정을 통해 여러 상황 및 대상에 대한 이해의 폭을 넓힌다고 본다.

청킹(Chunking)
분리되어 있는 항목들을 보다 큰 묶음으로, 보다 의미 있는 단위로 조합하는 것이다. 이러한 청킹은 단기기억에 해당하는 작동기억에 있어서 매우 중요한 역할을 하는데, 특히 제한된 작동기억의 수용량을 증가시킨다.

---

(3) 신경망이론(Neural Network Theory)

① 의의
- ㉠ 인간의 기억이 신경망으로 구성되어 있고, 기억 내용들이 노드(Node) 사이의 연결강도로 저장된다고 전제한다.
- ㉡ 신경망은 기본적으로 정보처리요소와 연접경로로 구성된다.
- ㉢ 정보처리요소는 정보전송로인 지향성 링크(Link)에 의해 서로 병렬로 연결되어 있다.
- ㉣ 연접경로는 뉴런 사이의 정보를 전달하는 경로로, 이는 뇌세포의 시냅스를 모형화한 것이다.
- ㉤ 이는 두 개의 뉴런을 쌍으로 연결하고 있으며, 각각 연결강도는 다르다.
- ㉥ 단위간의 연결은 경험과 함께 변화하도록 구성되어 있다. 즉, 과제제시 후 반응이 맞으면 그 반응을 생성한 결합이 강화되고 틀리면 약화된다.

② **특징**

    ⊙ 인간의 학습과 하등유기체의 학습의 원리는 유사하다고 생각한다.

    ⓛ 정보처리이론에서는 입력된 정보의 부호화된 표상들이 장기기억고 속에 저장되는 것을 학습이라고 간주하지만, 신경망이론에서는 정보처리 요소들 사이의 연결강도가 높아지는 것을 학습으로 간주한다.

    ⓒ 신경망이론은 학습자의 주의집중을 특히 강조한다. 즉, 노드의 활성화 상태가 주의집중 상태라고 보고 이때 학습이 일어난다고 본다.

    ⓔ 뇌의 기억은 분산저장에 의존한다고 가정한다.

    ⓜ 정보처리이론은 정보가 장기기억고에 저장된다고 가정하지만, 신경망이론은 인간의 뇌에 저장된 다량의 정보는 각각 서로 다른 위치에 분산되어 저장된다고 가정한다.

    ⓗ 정보처리이론의 설명과는 달리, 정보를 저장하는 요소와 정보를 처리하는 요소가 별개로 존재한다고 생각하지 않는다.

    ⓢ 신경망의 주요 기능

연상기능	그림의 일부를 보고 그 그림의 전체를 연상하는 것과 같이 훼손된 정보로부터 입력 당시의 정보 전체를 인출해 내거나, 고양이 그림을 보고 쥐를 연상하는 것과 같이 몇 개의 정보를 서로 연합시키는 기능
인출기능	요청받은 정보에 정확히 일치하는 정보를 갖고 있지 않을 경우 그에 가장 근접한 정보를 인출하는 기능
비상안전기능	정보가 뉴런과 시냅스에 분산되어 저장되어 있기 때문에, 몇 개의 뉴런이 손상된 경우에도 기억의 회상이 가능하게 되는 기능

③ **정보처리이론과 신경망이론의 차이점**

정보처리적 학습이론	신경망 학습이론
• 선형적 모델, 즉 순차적 정보처리 • 논리연산에 의해 의사결정이 이루어짐 • 학습(행동)을 언제나 통제·조절할 수 있으며, 그 결과의 예측도 가능 • 특정의 정보를 용이하게 검색할 수 있도록 정보를 저장 • 수업활동이 순차식 접근으로 이루어져야 한다고 전제	• 비선형적 모델, 즉 병렬적 정보처리 • 불완전한 자료에 근거하여 상황에 따른 최적의 의사결정 • 학습자 스스로가 초인지를 활용하여 자료를 처리하는 방법과 규칙을 만들어 나가므로 의외의 결과 산출이 가능 • 정보의 일부를 검색하면 관련된 모든 정보가 자동적으로 함께 인출됨 • 수업활동이 발견식 접근으로 이루어져야 한다고 전제

2 정보처리의 발달이론

(1) 케이스(Case)의 신피아제이론

    ① 피아제의 단계이론에 정보처리이론을 결합한 것이다.

    ② 이는 각 발달단계에서의 특징적인 인지구조 형태를 말한다.

③ 발달에 중요한 기제는 자신의 인지용량을 얼마나 효율적으로 사용할 수 있는가에 달려있다고 하였다.

④ **인지발달의 기제**

　㉠ 뇌 발달 : 시냅스의 성장, 가지치기, 수초화

　㉡ 도식화와 자동화의 연습

　　• 문제해결 목표를 설정하고 해결 전략의 수립과 관련된 정보처리 기제를 말한다.

　　• 도식의 연습은 자동화를 이끌어 작동기억을 자유롭게 해줄 수 있다.

　　　㉞ 자전거타기 연습을 하면 나중에 의도적인 연습을 하지 않고도 자동적으로 타는 법을 숙지할 수 있다.

　㉢ 중심개념구조 : 특수적 지식보다는 좀 더 진보된 방식으로, 폭넓은 사고개념과 관계 연결망을 갖게 됨으로써 처리용량이 확장된다.

⑤ **신피아제이론의 의의**

　㉠ 인지발달의 보편적 측면과 특수적 측면을 모두 강조함으로써 피아제이론의 단점을 보완하였다.

　㉡ 아동의 인지발달은 피아제의 주장처럼 단계별로 진행되며, 각 단계에서의 논리 구조는 상당히 일반적으로 관찰되지만 그와 동시에, 인지발달의 영역별 특수성도 존재함을 제기하였다.

　㉢ 아동의 특정 과제를 푸는 데 사용되는 개인의 경험이나 선호도, 혹은 도식의 수, 그리고 문제해결절차 등의 정보처리적 차이를 강조하였다.

　㉣ 수평적 격차에 대한 설명과 인지발달의 불균형에 대한 근거를 마련하였다.

　㉤ 아동의 기초능력, 정보처리 전략, 사고의 상호작용에 대한 정보처리이론의 근거를 제공하였다.

(2) 전략선택모형

① 정보를 처리함에 있어서 인지의 변화에 초점을 둔다.

② 인지가 디지털 컴퓨터의 체계와 유사하다고 보고 컴퓨터처럼 외부에서 유입되는 정보와 내부에 이미 저장되어 있는 정보가 조작되거나 처리됨으로써 인지가 나타난다는 것이다.

③ 정보는 다양한 방식으로 처리되는데 부호화되거나, 재부호화되고 해독되어 다른 정보와 비교되거나 결합되어 기억에 저장되거나 기억을 통하여 추출된다.

④ 동일한 과제에서도 아동은 한 가지 방법만을 사용하지 않고 다양한 전략을 구사하여 여러 과정을 도출해낸다.

⑤ 이러한 다양한 전략 중 적합한 전략은 생존하지만 그렇지 못한 전략은 소멸하게 된다. 또한 작업을 최소화하기 위한 전략이 사용되기도 한다.

⑥ 변화와 선택은 적응적 문제해결과정에서 전략이 된다.

⑦ 아동은 가장 효과적인 전략을 선택함으로써 즉각적으로 문제를 해결할 수 있고, 더 다양한 문제해결에 적용할 수 있다.

3 정보처리적 접근의 평가

(1) 인간을 컴퓨터에 비유하여 인지발달의 정밀한 기제를 설명해준다. 즉, 복잡한 정보에 대한 학습을 단순한 도식으로 설명할 수 있다.

(2) 아동과 성인이 어떻게 정보를 처리하는지 면밀하게 파악할 수 있게 해준다.

(3) 인지처리를 컴퓨터 모형으로 설명하는 것은 비유의 편협성으로, 컴퓨터는 인간과 같은 경험이나 감정, 욕구를 가지고 있지 않기 때문에 똑같이 적용하기에는 무리가 있다.

(4) 이런 단점을 극복하기 위해서 초기의 정보처리이론에서 연결주의 이론으로 발전하면서, 신경학적 수준에서 정보처리모형에 대한 설명을 확장해 나가고 있다.

제3절 지능발달

1 지능의 정의 및 연구

(1) 지능의 정의

① **터만(Terman)** : 지능은 추상적 사고를 하는 능력, 즉 다양한 문제들을 해결하기 위해 추상적 성질을 사용하는 능력이다.

② **웩슬러(Wechsler)** : 지능은 개인이 합목적적으로 행동하고 합리적으로 사고하며, 환경을 효율적으로 다룰 수 있는 총체적인 능력이다.

③ **비네(Binet)** : 지능은 일정한 방향을 설정하고 이를 유지하는 경향성, 자신이 소망하는 바를 성취하기 위해 순응하는 능력, 자신이 도달한 목표를 아는 능력이다.

④ **스피어만(Spearman)** : 지능은 사물의 관련성을 추출할 수 있도록 하는 정신작용이다.

⑤ **피아제(Piaget)** : 지능은 단일형식의 조직이 아닌 적응과정을 통해 동화와 조절이 균형을 이루는 형태를 말한다.

(2) 지능의 연구

① **비네(Binet) : 일반지능설**
지능은 개인의 판단 또는 양식, 실용적 감각, 창의력, 상황에 대한 적응능력과 연관되며, 이해력, 판단력, 논리력, 추리력, 기억력 등 다양한 요소들 간의 포괄적인 관계로 구성된다.

② **스피어만(Spearman) : 2요인설**

　　㉠ 지능에 대한 최초의 요인분석으로, 스피어만은 여러 지적 능력에 관한 검사와 이들 검사 간에 존재하는 상관관계를 설명하는 '요인(Factor)'의 개념을 도입하였다.

　　㉡ 지능은 모든 개인이 공통적으로 가지고 있는 '일반요인(General Factor)'과 함께 언어나 숫자 등 특정한 부분에 대한 능력인 '특수요인(Special Factor)'으로 구성된다.

　　㉢ 일반지능이 낮더라도 음악이나 미술 등 예능에서 뛰어남을 보이는 경우가 있으며, 이는 일반요인이 아닌 특수요인에 의한 것이다.

일반요인 (G Factor)	생득적인 것으로, 모든 유형의 지적 활동에 공통적으로 작용한다. 예 이해력, 관계추출능력, 상관추출능력 등
특수요인 (S Factor)	일반요인만으로 해결하기 어려운 특수한 과제를 수행하기 위해 작용한다. 예 언어능력, 수리능력, 정신적 속도, 상상력 등

③ **손다이크(Thorndike) : 다요인설**

　　㉠ 지능은 진리 또는 사실의 견지에서 올바른 반응을 행하는 능력으로, 추상적 지능, 구체적 지능, 사회적 지능으로 구성된다.

　　㉡ 그 내용으로는 문장력, 수리력, 어휘력, 지시복종성 등이 있다.

④ **써스톤(Thurstone) : 다요인설**

　　㉠ 써스톤은 대학생들을 대상으로 다양한 종류의 지능검사를 실시한 후 이를 요인분석적 방법으로 연구하였다.

　　㉡ 지능은 각각 독립적인 기능을 가지고 있는 개별적인 능력들로 구성되어 있다고 주장함으로써, 불분명한 일반지능의 실체를 강조한 일반지능설의 한계를 극복하고자 하였다.

　　㉢ 지능은 언어이해, 수, 공간지각, 지각속도, 기억, 추리, 단어유창성 등 7가지 요인(7가지 기초정신능력)으로 구분된다.

⑤ **길포드(Guilford) : 복합요인설(입체모형설)**

　　㉠ 길포드는 써스톤의 7가지 기본정신능력에 관한 이론을 발전시켜 기존의 지능에 대한 협소한 계열을 확대하였다.

　　㉡ 지능은 다양한 방법에 의해 상이한 정보들을 처리하는 다각적 능력들의 체계적인 집합체이다.

　　㉢ 지능구조는 사람이 생각하고 있는 내용(내용), 수행하도록 요구되는 사고의 종류(조작), 어떤 종류의 답이 필요한가(산출)의 요소들이 종합적으로 작용하여 얻어지는 정신능력이다.

　　㉣ 지능의 구조

내용	시각, 청각, 상징, 의미, 행동
조작	평가, 수렴적 조작, 확산적 조작, 기억파지, 기억저장, 인지
산출	단위, 분류, 관계, 체계, 전환, 함축

　　㉤ 지능은 위의 5개의 내용, 6개의 조작, 6개의 결과의 3차원적 입체모형으로 이루어지며 이들의 상호작용에 의한 180개의 조작적 지적 능력으로 구성된다.

⑥ **카텔과 혼(Cattell & Horn) : 위계적 요인설**

㉠ 카텔은 인간의 지능을 유동성 지능(Fluid Intelligence)과 결정성 지능(Crystallized Intelligence)으로 구분하였으며, 혼은 이를 토대로 각 지능별 특징적 양상에 대해 연구하였다.

㉡ 일반적으로 웩슬러지능검사의 언어성 소검사들은 결정성 지능과 연관된다. 반면, 동작성 소검사들은 유동성 지능과 관련되며 문제해결능력을 측정한다고 볼 수 있다.

㉢ 혼은 변형된 지능모델을 통해 웩슬러지능검사의 소검사들을 결정성, 유동성, 기억, 속도의 4개의 범주로 구분했다.

㉣ 유동성 지능과 결정성 지능의 특성 [기출]
- 유동성 지능은 일반적으로 경험을 통해 얻을 수 없는 명제적 지식을 말한다.
- 명제적 지식은 순간순간의 상황에서 지각에 저장되는 것으로 개인의 유전적 요인을 많이 반영한다.
- 결정적인 지능은 삶의 오랜 시간 속에서 점차 확대되어가는 지식이라고 할 수 있다.
- '결정적'을 영어로 'Crystallized'라고 하는데, 광물이 결정을 맺어가듯이 후천적 교육과 학습에 의해 인간의 지능이 발전한다고 보는 견해이다.
- 이러한 결정성 지능은 인간의 지식구조를 이룬다고 보는 학교교육에 근간이 된다.

유동성 지능(Fluid Intelligence)	결정성 지능(Crystallized Intelligence)
• 유전적·선천적으로 주어지는 능력으로 경험이나 학습의 영향을 거의 받지 않는다. • 뇌와 중추신경계의 성숙에 비례하여 발달하다가 청년기 이후부터 퇴보현상이 나타나기 시작한다. • 기계적 암기, 지적 능력, 일반적 추론능력과 같이 새로운 상황에서의 문제해결능력으로 나타난다.	• 환경이나 경험, 문화적 영향에 의해 발달되는 지능으로, 유동성 지능을 토대로 후천적인 발달이 이루어진다. • 언어이해능력, 문제해결능력, 상식, 논리적 추리력 등과 같이 나이를 먹으면서도 계속 발달할 수 있는 능력으로 나타난다.

⑦ **가드너(Gardner) : 다중지능이론**

㉠ 전통적인 지능이론이 지능의 일반적인 측면을 강조하는 데 반해, 가드너는 문제해결능력과 함께 특정 사회적·문화적 상황에서 산물을 창조하는 능력을 강조하였다.

㉡ 인간의 지능은 일반지능과 같은 단일한 능력이 아닌 다수의 능력으로 구성되며, 각각의 능력들의 상대적 중요도는 서로 동일하다.

㉢ 가드너는 지능을 언어지능, 논리-수학지능, 공간지능, 신체-운동지능, 음악지능, 대인관계지능, 개인 내적 지능 등 7가지의 독립된 지능으로 구분하였다.

㉣ 각 종류는 독립적이고 뇌의 특정부위와 연결이 되어 있으며 각기 다른 발달과정을 거친다.

㉤ 지능이 높은 아동은 모든 영역에서 우수하다는 종래의 획일주의적인 지능관을 비판하고 각각의 지능이 조합됨에 따라 개인의 다양한 재능이 발현된다고 보았다.

㉥ 최근에는 자연탐구지능(Naturalist Intelligence) 및 실존적 지능(Existential Intelligence)을 비롯하여, 도덕적 감수성(Moral Sensibility), 성적 관심(Sexuality), 유머(Humor), 직관(Intuition), 창의성(Creativity) 등 다양한 지능의 존재 가능성을 제기하고 있다.

㉦ 가드너의 다중지능이론은 창의성과 특정재능의 발달에 대한 연구에 영향을 미쳤다.

㉧ 아동의 지적 능력발달에 있어서 중요한 것은 각 아동이 지니고 있는 특수한 능력을 바르게 진단하고 교육을 통해 이를 촉진하는 것이라고 주장하였다.

ⓩ 가드너의 다중지능이론

지능의 유형	내용	예
언어지능	• 언어 분석 및 이해의 능력 • 단어의 소리, 리듬, 의미에 대한 감수성	시인, 소설가, 법률가, 저널리스트 등
논리-수학지능	• 상징적 논리력 및 계산의 능력 • 추상적 사고력 및 추론능력	과학자, 수학자, 엔지니어, 컴퓨터 프로그래머, 회계사 등
공간지능	• 3차원적 사고, 시각적·공간적 정보를 지각·조정하는 능력 • 자신이 처한 상황에서 특정한 방향을 알아내는 능력	화가, 조각가, 건축가, 발명가, 항해사 등
신체-운동지능	• 신체를 조정하고 신체적 기술을 활용하는 능력 • 신체를 활용하여 문제를 해결하고 소산물을 창출해 내는 능력	운동선수, 무용가, 연극배우, 외과 의사 등
음악지능	• 음에 대한 다각적인 감각능력 • 소리의 의미에 대한 이해 및 교류, 음악적 창작능력	작곡가, 지휘자, 연주자, 음향기술자 등
대인관계지능	• 타인에 대한 이해력 및 상호작용능력 • 타인의 얼굴표정이나 음성 또는 몸짓 등에 대한 민감성	정치가, 성직자, 사업가, 교육가 등
개인 내적 지능	• 자신에 대한 객관적 또는 직관적 이해능력 • 자신의 강점과 약점에 대한 인식, 자신의 상태를 발전시키는 능력	철학자, 심리학자, 정신분석가 등

⑧ **스턴버그(Sternberg) : 삼원지능이론** 기출

㉠ 최근 지능에 대한 정보처리이론이다.

㉡ 지능은 개인의 내부세계와 외부세계에서 비롯되는 경험의 측면에서 성분적 지능, 경험적 지능, 상황적 지능으로 구분된다.

㉢ 기존의 지능검사는 한정된 학업적 지능을 진단하는 데 그쳐 아동의 학습능력을 예언하는 지표는 되지만 성인이 사회생활에서 활용할 수 있는 보다 포괄적인 지적 능력의 발달수준을 보여주지 못하고 있다는 한계를 보완하고자 하였다.

㉣ 지능의 세 가지 측면을 토대로 한 성분하위이론, 경험하위이론, 상황하위이론은 다시 각각의 세부적인 하위이론들로 나뉨으로써 위계구조를 이룬다.

㉤ 삼원지능이론의 각 하위이론들은 내부영역, 경험영역, 외부영역에서 지능의 근원적 요소들을 포착하여 해당 요소들이 어떻게 지적 사고와 행동을 산출하는지 제시한다.

㉥ 지능의 구조 기출

성분적(분석적) 지능	• 상위성분 : 문제해결 시 최상위 고등제어과정 • 수행성분 : 과제의 입력, 추리, 해결전략 • 지식획득성분 : 새로운 것의 학습
경험적(창의적) 지능	• 창의력, 통찰력 • 새로운 문제해결 • 정보처리기술을 자동화하여 효과적으로 적용
상황적(맥락적, 실천적) 지능	• 현실생활에 적응할 수 있는 능력 • 적응·조정방면 • 개인적 목표와 개인이 속한 공동사회, 문화와의 조화 • 최근 실용적 지능의 개념으로 지능발달분야에서 주목됨

Ⓢ 특정분야에서 성공한 사람은 이 세 가지가 잘 조합된 지능을 가진 것을 강조하면서 성공지능으로 부르고 있다.

Ⓞ 현재의 지능검사는 문화적 맥락에서 복잡성을 측정하지 못하므로 한계가 있음을 지적하였다.

더 알아두기

학자들의 지능에 대한 연구

스피어만	2요인설	일반요인(G요인), 특수요인(S요인)
써스톤	다요인설	언어능력, 단어의 유창성, 수리능력, 기억, 공간관계인식, 지각속도, 논리능력
길포드	복합요인설	지능구조의 3차원적 입체모형(내용의 차원, 조작의 차원, 결과의 차원)
카텔	위계적 요인설	유동성 지능, 결정성 지능
가드너	다중지능이론	언어지능, 논리-수학지능, 시각-공간지능, 신체운동지능, 음악지능, 대인관계지능, 개인 내적 지능, 자연탐구지능
스턴버그	삼원지능이론	성분적 지능, 경험적 지능, 상황적 지능

지능에 대한 심리학자의 3대 견해

전통적인 심리측정적 관점	• 지능이란 어떤 사람들을 다른 사람들과 다르게 특징짓는 특질을 의미한다. • 비네, 스피어만, 길포드, 써스톤, 카텔과 혼, 웩슬러 등
정보처리적 관점	• 전통적인 심리측정적 관점의 한계를 지적하고, 지적 내용뿐만 아니라 지적 행동에 대해 주목한 견해이다. • 분석적 지능, 창의적 지능, 실용적 지능 등 3가지 주요 유형이 있다는 지능의 삼두이론(Triarchic Theory)을 제안하면서, 맥락과 경험 그리고 정보처리 기술의 3요소를 강조하였다. • 스턴버그
다중지능이론	• 지능은 단일한 능력요인 혹은 다수의 능력요인으로 구성된 하나의 지능으로 구성되는 것이 아니라 서로 별개로 구분되는 다수의 지능으로 구성된다고 한다. • 지능에는 8가지 유형이 있다(언어적 지능, 수학적 지능, 공간적 지능, 신체-운동지능, 음악적 지능, 개인 간 지능, 개인 내 지능, 자연주의적 지능) • 각각의 능력은 독립적이며, 8개의 능력이 지능의 전체를 말하는 것은 아니다. • 가드너

2 지능의 발달

(1) 지능검사의 발달

① 비네-시몬검사 기출

ㄱ 1905년 프랑스의 A. Binet와 T. Simon은 정신지체아를 일반아동으로부터 구별하는 방법을 문부성에서 위탁받아 비네-시몬 지능검사법을 개발하였다. 이는 최초의 체계적인 지능검사이며, 주로 아동의 학습능력을 감별하기 위해서였다.

ㄴ 비네의 지능관은 이해, 구상, 방향잡기, 비판, 추리 등 광의의 개념으로 1908년에는 연령척도가 도입되어 정신연령이라는 개념이 만들어지게 되었다. 연령별로 측정하도록 되어 있으며 정신능력보다는 정신발달을 측정하였다.

ㄷ 비네-시몬검사는 푸는 데 시간이 많이 소요되며 아동이 풀 수 있는 문제의 수로 지적 발달의 수준인 정신연령을 계산하였다.

ㄹ 후에 미국에서는 이 검사법이 L. M. Terman에 의해 스탠포드-비네 지능검사법으로 개정되었다.

② 스탠포드-비네검사

ㄱ 1916년 미국의 스탠포드대학에서 비네의 방식을 미국의 문화에 부합하도록 수정하여 스탠포드-비네검사를 제시하였다.

ㄴ 20세기의 가장 대표적인 어린이용 지능검사의 하나로 기존의 비네검사를 개정한 언어중심의 개인지능검사이다.

ㄷ 아동을 대상으로 제작되었지만 현대는 2~18세 연령에 사용할 수 있다.

ㄹ 정신연령에 의한 지능분류보다는 생활연령에 의해 정신연령을 비교해보는 IQ개념이 처음으로 도입되었다.

ㅁ 스탠포드-비네검사에서 산출되는 지능지수를 '비율 IQ'라고 하며 20세 이전의 사람에게만 적합하다.

ㅂ 비율 IQ는 정신연령을 생활연령으로 나눈 후 100을 곱하여 얻는 것이다(IQ = 정신연령 ÷ 생활연령 × 100).

ㅅ 연령이 다른 아동을 서로 비교할 수 있는 검사이다.

ㅇ 생활연령과 정신연령의 차이가 같더라도 지능점수가 같으므로 이런 단점을 보완하기 위해 웩슬러는 편차 IQ의 개념을 제안하였다.

③ 웩슬러검사

ㄱ 데이비드 웩슬러(David Wechsler)가 1939년에 제작한 개인지능검사로, 오늘날 스탠포드-비네검사와 더불어 가장 널리 사용되고 있다.

ㄴ 지능을 개인이 합목적적인 행동과 합리적인 사고를 통해 환경을 이해하고 그것에 적응할 수 있는 종합적·전체적인 능력으로 보았다.

ㄷ 웩슬러는 지능의 다요인적·중다결정적 측면을 강조하며, 지능이 유전적 요인은 물론 초기의 교육환경, 정서적 상태, 기질적·기능적 정신장애, 검사 당시의 상황 등의 상호작용에 의해 결정된다고 보았다.

ⓔ 지능이 다차원적이고 중다적인 구조로 이루어져 있음을 전제로 하여, 지능의 다양한 영역을 총체적인 관점으로 평가하였다.

ⓜ 웩슬러지능검사의 특징
- 개인검사이다.
  - 웩슬러지능검사는 집단검사가 아닌 개인검사이므로 검사자와 수검자 간의 관계형성이 보다 용이하다.
  - 검사 과정에서 수검자에 대한 관찰을 통해 수검자의 성격적 특징은 물론 수검자의 문제와 관련된 진단적 단서를 얻을 수 있다.
- 객관적 검사이다.
  - 웩슬러지능검사는 인지적 검사로서 구조화된 객관적 검사에 해당한다. 그러나 검사문항 중에는 투사적 함축성을 지닌 것도 있으므로 이때 나타나는 수검자의 반응 내용 및 양상을 분석하여 수검자에 대한 객관적 또는 투사적 정보를 얻을 수도 있다.
- 편차지능지수를 사용한다.
  - 정신연령과 생활연령을 비교한 스탠포드-비네검사의 비율지능지수 방식에서 벗어나 개인의 지능을 동일 연령대 집단에서의 상대적인 위치로 규정한 편차지능지수를 사용한다.
- 언어이해, 지각추론, 작업기억, 처리속도의 4개의 소검사로 구성되어 있다.

언어이해	언어적 개념형성능력, 언어적 추론능력, 환경으로부터 획득한 지식
지각추론	지각적 및 유동적 추론능력, 공간처리능력, 시각-운동통합능력
작업기억	작업기억능력
처리속도	간단한 시각적 정보를 빠르고 정확하게 살펴보고, 배열하고, 구별하는 능력

- 병전 지능수준을 추정한다.
  - 영역별 검사 및 프로파일 해석을 통해 개인의 성격적 측면과 정신역동, 심리내적인 갈등을 이해하도록 하며, 정신병리를 파악할 수 있도록 한다.
  - 현재의 지능수준은 물론 병전 지능수준까지 추정함으로써 현재의 기능장애의 정도를 양적으로 알 수 있도록 한다.
- 문맹자도 검사할 수 있다.
  - 검사자가 모든 문제를 구두 언어나 동작으로 제시하고 수검자의 반응을 직접 기록할 수 있도록 함으로써, 글을 모르는 수검자라도 검사를 받는 것이 가능하다.

ⓗ 웩슬러검사의 의의
- 스탠포드-비네검사보다 일반지능 지수와 다양한 요인별 지수를 제공한다.
- 스탠포드-비네검사가 언어적 문항이 많고 비언어적 지적 능력 측정에 어려움이 있음을 보완하였다.
- 언어성 검사와 동작성 검사에 관하여 11항목의 시험을 실시하여, 정상에서의 편차로 각각의 IQ 및 이들을 합한 IQ를 구하는 지능검사법이다.
- 문화적 변인을 감안하였고 스탠포드-비네검사가 결과의 총점만 보여주는 반면, 웩슬러 검사는 각 부분별 점수도 보여준다.
- 잠재력을 평가하는 표준화된 과제들로 구성된 정신기능측정검사이다.

- 지능을 다요인적, 중다결정적이며 전체적인 능력으로 보고 인지적 요인뿐만 아니라 비인지적 요인도 측정하였다.
- 웩슬러개인지능검사는 임상·진단용으로 널리 사용되고 있으며, 한국에서는 한국판웩슬러지능검사인 성인용(KWIS)과 아동용(KWSI)이 각각 표준화되어 있다.

ⓧ 웩슬러검사의 종류

웩슬러지능검사는 크게 세 가지로 구성된다.

성인용	만 16세 이상	Wechsler Adult Intelligence Scale : WAIS
아동용	만 6~16세	Wechsler Intelligence Scale for Children : WISC
유아용	만 3~7세 3개월	Wechsler Preschool and Primary Scale of Intelligence : WPPSI

ⓞ 구성

11개의 소검사, 동작성과 언어성 지능으로 구성되어 있다.

언어성 검사	기본지식, 숫자외우기, 어휘문제, 산수문제, 이해문제, 공통성문제
동작성 검사	빠진곳찾기, 차례맞추기, 토막짜기, 모양맞추기, 바꿔쓰기

ⓩ 웩슬러 지능지수 산출

$$지능지수(IQ) = 15 \times \{(개인점수 - 해당연령규준의\ 평균) \div 해당연령규준의\ 표준편차\} + 100$$

- 이 세 가지 검사는 각각 언어성과 동작성이라는 두 가지 하위검사로 구성되어 있고, 언어성 IQ와 동작성 IQ 점수를 합쳐 전체 IQ를 구하도록 되어 있다.
- 동일한 연령의 아동들과 비교하여 평균으로부터 벗어난 정도를 측정한다. 즉, 원점수가 평균으로부터의 표준편차 단위에 관한 평균 원점수와 얼마나 멀리 떨어져 있는지를 계산하였다.
- 웩슬러지능검사는 집단용 지능검사에 많이 사용되며 편차는 지능지수의 분포형태와 관련된다.
- 그 편차점수가 IQ형태와 동등하도록 하기 위해서 웩슬러는 평균을 100으로 설정하고, 표준편차를 15로 설정하고 개인의 편차 지능지수를 100±로 정의했다. 예를 들어, 만약 어떤 사람이 그 사람의 나이 집단에 대해 평균 이상에서 1 표준편차라면, 그 사람의 편차 지능지수는 100 + (15 × 1)로 115가 된다.

더 알아두기

편차지능지수(편차 IQ)
- 한 사람의 어떤 시점의 지능을 동일 연령대의 집단에서의 상대적 위치로 규정한 지능지수이다.
- 개인이 속한 해당 연령집단 가운데 차지하는 상대적인 위치를 지능지수로 환산한다.
- 개인 내의 각 소검사 점수를 비교할 수 있다.
- 편차지능지수는 평균이 100이고 표준편차의 점수가 15점이다.
- 정신연령과 생활연령과의 직선적인 관계에 대한 과정을 요구하지 않는다.

④ **카우프만 아동용진단검사**

　⑦ 지능을 정신과정을 나타내는 유동지능(fluid intelligence)과 성취력을 나타내는 결정지능(crystallized intelligence)으로 나누었다.

　⑥ 12개의 하위검사들로 이루어져 있으며 2.5세부터 12.5세까지의 아동을 대상으로 한다.

　⑥ 비언어적 과제의 비중을 크게 부여하였다.

　② 기존의 스탠포드-비네검사나 웩슬러검사가 언어적 수단에 크게 의존하여 영아나 언어발달이 느린 저소득 계층의 아동이나 다른 영역의 능력은 우수하나 언어능력이 낮은 아동의 지능을 제대로 진단하지 못한다는 한계를 가지고 있어 이를 보완하였다.

　⑩ 검사의 내용이나 대상의 표집에서 문화적 편파성이 최소화되어 있었다.

　⑪ 특수아나 소수민족 등에 효과적으로 적용할 수 있다는 특징이 있지만 검사의 전반적인 유용성에 대해서는 여러 면에서 논란의 대상이 되고 있다.

　⑥ 최근 우리나라에서도 한국판이 출판되었다.

⑤ **베일리의 영아척도**

　⑦ 대표적인 영아용 지능검사로 개별적으로 실시되는 규준참조검사이다.

　⑥ 1969년에 베일리(N. Bayley)가 1~42개월 영아의 발달기능을 평가하기 위해 개발하였다.

　⑥ 세 가지 하위척도인 정신발달척도, 심리운동발달척도, 그리고 행동발달척도로 구성되어 있다.

정신발달영역	기억, 학습, 문제해결력, 개념형성, 추상적 사고
심리운동발달영역	대근육협응, 손가락의 미세한 조작기술, 자세모방, 신체조절의 정도
행동발달영역	주의집중, 방향성, 목표지향성, 운동특성, 긴장도

　② 영아가 흥미를 갖고 참여할 수 있는 자극을 사용하여 관련 행동과 다양한 변인을 수집하고자 하는 것이다.

　⑩ 출생초기 영아의 능력이 제한되어 있으므로 단순히 운동척도와 지능척도로 구분한다.

　⑪ 원점수는 표준점수로 환산하여 정신발달지수, 심리운동발달지수, 행동발달지수로 제시하고 동일연령의 영아와 비교하여 발달수준을 알아볼 수 있다.

　⑥ 베일리척도는 영아의 감각적, 신경생리적 결함이나 정서적 부적응행동을 초기에 찾아내기 위해 활용되었다.

　⑥ 성장한 후의 지능을 예측해 주지 못하는 단점이 있다.

　㉛ 최신판 베일리검사는 예언타당도를 높여주기 위해 보다 선별적인 문제들을 포함하여 개발되고 있다.

(2) 지능구조의 변화

① **양적 변화**

　⑦ 미분화된 일반적 지능에서 점차 분화되어 독립적인 여러 특수능력들이 나타난다.

　⑥ 양적 변화의 실험

　　• 하버드의 성장연구

　　　연령증가에 따라 개인의 지능은 일정한 정점에 달하며 그 후 점차 하강곡선을 그리고, 정점도달 시기나 발달속도는 측정되는 능력에 따라 다르다.

- 블룸(B. S. Bloom)의 종단연구
  - 영유아시기에 지능의 성장률이 급격히 이루어진다.
  - 초기 주위환경의 지적 발달에 중대한 영향을 줄 수 있다.
  - 지능의 성숙시기 및 결정적 시기를 시사하였다.

② **질적 변화**

　㉠ 지능의 구조적 변화와 하위요인의 발달에 초점을 둔다.

　㉡ 지능을 구성하는 하위요인의 본질의 변화에 의해 연령이 증가함에 따라 점차 상징적이며 언어적인 능력이 나타나게 되어, 보다 추상적인 사고가 감각운동적 능력에 대치된다.

　㉢ 질적 변화의 예

- 웩슬러(D. Wechsler)
  - 동작성 지능은 비교적 일찍(20대 초반) 정점에 도달하지만 언어성 지능은 30대 초반까지 계속 발달한다.
  - 동작성 지능이 언어성 지능보다 더 급속한 내림세를 보인다.
- 써스톤(Thurstone)
  - 연령단계에 작용하는 지능요인에 차이가 있음을 시사하였다.
  - 지능의 각 발달시기
    - ⓐ 지각속도요인 : 12세
    - ⓑ 추리·공간요인 : 14세
    - ⓒ 기억·수리요인 : 146세
    - ⓓ 언어이해력 : 18세
    - ⓔ 언어유창성 : 20세 이후
- 카텔(Cattell) : 유동지능과 결정지능의 발달이 나이에 따라 다르다고 하였다.

유동성 지능	결정성 지능
기억력, 지각속도, 도형관계	사고의 유창성, 언어이해력
• 10대 후반 최고로 발달 • 추리능력 감소보다는 정보처리속도 감소의 원인으로 18~20세 후 급격히 하락	각 개인의 경험과 학습에 따라 계속 발달

(3) 지능지수의 안정성

① 한 아동의 지능을 여러 연령수준에서 진단했을 때 그 결과가 서로 얼마나 일치하는가를 말한다.

② 즉, 지능지수의 측정결과와 성장 후의 지능지수 예측의 문제를 말한다.

③ 베일리영아발달척도검사에서는 영아의 발달지수와 이후 지능지수의 상관관계가 없는 것으로 밝혀졌다.

④ 2세 이후부터 지능의 안정성은 증가하며 아동의 연령이 증가할수록 지능의 안정성이 높아지며 예언력 또한 커지게 된다.

⑤ 학령기 아동의 지능과 성인의 지능간의 상관은 상당히 높았다.

⑥ 지능지수도는 약 1년 정도 간격을 둔 경우 비교적 안정된 지수를 나타내고, 장기적인 경우는 변화된다는 연구결과가 나오고 있다.

⑦ 각 개인 간의 현저한 지능지수의 차이는 주위환경과 성격특성 및 내적동기수준 등과도 관계가 있다.

3 지능발달의 영향요인

(1) 유전요인

① 인간의 지적능력은 태어날 때부터 결정되어 비교적 고정되고 안정적이다.

② 주로 가족연구와 양자연구에 의해 이루어진다.

가족연구 (family studies)	혈통이 가까울수록 지능의 상관이 높다.
양자연구 (adoption studies)	아동의 성장환경과 전혀 무관한 친부모가 양부모에 비해 지능 상관계수가 일관성 있게 높다.

③ 유전적 요인을 뒷받침해주는 가족 간의 상관관계

    ㉠ 일란성 쌍둥이 > 이란성 쌍둥이 > 형제 > 부모−자녀 > 조부모−손자 >사촌 순으로 지능의 상관율이 높다.

    ㉡ 태어나자마자 각각 서로 다른 가정에 입양되어 성장한 일란성 쌍둥이는 유전적 상관관계가 76%로 높게 나타난다.

    ㉢ 친부모−친자녀가 양부모−양자녀보다 높은 지능 상관율을 보였다.

    ㉣ 젠슨(Jensen)의 유전가능비 연구

        • 유전가능비(hereditary ratio)는 개인과 개인, 또는 인종과 인종 간의 표현형 수준에서 유전적 요인과 환경적 요인의 상대적 기여도를 이해하기 위한 개념이다.

        • 이는 명백하게 개인의 지능지수의 얼마큼이 유전적으로 결정되는지를 보여주는 것은 아니지만, 지능발달에 있어 유전적 소인이 차지하는 비중이 크다는 것을 시사하였다.

        • 지능을 수준 1, 수준 2 능력으로 구분하고, 능력유형에 따른 집단 간의 차가 유전적 소인에 기인하는 것으로 주장하였다.

수준 1	주의, 단기기억, 연상 기술과 같은 단순 암기 학습의 기초가 되는 능력
수준 2	추상적 사고력, 언어사용 능력

        • 1 수준능력은 모든 민족 및 사회계층에서 유사한 발달 양상을 보였지만, 2 수준능력은 중상계층과 백인이 저소득층과 흑인에 비해 높은 발달수준을 보였다.

(2) 환경적 요인

① 부모의 사회경제적 지위나 풍부한 지적 자극이 지능에 영향을 끼친다고 본다.

    ㉠ 구조적 요인을 중요시하는 연구 : 사회경제적 계층, 가족의 크기, 출생순위 등

    ㉡ 과정적 요인을 중요시하는 연구 : 부모와 자녀의 상호관계, 양육방식

② 클리네버그(Klineberg)의 환경누적가설(environmental cumulative deficit hypothesis)

    ㉠ 빈곤한 환경에 오래 노출되면 아동의 지능발달은 그만큼 지체된다.

    ㉡ 초기 인지결함은 큰 영향을 끼치며 거의 극복하기 어렵다.

③ 긴즈버그(Ginsburg) 연구

저소득층의 아동들이 빈곤한 환경으로 인해 어떻게 지능발달이 지체되는가를 연구하였다.

④ 스킬스(Skeels) 연구

고아원 등에서 적절한 보살핌이나 지적 자극을 받지 못한 채 자라고 있는 18개월 된 영아들 중 일부를 정상적인 가정으로 옮겨 2년간 양육한 후, 이들의 지능발달을 고아원에 남아 있던 유아들과 비교하여 지능발달에 있어 환경이 차지하는 중요성을 입증하였다.

⑤ 플린(Flynn) 효과 기출

㉠ 한 세대에서 다음 세대로 넘어가면서 꾸준하게 지수가 증가되는 현상이다.

㉡ 한 국가에서만 나타나는 현상이라기보다는 범문화적으로 나타난다.

㉢ 즉, 네덜란드, 노르웨이, 이스라엘, 벨기에에서는 한 세대(30년)는 한해의 지능지수가 지난해보다 평균 18점 상승되었는데, 이는 풍부한 지적 자극이 요구되는 현대사회의 특성과 교육이나 대중매체의 발달로 인해 지적 자극이 풍부해진 환경적 요인의 영향으로 볼 수 있다.

(3) 기타 요인

① 검사편향가설

㉠ 저소득층 아동들이 지능검사에서 낮은 검사를 보이는 것은 실제로 이들의 지능이 낮아서가 아니라 검사가 지닌 편향성으로 인해 이들의 능력이 제대로 진단되지 못한 것으로 본다.

㉡ 현재 개발되어 사용되고 있는 지능검사 문항의 내용이나 문항에 포함되어 있는 어휘들이 중상계층의 생활경험과 일치되는 것이 문제시되고 있다.

4 창의성과 지능

(1) 창의성의 개념

① 새롭고, 독창적이고, 유용한 것을 만들어 내는 능력 또는 전통적인 사고방식을 탈피해서 새로운 관계를 창출하거나, 비일상적인 아이디어를 산출하는 능력을 말한다.

② 창의성은 초기에는 주로 유창성, 융통성, 정교성, 독창성의 확산적 사고의 관점에서만 연구되었으나, 점차 수렴적 사고와 확산적 사고를 포함하는 다양한 지적 능력, 지식, 인성, 환경의 총체적인 관점에서 연구되고 있다.

③ 창의성은 의식적 사고, 노력뿐만 아니라 무의식적인 노력(부화, 통찰)과 사고의 영향을 받아 일어나기도 한다.

④ 창의성은 비판적 사고, 창의적 사고, 의사결정 사고, 초인지적 사고 등과 같이 여러 가지 사고 유형의 하나로 간주되기도 하고, 모든 사고 유형이 총체적으로 결합되어 나타나는 가장 고차원적인 사고 능력으로 간주되기도 한다.

(2) 창의성의 정의

① 길포드(Guilford)의 수렴적 사고와 확산적 사고

창의성을 수렴적 사고라기보다는 확산적 사고에 속한다고 하였다.

수렴적 사고	하나의 주어진 정보를 통하여 가장 안전하고 확실한 대안을 산출하는 것
확산적 사고	기존에 알려지지 않은 새로운 대안을 창출해 내는 능력

② 토렌스(Torrance)의 창의성 과정

    ㉠ 어떤 문제·결핍·격차 등에 민감한 것

    ㉡ 문제나 곤란을 추측하고 형성하는 것

    ㉢ 그리고 가설을 검증하고 재검증하는 것

    ㉣ 결과를 전달하는 것

(3) 창의성과 지능의 관계

① 지능은 창의성에 필수적이지만 지능이 높다고 반드시 창의적인 것은 아니다.

② 창의성과 지능의 연구

    ㉠ 터만은 천재들을 대상으로 한 연구에서 창의적 성취를 한 사람들은 지능이 높은 것으로 조사하였다.

    ㉡ 길포드는 지능과 창의성의 상관관계에 관한 가설적 분포도에서 지능이 높을수록 창의성의 범위가 넓다고 주장하였다.

(4) 창의성의 발달

① 창의성 발달은 유전적 영향을 받기는 하지만 교육에 의해서 개발이 가능한 측면이 많다.

② 창의성의 습득과정에 작용하는 변인에 관한 연구와 이의 개발을 위한 교육적 원리, 교육의 과정, 실제적 프로그램 등에 관한 연구가 많이 이루어져 왔다.

③ 내적동기가 높고 환경적인 뒷받침을 제공해주는 것이 필요하며, 독창적으로 문제를 해결하고 도전하게 하는 것이 창의성 발달에 도움이 된다.

제4절　학습과 기억발달

1 학습

(1) 의의
① 유전, 성숙, 또는 생리적 손상에 의해서가 아니라 반복, 관찰, 연습에 의한 경험으로 나타나는 비교적 영구적인 행동변화를 말한다.
② 후천적 변화의 과정으로서, 특수한 경험이나 훈련 또는 연습과 같은 외부자극이나 조건, 환경에 의해 개인이 내적으로 변하는 것이다.

(2) 행동주의적 접근
① 행동주의 학습이론의 기반이 되는 행동주의 심리학은 소위 정신이라는 유기체 내부에서 일어나는 것들을 언급하기보다는, 관찰 가능한 외현적 행동에 초점을 두어 이론을 전개하였다.
② 행동주의 학습이론은 유기체의 행동을 경험의 결과로 일어나는 학습으로 이해할 수 있다고 봄으로써 학습에 많은 관심을 기울였다.
③ **행동주의 학습이론의 특징**
　㉠ 주로 인간 이외의 동물을 실험 대상으로 하였다.
　㉡ 학습은 무조건 자극과 조건 자극의 연합 결과이다.
　㉢ 학습은 자극과 반응의 근접적 연합 결과이다.
　㉣ 학습은 강화의 결과이다.

(3) 고전적 조건형성이론
① 조건자극과 무조건자극의 짝짓기 시행을 일정한 횟수만큼 반복하면 처음에는 반응을 일으키지 못하던 조건자극이 무조건반응과 유사한 조건반응을 유발하게 된다.
② 이전에 조건형성되었던 상황과 비슷한 조건이 제시될 때에 동일한 행동이 일어난다는 이론이다.
③ 학습은 체계적·과학적 방법에 의해 외부로부터 유도될 수 있으며, 그 결과는 예측이 가능하다.
④ 파블로프는 행동이 학습되는 방식을 과학적 연구를 통해 밝힘으로써 인간의 언어와 지식, 이상행동 등에 대한 설명의 기초를 마련하였다.
⑤ 고전적 조건형성을 통해 학습이 가능해지며 바람직한 행동을 형성할 수 있고, 역조건 형성으로 바람직하지 않은 반응을 소거하는 것도 가능하다.
⑥ **Pavlov의 실험**
　㉠ 종소리와 음식의 강화 제시로 자극과 반응의 짝을 성공적으로 학습한 개가 종소리가 음식이라는 강화 없이 제시되었을 때에도 반응한다.
　㉡ 이러한 자극일반화는 생존을 위한 필수적인 것으로, 동물이 보상을 얻기 위하여 정말 자극보다 비슷한 다른 자극에 반응하도록 일반화된 것이다.

⑦ 주요 개념

무조건자극	• 학습이나 조건 형성이 없이 자동적, 반사적인 반응을 유발하는 자극 • 무조건반응 : 무조건 자극을 유기체에게 제시했을 때 인출되어 나오는 자연적이며 자동적인 반응
중성자극	• 학습되기 전에 유기체의 특정 반응과 무관한 자극 • 조건자극 : 원래는 중립적 자극이었으나 학습이나 훈련을 통해 학습자가 무조건자극과 연계하여 반응을 유발하는 자극
조건반응	• 중립적인 자극이 무조건자극과 결합하여 중립적인 자극의 제시만으로도 나타나는 반응 • 소멸 : 조건자극이 사라지는 것으로, 먹이없이 종소리만 몇 번 울리게 되면 결국 그 종소리가 효과를 잃는 것

⑧ 학습의 원리

습관화	• 반사를 유발하는 소리, 광경 및 기타 자극을 반복해서 제시할 때 반사 강도가 작아지거나 또는 반사의 빈도가 줄어드는 방식으로 제시자극에 익숙해지는 과정 • 습관화는 생후 1년에 급격히 향상되고 4세 이전에는 새로운 자극에 습관화와 탈습관화 되는 데 있어서 느린 반응을 보이지만 5~12세경 훨씬 빨라짐
탈습관화	• 같은 자극의 반복 제시에 의해서 반응이 감소된 습관화된 자극과 지각적으로 변별이 가능한 새로운 자극을 제시했을 때 반응행동으로서 반사 강도나 빈도가 회복되는 것 • 탈습관화는 지각적 선호와 함께 영아의 지각능력을 연구하는 데 자주 사용됨 • 아동의 공포와 같은 조건반응을 소거시키기 위해 조건자극에 여러 번 접촉시켜 자극과 반응의 연합을 해체시키는 방법 예 개에 대한 공포 → 개와 접촉하는 시간을 늘려감
역조건형성	• 부적응적인 조건형성을 없애는 치료적 방법으로서 자연적으로 조건형성이 소멸되는 소거와는 다름 • 조건자극과 새로운 자극을 함께 제시해 고전적 조건형성을 소거시킴 예 뱀에 대한 공포 → 뱀과 함께 있을 때 아이스크림 제공
자발적 회복	소멸이 상당시간 지난 후 다시 조건 자극을 제공하면 일시적으로 조건반응이 나타나는 것
자극일반화	조건 자극에 대한 조건반응으로서, 유사한 다른 자극에도 반응을 일으키는 것 예 '자라보고 놀란 가슴 솥뚜껑 보고 놀란다'
자극변별	조건화가 완전해짐으로써 다른 유사한 자극에 대해 반응을 일으키지 않는 것
체계적 둔감법	혐오스런 느낌이나 불안한 자극에 대한 위계목록을 작성한 다음, 낮은 수준의 자극에서 높은 수준의 자극으로 상상을 유도함으로써 불안이나 공포에서 서서히 벗어나도록 하는 것

더 알아두기

왓슨(John Watson)의 일반화 실험

11개월 된 알버트라는 유아를 대상으로 흰 쥐(중성자극)와 큰소리(무조건자극)를 연합한 결과 5일 후 알버트는 흰토끼, 흰 개, 흰 털코트, 흰 마스크에 대해서도 공포를 느끼게 되었다.

(4) 조작적 조건형성이론

① 특징

    ㉠ 인간이 환경적 자극에 수동적으로 반응하여 형성되는 행동인 반응적 행동에 몰두한 파블로프의 고전적 조건형성과 달리, 스키너의 조작적 조건형성은 행동이 발생한 이후의 결과에 관심을 가진다.

ⓒ 조작적 조건형성은 어떤 행동의 결과에 대해 보상이 이루어지는 경우 그 행동이 재현되기 쉬우며, 반대의 경우 행동의 재현이 어렵다는 점을 강조한다.

ⓒ 스키너(Skinner)의 조작적 조건형성은 보상에 의한 강화를 통해 반응행동을 변화시키려는 방법이므로 강화이론(Reinforcement Theory)이라고도 불린다.

② **고전적 조건형성과 조작적 조건형성 비교**

구분	고전적 조건형성	조작적 조건형성
자극-반응 계열	자극이 반응의 앞에 옴	반응이 효과나 보상 앞에 옴
자극의 역할	반응은 추출됨	반응은 방출됨
자극의 자명성	특수반응은 특수자극을 일으킴	특수반응을 일으키는 특수자극은 없음
조건형성과 과정	한 자극이 다른 자극을 대치함	자극의 대치는 일어나지 않음
내용	정서적·불수의적 행동이 학습됨	목적지향적·수의적 행동이 학습됨

③ **강화와 처벌**

ⓐ 강화는 반응이 다시 발생할 빈도를 증가시키는 것이며, 처벌은 이전의 부적 행동의 빈도를 줄이는 것이다.

ⓑ 강화는 반응을 더 자주, 더 강하게 하지만, 처벌은 반응을 억제하게 하는 것이다.

ⓒ 정적·부적 강화는 특정행동을 증가시킨다.

ⓓ 아동의 행동을 조성하는 데는 정적 강화가 더 강조된다.

ⓔ 처벌자극은 신속하고 즉각적인 효과를 나타낼 수는 있지만 바람직하지 못한 행동을 억제하는 역할을 수행할 뿐, 바람직한 행동을 형성하는 데는 도움을 주지 못한다.

ⓕ 강화는 시기와 빈도도 중요하며 반응 직후에 제공될 때 효과적이다.

ⓖ 아동에게는 반응과 강화의 간격이 짧을 때 보다 더 효과적이다.

ⓗ 아동에게 새로운 행동형성을 시킬 때는 계속적 강화가 효과적이고 행동형성이 된 후에는 간헐적 강화가 그 행동을 오래 유지할 수 있게 한다.

ⓘ 강화와 처벌 `기출`

강화	• 반응이 다시 발생할 빈도를 증가시키는 것 • 정적 강화 : 유쾌 자극을 제시하여 행동의 빈도를 증가시키는 것 　예 밥을 잘 먹는다고 칭찬을 받는 것 • 부적 강화 : 불쾌 자극을 철회하여 행동의 빈도를 증가시키는 것 　예 발표자에 대한 보충수업을 면제해주어 발표동기를 높이는 것
처벌	• 이전의 부적 행동의 빈도를 줄이는 것 • 정적 처벌 : 불쾌 자극을 제시하여 행동의 빈도를 줄이는 것 　예 잘못된 행동에 대해 매를 가하는 것 • 부적 처벌 : 유쾌 자극을 철회하여 행동의 빈도를 줄이는 것 　예 방청소를 소홀히 한 아이에게 컴퓨터를 못하게 하는 것

구분	제시	철회
유쾌자극	정적 강화	부적 처벌
불쾌자극	정적 처벌	부적 강화

더 알아두기

정적 강화 효과에 영향을 주는 요인

강화물 선정, 확립조작, 강화물 크기, 강화물의 즉각성, 지시와 규칙

강화의 제공 원칙

- 강화는 즉각적으로 주어져야 한다.
- 강화는 목표행동에 맞게 주어야 한다.
- 강화는 일관성 있게 주어야 한다.
- 강화는 충분하게 주어야 한다.
- 강화는 체계적이고 점진적으로 주어야 한다.

처벌의 제공 원칙

- 처벌은 즉각적으로 주어져야 한다.
- 처벌은 목표행동에 맞게 주어야 한다.
- 처벌은 일관성 있게 주어야 한다.
- 처벌은 행동을 중단시킬 수 있을 만큼만 최소화해야 한다.

ⓩ 강화스케줄

- 강화가 일어나는 특정 패턴 또는 규칙을 말한다.
- 계속적인 강화로 인한 반응보다 간헐적 강화에 의한 반응의 소거가 더 어렵다.
- 간헐적 강화계획은 간격계획과 비율계획의 두 가지가 있다.

계속적 강화		• 반응의 횟수나 시간에 상관없이 기대하는 반응이 나타날 때마다 강화를 주는 것이다. • 초기단계에서 어떤 행동을 시작할 때 강화하는 데 유용하며, 반응의 빠른 학습이 이루어진다. • 지속성이 거의 없으며, 반응이 빨리 사라진다. ⓔ 아이가 공부를 열심히 하는 경우 TV 시청을 허락하는 것
간헐적 강화	고정간격계획	• 일정한 시간이 지난 뒤에 일어나는 특정한 첫 번째의 행동을 강화하는 것이다. • 지속성이 거의 없으며, 강화시간이 다가오면서 반응률이 증가하는 반면 강화 후 떨어진다. ⓔ 주급, 월급, 일당, 정기적 시험
	가변간격계획	• 강화 시행의 간격이 다르지만 평균적으로 확인할 수 있는 시간 간격이 지난 후에 강화를 주는 것이다. • 느리고 완만한 반응률을 보이며, 강화 후에도 거의 쉬지 않는다. ⓔ 평균 5분인 경우 2분, 7분, 15분 정도에 강화를 줌
	고정비율계획	• 어떤 특정한 행동이 일정한 수만큼 일어났을 때 강화를 주는 것이다. • 빠른 반응률을 보이지만 지속성이 약하다. ⓔ 옷 공장에서 옷 100벌을 만들 때마다 1인당 100만 원의 성과급을 지급
	가변비율계획	• 평균 몇 번의 반응이 일어난 후 강화를 주는 것이다. • 처음에는 강화 비율을 낮게 하였다가, 점진적으로 비율을 높이는 것이 효과적이다. • 반응률이 높게 유지되며, 지속성도 높다. ⓔ 자동도박기계

- 간격이 길어질수록 전체 반응률은 낮아진다.
- 간격이 고정되어 있으면 강화를 받은 직후에 반응이 정지했다가 서서히 반응률이 증가한다. 다음의 강화시기가 가까워지면 반응률은 급격하게 증가한다.
- 변동간격일 경우에는 강화 직후 반응이 정지하지 않으며 더 일관성 있게 반응을 한다.

④ 주요 원리

강화의 원리	• 강화자극(보상)이 따르는 반응은 반복되는 경향이 있으며, 조작적 반응이 일어나는 비율을 증가시킨다. • 행동은 그 행동의 결과에 의해 지배를 받게 되어 유기체가 한 행동이 만족한 결과를 가져올 때 더욱 강한 행동의 반복을 가져온다.
소거의 원리	• 일정한 반응 뒤에 강화가 주어지지 않으면 반응은 사라진다. • 예를 들어, 학습자가 공손하게 인사를 해도 윗사람이 인사를 받아주지 않고 무시해버린다면 인사하는 빈도는 줄어들게 되고, 마침내 인사행동은 사라지게 된다.
조형의 원리	• 조형은 실험자 또는 치료자가 원하는 방향 안에서 일어나는 다양한 반응들만을 강화하고, 원하지 않는 방향의 행동에 대해 강화받지 못하도록 하여 결국 원하는 방향의 행동을 할 수 있도록 하는 것이다. • 조형은 스키너의 이론에서 중요한 기법인 행동수정의 근거가 되는 개념이다.
자발적 회복의 원리	• 일단 습득된 행동은 만족스러운 결과가 주어지지 않는다고 하여 즉시 그 행동이 소거되지는 않는다. • 한 번 습득된 행동은 보상이 주어지지 않더라도 똑같은 상황에서 다시 나타난다.
변별의 원리	• 변별은 보다 정교하게 학습이 이루어지는 것으로, 유사한 자극에서 나타나는 조그만 차이에 따라 다른 반응을 보이는 것이다. • 예를 들어, 어려서 어른에게 인사하는 법과 친구에게 인사하는 법을 구별하여 학습하게 되는 것은, 친구들과 인사하는 방식으로 어른에게 인사했을 때 그 결과가 달랐기 때문에 변별 학습한 것이다.
계속성의 원리	교육 내용의 여러 요소가 계속해서 반복되어야 한다는 원리를 말한다.
반복의 원리	같은 내용을 반복하여 되풀이하며 학습하는 원리를 말한다.
근접성의 원리	학습내용의 파지를 촉진하기 위하여 새로운 학습내용을 설명한 후 바로 학생들이 이미 알고 있는 것과의 관계를 설명하는 것이다.

⑤ 학습방법

토큰경제	바람직한 행동들에 대한 체계적인 목록을 정해놓은 후, 그러한 행동이 이루어질 때 그에 상응하는 보상(토큰)을 하는 것
타임아웃	특정 행동의 발생을 억제하기 위해 이전의 강화를 철회하는 것

(5) 반두라(Bandura)의 사회학습이론(사회인지이론)

① 특성

㉠ 모델링을 통한 관찰학습, 모방학습을 강조한다.

㉡ 아동이 자신의 행동에 대해서 직접적인 강화를 받지 않더라도 관찰과 모방을 통해서 학습이 이루어진다.

㉢ 다른 아동이 보상이나 벌을 받는 것을 관찰함으로써 간접적인 강화를 받으며 이때의 간접적 강화를 가리켜 대리적 강화라 한다.

ⓔ 사회학습은 모델을 직접 관찰함으로써 이루어지는 경우가 많으나, 최근에는 대중매체의 발전으로 언어나 사진, 그림과 같은 상징적 모델을 모방하는 경우도 많다.

ⓜ 아동은 다른 사람의 행동을 관찰함으로써 자신의 행동기준, 능력, 신념, 특성을 발달시킨다.

[반두라의 관찰학습의 과정] 기출

주의집중과정	모델에 주의를 집중하는 과정
보존과정(기억과정)	반응패턴을 상징적 형태로 기억 속에 표상하는 과정
운동재생과정	모델을 모방하기 위해 심상 및 언어로 기호화된 표상을 외형적인 행동으로 전환하는 과정
동기화과정(자기강화과정)	강화를 통해 학습한 행동을 수행할 가능성을 높이는 과정

더 알아두기

관찰학습

- 관찰학습은 환경적 자극에 대한 반응을 통해 행동을 학습하는 것이 아니라 타인의 행동을 관찰함으로써 학습하는 것이다.
- 다른 사람의 행동을 단순히 모방하는 것이 아니며, 여기에는 내적인 인지요소들이 포함된다.
- 다른 사람들이 새로운 행동을 할 때 어떤 결과가 나타나는지를 보게 되는 것을 대리적 강화라 한다.
- 자신이 직접적인 행동을 하지 않고도 자신의 행동의 결과에 대해 예상할 수 있다.
- 아동에 있어서 의도적인 모방은 8~12개월에 나타나고 지연모방은 12~24개월경에 급격히 발달한다(피아제).
- 아동은 다른 사람의 행동을 관찰함으로써 자신의 행동기준, 능력, 신념, 특성 및 자기효능감을 발달시킨다.

② **주요 개념**

모방	• 모방은 다른 사람이 행동하는 것을 보고 듣고 그 행동을 따라하는 것이다. • 흔히 공격적인 행동, 이타적 행동, 불쾌감을 주는 행동이 관찰을 통해 학습된다. • 반두라의 실험적 연구에 따르면, 아동은 위대하다고 생각되는 사람의 행동을 위대하다고 생각하지 않는 사람의 행동보다 더 잘 모방한다. • 자기와 동성인 모델의 행동을 이성인 모델의 행동보다 더 잘 모방한다. • 돈·명성·높은 사회경제적 지위 등을 지닌 모델을 더 잘 모방한다. • 벌을 받은 모델을 거의 모방하지 않으며, 연령이나 지위에서 자기와 비슷한 모델을 상이한 모델보다 더 잘 모방한다. • 모델링의 기능은 반응촉진, 관찰학습, 억제, 탈억제라고 할 수 있다.
인지	• 사회적 학습은 주로 인지적 활동이다. • 학습된 반응을 수행할 의지는 동기나 강화에 의해 좌우된다.
자기강화	자기강화는 자신이 통제할 수 있는 보상을 자기 스스로에게 주어서 자신의 행동을 유지하거나 변화시키는 과정이다.
자기효율성	• 자기효율성 또는 자기효능감은 내적표준과 자기강화에 의해 형성되는 것으로, 특정 과제를 성공적으로 수행할 수 있다는 자신의 능력에 대한 신념이다. • 자기효능감은 노력의 정도에 영향을 줄 수 있고, 자기효능감이 높으면 새로운 과제에 보다 적극적으로 도전하는 경향을 보인다. • 자기효능감이 높아도 결과 기대는 낮을 수 있다.

2 기억발달

(1) 기억발달의 개념

① 기억과정은 정보를 받아들이는 감각기명 과정, 정보의 저장과정, 저장된 정보를 꺼내 쓰는 인출과정을 포함한다.

② 감각기명 과정은 필요한 정보에 주의를 기울이고 이를 선택적으로 부호화하며 정보의 저장과정으로는 기억의 이중기억모형과 처리수준모형이 있다.

(2) 처리수준모형

① 정보의 회상 정도는 그 정보를 얼마나 깊게 처리했는가에 좌우된다는 이론이다.

② 새로운 정보를 이미 저장되어 있는 기존의 지식과 관련시켜 의미적으로 심도 있게 처리함으로써 보다 효율적인 기억을 기대할 수 있다.

③ 처리수준은 학습자가 학습재료의 의미를 얼마나 충분하게 처리했는지를 나타내는 것으로 정보처리의 정교성과 같은 의미로 간주할 수 있다.

④ 즉, 단어목록을 기억할 때 유쾌한 단어와 불쾌한 단어로 분류하여 기억하는 경우와 특정 일이 포함되었는지 기준으로 기억하는 경우처럼 정서가 개입되는 경우의 기억이 더 높다.

⑤ **기억의 종류**

재인	저장된 정보에 인출단서가 주어질 때 정보가 인출되는 것이다.
회상	환경 내에 단서가 없이 머릿속에 저장된 정보로부터 기억을 재구성하는 것이다.

(3) 앳킨슨과 쉬프린(Atkinson & Shiffrin)의 이중기억모형

① 어떤 정보를 저장할 때 두 가지 과정, 단기 기억과 장기 기억으로 설명한다.

② 단기 기억은 짧은 시간 동안에만 기억할 수 있으며 용량이 한정적이지만 장기 기억은 시간이 지나도 잊어버리지 않으며 용량 역시 무제한적이다.

③ 오랫동안 기억하기 위해서는 단기 기억의 정보들을 장기 기억으로 옮겨야 하기 때문에 기억을 오랫동안 할 수 있는 전략이 필요하다.

④ 모든 기억 영역에 통제과정이 포함되며 이 통제과정이 컴퓨터와 구별되는 부분으로 보았다. 이 통제과정의 예로 시연, 정교화, 조직화 등을 사용한다.

⑤ **정보저장의 단계**

㉠ 감각기관에서 입력된 정보가 단기적으로 보존되는 장소를 단기저장고라고 하였다.

㉡ 단기저장고의 정보의 일부가 복습이나 체계화, 기호화를 통해 장기저장고로 저장된다.

감각등록기 (sensory registers)	• 감각기억이 아주 짧은 시간 보존·유지되는 곳이다. • 선택적 주의(selective attention)를 통해 많은 정보 중 선택된 정보만이 단기저장고로 가게 된다.

단기저장고 (short term store)	• 정보가 15~30초 정도 기억이 보존되고 용량은 묶여진 단위의 수로 3~7 정도이다. • 환경으로부터 입력되는 정보와 장기기억으로부터 출력되는 정보의 결합이 이루어진다. • 리허설(복습)이나 코딩(부호화)을 통해 정보를 더 오랜 시간 동안 보존 유지하든지, 아니면 망각해버리든지 선택하게 된다. • 단기기억에 오래 저장되어 있을수록 장기기억으로 전환될 가능성이 높다.
장기기억	부호화된 자료를 오랫동안 저장하고 정보의 양을 무제한으로 저장이 가능하다.

(4) 영아의 기억발달

① 회상기억의 발달

ㄱ 영아의 회상기억발달에 관한 연구는 주로 피아제이론에서 설명한 지연모방과제를 사용한다.

ㄴ 최근 지연모방은 피아제가 주장한 것보다 빠른 9개월경에 나타나 생후 3년 동안 지속적으로 더 발달해가는 것으로 밝혀졌다.

ㄷ 9개월 된 영아가 성인모델의 어떠한 행동을 관찰한 직후와 24시간 경과 후 그 행동을 재생해 낼 수 있는지 관찰한 결과 아무런 지각단서 없이도 자신의 표상을 통해 재생해 낼 수 있음을 발견하였다.

ㄹ 강아지를 목욕시키고 털을 말리는 것과 같은 일련의 행동을 관찰시킨 결과 21개월의 영아는 실험기간동안 모델의 행동을 회상해 내었고, 그 회상된 내용으로 강아지를 목욕시키는 절차를 재연해 낼 수 있었다.

② 재인기억의 발달

ㄱ 신생아에게 색깔과 형태가 다른 시각자극에 빨기 반응을 선택적으로 조건 형성시켰을 때 영아들이 24시간 후에 대상을 재인할 수 있음을 확인하였다.

ㄴ 생후 14주 된 영아에게 약 2주 동안 특정단어를 계속해서 들려주면 각 단어들을 기억하여 변별할 수 있다.

ㄷ 생후 4개월 영아가 자신이 다리를 차면 요람위에 있는 모빌이 움직인다는 것을 학습한 후 3주쯤 동일한 상황에서 단서가 제시되자 발로 차는 행동을 하는 것을 관찰하였다.

ㄹ 재인기억은 출생 후 1년 사이에 상당히 정교화된다.

③ 영아기 기억발달의 주요 원리

ㄱ 습관화(habituation)

• 영아가 특정 자극을 기억함으로써 자극에 대한 주의 수준이 감소하는 것을 말한다.

• '습관화 절차'는 영아의 기억을 측정하는 가장 대표적인 방법으로 1970년대에 처음 사용되었다.

• 특정 자극을 영아에게 반복적으로 제시하고, 영아가 이 자극에 익숙해져서 자극에 주의를 기울이는 정도가 점차적으로 줄어드는지를 살펴보는 연구이다.

• 자극에 대한 주의 수준은 응시 시간, 심장 박동률, 빨기 속도 등의 다양한 측정치로 잴 수 있다.

ㄴ 탈습관화(dishabituation)

• 습관화가 일어난 후 이전에 제시되지 않은 새로운 자극을 제시하면 영아의 주의 수준이 다시 높아지는 현상을 말한다.

- 이러한 현상은 영아가 이전에 자주 본 자극과 새롭게 제시한 자극을 구별할 수 있을 뿐만 아니라, 이전 자극을 기억한다는 의미이다.
- 페이건(Fagan)은 위 방법을 통해 생후 5~6개월 된 영아들이 흑백 인물 사진을 단지 몇 분만 보고도, 새롭게 제시한 얼굴 사진과 제시되었던 얼굴 사진을 구별한다는 것을 발견하였다. 즉, 어린 영아들도 기억을 할 수 있으며 이러한 기억이 15일이나 지난 후에도 지속된다는 것을 발견했다.

(5) 유아기의 기억발달

① 유아기는 인지적 성장은 물론 언어발달이 급속도로 이루어지는 시기이다.
② 유아 때에는 재인기억이 먼저 발달하고 시선을 끄는 일상의 생활과 관련된 사건을 기억하며 회상기억은 3~12세에 더욱 발달한다.
③ 유아의 기억발달은 기억용량의 증가와 전략의 발달로 인한 것이다.
④ **기억용량의 증가**
　㉠ 기억용량이란 정보를 저장할 수 있는 저장 공간의 크기를 말한다.
　㉡ 기억공간은 다시 감각기억, 단기기억, 장기기억으로 나눌 수 있는데, 감각기억과 장기기억의 용량은 연령에 따른 변화가 거의 없는 것으로 보이므로 결국 기억용량의 증가는 단기기억용량의 증가라 할 수 있다.
　㉢ 이러한 단기기억용량의 측정은 '기억폭검사'에 의해 측정될 수 있다.

> **더 알아두기**
>
> **기억폭검사**
> - 아동에게 숫자를 몇 개 불러 준 후 불러주었던 순서대로 숫자들을 말하게 하여 정확히 기억하는 항목 수를 기억폭이라고 간주하고 단기기억의 용량을 측정하는 검사이다.
> - 이 검사는 연령이 증가하면서 효율적으로 발전하여 정보를 처리하는 속도가 빨라지고 조작공간을 덜 필요로 하여 저장공간이 증가하게 된다는 '조작효율성가설'로 설명될 수 있다.
> - Kail은 이러한 조작 효율성 가설에 대해 학습이나 경험의 영향뿐만 아니라 생물학적인 성숙, 특히 불필요한 뉴런이 제거되고 수초화가 증가함에 따른 뇌와 신경계의 발달이 더 큰 영향을 준다고 보았다.

⑤ **기억전략의 발달**
　㉠ 기억전략이란 정보를 장기기억 속에 저장하고 그 정보가 필요할 때 인출이 용이하도록 해주는 활동이다.
　㉡ 유아는 연령이 증가할수록 효과적인 전략을 사용하지만 아동기가 되어야 보다 효과적으로 전략을 발달시킬 수 있다.
　㉢ 2세는 자유회상 동안 사물들을 장난감, 옷, 과일과 같은 친숙한 범주로 묶는 경향을 보였으며, 3~4세는 기억하려는 것을 반복해서 연습하는 시연을 사용했다.
　㉣ 기억전략에는 시연, 조직화, 정교화, 그리고 인출 등이 있다.
　㉤ 일반적으로 기억전략은 초등학교 입학 후에 발달하기 시작한다.

ⓑ 특히 주어진 정보를 기억하기 위한 가장 단순하면서도 중요한 방법인 언어적 시연전략은 초등학교 초기부터 급격하게 발달한다.

⑥ **기억전략의 종류** 기출

　㉠ 시연

- 시연은 간단하면서도 효과적인 기억전략으로, 기억해야 할 정보를 여러 번 반복해서 암송하는 것을 뜻한다.
- 정보가 제시된 이후 계속해서 반복되거나 어떤 정보가 단기기억에서 더 많이 시연될수록 그 정보는 장기기억으로 전환되기가 쉽다.
- 유지시연(maintenance rehearsal)은 정보를 단기기억 속에 유지하면서 더 이상의 노력을 거의 하지 않는 것을 말한다.
- 정보가 장기기억에 저장되기 위해서는 장기기억 속에 있는 정보를 적극적으로 재조직하는 정교화된 시연전략(elaborated rehearsal)을 사용해야 한다.
- 정보가 단기기억에서 더 많이 시연될수록 장기기억으로 전환될 가능성이 높다.
- 6세 아동을 대상으로 한 연구에 의하면 시연을 한 유아들이 시연을 하지 않은 유아들보다 기억을 더 잘하는 것으로 밝혀졌다.
- 그러나 시연은 단지 같은 정보를 더 오래 기억하도록 해 주지만, 더 많은 정보를 저장하도록 하지는 않는다.

더 알아두기

시연책략의 발달
- 시연을 하는 비율은 5세에 10%, 7세에 60%, 10세에 85%에 달하는 것으로 나타났다.
- 자발적으로 시연을 하는 아동의 과제 기억수준은 시연을 하지 않은 아동의 기억수준보다 더 높았다.
- 아동의 시연책략 사용능력의 발달과정 중 과도기에 생성결함과 사용결함이 나타난다.
  - 책략부재단계 : 책략을 자발적으로 생성할 수 없고 가르쳐주어도 사용할 줄 모르는 단계
  - 생성결함단계 : 책략을 스스로 생성할 수는 없지만 가르쳐주면 효율적으로 사용할 수 있는 과도기적 단계
  - 사용결함단계 : 자발적 책략생성이 가능하지만 이를 효율적으로 사용하지 못하는 단계로 수행하는데 많은 노력이 요구되는 과제에서 나타난다.
  - 책략사용단계 : 스스로 책략을 생성하여 사용하는 단계로 학습과 기억향상에 효율적이다.

　㉡ 조직화

- 조직화는 기억하려는 정보를 서로 관련 있는 것끼리 묶어서 범주나 집단으로 분류하여 기억의 효율성을 높이려는 전략이다.
- 이러한 조직화를 이용하여 정보를 체계화하면 보다 많은 정보를 기억할 수 있다.
- 최근 연구결과 7세 이전의 아동도 조직화전략을 사용하지만 입학 전 아동이 사용하는 조직화는 실제로는 의미적 관련성보다는 군집화에 가깝다고 본다. 따라서 조직화 사용능력은 9~10세경이 되어야 발달한다.

- 조직화는 시연보다 늦게 나타나는데, 이는 상위개념과 하위개념에 대한 이해를 전제로 하기 때문이다.

ⓒ 정교화 기출

- 정교화란 서로 관계가 없는 정보, 즉 같은 범주에 속하지 않는 기억재료 사이에 관계를 설정해 주는 것을 말한다.
- 새로 들어오는 정보를 기존의 지식과 관련짓는 능력과도 관계된다.
- 11세 이전에 정교화전략을 사용하기 힘든 이유는 정교화가 새로운 지식과 기존의 지식을 연관 시키는 것이므로 아직 지식이 부족한 유아기에는 정교화전략을 효율적으로 사용할 수 없기 때문이다.
- 정교화는 다른 기억전략을 대신할 정도로 효율성이 높다.

> **더 알아두기**
>
> **자발적 정교화전략**
>
> 정교화전략이 늦게 발달하는 것은 두 개의 서로 무관한 정보를 관련짓기 위해서는 배경지식과 주어진 정보의 의미를 확대하고 통합하는 능력이 필요하기 때문이다. 이러한 전략은 청년기에 가능한 능력으로 보고 있다.

ⓔ 인출

- 인출은 저장된 수많은 정보들 중에서 필요한 정보를 인출하기 위한 기억전략이다.
- 정보를 효율적으로 인출하기 위해서 머릿속에 저장된 내재적 정보를 체계적으로 탐색할 수 있어야 한다.
- 정보를 연상할 수 있게 하는 여러 인출단서들을 활용할 수 있는 학령기 아동에 이르러 주로 발달된다.
- 재인, 회상, 재구성을 통하여 정보가 인출될 수 있다.

재인	이전에 경험했던 자극과 유사하거나 동일한 것에 초점, 인출의 가장 단순한 형태
회상	사라진 자극에 대한 정신적 표상을 생성

- 일반적으로 정보의 단편을 유지하도록 요구하는 회상과제에서는 재인이 보다 쉽다.
- 2세 유아는 하나 또는 두 개 이상을 회상할 수 없으며 4세경에 3~4개를 회상한다.
  연령이 높을수록 지식기반이 발달하고 좀 더 높은 수준으로 구조화된 연결망의 조직이 발달하는 회상이 재인에 비해 많은 증진을 보인다.
- 기억과제에서 아동에게 인출단서를 제공했을 때 낮은 연령에서도 그 효과가 나타난다.

> **더 알아두기**
>
> **인출단서 실험** 기출
>
> 7세 아동들에게 스스로 인출단서를 사용하는 것이 불가능하지만 어른이 도움을 주면 인출전략을 사용할 수 있음이 밝혀졌다. 이러한 인출단서는 영아기 기억상실증과도 밀접한 관련이 있다.

⑦ 지식기반과 구성기억의 발달

지식기반	구성기억
• 나이가 많을수록 일반적 지식과 사회적 경험이 축적되어 기억해야 할 정보에 친숙해질 수 있다. • 특정분야의 지식기반에서는 이와 관련되는 새로운 정보나 지식의 기억을 크게 돕는다. 즉, 바둑전문가 10세 아동과 바둑초보자 어른이 바둑을 둘 때 흑과 백을 각 50수까지 둔 바둑판을 20초간 보여준 후 기억을 재생할 때 바둑전문가인 아동이 훨씬 더 많고 정확한 기억을 하였다.	• 정보를 받아들일 때 부호화의 과정은 자신에게 필요하거나 의미 있는 정보만을 선택적으로 받아들이며 전체 이야기 중의 요점만을 저장하거나, 새로운 정보를 첨가하거나, 통합하여 저장하기도 한다. • 인출과정에서도 기존의 경험이나 지식과 관련지어 새로운 정보를 재구성하거나, 추론하거나 창조해 내는 것을 볼 수 있다. • 3세경의 유아도 주어진 정보를 재구성하는 능력이 있다. • 아동의 구성기억은 비교적 일찍 나타난다.

⑧ 상위기억(메타인지)의 발달

　㉠ 자신의 기억능력을 알고, 어떤 기억책략을 사용하는 것이 효과적인 것인지 아는 것을 말한다.

　　기출

　㉡ 유아도 상위기억에 대한 초보적인 지식을 가지고 있다.

　㉢ 3~4세에는 짧은 내용이 긴 내용보다 기억하기 쉽고, 긴 내용을 기억하려면 더 많은 노력이 필요하다는 것을 안다.

　㉣ 7~9세 : 시연과 조직화가 단순한 기억방식보다 효과적인 것을 인식한다.

　㉤ 11세경 : 시연보다 조직화가 좀 더 효과적인 전략이라는 것을 알게 된다.

　㉥ 아동기 동안에 전략에 대한 상위인지적 지식은 양적인 증가와 더불어 질적인 변화가 나타난다.

　㉦ 이때 기억해야 할 과제가 요구하는 작업량이나 난이도를 판단하는 지식이 발달한다.

　㉧ 일반적으로 상위기억 조정능력은 학령기 이후 여러 형태의 성공과 실패를 경험하면서 발달하게 된다.

더 알아두기

상위인지전략

• 계획
　학습을 할 때 어떤 인지전략을 사용할 것인지를 계획하는 것으로, 목차부터 살펴보기, 무슨 내용에 대한 것인지를 대강 훑어보기, 문제를 풀기 전에 무엇을 묻고자 하는지를 추측하기가 있다.

• 점검(조정)
　자신의 학습과정을 점검하는 인지활동으로서 학습내용에 집중하기, 자신의 이해정도를 스스로 평가해 보기, 시험 보는 동안 문제 푸는 속도 체크하기 등이 있다.

• 조절
　점검과 밀접한 관계가 있는 것으로, 자신의 학습활동을 점검하다가 문제가 생기게 되면 앞으로 다시 돌아가 공부하기, 이해하기 어려운 부분이 있으면 속도를 줄이는 것 등이 있다.

제5절 언어와 의사소통

1 언어발달이론

(1) 학습이론적 접근

① **개념**
- ㉠ 아동은 어른의 언어를 모방하면서 학습한다는 이론이다.
- ㉡ 6개월경에 나타나는 옹알이와 영아들이 발성하는 음소는 모든 언어권에서 동일하지만 영아들이 성인의 발성을 모방하는 과정에서 자국어에 없는 음소는 점차 사용하지 않게 되어 탈락된다. 자국어의 음소가 정교화하게 되는 과정을 통해 점차 자신의 언어권 특유의 음소들을 학습하게 된다.

② **대표적 학자**
- ㉠ 스키너(Skinner)
  - 아동의 언어발달을 학습이론으로 체계화하였다.
  - 언어도 다른 형태의 행동과 마찬가지로 성인의 언어를 구사할 때까지 행동조성의 과정을 거쳐 발달한다고 주장하였다.
  - 아동은 주변의 어른들이 사용하는 낱말이나 구, 문장들을 모방하여 사용하기 시작하며, 부모는 강화에 의해 아동의 언어가 올바르게 형성되도록 조형시켜 나가는 과정을 통해 언어발달이 이루어진다. 즉, 아기가 소리를 생성하면 부모는 그 소리를 받아주는 말이나 웃음과 안아주기로 강화해줄 수 있다.
  - 아동이 말하고자 하는 내용을 어른이 정확히 해석하는 것 자체도 강화가 된다.
  - 모방 중 음소탈락, 음소확장과정은 초기 언어발달과정에서 학습의 중요성을 보여 준다.
- ㉡ 반두라(Bandura) : 아동이 주위환경에서 발생하는 소리나 언어를 듣고 모방함으로써 언어습득이 이루어진다.
- ㉢ 오웬(Owens) : 아동은 언어의 구조를 모방할 때 선택적으로 하며 자신의 어휘구성과 한순간 실행이 잘 된 언어의 측면을 정교화하는 데 초점을 둔다.

③ **학습이론의 한계**
- ㉠ 통사의 발달을 설명하는 데 부족하다.
- ㉡ 아동의 언어발달 과정에서 모방과 강화의 역할을 부정하기는 어렵지만, 아동의 언어발달을 학습이론으로만 설명하기에는 무리가 있다.

(2) 생득론적 접근

① **개념** : 인간의 언어발달이 후천적인 학습으로 이루어지는 것이 아니라 선천적인 언어획득 기제에 의해 이루어진다고 하는 입장이다.

② **대표적 학자**
- ㉠ 촘스키(Chomsky) 기출
  - 인간에게는 선천적인 언어획득장치(LAD ; Language Acquisition Device)가 있다.

- 이는 뇌의 특정구조나 부위를 뜻하는 것이 아니라 외부로부터 들어오는 언어자극을 분석하는 지각적 및 인지적 능력을 뜻한다.
- 언어획득장치 내에는 보편적 문법이 존재하며 모든 인간의 언어에 적용된다고 보았다.
- 모든 아동은 한정된 언어적 경험을 바탕으로 복잡한 문장구조를 빨리 터득하고 구사한다는 언어적 보편성과 생득적 입장을 지지해준다.
- 아동은 어떤 언어를 듣더라도 언어획득 장치에 의해 단어를 결합하여 의미 있는 문장을 만들 수 있다.
- 통사론적 발달의 과일반화에서 6세 아동이 영어와 한글을 섞어 만들어낸 문장은 언어획득장치에 의한 문장 창조능력을 나타낸다.
- 아이들이 사용하는 언어가 때로 문법적으로 부적절하며, 이 부적절한 표현들은 많은 경우 모방된 것이고, 사춘기 이후에도 여러 형태의 언어발달이 서서히 이루어진다는 점이 문제점으로 남아 있다.
  © 슬로빈(Slobin)
- 인간은 언어의 학습에 특수화된 언어조성장치(LMD ; Language Making Device)를 선천적으로 갖고 있다.
- 언어조성장치는 언어적 정보를 처리하여 그 언어의 의미적 관계와 문법적 규칙을 추리할 수 있게 해준다.
  © 에릭 르네버그(Eric Lenneberg)
- 언어학습의 민감기를 주장하였다. 기출
- 이중언어학습 시 사춘기 이전에는 두 개 이상의 언어를 쉽게 학습하나 사춘기 이후에는 어려운 이유가 사춘기 전에는 언어적 기능을 위한 뇌의 국소화가 이루어지지 않았기 때문이다.

> **더 알아두기**
>
> **뇌의 국소화**
>
> 뇌의 브로카영역에는 언어중추가 있고 손상을 받으면 언어산출이 어렵게 되며 베로니카영역에 손상을 받을 때에는 언어의 이해에 영향을 받게 된다.

  © 존슨과 뉴포트(Johnson & Newport)
- 미국의 중국계와 한국계 이민자들의 언어구사능력을 연구하였다.
- 연령과 언어능력 간의 관계는 사춘기까지만 의미 있게 나타나고 이후 영어구사능력은 이민 온 연령과 무관하였다.
③ **생득이론의 타당성** 기출
  ㉠ 모든 문화권의 아동들이 공통적으로 생의 일정 기간 내에 빠른 속도로 언어를 습득한다.
  ㉡ 모든 인간에게 보편적 언어획득장치가 존재한다.
  ㉢ 사춘기 이전의 뇌손상으로 인한 언어장애는 비교적 빠르고 쉽게 치유되지만, 사춘기 이후의 언어손상은 회복이 거의 불가능하다.

④ **생득론적 이론의 한계**

  ㉠ 실제로 언어발달을 충분히 설명하지 못한다.

  ㉡ 아동의 언어환경이 언어학습을 돕는 경우를 간과하였다.

  ㉢ 언어발달의 개인차에 대한 설명이 부족하였다.

(3) 인지발달이론

① **개념**

  ㉠ 인지는 인간의 정신적 사고과정을 의미하는 광범위한 개념으로 생물학적 성숙에 경험이 합쳐져 일어난다.

  ㉡ 언어는 사고와 인지와 밀접한 관련이 있다.

② **대표적 학자**

  ㉠ 피아제(Piaget)

    • 언어의 발달은 인지능력의 발달에 기초하며 언어는 논리적인 사고의 원천이라기보다는 사고에 의해서 구조화된다.

    • 언어는 아동의 사고나 개념을 표현하는 수단이다.

    • 아동은 주위환경과 상호작용하는 경험을 통해 스스로 지식을 구성하며 이는 능동적이고 자기 주도적인 과정이다.

    • 유아의 혼잣말은 자기중심적 사고가 언어를 통해 표현된 것이며 아동의 사고가 탈중심화되면 이는 사회적인 언어로 발전하게 된다.

    • 인지와 언어발달을 사고가 언어보다 선행하는 도식으로 나타낸다.

    • 뇌의 발달에 따라 아동은 비슷한 성숙수준을 보여주며 공통된 언어발달을 나타낸다.

  ㉡ 비고츠키(Vygotsky)

    • 언어와 사고는 서로 다른 근원에서 동시에 발달한다.

    • 언어는 사고와 인지발달을 촉진하기 위한 매개체이고 지식의 내면화과정에 필수적인 도구이다.

    • 지식은 사회와 문화의 오랜 전통을 통한 산물이다. 유아는 주도적인 역할을 하는 성인의 도움으로 높은 수준의 정신과정에 도달할 수 있다.

  ㉢ 셀만(Selman)의 역할맡기이론 `기출`

    • 0단계(약 3~6세) : 미분화 역할 맡기 단계 → 유아가 자신과 다른 사람과 비교는 하나 생각이나 감정의 차이는 구별하지 못하는 단계

    • 1단계(약 6~8세) : 사회정보적 역할 맡기 단계 → 유아는 다른 사람의 견해가 자신과 다를 수 있음을 인정하지만 타인의 행동을 타인의 처지에서 판단이 어려우며 나의 행동을 타인의 처지에서 판단이 어렵다.

    • 2단계(약 8~10세) : 자기반성적 역할 맡기 단계 → 자신의 행동을 다른 사람의 관점에서 생각은 하지만 두 사람의 상황을 제외하면 제3자 역할로 보지 못한다.

    • 3단계(약 10~12세) : 상호적 역할 맡기 단계 → 집단으로 평균적 구성원의 관점에서 생각한다. 자신의 행동을 이해 관계없는 방관자의 관점에서 객관적으로 보고 그 결과를 자신의 행동에 반영한다.

- 4단계(약 12~15세) : 사회적·관습적 체계 역할 맡기 단계 → 사회체계 안에서 함께 할 수 있는 관점들을 고려한다.

(4) 문화인류학적 관점 : 워프(Whorf)

① 피아제의 입장과는 반대로 언어가 사고에 선행한다고 주장하였다.

② 특정한 언어가 한 개인이 환경을 지각하는 데 영향을 주며 다른 언어를 사용하는 문화의 사람은 환경을 다르게 지각한다고 본다.

(5) 상호작용이론적 접근

① 학습이론과 생득론을 부분 수용하는 입장이다.

② 아동이 주변으로부터 받아들이는 언어적 정보들을 통합·구성하여 스스로 의미를 추출하고 언어를 구성해 간다는 것이다.

③ 아동이 몸담고 있는 언어적 환경이 주는 자극과 강화를 강조하는 측면에서 학습론적 관점과 유사하지만, 초기 아동의 언어발달을 촉진하는 부모역할과 상호작용을 특히 중시하였다.

④ **사회적 상호작용론적 관점**

관점	유사점	차이점
학습이론	아동이 속해 있는 언어적 환경이 주는 자극과 강화를 강조한다.	모방이나 강화보다는 사회적 의사소통을 강조한다.
인지이론/ 생득론	아동이 주변으로부터 받아들이는 언어적 정보들을 통합하여 스스로 의미를 산출하며 언어를 구성해 가는 능력이 있다는 관점이다.	선천적인 언어획득이 아닌 일반적 인지발달의 영향을 받는다. 즉, 타인의 언어를 이해하는 수준의 인지발달을 의미한다.

⑤ **브루너(Bruner)**

㉠ 아동의 언어발달에 기여하는 부모의 역할을 '언어획득 지지체계'라 하였다.

㉡ 영아가 옹알이를 시작할 때 부모가 아기의 소리에 적극적으로 반응하면 옹알이는 급격히 증가하지만 부모가 무관심하면 옹알이는 급속히 사라진다.

㉢ 언어획득 지지체계와 부모와의 상호작용

- 발판화 : 아이와 부모가 놀이를 통해 아동의 언어와 인지발달을 촉진하는 사회적 상호과정을 말한다.
  예 까꿍놀이, 나무토막쌓기 등
- 어머니 말투 : 어머니가 아기의 언어발달수준에 맞추어 문장의 길이나 구조를 단순화하고, 억양과 음조를 조정함으로써 아이들의 언어에 대한 흥미를 높여주고 문장구조의 식별을 돕는다.
- 어머니와 언어적 상호작용의 종류

확장되지 않은 모방	아동과 어머니가 같은 길이의 문장을 서로 주고받는 대화양식
축소된 모방	어머니가 사용하는 문장길이와 구조가 더 단순화된 대화양식
확장된 모방	어머니가 아동의 불완전한 문장을 완전한 문장으로 정교화시켜 주는 대화양식

2 언어발달을 위한 환경적 지원

(1) 공동활동

① 생애초기부터 아기가 흥미 있어 하는 사물에 부모가 관심을 갖고 같이 대화하면 어휘발달이 높게 나타난다.

② 아동은 대화 시에 적절한 순서와 방법이 있다는 것을 반복적으로 배우게 된다.

(2) 아동지향어 또는 모성어(motherese)

① 보통 엄마가 아이에게 쓰는 말투를 말한다.

② 어머니는 아동이 운율을 말소리 분절에 도움이 되도록 높은 음조로 느리게 반복할 수 있다. 이는 좀 더 나이 많은 아이들이 그들보다 어린 아이들에게 이야기할 때 사용하는 특수한 언어와 같은 것으로써 문법적으로 정확도가 높고 더 단순하다.

③ 부모들은 아이의 언어가 발달함에 따라 아동지향어의 길이와 복잡도를 높이고 아이는 부모와 대화를 하면서 계속 좀 더 많은 어휘와 복잡한 문장에 노출되게 할 수 있다.

④ 아이의 언어는 외부의 영향을 받으며 아이마다 어휘력의 차이가 발생하게 된다.

(3) 확장과 개작

확장	개작
• 아동의 불완전한 문장에 단어를 첨가하여 완전한 문장으로 반응하는 것이다. • 문법적인 오류를 정정해 줄 수 있다. 예)강아지 자 → 강아지가 잠을 자요	• 아동의 불완전한 문장에 대해 문법적으로 정확한 새로운 문장으로 만들어 주는 것이다. • 부모의 새로운 발화에 아동이 주의를 기울여 새로운 문법 형태에 주목하게 한다. 예)강아지 먹어 → 강아지가 무엇을 먹나요?

3 언어의 구성 요소

(1) 음운론적 발달

① 자음과 모음을 각각 구분하고 그 발성적 특징을 이해한다.

② 자국어 음소의 발음과 억양을 정확하게 구사하고 대화 속에서 낱말이 연결되어 문장을 구성하는 음운론적 규칙을 터득한다.

(2) 의미론적 발달

① 의미론은 어휘와 관련되며 단어와 단어의 조합으로 개념을 표현하는 방법이다.

② 아동은 보통 두 개 이상 단어를 사용하여 문장을 연결하는 전보문 형태의 말을 사용하는데, 이때 유사한 대상이나 현상을 지칭하는 낱말과의 미묘한 의미 차이를 구분하는 능력도 발달하게 된다.

(3) 구문론적 발달

① 언어의 문법적인 면을 말한다.

② 보통 2세경 의문문이 나타나고 다음에 부정문이 발달한다.

③ 4~5세는 부사·형용사를 사용하며 6세 때는 성인문법에 거의 근접한다.

(4) 화용론적 발달

① 같은 뜻을 가진 낱말이나 문장도 맥락에 따라 달리 표현되는 것을 알게 된다.

② 어떤 표현이 사용되는 상황에 따라 구분하고 적절히 대처하는 능력을 획득하여 의사소통의 다양성을 알게 된다.

4 언어발달단계

(1) 언어 전 단계

① 언어준비단계는 울음, 옹알이 등에서 호흡, 발성, 의사소통 방법을 연습하여 말하기의 기초를 쌓게 된다.

② 울음, 옹알이, 모방

ⓐ 미분화된 울음 : 초기는 울음을 통해 표현하려는 메시지를 구분할 수 없다.

ⓑ 분화된 울음 : 울음의 양상에 따라 전달하려는 메시지를 파악할 수 있다.

ⓒ 옹알이 : 모국어의 음소획득과 관련된 발성연습으로 언어발달 측면에서 아주 중요하다.

ⓓ 자기소리 모방 : 옹알이의 정상기로 아기가 자신이 발성한 소리에 자극되어 단순한 자음과 모음이 결합된 소리를 반복해서 내는 것이다.

ⓔ 타인소리 모방 : 생후 9개월경 주위 사람들의 소리를 모방하는 것으로 돌 전후로 의미 있는 말을 최초로 하기 시작한다.

예 엄마, 아빠

생후 0~3개월: 울음단계	• 울음단계는 울음을 통하여 부모와 최초로 의사소통하는 단계이다. • 부모는 아기의 울음소리로 배고픔, 화냄, 아픔을 구별할 수 있다. • 울음은 언어발달에 필수적인 발음기관의 운동을 촉진시키고 아동이 자신의 울음소리를 귀로 들음으로써 청각적 발달을 촉진시키기도 한다.
생후 3~6개월: 옹알이 단계	• 옹알이는 대개 3개월 무렵에 시작되어 9~12개월 무렵에 최고로 발달한다. • 옹알이는 자신의 소리를 귀로 듣는 것에 재미를 느껴 그 소리를 되풀이하는 현상으로, 관심을 얻기 원할 때나 거절과 욕구표현 시에 나타난다.

③ 월령과 언어발달

1개월	• 배고프거나 불편하면 운다. • 소리에 반응한다.
2개월	• 우는 것과 구별되는 소리를 낸다. • 울음소리가 분화된다. • 말하는 소리에 주의를 기울인다.
3개월	• 자극을 받았을 때 기분 좋은 소리를 낸다. • 옹알이를 한다.
5개월	자음과 모음을 붙여 소리를 낼 수 있다.
7개월	'마, 바' 소리를 낸다.
8개월	• '다다'와 같이 음절을 합성할 수 있다. • 옹알이를 활발하게 한다. 구분이 가능한 말소리를 반복적으로 한다. • 자신의 이름을 부르는 소리에 반응한다. • 특정단어를 구분하고 단어의 뜻을 이해한다.
9개월	• 간단한 명령에 반응한다. • '안 돼'의 뜻을 이해한다.
10개월	• 엄마, 아빠의 뜻을 알고 말한다. • 첫 단어를 말할 수 있다. 입에서 다양한 소리를 내면서 소리의 놀이가 섞여진 발성을 한다.
11개월	말소리를 흉내낸다.
12개월	• 엄마, 아빠 외에 두 개 단어를 말할 수 있다. • 동물소리를 흉내낸다. • 간단한 지시를 이해한다.

④ 한 단어 문장시기

ㄱ 생후 1년~18개월경까지 영아들이 한 단어를 말하지만 성인의 문장과 같은 내용을 표현하기 시작한다.

ㄴ 영아는 한 번에 하나의 낱말로 자신의 의사표현을 하고자 한다.

ㄷ 일어문기 동안 영아의 낱말획득 속도는 느린 것 같지만 약 18개월을 전후로 사용 낱말의 폭발적인 증가가 일어난다.

ㄹ 이 시기의 낱말은 친숙한 사물이나 대상의 이름이 70%, 행위어가 30% 정도를 차지하며, 구체적인 낱말이 추상적이고 일반적인 명사보다 먼저 획득된다.

ㅁ 이 과정에서 과잉확장과 과소확장이 나타난다.

과잉확장 (over extension)	아이들이 어떤 단어를 실제 그 단어가 의미하는 것보다 더 광범위한 대상을 가리키는 것이다. 예 멍멍이 → 양, 염소, 또는 소에 대해서도 사용 　　차 → 버스, 기차, 트럭, 소방차, 구급차를 지칭
과소확장 (under extension)	• 아이들이 어떤 단어를 그 단어의 실제 의미가 허용하는 것보다 더 적은 범위의 지시물에 적용하여 사용하는 것을 말한다. 예 멍멍이 → 일반적인 강아지를 지칭하는 것이 아니라 자기 집에서 기르는 강아지만을 의미 　　곰 → 자신이 좋아하는 장난감을 의미 • 2세경에는 단어가 사물의 특성이나 부분만이 아니라 전체를 의미한다는 것을 이해한다. 예 강아지 → 강아지의 부분이 아닌 전체의 모습을 의미

⑤ 두 단어 문장시기

　㉠ 대체로 18~20개월 사이에 두 개의 낱말을 연결하여 문장을 만들 수 있게 되는 시기이다.

　㉡ 전보어 시기

　　• 단어가 세 단어 이상 결합되어 전보문처럼 표현되는 것을 말한다.

　　• 전보어는 관사나 조사 등이 생략되고 명사, 동사, 형용사 등이 나열된다.

　　• 단순히 두 개의 명사나 형용사가 결합되어 나타나기도 하고 명사와 동사, 형용사와 명사가 결합되기도 한다.

　　• 문장은 단어의 무선적인 나열이 아니라 나름의 규칙이 있다.

더 알아두기

평균발화길이

• 이어문기 이후 아동의 언어발달수준을 진단하기 위한 지표

• 아동이 한 문장 내에서 사용하는 낱말의 수가 아니라 기본의미 단위인 형태소의 수에 의해 결정된다.

• 단순히 문장의 양적인 길이가 아니라 문법적 지식의 정교성과 밀접하게 관련된다.

---

(2) 유아기 언어발달

① 이어문기가 지나면서 아동은 3개 이상의 낱말을 연결하여 보다 길고 복잡한 문장을 만들기 시작한다.

② 이 시기 언어의 특징은 반복, 혼잣말, 집단적 혼잣말을 들 수 있다.

③ 유아기 언어의 특징

　㉠ 음운상 반복현상, 축약현상, 대치현상, 유사현상, 경음현상, 첨가현상을 보인다.

　㉡ 2세에서 6세까지의 유아들이 말을 할 때, 단어를 반복하거나 주저하는 경우와 같이 일시적 말더듬 현상이 나타날 수 있다.

　㉢ 언어능력이 발달된 유아가 성인이나 자기보다 언어력이 부족한 유아에게 말을 할 때 언어형태를 바꾸는 경우가 있는데 이는 상대의 수준을 파악한 후 대화자의 언어형태를 모방하는 데서 비롯된 것이다.

　㉣ 유아가 대화 시 의사소통의 규칙을 이해하고 서로 의사존중 하는 것을 학습하도록 한다.

④ 초기단어

　㉠ 유아마다 개인차가 있으며 보통 사물과 사람을 가리키는 단어를 먼저 습득하지만 어떤 유아는 사회적 단어를 먼저 습득하기도 한다.

　㉡ 단어를 한번 듣고 그 의미를 유추하여 습득하며 추상적 사고보다는 구체적 사물에 대해 빨리 습득한다.

유아의 단어의미 이해

신속표상대응	짧은 순간에 어떤 단어를 한 번만 듣고도 그 단어의 의미를 습득한다.
어휘대조론	유아는 익숙하지 않은 단어를 들었을 때 그 새로운 단어가 이미 알고 있는 단어들과는 다른 독특한 의미를 갖는다고 생각한다.
상호배타성의 원칙	각각의 사물은 하나의 명칭만을 가진다고 생각한다(멍멍이, 야옹이 등).
전체-사물 가정	단어가 사물의 일부분이나 부분적 특성보다는 사물 전체를 의미한다고 생각한다.
과잉확대	멍멍이를 강아지 외에 고양이나 소, 양과 같이 네발이 달리고 털이 있는 동물을 가리킨다고 생각한다.
과잉축소	'개'라는 단어를 자기 집 개에게만 축소해서 적용한다.

⑤ **유아기 언어 발달단계**

35~38개월	• 문법적 형태소가 문장에 표현되고 의문문과 부정문이 나타난다. • 쉬운 형태소부터 익혀나가기 시작하고 문법적 형태소를 습득한 아동은 새로운 상황에 적용해보거나 과대규칙화를 나타내기도 한다.
2~2.6세	• 2개 이상의 어휘를 사용한다. • 수식어와 접속어의 사용이 증가한다. • 단순한 의미에 기초한 표현들과 문법적인 것이 연계되면서 점차 구문적이 되어간다.
3세	복잡한 문장은 구사하지만 구문론적 지식은 아직 불완전하여 오류가 나타난다.

⑥ **유아의 문법형태소의 오류**

브라운(Brown)은 세 명의 아동을 종단 추적하여 문법적 지식의 발달과정을 검토한 결과 문법적 지식이 체계적 순서에 따라 발달함을 발견하였다.

㉠ 2~3세의 시기에는 이미 익힌 문법적 형태소를 새로운 상황에도 적용시킨다.

㉡ 과잉조정현상 : 과거형을 만들 때 모든 문장에 같은 형태를 추가하며 불규칙 동사를 활용하지 못한다.

　　예 go와 buy의 과거형을 goed, buyed로 표현

㉢ 과잉일반화현상 : 일반적으로 복수형을 만들 때 나타난다.

　　예 모든 동사에 -s를 붙이는 것

⑦ **유아기 언어기능**

㉠ 음식과 장난감 같은 신체적·도구적 필요의 욕구를 표현하는 데 필요한 기능

㉡ 사회적인 상호작용의 기능

㉢ 자기존재의 중요성과 유일성에 대한 개인적 기능

㉣ 탐색, 질문, 대답에 관한 발견적 기능

㉤ 창조적 세계를 만드는 데 필요한 상상적 기능

㉥ 타인과 정보를 교환하기 위한 정보적 기능

(3) 아동기 이후의 언어발달

① 발달단계

5~8세	모호한 대명사보다 명확한 지칭을 사용한다.
7~9세	수동태 문장을 이해하고 말할 수 있다.
10세 이후	4만 개의 단어를 습득하게 되고 점차 추상적인 어휘를 이해하게 된다. 비교급과 가정법을 사용하고 문장구성력이 증가한다.

② 의사소통능력의 발달

유아기에는 자기중심적이지만 학령기에는 의사소통기술이 급격히 발달한다.

2세경	유아는 효율적인 의사소통에 필요한 사회적, 상황적 요인을 인식한다.
2세반	문법적 규칙보다 의사소통에 필요한 실제적인 방법을 먼저 습득한다.
3세	화자의 진정한 의미가 표현된 말과 그렇지 않은 것을 구분한다.
3~5세	말하고자 하는 내용을 듣는 이에게 맞추어야 한다는 것을 배운다.
8~10세	의사소통 시 명확하지 않으면 상대방에게 내용을 명확히 해 줄 것을 요청한다.

③ 아동의 의사소통기술이 필요로 하는 능력

　　㉠ 상대방의 말에 주의를 기울이고 이해하려는 노력

　　㉡ 상대방의 연령, 성, 사회적 지위나 상황에 맞게 적절한 언어적 표현을 사용하는 능력

　　㉢ 자신이 하는 말을 상대방이 이해하도록 반응을 유도하고 조정해 나가는 상위의사소통능력

　　㉣ 듣기능력 : 상대방의 말을 주의 깊게 듣고 그 의미를 정확히 이해하며 전달내용이 가지고 있는
　　　　모순을 파악하는 능력

④ 아동의 문장 내용파악

Markman의 초등학교 1학년과 3학년을 대상으로 한 실험에서 1학년 아동은 설명내용의 부적절성을
감지하지 못하였고 3학년 아동은 지시내용의 부적절성을 정확히 지적하였다.

［더 알아두기］

참조적 의사소통기술(referential communication skill)

의사소통을 효율적으로 하기 위해 말하고자 하는 내용을 듣는 사람에게 맞추는 노력을 말한다.

참조적 의사소통기술 연구

- 2세 유아도 자신보다 어린 동생에게 말할 때와 어머니에게 말할 때 서로 다른 표현을 사용한다.
- 2세 유아가 또래 간에 서로의 입장을 고려하며 대화를 이끌어 가는 것이 발견되었다.
- 4세 유아가 자신보다 어린 유아에게 대화할 때 성인에게보다 쉬운 낱말과 짧은 문장을 구사하였다.
- 학령 전 아동은 상대의 특성에 맞게 자신의 표현을 적응시킬 뿐 아니라, 상대의 반응을 감지하고
  이에 따라 자신의 말을 조정한다.
  예 성인이 자신의 말을 이해하지 못할 때 표현을 좀 더 어렵게 바꾸며 또래나 어린 아동에게는 쉽게
  　설명하려는 노력을 보임

01 다음은 어떤 개념을 설명하는 것인가?

> 새로운 대상을 받아들일 수 없을 때 기존의 인지구조를 변화시키는 과정이다.

① 도식
② 적응
③ 동화
④ 조절

02 다음 설명이 공통적으로 의미하는 개념은?

> • 유기체가 현재 가지고 있는 도식을 새롭고, 더욱 복잡한 도식으로 변화시키는 것을 말한다.
> • 환경보다는 개체의 내부적 변화를 의미한다.

① 조직화
② 평형
③ 보존
④ 적응

01 ① 도식 : 사물이나 사건 또는 사실에 대한 전체적인 윤곽이나 개념을 말하며, 유기체가 가지고 있는 이해의 틀을 말한다.
② 적응 : 동화와 조절이라는 기제가 상호 유기적으로 작용하는 것으로 개인이나 환경의 수정을 말한다.
③ 동화 : 이미 갖고 있는 기존의 도식에 새로운 대상이나 사건을 받아들이는 과정을 말한다.

02 ② 평형 : 유기체가 균형을 유지하려는 경향으로 새로운 상황에서 일관성과 안정성을 이루려는 시도를 말한다.
③ 보존 : 질량이 양적 차원에서는 동일하지만 모양의 차원에서 변할 수 있는 것을 말하며 6세 이상의 아이들은 추상적인 인지수준을 보인다.

정답 (01 ④ 02 ①)

03 ① 보존성 : 아동은 순간적으로 보이는 형태만으로 물리량 또한 달라졌을 것으로 인식하는데 보존개념을 획득한 아동은 이러한 자기중심성에서 벗어나 객관적으로 사물을 인식하게 된다.
② 실재론 : 마음의 생각이 실제로도 존재한다는 믿음을 가진다.
㉑ 꿈이 실제현상이라고 믿는 경우
④ 중심화 : 여러 요소가 관련되어 있음에도 불구하고 한 요소만을 고려하는 성향이다.

03 다음은 무엇에 대한 설명인가?

- 출생부터 2세 사이에 일어나는 중요한 인지발달과 변화의 하나이다.
- 우리자신을 포함하는 모든 대상들이 독립적인 실체로서 그 대상이 사라지더라도 다른 장소에 계속해서 존재한다는 사실에 대한 지식을 의미한다.
- 피아제는 이런 능력들이 감각운동기 동안에 서서히 발달하는 것으로 보았다.

① 보존성　　　　　　② 실재론
③ 대상영속성　　　　④ 중심화

04 제시문의 ㄴ은 학자에 대한 설명이 서로 뒤바뀌었다. 피아제는 사회적 상호작용이 인지구조를 검증하고 확인하는 수단이라고 보았지만, 비고츠키는 사회적 상호작용이 언어를 습득하고 생각을 교환하는 수단이라고 보았다.

04 다음은 인지발달에 관한 피아제(Piaget)와 비고츠키(Vygotsky)의 관점을 비교한 것이다. 옳은 진술을 모두 고른 것은?

ㄱ. 피아제는 개인 내부에서 새로운 지식이 어떻게 구성되는가에 관심을 두었으나, 비고츠키는 문화의 맥락 안에서 정신적 도구가 어떻게 매개 되는가에 관심을 두었다.
ㄴ. 피아제는 사회적 상호작용이 언어를 습득하고 생각을 교환하는 수단이라고 보았으나, 비고츠키는 사회적 상호작용이 인지구조를 검증하고 확인하는 수단이라고 보았다.
ㄷ. 피아제는 개인과 지식의 내적 구조에 초점을 맞춘 반면, 비고츠키는 관련 공동체에서의 문화적 동화에 초점을 맞춘다.
ㄹ. 환경에 대하여 피아제는 물리적 환경에 관심을 가지는데 반해, 비고츠키는 역사적, 문화적 환경에 주로 관심을 가진다.

① ㄱ, ㄴ, ㄷ　　　　　② ㄱ, ㄷ, ㄹ
③ ㄴ, ㄷ　　　　　　　④ ㄱ, ㄴ, ㄷ, ㄹ

정답　03 ③　04 ②

05 피아제(Piaget)의 인지발달단계 중 보존개념이 획득되는 시기에 해당하는 것은?

① 감각운동기
② 전조작기
③ 구체적 조작기
④ 형식적 조작기

>>>○
[피아제의 인지발달이론에 의한 인지발달단계]

감각운동기 (0~2세)	• 자신과 외부대상을 구분하지 못한다. • 대상영속성을 이해하기 시작한다. • 목적지향적인 행동을 한다.
전조작기 (2~7세)	• 사고는 가능하나 직관적인 수준이며, 아직 논리적이지 못하다. • 대상영속성을 확립한다. • 상징놀이, 물활론, 자아중심성을 특징으로 한다.
구체적 조작기 (7~12세)	• 구체적 사물을 중심으로 한 논리적 사고가 발달한다. • 자아중심성 및 비가역성을 극복한다. • 유목화·서열화·보존개념을 획득한다.
형식적 조작기 (12세 이상)	• 추상적 사고가 발달한다. • 가설의 설정, 연역적 사고가 가능하다.

06 피아제(Piaget)의 인지발달단계 중 형식적 조작기의 특성에 해당하는 것은?

① 가역적 사고가 가능하고 보존개념을 획득한다.
② 구체적 사물에 대한 논리적 조작이 가능하다.
③ 가설-명제적 사고가 가능하다.
④ 상징놀이를 한다.

05 [문제 하단의 표 참고]

06 형식적 조작기의 특징
• 어떤 종류의 추상적 추리가 가능하다.
• 아동은 가상성에 기초하여 사고한다.
• 아동의 사고는 가설적이고 연역적이다.
• 아동은 명제 간의 사고도 할 수 있다.
• 조합적인 사고가 가능하다.
• 체계적인 사고능력, 논리적 조작에 필요한 문제해결능력이 발달한다.

구체적 조작기와 형식적 조작기 비교
• 구체적 조작기(7~12세)
 – 구체적 사물을 중심으로 한 논리적 사고가 발달한다.
 – 자아중심성 및 비가역성을 극복한다.
 – 유목화·서열화·보존개념을 획득한다.
• 형식적 조작기(12세 이상)
 – 추상적 사고가 발달한다.
 – 가설의 설정, 연역적 사고가 가능하다.

정답 05 ③ 06 ③

07 자아중심성 : 자신과 대상을 서로 구
분하지 못하는 것으로, 유아기 초기
에는 자신과 주변의 대상들을 구분
하지 못하는 반면, 청소년기에는 현
실과 환상을 구분하지 못한다.
① 물활론적 사고 : 생명이 없는 대
상에게 생명과 감정을 부여하는
것을 말한다.
③ 전인과성 사고 : 전조작기 특유의
인과개념이다.
④ 직관적 사고 : 감성적이며 경험적
인 사고로서 생각 자체의 효과에
빠르게 도달하는 능력을 말한다.

08 ① 조절 : 외부의 환경이나 새로운 정
보가 기존의 도식에 맞지 않을 때
그 도식을 바꾸거나 수정하는 과
정이다.
② 도식 : 지식의 기본 단위 즉, 개인
이 가지고 있는 이해의 틀을 의미
한다.
④ 조직화 : 상이한 도식들을 자연스
럽게 서로 결합하는 것이다.

09 도식은 인지적인 구조라고 할 수 있
다. 동물이 위기환경에 적응하여 살
아가는 데 필요한 것이 생물학적 구조
라면, 도식은 정신적 발달과 함께 변
하는 인지적 구조이다. 동물이 환경
에 적응할 수 있는 구조를 갖는 것과
같이 아동도 환경에 정신적으로 적응
해 갈 수 있는 도식을 가지고 있다.
그런 의미에서 도식은 개념 또는 카테
고리의 일종으로 생각할 수 있다.

정답 (07 ② 08 ③ 09 ②)

07 4세 혜원이는 엄마의 생일을 맞아 자신이 아끼고 좋아하는 캐
릭터 인형을 선물하였다. 이러한 혜원이의 행동을 설명하는
개념은?

① 물활론적 사고
② 자아중심성
③ 전인과성 사고
④ 직관적 사고

08 다음 중 환경 속에 포함되어 있는 여러 가지 요인들이 기존의
인지구조에 의해 이해되고 해석되는 과정을 의미하는 것은?

① 조절　　　　　　② 도식
③ 동화　　　　　　④ 조직화

09 다음 중 정신적 조작, 즉 특정 상황에 대한 아동의 개념화와
눈에 보이는 행동을 의미하는 것은?

① 적응　　　　　　② 도식
③ 동화　　　　　　④ 평형화

10 비고츠키(Vygotsky)의 사회문화적 인지이론에 대한 설명으로 옳지 <u>않은</u> 것은?

① 아동의 환경 속에 존재하는 다양한 사회적 맥락이 아동의 학습발달에 지대한 영향을 미친다.

② 사회문화현상 및 사람들과의 상호작용을 중요시하였다.

③ 아동의 지적 발달은 자기중심적 언어의 변형 및 발달에 의해 도출되는 외적 언어와 내적 언어에 의해 영향을 받는다.

④ 비계의 기능은 '내면화 → 타인에 대한 의존 → 타인과의 협동 → 자기에 대한 의지'의 단계로 전개된다.

11 비고츠키(Vygotsky)의 아동의 초기 언어(혼잣말)에 대한 견해가 <u>아닌</u> 것은?

① 아동의 미성숙한 자기중심적 사고에 기인한다.

② 혼잣말은 모든 고등 인지과정에 대한 기초이다.

③ 내적 언어단계 이전에 나타난다.

④ 혼잣말은 자신의 사고와 행동을 조절하는 사적 언어이며 점차 내적 언어가 되어간다.

12 다음 중 피아제의 인지발달이론에 대한 내용으로 옳지 <u>않은</u> 것은?

① 인간은 능동적으로 감각인상을 변형한다.

② 인지발달은 개인에 따라 차이가 있다.

③ 일생을 통해 인지적 성장과 변화가 이루어진다.

④ 인간은 변화하고 성장하는 객관적 존재이다.

---

10 비계의 기능은 '타인에 대한 의존 → 타인과의 협동 → 자기에 대한 의지 → 내면화'의 단계로 전개된다.

11 비고츠키(Vygotsky)는 피아제(Piaget)와 달리 자기중심적 언어(Egocentric Speech)의 사용은 단순히 자기생각을 표현하는 것이 아니라 문제해결을 위한 사고의 도구라고 생각했다. 아동의 문제해결 초기단계에는 비언어적인 사고가 사용되지만 아동이 2세 정도되었을 때 사고와 언어가 결합된다. 이후 4~6세의 아동은 자기중심적 언어 사용, 즉 혼잣말(Self talk)을 빈번히 한다.
예를 들어, 놀이과정 중 "이젠 밥을 먹어야지."라고 먼저 말한 뒤 밥을 먹는다. 7~8세경에는 자신의 머릿속에서 무성 형태로 언어를 조작하는 법을 배우는데, 이를 내적 언어단계라고 한다.

12 피아제는 인간은 나름대로 의미를 부여하는 주관적인 존재라고 주장하였다.

정답 10 ④ 11 ① 12 ④

13 인지발달이론에서 질량, 수, 부피에 관한 보존개념은 7~12세의 구체적 조작기에 습득하기 시작하는 가장 중요한 능력 중의 하나이다.

13 피아제(Piaget)의 인지발달에 관한 설명으로 옳지 <u>않은</u> 것은?

① 감각운동기는 6개의 하위단계로 구성된다.

② 형식적 조작기에 들어가면 추상적이고 가설적인 사고가 발달한다.

③ 질량, 수, 부피에 관한 보존개념은 동일한 연령에서 나타난다.

④ 인지발달단계의 순서는 불변한다.

14 ㄷ. 아동의 인지는 아동 스스로 학습하려는 노력과 함께 다른 사람, 즉 부모나 교사 또는 좀 더 능력이 있는 또래와의 상호작용을 통해서 이루어진다고 주장한다.

14 비고츠키(Vygotsky)의 인지발달이론에 관한 설명으로 옳은 것을 모두 고른 것은?

> ㄱ. 인지발달을 촉진시키는 데 부모나 교사의 역할을 중시한다.
> ㄴ. 아동보다 유능한 사람의 도움을 받으면 아동은 현재보다 더 잘할 수 있다.
> ㄷ. 아동의 인지는 같은 수준의 친구와의 놀이를 통해 주로 발달된다.
> ㄹ. 인지발달을 촉진시키는 방법으로 발판화(Scaffolding)와 유도된 참여가 있다.

① ㄱ, ㄴ, ㄷ   ② ㄱ, ㄴ, ㄹ

③ ㄱ, ㄷ, ㄹ   ④ ㄴ, ㄷ, ㄹ

15 틀린 믿음이 발달하는 4세경에 마음이론이 발달한다. 4세 이상에서는 어떤 사실에 대한 우리의 생각이 사실과 다를 수 있다는 믿음의 표상적 특성을 이해하게 되어 사람이 틀린 믿음을 가질 수 있다는 것을 이해한다. 마음이론은 궁극적으로 사회성 발달과 연관된다.

15 마음이론의 발달에 관한 설명으로 옳지 <u>않은</u> 것은?

① 내적 욕구와 바람이 행동을 결정한다는 사실에 대한 이해는 2세경에 발달한다.

② 틀린 믿음에 대한 이해는 6세경에 발달한다.

③ 형제가 있는 아동은 없는 아동보다 틀린 믿음을 더 잘 이해한다.

④ 마음이론의 발달에는 생물학적 요인이 작용한다.

정답 13 ③ 14 ② 15 ②

16 다음은 비고츠키 언어의 발달단계 중 어느 단계에 속하는가?

> • 언어와 사고가 점차 결합되기 시작
> • 유아의 생각 반영, 사회적 언어사용
> • 단어나 문장과 같은 형태로 변형되어 나타남
> • 이 단계에서 사회적 의사소통이 가능해짐
> • 문법에 대한 이해 없이도 문장형성이 가능

① 원시적 언어단계

② 외적 언어단계

③ 자기중심적 언어단계

④ 내적 언어단계

17 비고츠키의 근접발달영역에 대한 설명으로 옳지 <u>않은</u> 것은?

① 근접발달영역은 아동 스스로 해결할 수 있는 문제에 의해 결정되는 실제적 발달수준과 다른 동료 학습자나 성인의 지원에 의해 문제해결이 가능한 잠재적 발달수준 간의 차이를 의미한다.

② 근접발달영역은 일종의 학습과 발달을 위한 전략이며, 이 영역 내에서 사회적 상호작용을 통한 학습발달이 촉진된다.

③ 아동은 문화적 도구를 획득하고 더 높은 차원의 정신적 발달에 도달하기 위해 근접발달영역을 벗어나야 한다.

④ 근접발달영역에서는 교수자와 학습자간의 적극적이고 능동적이며 활발한 상호작용이 강조된다.

---

16 ① 언어와 사고발달이 모두 미약한 상태
③ 자신의 사고과정을 중얼거리듯이 혼자말로 표현
④ 표상적인 과정 없이 머릿속으로 언어를 구상

17 아동은 문화적 도구를 획득하고 더 높은 차원의 정신적 발달에 도달하기 위해 근접발달영역 내에 위치하여야 한다.

정답 16 ② 17 ③

18 직관적 사고기(4~7세)는 사물과 사건에 대한 이해가 여전히 논리적 과정보다는 지각적 특성을 띠며 중심화(centered) 경향이 있다. 또한, 보존, 분류, 서열, 관계, 사회적 인지, 자기중심성과의 관계가 나타난다.

18 다음 〈보기〉의 특징은 피아제의 어느 단계에 대한 설명인가?

> ┌ 보기 ┐
> • 사물과 사건에 대한 이해가 여전히 논리적 과정보다는 지각적 특성을 띠고 있고 중심화(centered) 경향이 있다.
> • 보존, 분류, 서열, 관계, 사회적 인지, 자기중심성과의 관계가 나타난다.

① 직관적 사고기
② 전조작기
③ 구체적 조작기
④ 감각운동기

19 ④는 피아제의 이론이며, 행동주의자들은 이러한 아동의 발달이 자발적이라는 주장에 반대하였다.

19 비고츠키이론의 장점으로 옳지 <u>않은</u> 것은?

① 사회적 맥락과 협력의 중요성을 강조하는 새로운 교수학습을 제시하였다.
② 교사가 아동에게 사회적으로 의미 있는 활동을 제공하여 학문적인 학습을 위해 요구되는 자기훈련을 촉진하게 하였다.
③ 다양한 문화나 경험과 관계된 발달경로의 모습을 제시하였다.
④ 능동적이고 자발적인 인지발달의 과정을 중시하였다.

20 정보처리이론은 정보가 장기기억고에 저장된다고 가정하지만, 신경망이론은 인간의 뇌에 저장된 다량의 정보는 각각 서로 다른 위치에 분산되어 저장된다고 가정한다.

20 신경망이론에 대한 다음 설명 중 옳지 <u>않은</u> 것은?

① 인간의 기억이 신경망으로 구성되어 있고, 기억내용들이 노드(node) 사이의 연결강도로 저장된다고 전제한다.
② 신경망은 기본적으로 정보처리요소와 연접경로로 구성된다.
③ 정보처리요소는 정보 전송로인 지향성 링크에 의해 서로 병렬로 연결되어 있다.
④ 정보가 장기기억고에 저장된다고 가정한다.

정답 (18 ① 19 ④ 20 ④)

21 다음 중 〈보기〉의 내용에 해당하는 정보처리이론의 주요 개념은?

> 보기
> • 우리가 책을 읽거나 다른 사람과 이야기할 때 접하게 되는 모든 정보들은 이미 우리가 머리에 저장하고 있는 지식을 기초로 하여 해석하게 된다.
> • 유기체는 자신의 내부에 과거 반응들의 능동적인 조직을 가지고 있다.

① 형태재인 ② 쉐마(Schema)
③ 감각등록 ④ 측면분석

21 쉐마(Schema)는 학습자의 지식구조에 해당하는 것으로, 개별적인 사례들을 토대로 하나의 구조화를 이룸으로써 다른 자극을 인식할 때 기준으로 삼는 것이다. 이러한 쉐마는 고정된 것이 아닌 상황에 따라 재구성되는 것이며, 부호화의 과정을 통해 여러 상황 및 대상에 대한 이해의 폭을 넓힌다.

22 다음 중 정보처리이론의 정보저장소와 연관된 내용으로 옳지 않은 것은?

① 감각등록기는 감각수용기관을 통해 정보를 최초를 저장하는 곳이다.
② 감각등록기는 그 수용량에 제한이 없다.
③ 작동기억은 일시적인 저장소로서 역할을 한다.
④ 쉐마는 분리되어 있는 항목들을 보다 큰 묶음으로 조합하는 것이다.

22 분리되어 있는 항목들을 보다 큰 묶음으로, 보다 의미 있는 단위로 조합하는 것은 청킹(Chunking)이다. 이러한 청킹은 단기기억에 해당하는 작동기억에 있어서 매우 중요한 역할을 하는데, 특히 제한된 작동기억의 수용량을 증가시킨다.

23 강화와 처벌에 대한 설명으로 옳지 않은 것은?

① 강화는 행동을 증가시키며 처벌은 행동을 감소시킨다.
② 방청소를 소홀히 한 아이에게 컴퓨터를 못하게 하는 것은 정적 처벌에 속한다.
③ 강화나 벌은 즉각적으로 주어져야 한다.
④ 간헐적 강화계획은 간격계획과 비율계획의 두 가지가 있다.

23 ②는 유쾌 자극을 철회하여 행동의 빈도를 줄이는 것으로, 부적 처벌에 속한다.

정답 21 ② 22 ④ 23 ②

24 ①은 정보처리적 학습이론의 특징이다.

신경망학습이론
• 비선형적 모델, 즉 병렬적 정보처리를 전제한다.
• 불완전한 자료에 근거하여 상황에 따른 최적의 의사결정이 이루어진다.
• 학습자 스스로가 초인지를 활용하여 자료를 처리하는 방법과 규칙을 만들어 나가므로 의외의 결과를 낳기도 한다.
• 정보의 일부를 검색하면 관련된 모든 정보가 자동적으로 함께 인출될 수 있도록 저장된다.
• 수업활동이 발견식 접근으로 이루어져야 한다고 전제한다.

25 자동화 처리과정은 하나 이상의 많은 정보를 동시에 초점을 맞추게 하여 작동기억을 더욱 확장해 나간다.

26 정보처리이론은 새로운 정보가 투입되고 저장되며 기억으로부터 인출되는 방식을 연구학습자의 내부에서 학습이 발생하는 기제로 설명한다. 이러한 정보처리 과정의 기제에 근거해서 정보가 지각, 저장, 변형, 인출, 학습, 망각되는 것과 같은 현상을 알아낸다.

정답 24 ① 25 ④ 26 ①

---

24 신경망학습이론의 특징을 잘못 설명한 것은?

① 엄격히 정해진 절차에 따라 정보처리가 이루어진다.
② 불완전한 자료에 근거하여 상황에 따른 최적의 의사결정이 이루어진다.
③ 학습자 스스로가 초인지를 활용하여 자료를 처리하는 방법과 규칙을 만들어 나가므로 의외의 결과를 낳기도 한다.
④ 수업활동이 발견식 접근으로 이루어져야 한다고 전제한다.

25 정보처리접근에서 저장모형 구성요소들에 대한 설명으로 틀린 것은?

① 감각등록기는 그 수용량에 제한이 없지만, 투입되는 즉시 처리되지 않으면 정보는 유실된다.
② 작동기억의 가장 큰 특징은 정보의 양과 지속시간에 제한이 있다는 점이다.
③ 장기기억은 무한한 정보를 영구적으로 저장할 수 있는 곳으로, 일상기억과 의미기억으로 구분된다.
④ 자동화 처리과정은 하나 이상의 많은 정보에 동시에 초점을 맞추기 힘들어 작동기억을 확장하지 못한다.

26 다음 괄호 안에 순서대로 들어갈 말로 적절한 것은?

> 정보처리이론에서는 인간의 정보처리 과정을 '환경적 자극을 기억에 입력( ) – 기억에 보관( ) – 기억으로부터 회상( )'의 3단계로 설명한다.

① 부호화 – 저장 – 인출
② 기억 – 저장고 – 해독
③ 입력 – 출력 – 상징
④ 부호화 – 산출 – 재부호화

27 아동의 발달과정에서 정신적 표상의 사용증거가 <u>아닌</u> 것은?

① 대상영속성 이해

② 지연 모방

③ 언어사용

④ 2차 순환반응

28 영아기 기억상실증의 원인에 관한 설명으로 옳은 것은?

① 단기기억의 용량이 제한되었기 때문이다.

② 인출단서의 변화로 인한 것이다.

③ 영아기의 기억은 오래되어 소멸되었기 때문이다.

④ 영아는 암묵적으로 기억능력이 부재하기 때문이다.

27 2차 순환반응은 4~10개월에 나타나는 반응으로 선천적인 반사를 넘어서 학습을 통해 획득한 반응의 양상을 보이며, 이전에 획득한 반응을 의도적으로 외부환경에 적용한다.

정신적 표상(18~24개월)

• 점차 시행착오적인 행동에서 벗어나 행동하기 이전에 상황에 대해 사고한다.

• 상상력이 발달한다. 가상 놀이가 나타난다.

• 상징적 능력이 발달하여 정신적 표상이 증가된다.

• 대상 영속성(어떤 대상이 더 이상 보이지 않을 때 그 대상은 계속해서 존재한다는 개념)을 획득한다.

• 지연 모방(어떤 행동을 목격 후 바로 모방하는 것이 아니라 일정한 시간이 지난 후에 그 행동을 재현하는 것)을 나타낸다.

28 영아기 기억상실증은 3~4세 이전의 영아기 시절에 경험한 사건을 기억하지 못하는 것을 의미한다. 그 원인은 저장된 정보를 연합하고, 마음속에 있는 정보를 가져오도록 도와주는 외적 정보인 인출단서가 변화되었기 때문이다.

아동기의 기억상실증의 원인

• 언어적 부호화 능력과 명시적 기억이 발달하지 않음

• 인출단서의 변화

• 영아기에 기억과 관련된 신경구조가 충분히 성숙되지 않음

정답 27 ④ 28 ②

29 ㄱ. 지능검사는 지적 능력이 뛰어난 아동을 선별하기 위해 제작되기 시작한 것이 아니라 학습 불능 어린이나 정신지체아를 식별하기 위해 제작되기 시작하였다.
ㄴ. 편차점수를 사용한 것은 웩슬러 지능검사이다.

30 길포드(Guilford)의 복합요인설(입체모형설)
길포드는 지능이 다양한 방법에 의해 상이한 정보들을 처리하는 다각적 능력들의 체계적인 집합체라고 말하며, 지능구조의 3차원적 입체모형을 통해 180개의 조작적인 지적 능력을 제시하였다.
[문제 하단의 표 참고]

29 지능검사에 관한 설명으로 옳은 것을 모두 고른 것은?

> ㄱ. 지능검사는 지적 능력이 뛰어난 아동을 선별하기 위해 제작되기 시작하였다.
> ㄴ. 비네-시몬(Binet-Simon) 검사에서 IQ 점수는 편차점수이다.
> ㄷ. 지능검사는 다양한 인지 능력을 측정한다.
> ㄹ. 지능검사 점수는 학업성취뿐만 아니라 사회 정서적 적응과도 상관이 있다.

① ㄱ, ㄴ   ② ㄴ, ㄷ
③ ㄷ, ㄹ   ④ ㄴ, ㄷ, ㄹ

30 다음 중 길포드(Guilford)의 지능구조 입체모형설의 구성 범주에 포함되는 것을 모두 고르면?

> ㄱ. 지각(Perception)
> ㄴ. 내용(Content)
> ㄷ. 파지(Retention)
> ㄹ. 조작(Operation)

① ㄱ, ㄴ, ㄷ
② ㄱ, ㄷ
③ ㄴ, ㄹ
④ ㄱ, ㄴ, ㄷ, ㄹ

내용 차원 (사고의 대상)	시각, 청각, 상징, 의미, 행동
조작 차원 (사고의 과정)	평가, 수렴적 조작, 확산적 조작, 기억파지, 기억저장, 인지
결과 차원 (사고의 결과)	단위, 분류, 관계, 체계, 전환, 함축

정답   29 ③   30 ④

31 창의성에 대한 설명으로 옳지 <u>않은</u> 것은?

① 창의성 발달은 유전적 영향을 받기는 하지만 교육에 의해서 개발이 가능한 측면이 많다.

② 내적동기가 높고 환경적인 뒷받침을 제공해주는 것이 필요하다.

③ 독창적으로 문제를 해결하고 도전하게 하는 것이 창의성 발달에 도움이 된다.

④ 지능은 창의성에 필수이며 지능이 높으면 창의성도 높다.

32 가드너(Gardner)의 다중지능이론에 대한 설명으로 옳지 <u>않은</u> 것은?

① 문제해결능력과 함께 특정 사회적·문화적 상황에서 산물을 창조하는 능력을 강조한다.

② 인간의 지능은 일반지능과 같은 단일한 능력이 아닌 다수의 능력으로 구성되어 있다고 본다.

③ 지능을 언어지능, 논리–수학지능, 공간지능, 신체–운동지능, 음악지능, 대인관계지능, 개인내적 지능 등 7가지의 독립된 지능으로 구분하였다.

④ 지능을 개인의 내부세계와 외부세계에서 비롯되는 경험의 측면에서 세 가지로 구분하였다.

33 스턴버그(Sternberg)가 제시한 지능의 구조에 대한 이론 중 성분적 지능과 연관된 것은?

① 직관력과 통찰력을 통해 새로운 문제를 신속하게 처리하는 능력

② 사물의 본질적인 부분과 비본질적인 부분을 분간하는 능력

③ 현실상황에 대한 적응 및 환경과의 조화를 이루는 능력

④ 새로운 지능을 획득하고 이를 논리적 문제의 해결에 적용하는 분석적 능력

---

31 지능은 창의성에 필수지만, 지능이 높다고 반드시 창의적인 것은 아니다.

32 지능을 개인의 내부세계와 외부세계에서 비롯되는 경험의 측면에서 성분적 지능, 경험적 지능, 상황적 지능으로 구분한 학자는 스턴버그(Sternberg)이다.

33 스턴버그(Sternberg)의 삼원지능이론

• 성분적 지능 : 새로운 지능을 획득하고 이를 논리적 문제의 해결에 적용하는 분석적 능력 또는 정보처리능력

• 경험적 지능 : 직관력과 통찰력을 통해 새로운 문제를 신속하게 처리하는 능력으로 창의적 능력

• 상황적 지능 : 현실상황에 대한 적응 및 환경과의 조화를 이루는 융통적이고 실용적인 능력으로 실제적 능력

정답 (31 ④   32 ④   33 ④)

34 결정성 지능은 언어적 이해력, 수에 관련된 기술, 귀납적 추론과 같이 교육과 경험, 그리고 문화 등의 축적을 통해 후천적으로 습득되는 능력을 말한다. 카텔은 유동성 지능이 주로 유전된 생물학적 요인의 결과인 반면에 결정성 지능은 유동성 지능과 경험에 의존하기 때문에 유전과 환경 모두의 영향을 받는다고 주장하였다.

34 **지능발달에 관한 설명으로 옳지 <u>않은</u> 것은?**

① 결정성 지능은 유동성 지능보다 학교교육이나 문화의 영향을 덜 받는다.

② 지능의 상관은 이란성 쌍생아보다 일란성 쌍생아 간에 더 높다.

③ 가드너(Gardner)에 따르면 인간의 지능은 다양한 차원으로 구성되어 있다.

④ 문제에 대한 하나의 최적의 답을 만들어내는 능력은 수렴적 사고이다.

35 1단계인 사회정보적 역할맡기 단계는 타인의 역할이 자신의 그것과 비슷하거나 다르다는 것을 인지하기 시작하는 단계로 아직 정확한 구별을 하지는 못한다.

35 **셀만의 역할맡기이론에서 유아는 다른 사람의 견해가 자신과 다를 수 있음을 인정하지만 타인의 행동을 타인의 처지에서 판단이 어려우며 나의 행동을 타인의 처지에서 판단이 어려운 단계는?**

① 자아중심적 단계

② 상호적 역할맡기 단계

③ 사회정보적 역할맡기 단계

④ 자기반성적 역할맡기 단계

36 웩슬러 지능검사는 검사자가 모든 문제를 구두 언어나 동작으로 제시하고 수검자의 반응을 직접 기록할 수 있도록 함으로써 글을 모르는 수검자라도 검사를 받는 것이 가능하다.

36 **다음 중 웩슬러 지능검사의 특징으로 옳지 <u>않은</u> 것은?**

① 개인검사로서 검사과정을 통해 수검자의 문제와 관련된 진단적 단서를 얻을 수 있다.

② 인지적 검사로서 구조화된 객관적 검사에 해당한다.

③ 아동 및 청소년, 성인을 대상으로 하나, 문맹자에게는 적용할 수 없다.

④ 언어이해, 지각추론, 작업기억, 처리속도 4개의 소검사로 구성되어 있다.

정답 (34 ① 35 ③ 36 ③)

37 다음 중 써스톤(Thurstone)이 제시한 지능요인에 해당하지 않는 것은?

① 기억요인
② 지각요인
③ 공간요인
④ 시간요인

38 언어발달과정 중 영유아들에게서 나타나는 다음 개념은 무엇인가?

> • 영아가 성인들과는 달리 넓은 범주의 사물, 사건 또는 행동에 대해 비교적 특수한 단어를 사용하는 경향을 말한다.
> • 영아들에게 '멍멍이'는 일반적인 강아지를 의미하는 것이 아니라 자기 집에서 기르는 강아지를 의미한다.

① 생략화
② 과잉확장
③ 과소확장
④ 일반화

39 다음은 지능에 대한 어떤 개념을 설명하는 것인가?

> • 환경이나 경험, 문화적 영향에 의해 발달되는 지능으로서, 유동성 지능을 토대로 후천적인 발달이 이루어진다.
> • 언어이해능력, 문제해결능력, 상식, 논리적 추리력 등과 같이 나이를 먹으면서도 계속 발달할 수 있는 능력으로 나타난다.
> • 인간의 지식구조를 이룬다고 보는 학교교육에 근간이 된다.

① 특수정신능력
② 일반적 정신능력
③ 유동적 지능
④ 결정적 지능

37 써스톤(Thurstone)의 다요인설에 의한 지능의 개별적 능력
• 언어요인
• 단어의 유창성 요인
• 수리요인
• 기억요인
• 공간요인
• 지각요인
• 논리요인

38 • 과소확장(under extension) : 아이들이 어떤 단어를 그 단어의 실제 의미가 허용하는 것보다 더 적은 범위의 지시물에 적용하여 사용하는 것을 말한다. 또한, 2세경에는 단어가 사물의 특성이나 부분만이 아니라 전체를 의미한다는 것을 이해한다.
• 과잉확장(over extension) : 아이들이 어떤 단어를 실제 그 단어가 의미하는 것보다 더 광범위한 대상을 가리키는 것이다.
㉠ 멍멍이 → 양, 염소, 또는 소에 대해서도 사용
차 → 버스, 기차, 트럭, 소방차, 구급차를 지칭

39 ①·②는 스피어만의 이요인설의 개념으로 특수지능은 특정한 검사에 특유한 정신능력을 말하며 일반적 정신능력은 관계를 이해하는 개인의 능력 혹은 일반적인 지적능력에 해당한다.
제시문은 카텔(Cattell)의 결정적 지능에 해당하며 유동적 지능은 일반적으로 경험을 통해 얻을 수 있는 지식으로 유전적 요인을 많이 반영한다.

정답 37 ④ 38 ③ 39 ④

40 문장은 단어의 무선적인 나열이 아니라 나름의 규칙이 있다.

40 유아의 전보어의 특징이 <u>아닌</u> 것은?

① 단어가 세 단어 이상 결합되어 전보문처럼 표현되는 것을 말한다.

② 전보어는 관사나 조사 등이 생략되고 명사, 동사, 형용사 등이 나열된다.

③ 단순히 두 개의 명사나 형용사가 결합되어 나타나기도 하고 명사와 동사, 형동사와 명사가 결합되기도 한다.

④ 문장은 규칙이 없고 단어의 무선적인 나열에 불과하다.

41 습관화는 반사를 유발하는 소리, 광경 및 기타 자극을 반복해서 제시할 때 반사 강도가 작아지거나 반사의 빈도가 줄어드는 방식으로 제시자극에 익숙해지는 과정이다.

41 탈습관화에 대한 설명으로 적절하지 <u>않은</u> 것은?

① 습관화는 자극을 반복해서 제시할 때 반사 강도가 커지거나 반사의 빈도가 증가한다.

② 탈습관화는 지각적으로 변별이 가능한 새로운 자극을 제시했을 때 반응행동으로서 반사 강도나 빈도가 회복되는 것이다.

③ 탈습관화는 지각적 선호와 함께 영아의 지각능력을 연구하는데 자주 사용된다.

④ 습관화는 생후 1년에 급격히 향상되고 4세 이전에는 새로운 자극에 습관화와 탈습관화되는 데 있어서 느린 반응을 보이지만 5~12세경 훨씬 빨라진다.

42 ① 음운론 : 자음과 모음을 각각 구분하고 그 발성적 특징을 이해한다.
② 의미론 : 어휘와 관련되며 단어와 단어의 조합으로 개념을 표현하는 방법이다.
③ 구문론 : 언어의 문법적인 면을 말한다.

42 〈보기〉는 아동기 언어발달에서 언어의 구성요소 중 어느 것에 해당되는가?

> 보기
> • 같은 뜻을 가진 낱말이나 문장도 맥락에 따라 달리 표현되는 것을 알게 된다.
> • 어떤 표현이 사용되는 상황에 따라 구분하고 적절히 대처하는 능력을 획득하여 의사소통의 다양성을 알게 된다.

① 음운론   ② 의미론

③ 구문론   ④ 화용론

정답   40 ④   41 ①   42 ④

43 언어발달이론 중 상호작용 이론적 접근에 대한 설명으로 옳지 **않은** 것은?

① 언어적 환경이 주는 자극과 강화를 강조하여 학습이론의 모델링을 중시한다.

② 초기 아동의 언어발달을 촉진하는 부모역할과 상호작용을 특히 중시한다.

③ 학습이론과 생득론을 부분 수용하는 입장이다.

④ 브루너(Bruner)는 유아와 어머니의 상호작용에서 확장된 모방, 축소된 모방, 확장되지 않은 모방으로 분류하였다.

43 상호작용 이론적 접근은 아동이 몸 담고 있는 언어적 환경이 주는 자극과 강화를 강조하는 측면에서 학습론적 관점과 유사하지만 모방이나 강화보다는 사회적 의사소통을 강조하였다.

44 언어발달 중 학습이론적 관점에서 주로 사용하는 기제는 무엇인가?

① 조직화
② 정교화
③ 습관화
④ 모방과 강화

44 ① 조직화 : 기억해야 될 정보나 과제들을 서로 비슷한 것끼리 묶어 몇 가지 범주로 만들어 저장하는 전략
② 정교화 : 기억하고자 하는 정보에 어떤 것을 덧붙이거나 서로 의미 있는 연결을 만들어내는 기억전략
③ 습관화 : 반복적으로 자극을 제시하게 되면 그 자극에 주의를 기울이거나 반응하는 것을 멈추게 되는 전략

45 유아기 기억발달에 대한 설명으로 옳지 **않은** 것은?

① 유아기는 인지적 성장은 물론 언어발달이 급속도로 이루어지는 시기이다.

② 유아 때에는 회상기억이 재인기억보다 먼저 발달한다.

③ 유아의 기억발달은 기억용량의 증가와 전략의 발달로 인한 것이다.

④ 일반적으로 기억전략은 초등학교 입학 후에 발달하기 시작한다.

45 유아 때에는 재인기억이 먼저 발달하고 시선을 끄는 일상의 생활과 관련된 사건을 기억하는 반면 회상기억은 3~12세에 발달한다.

정답 43 ① 44 ④ 45 ②

46 ② 조직화: 기억하려는 정보를 서로
　관련 있는 것끼리 묶어서 범주나
　집단으로 분류하여 기억의 효율성
　을 높이려는 전략
③ 정교화: 기억하고자 하는 정보에
　어떤 것을 덧붙이거나 또는 서로
　의미 있는 연결을 만들어내는 전략
④ 인출: 저장된 수많은 정보들 중
　에서 필요한 정보를 인출하기 위
　한 전략

47 유아도 상위기억에 대한 초보적인
　지식을 가지고 있다.

48 아동의 언어발달에 기여하는 부모의
　역할을 언어획득 지지체계라 부른다.
① 발판화: 아이와 부모가 놀이를 통
　해 아동의 언어와 인지발달을 촉진
　하는 사회적 상호과정을 말한다.
② 어머니의 말: 어머니가 아기의
　언어발달수준에 맞추어 문장의
　길이나 구조를 단순화하고, 억양
　과 음조를 조정함으로써 아이들
　의 언어에 대한 흥미를 높여주고
　문장구조의 식별을 돕는다.
③ 모방: 어머니와 언어적 상호작용
　에서 모방이 일어난다.

정답 (46 ① 47 ① 48 ④)

46 다음 괄호 안에 알맞은 기억전략으로 옳은 것은?

> (　　)은(는) 간단하면서도 효과적인 기억전략으로, 기억해야 할 정보를 여러 번 반복해서 암송하는 것을 뜻한다.

① 시연　　　　　② 조직화
③ 정교화　　　　④ 인출

47 상위기억의 발달에 대한 설명으로 옳지 <u>않은</u> 것은?

① 유아는 상위기억에 대한 지식을 가지고 있지 않다.
② 3~4세에는 짧은 내용이 긴 내용보다 기억하기 쉽고, 긴 내용을 기억하려면 더 많은 노력이 필요하다는 것을 안다.
③ 7~9세에는 시연과 조직화가 단순한 기억방식보다 효과적인 것을 인식한다.
④ 일반적으로 상위기억 조정능력은 학령기 이후 여러 형태의 성공과 실패를 경험하면서 발달하게 된다.

48 브루너의 언어획득 지지체계에 속하지 <u>않는</u> 것은?

① 발판화　　　　② 어머니의 말투
③ 모방　　　　　④ 시연

제 4 장

사회정서발달

지식에 대한 투자가 가장 이윤이 많이 남는 법이다.

– 벤자민 프랭클린 –

제1절   정서, 애착, 기질

1 정서

(1) 정서의 기능주의적 정의

① 정서의 광의적 기능은 개인적 목적달성을 목표로 하는 행동에 활기를 주는 것이다.

② 각 개인의 마음상태나 민감성으로 인하여 긍정적 혹은 부정적 정서반응이 일어난다.

③ 정서적인 반응의 반복적인 경험들은 이후 자신들의 바람에 영향을 미친다.

> **더 알아두기**
>
> **정서에 대한 학자들의 정의**
> • 정서는 인간이 환경에 잘 순응할 수 있도록 행동을 준비시키는 내적 동기이다.
> • 정서는 환경평가에서 추론된 준비된 행동경향이다.
> • 정서는 모든 인간의 노력의 핵심이다. 이 핵심은 인지적·사회적 행동 및 신체적 건강까지 포함한다.

(2) 영아의 정서적 기능

① 영아에게 사회적 접촉을 촉진시키고 양육자에게 그들의 행동을 영아의 욕구나 목표에 맞추도록 돕는 적응의 기능을 한다.

② 인생 초기의 정신능력을 발달시키거나 사람들과의 관계를 형성하는 데 중점적인 역할을 한다.

③ 여러 가지 정서의 분화단계를 거치며 빠르게 발달하며 1·2차 정서는 거의 영아기에 발달한다.

④ 인간관계의 기본이 되는 신뢰감이 이 시기에 형성된다.

(3) 영아 정서의 발달 기출

① 1차 정서의 발달

출생 후부터 7개월까지 보편적으로 나타나는 선천적인 정서로 기쁨, 행복, 슬픔, 놀람, 분노, 공포와 같은 것이다.

기쁨	선천적, 반사적인 미소 → 사람들과의 관계에 반응하는 사회적 웃음(6~10주)
분노	노여움(4개월) → 2세경에 최고조
공포	• 6개월경에 나타나며 불안과 밀접한 관계가 있음 • 주된 요인은 양육자와의 분리, 애착행동과 낯가림이 나타남

② **2차 정서의 발달**

㉠ 18개월 이후에 나타나는 복잡한 정서로 사람들과 상호작용에 의해 발달되며 수치, 부끄러움, 죄책감, 자부심 등이 포함된다.

㉡ 이러한 정서는 우리가 가지고 있는 자기감의 손상이나 증대를 내포하고 있기 때문에 자기의식적, 평가적 정서라고 불린다.

㉢ 자기 평가적 정서는 자기인식 사고가 자신의 행동을 평가하는 규칙을 이해할 수 있을 때 나타난다.

더 알아두기

영아기 정서발달단계
- 3~6개월 : 일차 정서의 표현
- 6~9개월 : 이차 정서의 표현
- 18~24개월 : 수치심, 죄책감
- 3세 : 질투심

---

2 애착

(1) 애착의 정의 : 보울비(Bowlby)

① 인간은 본능적으로 대상을 추구하며 애착을 형성해 나가는 존재이다.

② 생후 7, 8개월 전후로 형성되어 결정적 시기는 출생부터 2세까지로, 생의 초기에 애착형성이 전 기간에 영향을 미친다.

③ 애착을 부모와 영아 사이의 애정의 끈이라고 묘사하였다.

(2) 영아의 애착

① 부모와 자녀의 상호의존적인 관계를 바탕으로 이루어지며, 주 양육자와 영아 사이에 형성해야 할 가장 중요한 심리적 유대관계이다.

② 출생 후 1년 이내 영아와 어머니 사이에 이루어지는 애착의 결과가 후에 발달하는 정서적 안정감과 대인관계에 중요한 기초가 된다.

③ 애착형성은 모든 영아의 공통적 특성이다.

(3) 영아의 애착발달단계 기출

① **비사회적 단계(0~6주)** : 사회적 자극에 대한 선호를 보이지 않는다.

② **비변별적 애착단계(6주~6, 7개월)** : 애착에 있어서 특정인을 구별하지 않는다. 인형보다는 사람을 더 선호한다.

③ **특정인 애착단계(약 7~9개월)**

  ⊙ 낯선 사람을 다소 경계하고 양육자와 밀착관계를 보인다.

  ⓒ 낯가림과 격리불안이 나타난다.

④ **중다 애착단계(9~18개월)**

  ⊙ 양육자 외에도 친밀한 몇몇 사람에게 애착을 보이며 낯가림과 분리불안이 나타난다.

  ⓒ 낯가림과 분리불안은 영아들에게 자연스러운 현상이다.

> **더 알아두기**
>
> **낯가림과 격리불안**
>
> - **낯가림(stranger anxiety)** : 영아가 자신에게 친숙한 애착대상에 대해 형성해 놓은 도식과 어긋나는 대상에 대해 불안 또는 공포를 느끼는 반응으로 6개월부터 시작되어 2세까지 계속된다.
> - **격리불안(separation anxiety)** : 영아가 애착대상인 어머니에게서 떨어질 때 나타나는 불안반응을 말한다.
>
> **내적 작동모델(internal working model)**
>
> 자기와 타인에 대한 인지적 표상으로 애착 인물과의 관계로부터 전개된다. 이는 애착 필요의 통제와 성취에 의해 형성되며, 과거 행동과 경험에 대한 표상으로 조직되고, 새로운 관계에 대한 이해와 사회적 상호 작용을 이끄는 틀을 제공한다.

---

(4) 애착이론에 대한 주요 실험

① **스피츠(Spitz)** : 고아원 유아들의 발달을 연구한 결과 충분한 음식과 청결에도 불구하고 1/3 가량이 초기에 사망하거나 신체적, 정신적으로 발달이 부진함을 연구하였다. 이는 초기애착의 중요성을 일깨워주었다.

② **필드(field)와 그의 동료들** : 인큐베이터 속의 미숙아들을 나누어 한집단의 미숙아에게만 마사지를 했을 때, 다른 집단의 미숙아보다 마사지를 받은 영아가 몸무게의 유의미한 차이를 보였고 활동적으로 발달하였다.

③ **에인스워드(Ainsworth)** : 낯선 상황에서 어머니가 사라지거나 낯선 사람이 다가올 때 영아의 행동을 관찰하였다. `기출`

  ⊙ 안정애착

    • 낯선 곳에 혼자 있거나 낯선 사람과 함께 있으면 때때로 불안을 보인다.

    • 어머니가 잠시 떠나는 데 대해 크게 격리불안을 보이지 않으며 영아의 약 65%가 이에 해당한다.

    • 어머니가 돌아오면 반갑게 맞고 신체접촉과 눈 맞춤으로 안도감을 느낀 후, 다시 놀이를 시작한다.

  ⓒ 불안정 회피애착

    • 낯선 상황에서 어머니가 떠나는 것에 대해 별 신경 쓰지 않는다.

    • 어머니가 돌아와도 무시하고 다가가지 않는다.

    • 어머니가 접근하면 다른 방향으로 몸을 돌린다.

- 어머니는 아기의 요구에 무감각하거나 신체접촉이 적고 초조하며 거부하듯 아이를 다루는 경우가 많다.

  © 불안정 저항애착
  - 어머니의 부재에 대해 불안을 느낀다.
  - 어머니가 돌아오면 접촉 추구와 함께 분노나 저항을 보이면서도 곁에 머무르려 하는 양가적 행동을 보이며 잘 놀지 않고 달래어지지 않는다.
  - 어머니가 있을 때조차 낯선 사람을 경계한다.

  ② 불안정 혼돈애착
  - 불안정하면서도 회피와 저항의 어느 쪽에도 분류되지 않는다.
  - 일관성이 없고 혼란스러운 양상을 보인다.
  - 때때로 접촉욕구가 강하면서도 어머니의 무시나 구박에 대한 공포를 보이기도 한다.
  - 어머니의 일관성 없는 양육태도나 우울증, 또는 학대에서 비롯되기도 한다.

(5) 애착형성이론

① 정신분석이론

  ⊙ 프로이트
  애착은 영아가 빨고자 하는 욕구를 충족시켜 주는 대상과의 사이에서 형성되는 밀접한 관계이다.

  © 에릭슨
  - 영아에게 수유욕구를 만족시켜주는 것뿐 아니라 자녀의 욕구에 대한 어머니의 전반적인 반응성이 더 중요하다고 하였다.
  - 양육자의 반응에 따라 영아는 이후 일생동안 자신이 몸담고 있는 세계에 대해 신뢰감을 형성하는 기초를 형성하게 된다.

  © 정신분석이론은 이후 동물실험에서 먹이보다 접촉위안이 애착의 더 중요한 변수가 됨을 뒷받침하는 데 영향을 주었다.

② 학습이론

  ⊙ 영아에게 음식을 제공하는 것은 즐거움과 긍정적 반응을 하도록 유도하여 유쾌한 감정을 학습하게 한다.
  © 음식을 주면서 느끼는 따뜻함과 접촉 등이 2차적 강화물이 된다.

③ 인지발달이론

  ⊙ 사회적 애착을 형성하는 영아의 능력은 전반적인 인지발달과 밀접하게 관련되어 있다.
  © 안정된 애착관계를 위해서는 대상영속성이 발달되어 있어야 한다.
  © 애착형성을 위해 영아는 우선 애착대상과 다른 대상을 구별할 수 있는 지각적 변별력을 갖추어야 한다.
  ② 낯가림이나 격리불안도 이러한 인지발달의 과정이다. 낯가림은 정상적 애착발달과정에서 보통 7~9개월에 형성되는 대상영속성과 관련이 있다. 즉, 대상영속성 개념이 형성된 영아는 분리불안을 거의 보이지 않는다.

④ **동물행동학적 이론** 기출

　　㉠ 할로우와 짐머만(Harlow & Zimmerman)의 대리모 실험

　　　원숭이 대리모 실험을 통해 애착발달의 주요 요인이 수유욕구의 충족만이 아니라 접촉위안에 있음을 시사하였다.

　　㉡ 즉, 어미로부터 격리되어 대리모와 함께 두었을 때, 아기 원숭이들은 음식을 주는 것과 상관없이 철사 대리모보다 천으로 싸인 대리모를 더 선호하였다.

⑤ **기질가설**

　　㉠ 애착은 어머니의 양육행동보다는 영아의 기질과 밀접하게 관련된다고 본다.

　　㉡ 낯선 상황에서 애착에 대한 영아의 기질차이

저항애착	생소한 것에 혼란스러워하는 기질적으로 까다로운 영아는 낯선 상황에 스트레스를 받으며 일과의 변화에 심하게 저항한다.
안전애착	호의적이고 느긋한 영아에게서 보인다.
회피애착	수줍거나 느린 아동으로 낯선 상황에서 냉담한 반응을 보인다.

⑥ **양육자의 애착본능가설** 기출

　　㉠ 로렌츠의 큐피인형효과

　　　• 영아는 사회적 존재로 주위 사람들로부터 사랑을 이끌어내는 특징을 갖고 태어난다.

　　　• 큐피인형효과는 아기같은 얼굴 특징이 어른의 호의적인 반응을 유발하는 것이다.

　　㉡ 보울비의 애착본능효과

　　　• 영아의 귀여운 얼굴특징뿐만 아니라 반사행동이 어른들에게 사랑스럽게 느끼게 한다.

　　　• 빨기, 잡기반사, 미소, 옹알이 등이 어머니의 행동을 강화하여 사랑스럽게 돌보게 한다.

더 알아두기

동시적 일과(synchronized routines)

상대의 감정이나 행동에 대한 반응으로 자신의 행동을 조절하는 두 사람 간의 조화로운 상호작용이다. 애착형성에 있어서 중요한 것은 엄마가 아이와 동시적 일과를 하는 것과 아동의 욕구에 민감하게 반응하는 것이다. 동시적 일과는 엄마가 아이와 많은 시간을 함께 보내면서 아이 돌보기를 우선으로 하는 것이다.

---

(6) 애착의 영향

만 1세 이전에 형성된 애착유형과 이에 따른 행동반응의 특성들이 성장한 후에도 지속된다. 즉, 안정애착된 영아들이 후에 더 호기심이 많고 또래 간 상호작용도 높아 대인관계에 더 긍정적이다.

① **보울비의 내적 작용모델(internal working model)**

　　부모와 자녀 간 상호작용을 통해 자신과 타인에 대한 인지적 표상이 발달한다.

　　㉠ 긍정적 작동모델 : 안정애착, 자신감, 긍정적인 자아상, 신뢰성, 친밀한 관계형성

ⓛ 부정적 작동모델 : 불안정애착, 부정적인 자아상, 친밀감 형성의 어려움 기출

구분		자기모델	
		부정	긍정
타인모델	긍정	저항애착	안정애착
	부정	혼란애착	회피애착

② **모성실조가설(maternal deprivation hypothesis)**

　㉠ 영아가 한 사람의 중요한 양육자와 애착관계가 형성되지 못하면 정상적인 발달 경로로 가지 못한다는 가설이다.

　㉡ 어머니가 없거나 있더라도 어머니로서 적당한 역할을 수행하지 못할 경우, 아동에게 사회에 대한 불신감이 형성되며, 아동의 신체발달이나 지적·사회적·정서적 도덕성 발달에 영향을 미친다.

③ **사회적 자극가설(social stimulation hypothesis)** 기출

　㉠ 비정상적인 발달은 영아의 사회적 신호에 반응하는 사람이 없을 때 발생한다는 가설이다.

　㉡ 영아들이 양육자의 관심을 이끌어내고자 해도 소용이 없으면 학습된 무력감으로 위축감과 무능감이 발달하게 되고, 이는 나중에 사회생활에 부정적 영향을 끼친다.

　㉢ 아동의 초기 환경실조에서 보낸 시간의 질이 중요하다는 점을 시사한다.

(7) 애착유형의 지속성

① 만 1세 이전에 형성된 애착유형이 성장한 후에도 지속되는 것을 말한다.

② 안정애착을 형성한 아동은 또래관계, 주도성, 사회적 기술이 우수하며, 불안정애착은 정서발달에 부정적인 영향을 준다.

③ 다인수(Multiple)애착은 어머니와 함께 다른 대상에게도 동시에 애착을 형성하는 것을 말한다. 다인수 애착은 불안정애착을 야기하는 경우가 있는 것으로 보고되고 있으나, 아이에게 맞게 민감하게 반응해주고 관계의 질이 좋다면 걱정할 만큼 부정적인 영향을 미치지만은 않는다.

④ 애착은 지적 호기심과 학업성취도 등의 인지발달에 영향을 준다.

⑤ **애착의 유형**

안정애착	어머니와 안정적인 애착관계가 형성되어 있다.
불안정 회피애착	어머니를 쳐다보거나 말을 거는 일이 극히 적고, 제한적인 상호작용을 보인다.
불안정 저항애착	말과 행동에서 어머니에 대한 친근함이나 의존을 과장되게 드러내는 경향을 보인다.
불안정 혼돈애착	부모에 대해 자신이 부모역할을 하려는 독특한 행동을 보인다.

(8) 애착과 정서발달 기출

① 사회성 박탈실험을 통해 애착형성이 불안정한 영아는 성장 후에 정서적으로 불안정하고 공격적인 성향을 더 보이는 것으로 예상되었다.

② 격리불안을 겪은 유아는 정상적으로 성장한 유아에 비해 낯선 환경에서 보다 더 높은 불안감을 느낀다.

③ 안정애착 영아는 낯선 상황에서 어머니를 안전기지로 삼음으로서 새로운 환경을 탐색하려는 보다 적극적인 탐색행동과 인지적 호기심을 보인다.

④ 불안정애착 유아는 지적 호기심이 낮고 문제해결 과제나 놀이에 몰입도가 낮아 지속적이지 못하며 즐거워하지 않는 경향을 보인다.

(9) 아버지와의 애착

① 어머니와의 애착 형성에 어려움이 있는 유아들은 아버지, 조부모, 또래 등 어머니를 대신하는 애착 대상을 가질 수도 있다.

② 전통적 아버지상에서는 간접적 방식으로 애착 형성에 기여하였지만, 현대사회에서는 아버지도 직접적 접촉방식으로 애착 형성에 기여한다.

3 기질

(1) 정의

① 유아들의 외형이 다르듯이 행동유형에도 각자 차이가 있다. 이는 정서적 표현양식과 환경의 자극에 대한 반응양상의 차이를 통해 나타나는 영아 성격의 개인차라고 할 수 있다.

② 기질은 반응성과 자기조절에 있어서 안정된 정서적 반응양식의 양적·질적 특성이다.

(2) 기질의 선천적 영향과 환경적 영향

① **선천적 영향**

㉠ 기질의 차이가 비교적 일찍 나타나며, 이란성 쌍생아보다 일란성 쌍생아의 기질이 더 유사하다는 입장이다.

㉡ 아동의 성장과정을 통해 기질은 일관성 있게 안정적으로 유지된다.

② **환경적 영향**

갑작스러운 환경변화나 부모의 양육태도로 인한 지속적인 환경의 영향력에 의해 기질이 변할 수 있다는 입장이다.

③ 현재로서는 단정적인 결론을 내기가 어려우며, 지금까지 연구결과를 종합하면 기질은 생득적이며 지속적인 특성이 강하다는 주장이 우세하다.

(3) 기질에 대한 연구

① **토마스와 체스(Thomas & Chess)** 기출

최초의 기질연구에서 각 영아에 대한 행동특성을 9개의 범주로 구분하여 평가하였다.

㉠ 범주

활동성	젖먹기, 목욕하기, 옷입기 등 일상생활에서 영아가 하는 신체활동량
규칙성	수유시간, 수면주기, 배변습관 등의 예측가능성
접근/회피	새로운 장소나 음식, 사람, 활동 등에 얼마나 쉽게 접근하고 관심을 가지는지를 나타내는 수용 및 회피의 정도
적응성	상황의 변화에 대한 적응의 용이성
강도	긍정 및 부정적인 반응의 에너지 수준
식역	영아의 반응을 유발하는 데 필요한 자극의 양
기분	불행하거나 부정적인 행동에 대한 행복하고 기분 좋은 반응의 빈도
산만성	외부의 사태나 자극에 의해 영아의 진행 중인 행동이 쉽게 방해 받는 정도
주의범위와 지속성	영아의 활동지속기간과 장애에 직면했을 때 활동을 계속하려는 의지

㉡ 기질유형

순한 아동	• 수면, 음식섭취, 배설 등 일상생활 습관에 있어서 대체로 규칙적이며 반응강도는 보통이다. • 새로운 음식을 잘 받아들이고 낯선 대상에게도 스스럼없이 잘 접근하며 환경변화에 대한 적응력이 높다. • 대체로 평온하고 행복한 정서가 지배적이다. • 약 40%의 영아가 이에 해당한다.
까다로운 아동	• 불규칙한 생활습관을 가지며 예측이 어렵고 환경으로부터의 자극이나 욕구좌절에 대한 반응 강도가 강하다. • 새로운 음식을 받아들이는 속도가 늦고 낯선 사람에게 의심을 보이며 환경변화에 대한 적응이 늦다. • 크게 울거나 웃는 것과 같은 강한 정서가 자주 나타나며 부정적인 정서도 자주 보인다. • 약 10%의 영아가 이에 해당한다.
더딘 아동	• 생활의 변화에 대한 적응이 늦고 낯선 사람이나 사물에 부정적인 반응을 보인다는 점에서 까다로운 아동과 유사하지만 까다로운 아동보다 활동이 적고 반응강도 또한 약하다. • 수면, 음식섭취 등 생활습관은 까다로운 아동보다 규칙적이지만 순한 아동보다는 불규칙하다. • 약 15%의 영아가 이에 속한다.

㉢ 조화의 적합성

영아의 기질과 어머니의 성격 및 양육방식 간의 관계를 나타내는 개념으로, 어머니가 영아의 타고난 기질적 성향을 파악하고 수용하여 양육방식을 조절함으로써 아동발달을 최적화할 수 있다는 것을 의미한다.

② **로스바트(Rothbart) 모형**

기질은 반응성과 자기규제 두 차원에 있어서 아동의 생리적 기능의 개인차이다.

㉠ 반응성 : 자극에 대한 반응속도를 강조한다.

㉡ 자기규제 : 아동이 스스로 자신의 반응을 증가 또는 감소시키는 통제능력을 말한다.

차원	
반응성	활동수준
	주의력 간격
	강한 고통
	고통 민감성
	긍정적 정서
자기규제(조절)	주의통제

③ **정서 · 활동 · 사회성 모형**

부모들의 질문지 반응에 의해 정서성, 활동성, 사회성의 세 차원에서 기질유형을 진단하였다.

(4) 결론

① 연령이 변화해도 어느 정도 지속성은 나타내었지만 완전하게 기질유형이 고정되어 있지는 않다.

② 까다로운 기질과 성장 후의 문제행동과는 유의미한 관계가 있다.

③ 아동의 기질에 따른 부모의 양육방식이 중요하며 조화의 적합성 개념이 필요하다.

④ 조화의 적합성은 아동의 기질과 부모가 사용하는 자녀 양육패턴 간의 조화를 말한다.

⑤ 부모가 유아의 기질에 만족할수록 자녀만족도가 높으며, 아동은 자기능력에 대한 긍정적 지각도 높아진다.

⑥ 기질 진단방법의 타당성에 있어서 부모가 아동을 까다로운 기질로 인식할 경우, 그에 따른 문제행동을 갖는 것으로 보고될 가능성이 있다.

제2절 자기와 사회인지

1 자아개념의 발달

(1) 자아

① **자아의 정의**

각 개인의 독특한 신체적 특성과 심리적 특성의 결합체를 말하며 다음 3가지로 구분할 수 있다.

범주적 자아 (categorical self)	사회적으로 중요하게 인식되는 차원에 따라 자아를 범주화하는 것 예 연령, 성 등
공적 자아 (public self)	외현적으로 드러나 타인이 알 수 있는 자아
사적 자아 (private self)	자신만이 알고 있는 내적, 주관적 자아

② **자아의 종류**

자아개념	• 자신이 누구인지를 정의하는 특성, 능력, 태도와 가치에 대한 총체적인 개념이다. • 인지적 요소와 정서적 요소 및 신체, 가족, 외모에 대한 것도 이에 포함된다.
자아인식	• 자아인식은 자기와 타인이 서로 독립된 존재라는 주체로서의 인식이다. • 평가의 대상인 객체로서의 자기에 대한 인식을 뜻한다. • 자아인식은 자기의 역할이나 자기가 속한 집단에 기초를 둔다.
자아존중감	자신이 가진 특성, 즉 자아개념에 대한 평가적 측면을 말하며 자신의 가치에 대해 형성한 판단과 그와 관련된 감정을 말한다.
자아정체감	내가 누구이고 앞으로 어떠한 사람이 될 것이며 사회 속에서의 나의 역할은 무엇인가와 같은 개인이 추구하는 가치, 신념과 목표로 구성되어 있는 안정되고 조직화된 성숙한 자아정의이다.

③ **자아의 출현**

㉠ 미드(Mead)

영아는 자신의 모든 욕구가 늘 곁에 있는 양육자에 의해 바로 충족되기 때문에 주위환경으로부터 자신을 분화시킬 필요를 느끼지 않고 아직 자기 자신에 대한 정체감이 형성되어 있지 않다고 보았다.

㉡ 자아의 발달

신생아	주변환경과 자신을 구분할 수 있는지는 아직 밝혀지지 않음
1~2개월	자신의 신체의 한계를 배워 외적 대상으로부터 신체적 자아를 분화시킴
4~6개월	외부대상을 통제하고 조종할 수 있음

2 자아존중감

(1) 정의

① 자아존중감은 자신에 대해 긍정적이고 가치를 두는 평가를 의미한다.

② 자아존중감이 높은 사람은 자아수용과 높은 자아관용으로 호의적으로 타인을 대하고 긍정적 관점으로 보며 자신의 정서를 조절할 수 있다. 또한 자기 자신에 대해 확고하고 안정되고 통합된 느낌을 갖고, 자신이 어디를 향해 가고 있으며 사회에서는 무슨 일을 하고 어디에 적합한지를 안다.

(2) 특성

① 화이트(White)는 유아기에는 자아존중이 효능감과 밀접하게 관련되어 발달이 진행됨에 따라 일반적이고 누적적인 능력감과 밀접히 관련된다고 하였다.

② 자아존중감은 신체, 능력, 친구 등 각 특성에 대한 것일 수도 있고 전체적인 것이 될 수도 있다.

③ 일반적으로 아동 중기에서 청소년기까지 자아존중감의 개인차는 점차 안정되어간다.

④ 자아존중감은 적응과 관련이 크다. 즉, 적절한 자아존중감과 낮은 자아존중감은 사회적 적응여부에 영향을 미친다.

(3) 자아존중감의 발달

1~2세	• 자기중심적인 경향으로 자신의 능력과 사회적 승인을 구별하지 못함 • 목표달성에 대한 기쁨의 표현을 보임
3~5세	• 모든 영역에서 자신이 능력이 있는 것으로 평가하는 경향 • 몇 가지 분리된 자기평가를 구성
6~10세	• 자신을 다른 사람의 평가의 대상으로 간주 • 타인의 수용과 인정의 중요성을 인식 • 자아평가가 좀 더 정확하고 현실적으로 됨 • 학문적, 사회적, 신체적 요건을 종합하여 총체적 자기상으로 인식
11~15세	• 자아정체감의 위기에 직면 • 신체적 성장은 자존감을 높여줌. 그러나 급격한 발달은 청소년의 자존감을 위축시키기도 함

(4) 자아존중감 검사

① **사회적 지지척도(Harter)**
　㉠ 아동이 자신의 능력을 어떻게 지각하는가에 초점을 둔 지각된 능력척도를 개발하였다.
　㉡ 36개의 문항으로 구성하여 자아개념의 다차원성을 인정하였고 인지, 사회, 신체 등 자아개념의 구체적인 영역을 제시하였다.
② **자아개념 척도(Piers-Harris)**: 초등학교 3학년~12학년 대상으로 80개의 문항으로 되어 있으며 '예', '아니오'로 표시하여 응답한다.
③ **자아존중감 검사(Coopersmith)**: SEI(Self-Esteem Inventories)는 일반적 자아와 함께, 사회적 (또래), 학문적(학교), 가정적(부모) 맥락 내에서 자아에 대한 태도를 평가한다.

> **더 알아두기**
> **자기효능감의 4가지 주요 원천** 기출
> • 성취경험　　　　　　• 대리경험
> • 언어적 설득　　　　　• 정서적 각성

3 자아정체감

(1) 에릭슨의 자아정체감과 발달과업

① 청소년기를 자아정체감을 형성하는 결정적 시기로 보고 발달과업 중의 하나로 제시하였다.
② 심리사회적 유예기간의 특수한 상황을 통해 정체감을 형성한다.
③ 자아정체감 혼미가 직업 선택이나 성역할 등에 혼란을 가져오기도 하며, 나아가 인생관과 가치관의 확립에 심한 갈등을 야기하기도 한다.
④ 정체감이 확립되지 않으면 역할혼란을 초래한다.

더 알아두기

에릭슨의 청소년기 7가지 주요 과업

시간조망 대 혼돈	과거와 현재의 자기를 인정하고 이를 바탕으로 미래의 시간을 설계할 수 있는 능력	균형있는 시간조망은 하루의 체계적인 시간계획을 가능하게 하고 나아가 안정된 인생설계가 가능하게 된다. 그러나 시간조망이 혼돈에 빠져들면 설계를 제대로 할 수 없어 당혹감을 느끼게 되고, 결국에는 계획을 미루고 행동하지 못하게 된다.
자아확신 대 무감각	자신의 긍정적인 하나의 특성만을 내세워 허세를 부리거나 반대로 무감각한 상태로 도피하여 자아의식에 직면하지 않으려는 경향	청소년기에 자신의 외모를 비롯한 자신의 여러 특성에 대한 점검과정을 통해 자신의 가치에 대한 자아확신에 도달할 필요가 있다. 이 과정에서 자신의 가치에 대한 회의와 혼돈을 겪는다.
역할실험 대 부정적 정체성	역할실험은 성인기의 직업적 탐색에 필수적인 과정	이상에 치우쳐 지나치게 높은 역할실험은 자신의 가능성과 잠재력을 충분히 탐색할 수 없게 되어 부정적 정체성을 갖게 될 수 있다.
성취기대 대 과업마비	성취기대는 과업성취에 대한 긍정적인 기대를 가지고 과업에 몰두할 수 있는 역량을 기르는 정체성을 의미	적절한 성취기대를 확립하지 못하면 일의 시작을 미루거나 완수해 내지 못하는 과업마비에 빠져들게 된다.
성 정체성 대 양성적 혼미	청소년기에는 이성 및 동성친구들과의 만남을 통해 성역할 특성을 확인하고 자신의 성 정체성을 확립	실패할 경우에는 자신의 성에 적합한 행위양식을 상실하는 양성적 혼돈에 빠져들게 된다.
지도성의 극대화 대 권위혼미	자신이 속한 집단에서 지도자로서의 역할을 수행하거나 또는 지도자를 잘 따르는 능력은 청소년의 정체성 형성의 주요 요인	자신의 역할에 수반되는 권위를 제대로 형성하지 못할 경우 지도력의 수행에 어려움을 느끼는 권위 혼미를 느낀다.
관념의 극대화 대 이상의 혼미	청소년기는 일생을 살아가는 데 있어서 기준이 되는 신념을 확립해가는 관념의 극대화 시기	편견에 휩쓸리거나 지나친 이상에 치우칠 경우 관념의 극대화에 실패함으로써 관념과 이상의 혼란 상태에 빠지게 된다.

(2) 마샤(Marcia)의 자아정체감

① 마샤는 에릭슨의 정체감형성이론에서 두 가지 차원, 즉 위기와 수행을 가장 중요한 구성요소로 보고 이 두 차원의 조합을 통해 자아정체감을 정체감 성취, 정체감 상실, 정체감 유예, 정체감 혼란(혼미) 의 4가지 유형으로 구분하고 있다.

② 여기서 위기란 자신의 가치관에 대해 재평가하는 것, 수행은 계획, 가치 신념 등에 대해 능동적 의사 결정을 내리는 상태를 의미한다.

③ 즉, 청소년기 동안에 개인이 여러 가지 직업과 신념들 중에서 선택을 하는 데 적극적으로 관여된 것 같이 보이는 시기를 말하고 수행은 직업과 신념에서의 개인이 보여주는 개인의 투자 정도를 말한다.

④ 마샤는 에릭슨의 자아정체감에 대한 개념을 보완하여 자아정체감을 자신에 대한 태도·가치·신념 으로 간주하였다.

⑤ 정체감 형성은 '정체감 혼미·유실 → 정체감 유예 → 정체감 성취'에 이른다.

⑥ 정체감 성취는 완성된 것이 아니라 형성되는 과정이며, 성인이 되어서도 여러 생활 가운데 정체감 문제에 부딪칠 수 있다.

⑦ 청소년기 초기 자아정체감은 일반적으로 정체감 혼돈이나 유예수준에 머물러 있다. 또한 이들의 정체감 형성에는 부모의 조력이나 청소년 자신의 미래 전망에 대한 숙고적인 사색이 주요 역할을 하는 것으로 알려져 있다.

⑧ **마샤의 청소년 정체감이론** 기출

정체감 성취	자아정체감의 위기를 성공적으로 극복하여 신념, 직업, 정치적 견해 등에 대해 스스로 의사결정을 할 수 있는 상태를 말한다.
정체감 유예	현재 정체감 위기의 상태에 있으면서 자아정체감 형성을 위해 다양한 역할, 신념, 행동 등을 실험하고 있으나 의사결정을 내리지 못한 상태를 말한다.
정체감 유실	자신의 신념, 직업선택 등의 중요한 의사결정에 앞서 수많은 대안에 대하여 생각해보지 못하고, 부모나 다른 사람의 역할모델의 가치나 기대 등을 그대로 수용하여 그들과 비슷한 선택을 하는 경우를 말한다.
정체감 혼란(혼미)	자아에 대해 안정되고 통합적인 견해를 갖는 데 실패한 상태를 말한다. 이는 위기를 경험하지 않았고 직업이나 이념선택에 대한 의사결정을 하지 않을 뿐만 아니라 이러한 문제에 관심도 없다.

더 알아두기

위기와 수행

구분	위기(YES)	위기(NO)
수행(YES)	성취(위기해결) → 고민을 했고 결정도 했다.	유실(위기경험 없음) → 고민은 하지 않았지만 결정은 했다.
수행(NO)	유예(위기진행) → 고민은 했지만 결정은 못했다.	혼미(위기경험 없음) → 고민도 안했고 결정도 안했다.

---

(3) 정체감이론의 비교

에릭슨	에릭슨의 정체감과 다른 이론 및 실험과 비교
초기 청소년기에 정체감 위기가 일어나고 15~18세경이 되면 대부분 벗어난다.	실제 측정연구 결과는 실제로 많은 청소년들이 정체감 혼미나 유실에 머물러 있다가 21세쯤 벗어남을 보여준다.
정체감의 탐색과정은 위기의 과정이다.	마샤는 정체감 위기에서도 청소년들이 자신에 대해 긍정적으로 느낀다고 하였다.
• 발달단계가 남성과 여성에게 각기 다른 순서로 진행될 수 있다. • 남성은 여성에 비해 친밀감보다 정체감 형성이 높다.	• 일반적으로 남자와 여자 모두 같은 연령에 정체감 성취에 이른다. • 남성은 여성에 비해 친밀감보다 정체감 형성이 높다는 면에서 길리건과 같은 입장에 속한다.

(4) 정체감 형성의 영향요인

① **지적, 인지발달적인 측면**

청소년의 인지발달수준이 정체감 성취에 중요한 역할을 한다.

② **부모의 양육태도**

㉠ 정체감 혼미상태의 청소년은 다른 정체감 상태의 청소년보다 부모로부터 거절을 많이 당했거나 무시되었을 가능성이 높다.

㉡ 초기에 부모를 동일시할 기회를 갖고 부모의 바람직한 특성을 내면화하지 못하면 자아정체감 형성이 어렵다.

③ **사회ㆍ문화적, 역사적 상황**

사회가 고도로 산업화되면서 청소년들이 이전보다 더 큰 정체감 위기를 겪게 되었다.

4 자아통제의 발달

(1) 정의

① 자신의 행동을 통제하고 유혹에 충동적으로 반응하지 않는 것을 말한다.

② 자아통제는 유아기에 나타나서 학령전기 동안 점차적으로 증진한다.

③ 어린아이들의 행동은 부모에 의해 통제된다.

④ 아동들은 자아통제를 강조하는 규준을 배우고, 규제기술을 획득해감에 따라 내면화되어 타인에 의해서가 아니라 자기 스스로 통제할 수 있게 발달되어 간다.

0~2년	양육자가 기대하는 것을 알고 스스로 그 요구에 따른다.
3세경	• 양육자의 지시에 따르지 않고 뜻대로 하려는 고집과 반항이 나타난다. • 이때 훈육의 방법에 따라 아동의 성격형성에 영향을 미친다.
3.5세~	• 자신의 충동을 억제하려는 능력이 나타나며 아동마다 개인차가 있다. • 언어발달수준과 만족지연능력 간에 상관이 높은 것으로 나타난다.

(2) 비고츠키와 자아통제

① 아동이 반응을 억제하기 위하여 내적 언어를 사용한다.

② 일반적으로 3~4세 실험자는 지시가 클수록 반응을 억제하지 못하지만, 5~6세에는 실험자의 지시가 클수록 더 잘 억제한다.

③ 혼잣말을 사용하는 유아의 경우 2~2.6세 아동도 자신의 지시에 따라 혼잣말하면서 반응을 억제할 수 있다.

④ 5세경이 되면 아동의 언어가 자아통제의 강한 규제가 되어 점차 자기지시에 따라 행동을 효율적으로 규제한다.

(3) 아동기와 청소년기의 만족지연

① 만족지연

⑦ 만족지연이란 보다 큰 만족을 얻기 위해 즉각적이거나 적은 보상을 참거나 지연할 수 있는 능력을 말한다.

ⓛ 보통 학령기에 들어서서 발전한다.

6~8세	갖고 싶은 물건을 가림으로써 유혹을 이겨낼 수 있다.
11~12세	상상 속에서 눈앞의 물건을 다른 것으로 생각하거나 그것을 좋아하면서도 좋아하지 않는다고 자기지시를 하는 인지적 방법을 사용할 수 있다.
12세	• 자아통제력의 개인차가 뚜렷이 나타난다. • 자아통제력은 인지적 능력, 사회적 기술 및 자신감, 자아존중감을 예측해주는 특성과 관련이 있으며 직업의 성공과 삶의 만족도에 영향을 끼친다.

5 사회인지발달

(1) 정의

① 사회인지는 사람과 관련되는 모든 대상의 제반 특성에 관한 사고와 판단을 의미한다. 이는 대인관계나 사회적 조직 내에서 사회적 행동을 결정하는 내재적 과정이다.

② 아동들은 다른 사람의 특성을 알아내고 생각을 추리하며 행동을 예측하면서 타인을 인식해 나간다.

③ 사회인지의 사고, 이해, 판단, 개념화의 요소

개인의 내재적 특성	감정, 정서, 의도, 욕구, 성격, 신념, 행동의 원인
개인 간의 특성	우정, 공격성, 이타성 등
사회와 조직 내의 상호관계	정의, 인습, 도덕성 등

(2) 사회인지발달단계

1단계	사회적 존재에 대한 인식, 즉 타인이 자신과 다른 생각과 감정을 가지고 있다는 사실을 인식하고 사회조직은 준수해야 할 나름대로의 규범이 있다는 사실을 인식
2단계	타인의 관점, 생각, 판단, 감정을 이해하고자 하는 욕구
3단계	추론의 발달(이 추론은 꼭 옳다고 볼 수 없으며, 성인도 자기중심적 사고의 위험을 안고 있음)

(3) 정보처리모형

내재적 과정인 사회인지가 표면적 특성인 사회적 행동으로 표출되는 과정이며 불안, 분노, 공포, 공격성 등 정서적 요인이 작용할 수 있다.

1단계	타인의 표정, 행동, 상황과 관련된 정보의 부호화
2단계	부호화한 것을 마음속에서 표상화
3단계	상대방이나 상황에 적절한 반응을 탐색
4단계	탐색된 반응을 평가하여 그중 가장 적절한 반응을 결정
5단계	결정한 것을 실제행동으로 작동시킴

(4) 마음의 이론 기출

① 욕구마음이론

초기 마음이론으로, 사람의 행동은 믿음과 같은 형태의 마음상태들과는 다른 욕구의 반영으로 생각하였다. 즉, 사람들은 항상 자신의 욕구와 일치된 방식으로 행동한다고 믿는다.

② 믿음-욕구마음이론

3~4세경에 발달하는 마음이론으로, 아이들은 믿음과 욕구 모두가 행동을 결정하고 사람들은 부정확할지라도 믿음에 따라 행동할 것을 깨닫는다고 보았다.

③ 마음의 이론 발달

2세 이전	타인의 내재적 상태에 대한 초보적 표상을 가짐
2~3세	타인의 피상적 행동이나 정서를 예측
3~4세	• 타인의 생각이나 신념을 자신의 신념과 구분할 수 있음 • 내재적 상태와 실제가 다르다는 것을 알 수 있음 • 욕구-마음이론의 틀린 믿음과제의 습득에 의해 나타나는 믿음 • 관찰 가능한 특성으로 판단하는 경향
4~5세	• 초보적인 마음의 이론이 발달 • 신념이나 지식에 근거한 타인의 행동을 이해하며 이를 자신의 신념과 구분하는 탈중심화가 형성됨 • 어떤 사실에 대한 우리의 생각이 사실과 다를 수 있다는 믿음의 표상적 특성을 이해하게 되어 사람이 틀린 믿음을 가질 수 있다는 것을 이해 • 피아제의 이론보다 더 일찍 탈중심화된 조망수용능력을 갖기 시작한다는 것을 시사

더 알아두기

틀린 믿음과제의 사례

성인이 일회용 밴드 상자와 표시가 없는 상자의 내용물을 아동에게 보여주고 인형이 어디서 반창고를 찾을 것인지 예측하고 설명하게 한다.

즉, 표시가 없는 상자에 반창고가 있을 수 있다는 틀린 믿음을 가질 수 있는지를 예측해보는 것이다.

마음의 이론(theory of mind)

• 우리가 '안다', '생각한다', '느낀다', '바란다'를 언어로 표현하는 마음 상태이다.
• 인간의 행동이 믿음, 바람, 의도와 같은 마음 상태에서 비롯된다는 것을 이해하고 그 마음의 상태를 추론하는 능력을 말한다.
• 마음의 이론은 궁극적으로 사회성 발달과 연관된다.

(5) 피아제(Piaget)의 사회인지와 인지발달

① 아동이 타인을 이해하고 생각하는 것은 인지발달수준에 의해 결정된다.

② 발달단계

전조작기	외부대상이나 사물을 외현적 특성에 의해 결정하고 보이는 대로 서술한다.
구체적 조작기	• 자기중심성을 탈피하면서 타인이 자신과 다른 생각을 가질 수 있음을 인식한다. • 보존성, 항상성의 추리능력이 생김으로써 다른 사람의 심리적 특성을 파악할 수 있다.
형식적 조작기	정신적 추리과정을 통해 사고하고 사람들을 파악, 비교할 수 있다.

(6) 셀만(Selman)의 역할수용이론

① 타인의 관점을 추정하고 생각, 감정, 행동을 이해하는 능력을 역할수용이론이라 하였다. 즉, 타인이 생각하고 느끼는 것을 사고하는 조망수용능력이 중요하다.

② 대인관계에서 갈등에 관한 이야기를 들려주고 질문을 한 뒤, 그 반응을 분석해서 다섯 단계의 조망 수용능력을 제시하였다.

③ 발달단계 <u>기출</u>

미분화수준	3~6세	자기중심적, 미분화된 관점
제1수준 (사회적 · 정보적 역할수용)	6~8세	• 제한된 사회, 정보적 역할수용 • 다른 사람이 다른 정보를 가졌기 때문에 자신과 견해가 다르다고 인식
제2수준 (자기반성적 역할수용)	8~10세	자신의 견해와 타인의 견해가 일치하지 않을 수 있음을 알게 됨
제3수준 (상호적 역할수용)	10~12세	자신의 관점과 타인의 관점을 동시에 고려할 수 있게 됨
제4수준 (사회적 역할수용)	12~15세	타인의 관점을 상황, 맥락적으로 파악하고 이해

(7) 행동원인 추론의 발달

① 의도판단의 발달

② 의도는 어떤 일을 하고자 하는 욕구와 실제행동을 매개하는 마음의 상태이다.

③ 행동하기 전에 앞으로 할 행동에 대해서 생각하고 계획하는 행동으로 결과와는 무관하게 존재하는 마음의 상태이다.

④ 발달단계

1~2세	의도적인 행동과 비의도적인 행동을 구별하는 기본적인 의도판단능력이 있음
3세경	어느 정도 의도성을 구분
6세 이후	• 의도성 판단은 행동의 결과에 의해 영향을 받음 • 욕구와 행동의 결과가 일치하면 그 행동을 의도적인 것으로 파악 • 이는 또래간의 갈등을 유발하는 중요한 요인이 됨
청소년기	우연적인 행동으로부터 고의적인 행동까지 의도성 수준을 변별

(8) 귀인판단의 발달

① 귀인은 자신이나 타인의 행위가 실패와 성공의 여부와 관련이 있다고 생각하는 판단이다.

② 귀인판단의 종류

성향귀인	성공이나 실패의 원인이 자신에게 있다고 믿는다.
상황귀인	성공이나 실패의 원인을 외부에서 찾는다.

③ 5~7세 과도기에는 타인의 성향을 근거로 행동을 예언하는 성향귀인이 나타나지만 행위의 책임을 타인의 성향으로 과도하게 돌리는 상황귀인의 특성도 나타난다.

> **더 알아두기**
>
> **무력한 아동과 숙달 지향적 아동**
> • 무력감(helplessness)이라고 묘사한 부적응적인 성취행동을 가진 아동들은 도전을 피하고 어려움에 직면하지 않으려 하며, 과제에 대한 실패를 노력이나 부적절한 책략의 결여라고 보기보다는 능력의 결여라고 귀인시키는 경향이 있다.
> • 숙달 지향(mastery orientation)적 아동은 도전을 즐기며 추구하고 장애물을 피하지 않으며 자신의 실패를 능력의 결여가 아닌 노력이나 책략 사용의 결여로 인해서 일어난다고 본다. 숙달 지향적 아동은 무력한 아동보다 자기효능감이 더 잘 발달하며 다양한 과제에 있어 보다 성공적이다.

제3절 ┃ 성차와 성역할

1 성차

(1) 맥코비와 재클린(Maccoby & Jacklin)

① 맥코비와 재클린은 남아와 여아의 특성에서 전통적 성역할 고정관념의 근거를 찾을 수 없었고 다음의 영역에서 차이를 발견하였다.

② 남아와 여아의 능력 차이

남아	여아
• 시공간(공간에서의 사물형태의 인지와 그들 간의 관계에 대한 인지)과 수리영역에서 우월함 • 소녀들은 사춘기 이전까지 소년들에 비해 수리능력이 우수하나 사춘기를 전후로 하여 이 양상이 바뀌고 청년, 성인기 동안 줄곧 남성들은 여성들보다 우수한 수리능력을 보임	언어능력이 남아보다 더 우월함
수학문제 중 복잡한 해결능력을 요하는 문제에서 강점을 보임	수학문제 중 계산문제에서 강점을 보임
신체적, 언어적으로 공격적임	• 공포, 위험, 두려움 감수에서 더 두려워함 • 정서적 민감성과 표현성이 강하고 순종적

③ 평가
  ㉠ 맥코비와 재클린의 연구는 추후 남녀의 특성이 너무 과소평가되었다고 비판을 받았다.
  ㉡ 집단평균값에 기초로 한 결과이기 때문에 특정 개인 간의 성차와는 다를 수 있다.
  ㉢ 사회문화적 맥락에서 문화적 영향이 남녀의 차이에 영향을 미칠 수 있다.
  ㉣ Hyde와 Linn은 언어능력의 몇 개의 하위영역에서 우수하나 전반적 언어능력의 성차는 수리능력에서만큼 크지 않다고 하였다.
  ㉤ 성차에 대한 많은 연구에 의하면 부모들이 여아들에 비해 남아들이 더 우수한 수학적 재능을 가지고 있으며(Lummis & Stevenson), 아들이 수학을 잘하는 것을 능력에, 딸이 수학을 잘하는 것을 노력에 귀인함으로써 이런 부모의 견해를 여아들이 내면화하므로 스스로 자신들이 수학을 못한다고 믿는 경향을 보였다(Jacobs & Eccles).

2 성역할 발달

(1) 기본개념
  ① **성도식(gender scheme)**
    남성과 여성에 대한 조직화된 신념과 기대
  ② **성유형화(sex typing)**
    성에 대한 문화적 고정관념에 부합하는 방식으로 생물학적 성과 연관된 대상, 행위, 습성, 역할
  ③ **성고정관념(gender stereo type)**
    남성과 여성이 가져야 한다고 여겨지는 특성에 관한 일반적 관념
  ④ **성역할(sex role)**
    남성이 해야 할 일과 여성이 해야 할 일의 역할분담을 하는 것

(2) 성역할 기준과 고정관념
  ① 성역할 기준은 특정의 성에 적합하다고 생각되는 가치관 및 행동양식, 동기 등을 말한다.
  ② 성역할 기준은 남성과 여성이 어떻게 행동해야 하는가를 기대하는 고정관념을 형성하는 기반이 된다.
  ③ 성고정관념은 남성성(masculinity)과 여성성(femininity)으로 나뉘며, 남성과 여성에게 적절하다고 여겨지는 특성에 관한 일반적 관념을 말한다.
  ④ 남성적 특징은 수단적(instrumental)이어서 이성적, 독립적, 객관적, 목표지향적 특징을 지닌다.
  ⑤ 여성은 표현적(expressive)이어서 주관적, 감성적, 의존적이며 수동적으로 여겨진다.
  ⑥ 남성과 여성의 고정관념에 따라 남성은 경쟁과 활동성이 필요한 사회적 역할에 적합하고 여성은 타인을 배려하고 돌보는 역할에 적합함이 강조되었다.
  ⑦ 성고정관념에 따른 문화적 차이는 범문화적으로 크게 다르지 않았지만 남녀의 성격은 사회문화적 요구에 따라 달라졌다.

(3) 성유형화의 발달과제

① 자신이 여성인지 남성인지 인식하는 것

② 성은 불변이라는 것을 인식하는 것

③ 성역할 고정관념을 발달시키는 것

④ 성유형화된 행동패턴 발달로 자기성에 부합되는 활동을 즐기고 찾는 과정

(4) 아동의 성정체감 발달

6개월	음성의 고저를 이용하여 남자와 여자 말소리를 구분한다.
1세경	남성과 여성 사진을 정확하게 구분, 남자와 여자의 목소리와 얼굴을 연결한다.
2~3세	엄마, 아빠 단어를 사용하고 성별에 대해 말하기 시작한다.
3~5세	성역할 개념을 유동적인 것으로 파악, 머리나 옷 모양을 바꾸면 다른 성으로 바꿀 수 있다고 생각한다.
5~7세	• 자신의 성이 바뀌지 않아 남자와 여자의 성은 그대로 고정되어 지속한다는 성안정성(gender stability)을 형성한다. • 머리 형태나 옷 같은 외형적 특징에 관계없이 자신을 남성이나 여성으로 인식하는 능력의 성항상성(gender constancy)이 생긴다.
7~8세	성정체감이 형성되기 시작한다.

(5) 아동의 성유형화된 행동발달

① 유아기 또래와 놀이가 성유형화된 행동에 많은 영향을 미친다.

② 성별에 따른 분리의 특색을 보인다.

2~3세	동성끼리 노는 경향은 여아는 2세경, 남아는 3세경에 나타난다.
6세	이성친구보다 동성친구와 노는 시간이 10배 이상으로 나타난다.
10~11세	성분리를 주장하고 이성과 사귀기를 피한 아동이 또래에서 더 유능한 것으로 간주되지만, 이런 경향은 사춘기에 들어서서 차차 감소된다.

③ 놀이경향

3세경	같은 성의 다른 아이들이 입는 옷이나 놀이에 민감하고 어떤 행동이 성에 적합한지를 알게 된다.
4세경	• 놀이의 선호는 또래에 의해 강화된다. • 동성끼리 놀면서 놀이감 선택이나 활동수준, 공격성 등에서 서로의 행동을 모방하거나 긍정적인 반응을 얻게 됨으로써 성유형화된 행동이 증가한다.
4~10세	• 남아와 여아 모두 다른 사람들이 자신들에게 무엇을 기대하는지 알고 있고 그들이 속한 사회의 성 규범에 따르고자 한다. • 이 시기에 여아들이 남아들의 성역할을 선호하는 것이 나타나기도 한다. • 남성적 행동은 높게 평가되는 경향이 있고 여아가 남아역할을 하는 것보다 남아가 여아역할을 하는 것이 사회적으로 받아들여지지 않을 수 있다.

(6) 아동의 성역할 고정관념의 발달 [기출]

① 2세 반이나 3세경부터 시작해서 유아기동안 증가하며, 5세경에 가장 심해서 유아들 스스로 남아는 강하고 빠르다고 생각하고, 여아는 두려워하고 힘이 없다고 생각한다.

② **성역할 기준에 대한 발달**

3~7세	남녀에 따른 역할기준을 반드시 따라야 한다고 믿는다.
8~9세	성역할 고정관념에 대한 생각이 좀 더 융통성이 있으며 덜 극단적이다.
12~15세	• 직업이나 취미에 부분적으로 융통성을 보이며 사춘기 때는 반대 성의 행동을 하는 것을 참지 못한다. • 남성은 더욱 남성적으로, 여성은 더 여성적으로 보이려는 성강화과정이 나타난다.
청년 후기	자신의 성정체성에 안정감을 느끼게 되면 성역할 고정관념에 융통성이 생긴다.

③ **유아의 성고정관념 연구 : Kuhn, Nash & Brucken**

3세 6개월경 유아의 대부분이 성역할 고정관념의 일부를 갖고 있다고 주장하였다. 즉, 여아는 인형 놀이를 선호하고 덜 공격적이며 말을 많이 하고 자주 도움을 필요로 하는 반면, 남아들은 자동차놀 이와 만들기를 선호한다.

(7) 콜버그(Kohlberg)의 성유형화에 대한 인지적 접근

① 성역할발달은 인지발달에 달려 있고, 아동들은 사회적 영향을 받기 전에 스스로 능동적으로 사회화 하여 이를 이해한다.

② 아동은 3세가 되면 스스로 남아 또는 여아로 확고하게 명명하고, 점점 성안정성과 성정체성이 형성된다. 즉, 외양의 변화나 활동에 상관없이 사람의 성이 변하지 않는다는 성일관성을 인식하게 된다.

(8) 길리건(Gilligan)의 성차이와 도덕성 간의 관계연구

① 콜버그의 추상적 도덕원리를 강조하는 정의지향적 도덕성과는 달리, 인간관계의 보살핌, 애착, 책 임, 희생 등을 강조하는 대인지향적 도덕성이론을 제시하였다.

② 여성들은 남성보다 타인과의 관계를 고려하고 타인의 요구에 민감하게 반응하는 경향이 있다고 주 장하였다.

③ 길리건은 성적 갈등과 낙태 등의 문제와 관련된 상황에서 청소년의 도덕적 판단을 분석하였고 여성 의 도덕성을 보여주는 보살핌의 윤리발달단계를 제안하였다.

④ **길리건의 도덕발달단계**

수준 1	자기이익지향	• 여성이 자신의 이익과 생존에 자기중심적으로 몰두하는 단계 • 어떤 상황이나 사건이 자신의 욕구와 대치될 때만 도덕적 사고와 추론을 시작
수준 2	타인에 대한 책임으로부터 선의 선별	• 청년기 동안 도덕성의 사회적 조망이 발달 • 자신의 욕구를 억제하고 자기희생과 타인에 대한 배려 • 대인관계에 있어서 불평등한 남성에 대한 의존과 예속을 추론
수준 3	자신과 타인의 역동	• 자신의 주장과 타인에 대한 책임을 조율 • 수동적인 존재가 아닌 의사결정과정에 적극적 참여

(9) 성역할의 형성에 영향을 미치는 요인

① **생물학적 요인**

㉠ 생물학적 요인들이 각 성별이 일정한 성역할을 수행하도록 만든다는 입장이다.

㉡ 진화적인 관점에서 보면 전통적으로 남성은 짝짓기를 위해 다른 남성과 경쟁하는 반면, 여성은 가정에서 자녀를 양육하는 역할을 수행해 왔으므로 남성은 지배와 경쟁에 집중하게 되고, 여성은 상대적으로 협동과 친밀함 등에 더 집중하게 된다고 본다.

㉢ 남성호르몬인 안드로겐이 활동적인 움직임과 공격성을 증가시키고, 모성행동은 억제하는 역할을 한다.

② **환경적인 요인** : 부모의 영향력, TV나 미디어, 또래집단, 형제관계가 남성 및 여성의 성역할에 영향을 줄 수 있다.

③ **생물사회적 영향** : 성역할은 생물학적 요인과 환경적 요인이 복합적으로 결부되어 형성된다고 본다.

> **더 알아두기**
>
> **벰(Bem)의 성역할검사**
> - 이전의 남성성과 여성성은 단일차원, 즉 한 가지 경향만을 갖는 것을 의미했지만, 생물사회적 입장에서는 남성성과 여성성을 두 가지의 분리된 차원으로 본다.
> - 남성성이 높다고 해서 여성성이 자동적으로 낮아지는 것이 아니라, 한 사람이 높은 남성성과 높은 여성성을 동시에 지닐 수 있다.
> - 성역할 고정관념의 틀에서 벗어나 한 문화에서 규정된 남성성이나 여성성을 뛰어넘는 정신건강 개념을 주장하였다.
> - 한 개인이 남성적 속성과 여성적 속성을 모두 자신의 성격에 통합한 경우 전통적인 성역할을 고수하는 사람보다 주변에서 더 많은 인기를 얻고 더 유연하게 행동할 수 있으며, 이러한 양성적인 사람은 환경의 다양한 요구에 더 잘 대처할 수 있다.

제4절 사회 · 정서적 발달

1 공격성

(1) 공격성의 개념

① 공격성은 일반적으로 생명체에 대해 의도적으로 해를 가하려는 사회적으로 바람직하지 않은 행동을 의미한다.

② 공격적 행동을 정의하는 것은 공격자의 의도이지 행동의 결과가 아니다.

(2) 공격성 발달 기출

2~3세	물리적 공격성	때리고 밀치는 등 물리적 공격 위주
3~6세	도구적 공격성	놀리거나 흉보고 욕하는 등의 언어적 공격 위주
6~7세	적의적 공격성	타인의 우연한 공격적 행동의 원인을 고의로 해를 가하려했다는 공격적 의도로 추론하는 경향으로 인한 적대적 공격
7~11세	선택적 공격성	의도적인 공격과 비의도적인 공격을 구분할 수는 있지만 자신을 화나게 하거나 약오르게 할 때 반응

(3) 공격성의 유형 기출

우연적 공격성	놀이를 하면서 종종 아무 생각 없이 타인을 해칠 수 있는 행동이다.
표현적 공격성	• 우연히 다른 사람을 다치게 하거나 타인의 권리를 방해하는 신체적 활동을 통해 즐거움을 찾을 때 생기는 것으로 공격자는 이를 통해 즐거운 신체감각을 느끼려 하는 것이다. • 표현적 공격성은 분노, 적대감정, 좌절을 수반하지 않는다.
도구적 공격성	• 사물이나 영역, 권리를 얻기 위해 신체적 분쟁에서 누군가를 해치게 될 때를 말한다. • 어떤 목적을 달성하기 위해 또는 아동이 자신이 원하는 것과 자신의 소유물이라고 여기는 것을 지키기 위해 노력할 때, 누군가를 해치려는 의도가 없이 나타난다.
적의적 공격성	도구적 공격과 달리 타인에게 고통이나 해를 가하는 자체가 목적이다.
외현적 공격성	신체적이며 위협적인 언어적인 공격을 말한다.
관계적 공격성	사회적인 상호작용 속에서 관계에 초점을 두어 어느 한 집단에서 한 아동을 고의로 따돌림하여 우정과 감정을 해치는 것을 말한다.

(4) 공격성 발달의 특징 기출

① 공격성은 대체로 1.6세를 전후해서 나타난다.

② 2세에 공격적인 행동이 시작되지만 5세까지 유아의 공격적 행동의 양은 증가하지 않는다.

③ 6세를 전후해서 급격히 적의적 공격성으로 변하는 이유는 상대의 의도에 대한 유아의 잘못된 귀인판단으로 인한 것이다.

④ 적대적 공격과 공격적 공격은 13~15세경 절정에 이르다가 이후 감소하지만 대신 간접적 방법으로 표출한다. 즉, 험담과 집단 따돌림으로 표현하거나 무단결석, 절도, 술이나 약물남용 등 반사회적 행동으로 발전하기도 한다.

⑤ 공격성은 비교적 일관된 속성을 보인다. 즉, 공격적 유아는 지속적인 성향으로 발전할 가능성이 높다.

(5) 공격성의 발달에 영향을 미치는 요인

① 생물학적 요인

㉠ 남성호르몬을 공격성을 유발하는 주요 요인으로 본다. 이는 공격성에 성차가 있다는 일반적으로 인정된 사실을 통해 입증되었다.

㉡ 남성이 보다 공격적인 것은 생물학적 차이에 기인한 것이 아니라 남성과 여성의 사회적 역할 때문이라는 비판이 제기되었다.

ⓒ 남아의 공격성은 물리적이고 신체적인 반면, 여아는 단지 언어적 공격성 표출형태를 보이는데 이러한 공격성 표현의 차이가 호르몬 차이에 기인한다고 보기는 어렵다.

② **사회적 요인**

㉠ 공격성은 모방과 강화에 의해 획득되는 경향이 높으므로 아동이 성장하고 있는 사회 환경은 공격성 발달에 중요한 영향을 미친다.

㉡ 패터슨(Patterson)의 연구

- 공격적인 아동이 가정 내에서 부모와 어떤 형태의 상호작용 유형을 나타내는지 연구하였다.
- 공격성이 높은 아동의 부모는 정상아동의 부모에 비해서 처벌을 가하는 등 아동의 행동을 강압적으로 통제하려는 경향이 높다.
- 이러한 부모의 강압적 행동은 아동의 공격성을 높이며, 부모의 강압적 통제를 강화하는 악순환을 반복하게 한다.
- 형제관계에서도 마찬가지로 상호 강압적이며 적의적인 대처양식은 서로의 공격을 촉진하게 된다. 이러한 공격성을 촉진하는 가족 상호작용 양상을 강압적 가족과정이라고 한다.
- 강압적 가족분위기에서 자란 아동의 공격적 성향은 사춘기에 반사회적 행동으로 발전할 가능성이 크다.

③ **기질적 요인**

㉠ 공격적인 아동은 대체로 공격적 행동의 결과에 대해서 보다 긍정적인 기대를 갖고 있다. 즉, 공격적 행동이 원하는 바를 얻게 해준다고 믿으며 공격성이 타인의 나쁜 행동을 멈추게 하고 자신의 자존감을 높여준다고 믿으며 공격성에 높은 가치를 부여한다(Boldizar, Perry & Perry).

㉡ 6개월경에 까다로운 기질을 가진 영아를 5세경에 다시 관찰한 결과 다른 기질의 아동에 비해 공격적이라는 종단연구 결과가 제시되었다.

㉢ 공격성이 높은 아동은 상대방에게 적대감이 있다고 잘못 해석하는 적대적 귀인편견을 갖고 있어 상대방의 공격적 의도를 과대하게 해석하는 경향이 있다. 즉, 상대방의 의도가 명확치 않을 때는 사회적 단서를 왜곡하지 않지만 의도가 모호할 때는 적대적으로 해석한다.

(6) 공격성의 통제방법

① **감정정화법 : 카타르시스가설**

㉠ 프로이트는 공격성을 인간 본성의 일부로 간주하였고 무의식적으로 내면에 존재한다고 하였다. 이러한 충동을 적절한 간격으로 타인에게 해를 주지 않으면서 방출하면 해소된다는 카타르시스를 강조했다.

㉡ 이런 카타르시스가설은 최근에 효과가 없고 공격충동을 감소시키지 못한다는 비판이 제기되었다.

② **대체반응법(incompatible response technique)**

바람직하지 않은 행동은 무시하고 바람직한 행동이 나타나면 즉시 강화해주는 것이다.

③ **보상제거법**

공격적 행동으로 원하는 것을 얻었을 때 그것을 제거하는 방법이다.

④ **일시격리법(타임아웃기법)**

공격적인 행동을 한 아동을 그 상황에서 격리시켜 공격적 행동이 강화받지 않도록 하는 것이다.

⑤ **모델링과 직접지도법**

공격성과 양립할 수 없는 바람직한 행동을 가르친다.

⑥ **공감훈련**

㉠ 아동의 공격적인 행동을 유발하는 분노를 공감으로 대치하거나, 공감을 증진시키는 훈련을 통해 공격성을 감소시킨다.

㉡ 타인의 감정에 이입을 느낄 수 있도록 도움을 줌으로써 조망수용능력을 증진시킨다.

⑦ **사회인지적 개입**

공격성을 유발하는 상황을 교사와 아동이 직접 행동으로 시범을 보이고 이 상황에서 문제가 무엇이며 어떻게 해결해야 할지 생각해보고 소리내어 말하게 하는 훈련을 시킨다.

⑧ **강화**

어떤 상황에서 공격적인 행동을 하지 않을 때 즉시 강화해 주는 것이다.

2 이타성

(1) 정의

① 이타성은 타인의 행복에 대해 관심을 갖고 배려하는 내재적인 심리적 특성이자 친사회적 행동으로 타인과의 관계에 있어서 바람직한 사회적인 행동이다.

② 친사회적 행동이란 다른 사람과의 관계에 있어서 사회적으로 바람직한 행동으로서 나누기, 돕기, 협조하기, 위로하기, 보살피기 등의 행동을 말한다.

③ 아동은 정서적인 격려로 친사회적 행동을 실행함으로써 자신의 행동이 다른 사람에게 끼친 고통이나 해로움에 관심을 갖는다.

④ 아동은 친사회적 도덕추론, 즉 자신의 희생을 요구하는 친사회적 행동을 할 것인지에 대한 여부를 결정할 때 갈등에 부딪쳐 일어나는 사고과정을 통해 친사회적 행동을 결정하게 된다.

(2) 이타성의 발달

① 2세 이전의 영아들도 친사회적 행동특성을 보여줌으로써 친사회적 행동이 인간본성의 일부임을 보여준다.

② 어머니가 영아가 다른 아동에 해를 가했을 때 어떻게 반응하느냐에 따라 영아의 공감적 반응의 정도도 높은 것으로 알려졌다.

③ 아동의 연령이 증가함에 따라 친사회적 행동도 증가하는 경향이 있지만 자발적인 자기희생적 친사회적 행동은 드물게 나타난다.

④ 이타적 행동은 4~6세부터 서서히 증가하여 9~10세에 가장 높은 수준에 이른다.

⑤ 친사회적 행동이 연령과 함께 증가하는 것은 아동이 성장함에 따라 협조의 가치와 필요성, 방법을 이해하는 인지적 능력이 발달하기 때문이다.

(3) 이타성 발달에 영향을 주는 요인

① 역할수행기술(role playing skill)

　㉠ 다른 사람의 입장에서 그 사람의 생각, 행동, 감정을 이해하는 것으로 상대방의 도움이 필요하다는 것을 알 수 있게 한다.

　㉡ 이는 조망수용능력과 관계가 깊은 것으로 아동과 청소년에게 역할수행기술을 훈련시키면 남을 도와주거나 배려하는 데 더 효과적이다.

② 친사회적 도덕추론

　㉠ 친사회적 행동은 갈등상황에서 자신이 선택해야 할 행동을 도덕적으로 어떻게 판단하는가와 밀접하게 관련되어 있다.

　㉡ 아이젠버그(Eisenberg)의 친사회적 갈등상황

　　• 아동들에게 친사회적 갈등상황의 이야기를 들려주고 이야기 속의 주인공이 누구를 도와주어야 할지를 질문하였다. 즉, 학교 가는 길에 다친 아이를 보고 학교에 늦지 않는 것과 다친 아이를 도와주는 일 사이에서 갈등이 있을 때, 도덕적 추론과 친사회적 행동 사이에 충돌이 일어난다. 도와줄 경우 주인공은 개인적으로 어떤 희생이나 대가를 치러야 하는 상황이다.

　　• 이러한 친사회적 갈등상황에서의 아동의 도덕적 추론능력 발달과정은 다섯 단계로 구분된다.

　　• 유아기 아동들의 반응은 대부분 이기적인 반응이지만 연령이 증가하면서 점차 타인의 욕구를 배려하기 시작한다.

[친사회적 갈등상황에서의 아동의 도덕적 추론능력 발달과정(Eisenberg, Lennon & Roth)]

수준	특징	연령범위
자기중심적 쾌락추구	타인을 돕는 것이 자신에게 이익이 될 때만 이타적	아동기 초기 일부~입학 전 아동기
욕구지향	• 타인의 욕구를 근거로만 이타성을 고려 • 공감이나 죄의식이 주요인	입학 전 아동기 일부~초등학교 아동기
안전지향	타인으로부터 인정과 칭찬받기 위한 이타성	초등학교 아동기~일부 초기 중학생
공감적	• 공감적 반응에 기초한 이타성 • 이타행위에 대한 기쁨과 죄의식 느낌	초등학교 아동기 일부~중학생
내재적 원리	• 내재적 가치, 규준, 책임감, 확신에 근거한 이타성으로 인식, 의무, 가치관이 싹틈 • 내재적 이상과 원리에 따를 때 자기존중감 인식	중학생 일부~청년기

③ 공감

　㉠ 타인의 정서를 식별하는 능력으로 사회적 조망수용능력을 바탕으로 하지만 타인의 정서를 함께 느끼는 점에서 단순한 조망수용과 구별된다.

　㉡ 이는 다른 사람의 고통의 감정을 경험할 때 유발될 수 있는 개인적 불편감과 고통인 자기지향적 스트레스(self-oriented stress)가 아닌 다른 사람의 고통의 감정을 함께 느낌으로써 생기는 동정심인 동정적 공감유발(sympathetic empathic arousal)로 일어난다.

ⓒ 윌리엄스(Williams)의 사회적 책임모형
- 공감이 어떻게 이타성을 증진시킬 수 있는가에 대한 모형으로 사회적 책임모형을 들었다. 즉, 아동은 타인의 불행에 대해 공감하고 도와주어야 한다는 개인적 책임감을 느끼게 되고 그런 의무를 하지 못할 때 죄책감을 느낀다.
- 자신의 이타적 성향에 대한 판단과 이타적 행동 간의 상관이 높은데, 이는 이타적 특성에 대한 자기도식과 친사회적 행동이 밀접히 관련되어 있음을 뜻한다.

④ **문화적 경향 : Beatrice & Whiting**
㉠ 여섯 개의 다른 문화에서 3~10세 아동의 이타적 행동을 관찰하였다.
㉡ 산업화가 가장 덜 이루어진 사회에서, 가족원 모두가 일을 하는 대가족에서 이타성이 가장 높게 나타났다.
㉢ 서구사회의 산업화된 사회에서 이타성이 낮게 나타나는 이유는 집단목표보다는 개인목표를 추구하고 경쟁을 강조하기 때문인 것으로 보았다.

(4) 이타성 증진의 요인

① **강화**

강화는 친사회적 행동을 증진시키는 데 효과가 있지만, 물질적 강화는 자칫 아동의 동기를 훼손시킬 수도 있다. 즉, 아동이 이타적인 행동을 자신의 이타적 성향이나 다른 사람의 필요보다 강화물에 귀인할 경우가 이에 해당한다.

② **모방**
㉠ 아동의 이타적 행동은 모델의 행동을 모방함으로써 촉진되는데 부모의 역할이 특히 중요하다.
㉡ 언어적 권유나 인정, 승인을 통해 피드백을 받고 사회적 책임규준을 내면화하면 더욱 이타적 행동이 증진될 수 있다.
㉢ 귀납적 훈육법은 부모가 정서적 설명을 함으로써 아동이 타인의 입장에서 생각할 수 있는 조망수용을 높여 타인의 고통을 경험할 수 있게 한다.
㉣ 타인에게 도움을 주는 행동이나 위안을 가르쳐줌으로써 아동은 이타적 행동을 통해 남에게 도움을 주는 사람이라는 긍정적 자아상을 형성하게 된다.

3 도덕발달

(1) 정신분석학이론

① 정서적 요소 또는 도덕적 정서를 강조하며 자존심, 수치심, 죄책감은 도덕적 행위의 중요 원인이 된다.
② 도덕심을 아동이 자존감 같은 긍정적 정서를 느끼고 수치심이나 죄책감 같은 부정적 정서를 회피하기 위한 것으로 본다.
③ 초자아는 도덕적 중재자로서 자아의 생각과 행동이 수용될 수 있는지 감시하는 내적 검열자의 역할을 담당하여 자아가 도덕적 규범을 위반했을 때 죄책감이나 수치심을 불러일으킨다.

④ 어릴 때 부모의 양육방식에 따라 안정애착이 형성된 유아들이 부모의 정서적 신호를 잘 받아들이므로, 부모와의 애정을 유지하기 위하여 도덕규범을 내면화한다고 본다.

(2) 인지발달이론

① 아동의 사고에서 일어나는 도덕적 추리의 발달과정에 초점을 둔다.

② 도덕발달은 인지발달에 의존한다.

③ 도덕적 추리는 일정한 순서의 단계에 따라 발달한다.

④ 각 단계는 도덕적 문제들에 대해 공통적이고 일관된 도덕적 추리를 하는 특성을 보이며, 피아제 이론과 콜버그의 이론이 이에 속한다.

    ㉠ 피아제(Piaget)의 도덕발달이론

- 도덕추리는 인지발달과 관계가 있다.
- 지능지수나 역할수행 기술이 높은 아동들이 낮은 아동보다 도덕판단수준이 옳다고 본다.
- 피아제의 도덕발달단계 : 도덕적 갈등상황이 일어나는 것에 대한 이야기를 들려준 후 사회적 정의에 대한 아동의 개념을 연구하였다.

1단계 전도덕 단계	아직 규칙을 이해하지 못하며 규칙위반에 대해 판단하지 못하는 단계
2단계 타율적 도덕성 (6세경에 시작)	• 규칙에 대한 일방적인 존중을 나타내며 규칙은 절대적이고 고정된 것이며 바뀔 수 없는 것으로 생각하는 도덕적 실재론에 입각 • 의도보다는 결과에 의해 도덕성을 판단하는 객관적 책임성과 내재적 정의를 믿음 • 규칙을 깨뜨리면 부모나 교사 또는 신으로부터 반드시 처벌이 뒤따른다는 내재적 정의 • 잘못한 일에 대해 합리적 설명을 들은 유아보다 속죄적인 벌을 받은 유아가 문제 행동을 더 잘 수정함 • 성인에 대한 거짓말은 나쁘지만 유아 상호간 거짓말은 그다지 나쁘지 않다고 생각함 • 공정성에 대한 개념이 거의 없고 권위의 명령에 복종하는 것이 공정한 것이라는 생각에서 무조건적 평등을 중시하는 상호호혜성의 단계로 옮겨감
3단계 자율적 도덕성 (9세경에 시작)	• 규칙은 상호협의에 의해서 고칠 수도 있다고 생각하며, 결과보다는 의도를 고려하여 도덕적 판단을 하는 주관적 책임 • 처벌에 대한 객관적인 관점을 견지 • 처벌에 대해서는 상응하는 벌 쪽을 택하며, 잘못에 대한 처벌보다 그 잘못을 설명한 경우 행동교정이 더 잘 이루어짐 • 거짓말은 성인에 대한 것이건 아동에 대한 것이건 나쁘다고 생각 • 평등을 가장 우선으로 생각하는 단계에서 각 개인이 처한 상황을 고려하여 권위의 명령에 따를지 여부를 결정하는 형평성을 중시하는 단계로 발달 • 옳고 그름에 대한 판단을 행위자의 의도에 두며 사회적 규칙위반에 항상 벌이 따르지 않는다는 것을 알게 되어 내재적 정의를 믿지 않음

    ㉡ 콜버그(Kohlberg)의 도덕발달이론 `기출`

- 콜버그는 인간의 도덕성 추론능력의 발달이 인지적 발달과 연관되며, 발달의 순서는 모든 사람과 모든 문화에서 동일하게 나타난다고 보았다.
- 피아제의 도덕성 발달에 관한 이론을 청소년기와 성인기까지 확장하였다.

- 인지발달수준 및 도덕적 판단능력에 따라 도덕성 발달수준을 3가지 수준의 총 6단계로 구분하였다.

[콜버그의 도덕적 발달단계] 기출

전인습수준 (4~10세)	• 규칙이 내면화되지 않았으며 행위의 결과에 따른 보상과 처벌의 정도에 따라 규칙을 따름 • 옳은 것은 벌을 받지 않는 것 또는 개인적으로 만족을 주는 것으로 인식	1단계 : 처벌 및 복종지향	• 행위의 옳고 그름은 결과에 달려 있음 • 행위의 결과, 처벌의 양, 객관적인 손상의 정도가 중요함 • 들키지 않아서 벌을 받지 않았다면 그 행동을 나쁘다고 생각하지 않음
		2단계 : 도구적 상대주의	• 쾌락주의 원칙 • 자신의 이익, 보상에 따라 규칙을 따름 • 타인지향행동은 궁극적으로 이득이 돌아오리라는 상호호혜적인 평등에 입각
인습수준 (10~13세)	칭찬과 인정, 사회적 질서 유지와 규범준수가 주요 동기	3단계 : 착한 소년소녀 지향	• 타인의 반응과 도덕적 고정관념에 따라 도덕적 행위를 판단 • 타인의 승인하는 행동이 바로 도덕적 행위라고 믿음 • 행위자의 의도를 고려하여 행위를 평가
		4단계 : 법과 질서 지향	• 법의 준수, 사회, 집단에 대한 공헌을 중시 • 벌이 무서워서 법을 따르는 것이 아니라 법과 규칙의 절대적인 신뢰에 의한 것임
후인습수준 (13세 이상)	• 옳고 그름을 정의에 의해 판단 • 법적으로 타당한 것이 도덕적으로 옳은 것이 아니라는 도덕기준의 내면화	5단계 : 사회적 계약지향	• 민주적 절차로 수용된 법을 존중하는 한편 상호합의에 의한 변경가능성을 인식 • 4단계와 달리 법에 대한 융통성을 부여 • 법은 다수의 뜻과 인간의 가치를 표현하는 것이며 공평하게 적용되는 법을 따르는 것이 의무라는 것을 인식하지만 인간의 권리나 존엄성을 위태롭게 하는 강제된 법은 부당하고 변경할 수 있음
		6단계 : 보편적·윤리적 원리지향	• 옳고 그름을 자신의 윤리적 원칙, 인권, 인간의 존엄성과 개인의 양심에 비추어 판단 • 어떤 법이나 사회계약을 능가하는 추상적인 도덕지침 또는 보편적 정의와 개인의 권리에 대한 원리

(3) 사회학습이론

① 아동의 도덕적 행동을 자극·반응이라는 전통적 학습이론의 관점과 더불어 모방 또는 관찰학습의 중요성을 강조하고 있다.

② 문화적 요인(예 타인의 기대, 규범, 행동 등)은 아동의 바람직한 행동에 대해 직접적으로 강화를 주며, 사회적으로 적절한 행동에 대한 강화·처벌·모델링이 아동의 도덕심 발달에 영향을 미친다.

- 강화 : 도덕적 행동뿐 아니라 금지된 행동과 대체되는 행동에도 적용된다.
- 처벌 : 행동을 억제해야 하는 근거를 설명해 주었을 때 아동이 자신의 행동에 대한 근거를 제시해 주어 더 효과가 있다.

- 모방 : 애정철회나 권력행사와 도덕적 성숙은 연관이 없지만, 귀납적 훈육은 아동의 행동에 대하여 납득할 만한 근거를 제시해줌으로써 도덕성의 인지적, 정서적, 행동적 차원을 통합하여 보다 나은 성숙으로 이끈다.

> **더 알아두기**
>
> **사회적 참조** [기출]
>
> 영아들이 엄마의 얼굴에서 공포의 감정을 읽을 수 있다면 영아들은 본능적으로 하던 행동을 멈춘다. 그러나 엄마의 얼굴에서 즐거움의 감정을 읽을 수 있다면 아이들은 안도감을 느끼며 하던 행동을 계속한다. 이처럼 애매한 상황의 의미를 알기 위해서 다른 사람들의 정서적 반응을 활용하는 현상을 사회적 참조라 한다.

제5절 가족관계

1 가족의 특성

가족은 다양한 체계로 구성되며, 자녀의 사회화 등 다양한 기능을 담당한다.

(1) 가족체계

① 가족은 배우자, 형제, 부모-자녀 관계 등과 같은 하위체계로 구성된다.
② 가족은 전체성과 질서를 바탕으로 구성원 간 역할 행위와 상호작용을 하게 된다. 가족은 전체뿐 아니라 부분 관계에 따라 성격이 달라진다.
③ 가족 구성원 간의 상호작용은 순환적이다.
④ 체계로서의 가족은 적응적이다. 가족은 규칙을 형성하고 준수하려고 함으로써 가족 내에서 적응하고자 한다.

(2) 가족기능

① 재화와 서비스의 생산과 소비기능을 담당함으로써 경제적 역할을 수행하는 기능을 한다.
② 자녀를 출산함으로써 새로운 가족 구성원을 재생산하는 기능을 한다.
③ 가족으로서의 소속감과 사회적·정서적 지지를 제공함으로써 위기를 극복할 수 있는 힘을 제공하는 기능을 한다.
④ 가족은 사회구성원으로 참여할 수 있도록 자녀를 양육하고 교육하는 보편적 기능을 한다.

2 가족의 상호작용

(1) 부모양육태도 기출

부모는 자녀가 소속된 사회와 문화의 보편적인 습관, 사회적 기술, 행동, 가치관을 습득하고 발달하도록 도움을 준다. 부모양육태도는 아동의 신체, 인지, 언어, 사회, 정서 발달에 영향을 미치는 중요한 요인 중 하나이다.

① **권위 있는 양육** : 자녀에게 온정적이고, 자녀의 요구에 대한 수용도가 높고 민감하게 반응하며, 적정한 수준에서 통제를 하는 가장 바람직한 양육방법으로 일정한 한계 내에서 자유가 주어진다.

② **권위주의 양육** : 자녀의 요구에 대해 비교적 덜 수용적이며 참여 정도가 낮고, 자녀의 자율성을 인정하지 않는다. 자유가 없고 한계만 주어지는 양육방법으로 독재자처럼 자녀를 통제한다.

③ **허용적인 양육** : 온정적이고 수용적이지만 부모가 자녀의 요구에 대해 지나치게 관대하거나 자녀의 발달수준과 상관없이 모든 결정을 자녀가 하도록 허락한다. 규칙을 준수하고, 책임과 역할을 수행하는 것에 어려움을 겪게 된다.

④ **무관심한 양육** : 자녀 양육에 대한 참여 의지가 없으며 자녀에 대한 애정과 요구에 대한 수용 정도가 낮다. 부모는 정서적으로 자녀와 분리되어 있거나 우울증에 빠져 있는 경우가 많으며, 아동학대인 방임의 단계에 이르기도 한다.

(2) 부모의 양육 유형에 따른 자녀의 적응 행동

① **권위 있는 양육 유형** : 책임감과 자신감이 있으며 높은 자존감을 형성하여 사회적·도덕적으로 성숙된 모습을 보이고 학업성취에 있어서도 우수한 모습을 보인다.

② **권위주의 양육 유형** : 자율성이 낮아 다른 사람에게 의존적이며 반항적·공격적 성향을 보이기도 하고 행복감을 갖지 못해 항상 불안감을 느낀다.

③ **허용적인 양육 유형** : 충동적이거나 반항적이고 과도한 요구를 하는 경우가 많으며 참을성이 없고 학교생활에서 적응의 어려움을 겪는다.

④ **무관심한 양육 유형** : 자녀와의 애착 관계, 인지발달, 놀이, 사회성 발달 등 거의 모든 영역에 걸쳐 부정적 영향을 주어 학업 수행이 떨어지고 공격적, 적대적, 자기중심적인 성향을 갖는다.

(3) 부모와 자녀의 상호작용

① **정서적인 분위기** : 가족 구성원의 발달에 핵심적이다. 따뜻한 부모는 온정적이고 자녀의 요구에 민감하다. 적대적인 부모는 자녀를 거부하고 사랑하지 않음을 표현한다.

② **부모의 반응성** : 자녀가 보내는 신호를 잘 찾고 적절하게 반응한다. 자녀의 요구에 민감하다.

③ **통제방법** : 훈육으로 자녀에게 지켜야 할 규칙의 내용, 규칙을 지키지 않았을 때의 결과를 명확히 제시한다.

(4) 형제관계의 영향

① 형제관계를 통해 인간관계의 기본 틀을 연습할 수 있다.

② 영유아기의 형제자매는 부모의 한정된 자원을 나누는 경쟁자 역할을 한다.

③ 형제관계에서의 경쟁적인 행동은 공격적인 행동이나 퇴행 행동으로 나타난다. _{기출}

④ 형제간의 갈등은 유아의 자아발달, 가족 규칙의 이해, 대인관계에의 적응, 사회에 대한 이해 등에 긍정적으로 기여한다.

⑤ 긍정적인 부모-자녀 관계는 형제간의 온정적이고 친밀한 친사회적 행동과 관련이 있으며, 부정적인 부모-자녀 관계는 형제간의 갈등, 경쟁, 공격성 및 자기 보호적인 행동과 관련이 있다.

3 가족의 다양성

(1) 가족관계의 변화

① 위계질서가 명확한 수직적 가족관계에서 가족 개개인의 개성이 존중되는 민주적이고 수평적인 가족관계로 변화되고 있으며, 이는 상호 존중을 바탕으로 한다.

② 아버지의 양육 참여가 늘어나고 있으며, 아버지의 양육 참여는 자녀의 신체적, 인지적, 사회정서적 발달 및 심리적 안정감과 직접적인 관련이 있다.

③ 조부모는 부모 역할을 대신하여 아이를 양육해주는 일시적인 대리모로서 중요한 역할을 한다. 양육 참여 방식에 따라 적극 참여형, 동료적 유형, 조언자 유형, 대리 부모형으로 나뉜다.

(2) 가족 유형의 변화

① 가족 유형에 따라 부모 역할도 변화하였다. 맞벌이 가정, 한부모 가정, 조손가정 등 다양한 유형을 갖는다.

② 맞벌이 가정 유형은 결혼한 부부가 모두 직업을 갖는 경우이다. 부모는 질적으로 좋은 대리양육자를 확보하고, 가사 일과 자녀 양육을 부부가 적절하게 분담하는 것이 필요하다. 자신의 직업에 대한 자긍심으로 자녀와 함께하지 못하는 시간에 대한 죄책감을 갖지 않도록 해야 한다.

③ 이혼가정의 2/3는 부모 재혼에 따른 새로운 가족생활을 경험한다. 이혼 및 재혼가정의 부모역할은 자녀가 가족 해체에 대한 죄책감으로 인한 정서적 스트레스를 해소할 수 있도록 해야 한다는 것이다. 새로운 자녀와 생물학적 자녀에 대해 동등한 관심을 가지고, 재혼가정의 새로운 규율과 기대를 수용할 수 있도록 해야 한다.

④ 한부모 가정은 한쪽 부모와 자녀로 구성된 가정으로 사별, 이혼, 미혼모나 미혼부, 별거 등으로 생겨난다. 경제적·심리적 어려움과 사회적 편견으로 어려움을 겪기도 한다.

⑤ 조손가정은 조부모가 손자녀를 양육하는 일차적 책임을 갖는 가정이다. 조부모가 지나친 양육 부담으로 인해 육체적·심리적 스트레스를 겪지 않게끔 개인적으로 여가를 즐길 수 있도록 돕는 것이 필요하다.

⑥ 다문화 가정은 나라와 민족, 문화와 전통이 다른 사람들이 이룬 가정이다. 문화적 차이를 극복하고 한국 문화에 적응하기 위한 노력이 필요하다. 자녀가 긍정적인 자아상과 올바른 정체성을 얻도록 도와야 한다.

제6절   아동기 심리적 장애

1 자폐스펙트럼 장애

(1) 소아정신과 의사인 Leo Kanner에 의해 확인된 증상이다.

(2) 의사소통과 사회적 상호작용 이해 능력의 저하를 일으키는 신경발달장애이다.

(3) 남녀 유병률 3:1로 남아의 경우가 많으나 발병한 후에는 여아의 증상이 더 심하게 나타난다.

(4) 증상의 원인은 명확하지 않으나 두뇌 특정 부분의 이상으로 보는 견해가 우세하다.

(5) 개인마다 증상에 차이가 있고, 꾸준한 약물치료와 심리상담치료의 병행을 권장한다.

2 주의력결핍과잉행동장애(ADHD)

(1) 학령기 아동의 10~15%가 겪는 장애이다.

(2) 부주의, 과잉행동, 충동성의 세 패턴으로 나타난다.
  ① **부주의 패턴**
     ㉠ 5~7세경 나타나며 과잉행동보다 오래 지속되나 청소년 시기가 되면 감소한다.
     ㉡ 주의를 집중하지 못하고 실수를 잘하며 규칙이나 지시 수행에 어려움을 보인다.
     ㉢ 지속적 정신력이 필요한 작업을 싫어하고 거부하거나 외부 자극으로 인해 생각이 쉽게 흐트러진다.
  ② **과잉행동 패턴**
     ㉠ 손이나 발을 가만두지 못하고 항상 움직이거나 몸을 비트는 등의 행동을 한다.
     ㉡ 일정한 장소에서 뛰거나 기어오르며 쉴 새 없이 움직인다.
  ③ **충동성 패턴**
     질문이 끝나기 전에 답을 해 버리거나, 다른 사람이 하는 일을 방해하거나 간섭한다.

(3) 원인
  ① 선천적인 신경 화학적 문제를 발생원인으로 보는 학자가 다수이다.
  ② 뇌신경 전달물질 부족으로 나타나는 질환이다.
  ③ 본능적 반응을 억제하고 합리적 사고를 활성화하는 전전두엽 피질부위 기능 저하가 원인이다.

(4) 치료

① 성장하면서 증상이 완화되지만 치료하지 않고 방치할 경우 집중력·학습능력 저하, 사회부적응, 반사회적 성격장애, 우울증, 학습장애, 틱장애 등으로 발전할 위험이 높다.

② 약물치료와 더불어 사회적·학업적 행동을 강화해 줄 수 있는 행동치료 프로그램의 병행이 효과적이다.

3 학습장애

(1) 듣기, 말하기, 읽기, 쓰기, 계산능력 등 정보의 습득과 정보 처리상의 어려움을 갖는 장애이다.

(2) 지능검사로 측정되는 지적능력과 성취검사로 측정되는 수행 간에 큰 차이가 있다.

(3) 정상지능을 지니고 있음에도 불구하고 또래와 비교하여 실제 수행능력이 2년 정도 뒤떨어진다.

(4) 낮은 학업성취로 인한 자신감 결여, 대인관계 미숙함 등으로 학교현장에서 곤란을 경험한다.

① **난독증** : 읽거나 철자를 기억하는 능력이 손상되고, 학업에 대한 자신감이 낮고 쉽게 우울하며, 주의력결핍과잉행동장애 증상을 보이는 경향이 높음

② **쓰기 장애** : 잘못된 구두점 사용이나 문장·문단 구성의 빈약함, 철자법 실수, 지나치게 형편없는 필체, 글씨를 쓰거나 철자를 기억하고 작문하는 것에 어려움이 있음

③ **셈하기 장애** : 산술 용어나 개념 이해와 같은 언어적 기능 형태의 어려움, 수의 상징이나 산술부호 인식하기와 같은 지각적 기능의 형태로 관찰

(5) 학습장애 치료 목적은 학습을 효율적으로 수행할 수 있도록 하여 이차적 정신건강문제를 예방하는 데 있다.

(6) 직접치료와 간접치료, 가족 간 갈등 해소를 위한 가족치료의 병행이 효과적이다.

① **직접치료** : 학습 문제에 직접적으로 접근하는 방법

② **간접치료** : 감각 기능 강화를 위한 치료로, 감각통합치료 방법

4 불안장애

(1) 스트레스를 유발하는 구체적인 자극이 사라졌음에도 불구하고 심리적인 불안 상태가 지속된다.

(2) 불안 정도가 지나쳐 일상적인 생활에 어려움을 초래한다.

(3) 주된 증상으로는 나쁜 일이 일어날 것 같은 두려움과 초조함을 느낌, 신체적 증상의 호소이다.

(4) 만성적 불안장애 아동은 새로운 상황을 싫어하고 과잉행동을 한다.

(5) 부정적 사고를 하며 지나치게 자기비판적인 특성을 보인다.

(6) 불안장애는 분리불안장애, 공황장애, 사회공포증, 범불안장애 등으로 다양하다.

(7) 행동치료기법 중 체계적 둔감법을 주로 사용한다.

> **더 알아두기**
>
> **체계적 둔감법**
> 불안이나 회피의 대상이 되는 자극에 낮은 단계부터 점차 노출시켜 불안반응을 줄여나가는 방법이다.

5 학교공포증

(1) 학교 가기를 거부하는 증상으로, 불안과 연결되어 있다.

(2) 학교를 빠진다는 것을 공통점으로 하여 학교거부증, 학교회피증, 장기결석, 학교중퇴, 분리불안까지를 포함하는 개념이다.

(3) 등교해야 하는 아침식사 시간에 머리가 아프다거나 토할 것 같다는 호소가 많다.

(4) 억지로 학교에 가더라도 집에 일이 생기지 않을까 염려되어 학업 전념에 어려움을 겪는다.

(5) 학습부진, 또래와의 관계실패 문제가 함께 발생한다.

(6) 원인이 명확하지 않으나 자신의 능력에 대한 전반적인 불안, 교우 및 교사관계, 분리불안장애와 관련이 높다.

(7) 치료를 위해 불안이나 공포장애와 같이 체계적 둔감법의 사용이 권장된다.

(8) 부모는 학교 등교에 관한 확고한 규칙을 설정하고, 아동이 규칙을 수행할 수 있도록 계획하여 계획 실행을 돕는 것이 필요하다.

6 소아우울증

(1) 아동의 우울한 심리 상태가 장기간 지속되는 경우이다.

(2) 현실적 실망이나 스트레스가 있을 때 우울한 마음이 지속되어 학업성취나 가정생활, 친구관계에 문제를 초래하는 경우이다.

(3) 아동기 우울증은 급성우울과 만성우울로 구분할 수 있다.
　① **급성우울** : 부모님의 사망과 같이 충격적인 사건에 대한 일시적 반응
　② **만성우울** : 충격적인 사건보다 빈번한 상실이나 지속적인 분리경험으로 인한 증상

(4) 소아우울은 성인우울과 차이가 있다.
　① **성인우울** : 무기력한 신경과민 상태가 2주 이상 지속됨
　② **소아우울**
　　㉠ 화를 내거나 짜증내며 산만함이나 난폭함, 반항 등의 직접적 행동으로 표출됨
　　㉡ 학습부진이나 동기저하, 주의산만, 비행행동, 게임중독 등으로 표현됨
　　㉢ 식사를 적게 하거나 폭식함
　　㉣ 어떤 활동에도 흥미를 못 느끼고 쉽게 피곤해하며 집중에 어려움을 느낌
　　㉤ 불면이나 과다수면이 나타남

(5) 발병원인은 유전 이외에 각종 스트레스 상황과 연관이 높다.
　① 양육자의 불안정한 애착 상태의 지속
　② 애정이 부족한 양육환경에의 지속적 노출
　③ 학습 상황에서의 지속적 실패경험으로 인한 학습된 무기력
　④ 부부갈등으로 인한 이혼이나 원만하지 못한 교우관계

(6) 치료시기를 놓치는 경우 자존감이 낮아지고 죽음이나 자살에 대한 생각을 반복한다.

(7) 항우울제와 같은 약물치료와 함께 인지치료나 대인관계 심리치료의 병행이 효과적이다.

7 게임중독

(1) 과도한 전자게임으로 인하여 학업과 일, 가정 및 대인관계에 지대한 영향을 받는 상태이다.

(2) 밤새 게임에 몰두하고, 게임을 하지 않을 때도 게임을 생각한다. 현실과 가상공간의 구분을 어려워하고, 과도한 게임으로 인해 학업성적이 저하되며, 교우관계의 문제가 발생하고, 폭력게임 노출 시 폭력적 성향을 보이는 등의 문제가 나타난다.

(3) 치료를 위해 게임 시간을 점차 줄여나가는 것이 효과적이다.

> **더 알아두기**
>
> **게임치료법**
> - 게임의 내용을 점검하고 건전한 게임으로 유도함
> - 폭력적인 게임에서 비폭력적인 게임으로 항목을 바꾸어 나가도록 지도함
> - 가정이나 학교에 비치되어 있는 컴퓨터에서 게임 프로그램들을 지워 나감
> - 현실성 있는 사용습관 기르기(게임시간:정보검색시간 = 5:5)
> - 게임동호회 가입이나 출석 중단
> - 게임이 주는 나쁜 점과 좋은 점에 대해 생각해보고 느낄 수 있도록 함

제7절 청소년 문제행동

1 성

(1) 성 문제

① 청소년의 성 문제는 성과 관련된 의식, 행위적 측면에서의 규칙이나 규범의 위반행위라 할 수 있다.

② 왜곡된 성 문화로 청소년까지 성에 대한 무분별한 노출이 발생하면서, 청소년의 성행동은 사회적 문제로 대두되고 있다.

③ 청소년기에 성관계를 시작하면 원하지 않는 임신이나 성병 감염으로 인한 육체적·정신적 후유증이 생길 수 있다.

④ 성매매, 미성년자의 혼전임신과 낙태, 성범죄가 증가하고 있으며, 성범죄 소년범의 성폭력 범행 동기는 '우발적 동기, 호기심, 유혹' 순으로 나타난다.

⑤ 청소년의 가정 내 성교육 비율은 낮고, 청소년들은 주로 인터넷, 잡지, 비디오, 영화 등의 대중매체나 학교에서 실시하는 성교육을 통해 성 지식을 얻게 된다. 남자 청소년의 경우 부모로부터 받은 성교육이 성행동을 감소시키지만, 여자 청소년의 경우에는 부모로부터 받은 성교육이 성행동에 영향을 미치지 않는다.

> **더 알아두기**
>
> **청소년 성 문제의 특성**
> 가정의 구조적 요인, 양육방식, 친구관계, 사회문화적 환경에서의 학습이 성 문제 행동에 영향을 미친다.

(2) 가정 내 성교육

부모는 자녀의 성에 대해 말하기 부끄러워하기보다는 자녀들이 질문할 수 있는 분위기를 만들고 무슨 일이 있건 부모가 자신 곁에 있을 것임을 알려주는 것이 중요하다.

① 초경이나 몽정에 대해 미리 알려준다.

② '성이 곧 섹스는 아니다.'라는 것을 알려준다.

③ 자신이 원하지 않는 성 표현을 분명히 이야기하도록 한다.

④ 자신이 원하는 성 표현의 수위를 분명히 표시하도록 한다.

더 알아두기

성적 의사소통 프로그램 주제

남자의 신체 변화	여자의 신체 변화	생리
몽정	임신과 출산	자위
친구 사귀기	데이트 신청법	성행위 결정
섹스의 느낌	동성애	임신의 결과
피임	성병 예방	피임법 선택
콘돔 사용법	강요하지 않은 섹스	성병
파트너가 콘돔 사용을 꺼린다면	사랑 감정	원하지 않는 섹스 거절하기

2 유해 매체

(1) 인터넷 중독과 예방

① 청소년 인터넷 중독률은 성인의 두 배에 해당하는 높은 수준이다.

② 청소년 유해 매체 이용 경험률을 살펴보면 위기 청소년은 성인용 간행물을 이용하는 빈도가 높았고, 일반 청소년은 '온라인 게임, 온라인 음란물, 19세 미만 이용 불가 게임' 순으로 이용 빈도가 높게 나타났다.

③ 온라인 게임 과다 사용자는 충동조절, 보상처리, 중독과 관련하여 결정적인 영향을 미치는 대뇌의 높은 활동성을 보였다. 대뇌의 적당한 활성화는 사고력, 창조력을 키워주지만 대뇌가 과하게 활성화되는 경우 뇌가 고르게 자극되지 않아 다양한 문제가 발생한다.

④ 마약인 코카인 중독자의 뇌와 인터넷 게임 과다 사용자의 뇌에서 충동조절 및 인지 기능에 결정적 역할을 하는 전두엽 부위의 높은 활동성이 보고되었다.

⑤ 청소년 인터넷 사용에 있어 부모의 관심과 교육은 중요하며, 부모가 일관된 태도를 갖는 것이 필요하다. 부모와 자녀가 메일을 주고받거나 인터넷 서핑을 함께하면서 서로의 문화를 공유하는 것이 바람직하다.

(2) 인터넷 중독 유형별 특성

① **고위험 사용자군** : 하루 2시간 20분 이상 매일 게임을 하며, 게임을 하느라 친구와 어울리지 못하는 등 게임 행동을 적절하게 조절하지 못한다. 자기 통제력이 낮아 일시적인 충동이나 즉각적인 만족을 추구하며 인내력과 효율적인 문제해결능력이 부족한 경향을 보인다. 전문적인 치료 지원과 상담이 요망된다.

② **잠재적 위험 사용자군** : 하루 2시간 이상 인터넷 매체를 사용하고, 주 5~6회 게임을 한다. 가상세계에 더 많은 관심을 보이며 게임에 몰입하여 게임과 현실 생활을 혼동하거나 게임으로 인하여 현실 세계의 대인관계, 일상생활에 문제가 나타나기도 한다. 게임중독 행동주의 및 예방프로그램의 실시가 요망된다.

③ **일반 사용자군** : 하루 1시간 30분 이하 인터넷 매체를 사용하고, 주 1~2회 이하 게임을 한다. 게임 습관을 스스로 조절할 수 있으며, 게임과 현실 세계에 대한 구분이 명확하고 게임으로 인한 정서적인 변화를 경험하지 않는다. 지속적 자기점검이 요망된다.

> **더 알아두기**
>
> **청소년 인터넷 중독 요인**
> 인터넷 중독의 요인으로는 유희성, 익명성, 쌍방향성, 개방성, 호기심을 들 수 있다.

3 유해 약물

(1) 약물 남용

① 중추신경계에 작용하는 약물의 비의학적, 불법적 사용을 의미한다.
② 약물 남용 습관은 한번 시작되면 중단이 어렵고 신체뿐 아니라 정신적 파괴를 가져온다.
③ 약물 남용은 우울증, 품행장애, 주의력결핍과 과잉행동장애, 불안장애 등과 같은 심리적인 장애와 공존한다.
④ 약물 복용 후에는 판단력이 상실되고 자신의 주변 환경을 제대로 인식하지 못하며 고통에 대한 감각이 사라져서 사회규범에 어긋나는 난폭한 행동을 하기도 한다.
⑤ 청소년이 주로 사용하는 약물에는 니코틴(담배), 암페타민(필로폰), 코카인, 아편, 모르핀, 헤로인, 코데인, 술, 수면제, 진정제, 신경안정제, 흡입제(본드, 가스) 등이 있다.

(2) 술

① 뇌기능을 둔화시키고 수면이나 마취 효과를 갖는다.
② 다량의 알코올을 단시간 내에 마시면 뇌의 조절기능이 마비되어 심하면 사망에 이르기까지 한다.
③ 청소년의 음주는 기억력, 공간지각력, 언어능력에 영향을 미쳐 학습과 관련된 능력을 저하시킨다.

④ 음주로 인한 폭력행위, 절도, 기물 파손과 같은 행동 문제를 비롯하여 더 위험한 약물 사용의 가능성을 높일 수 있다.

⑤ 청소년이 처음 음주를 경험하는 연령은 약 13세 정도로, 남학생이 여학생보다 음주율이 높은 편이다.

(3) 흡연

① 니코틴은 흡연에 대한 중독을 야기하는 주요 물질이다.

② 니코틴이 일시적으로 중추신경을 흥분시켜 정신적 안정감을 주고 긴장감을 해소시켜 주므로 내성을 일으키고 육체적·정신적으로 의존하게 된다.

③ 흡연동기 1위는 호기심이었고, 가족이나 친구가 흡연을 하는 경우에는 흡연율이 더 높았다.

④ 청소년기 흡연의 특징은 3가지이다.

    ㉠ 어린 나이에 시작할수록 니코틴 중독의 위험성이 높아진다. 첫 흡연 경험 연령이 낮을수록 성인 흡연자가 될 가능성이 증가한다.

    ㉡ 뇌세포를 포함한 모든 세포의 성장을 저해하고 노화를 촉진시키므로 성장기 청소년에게 더 유해하다.

    ㉢ 청소년기 흡연은 약물 남용의 원인으로 작용하는 경우가 많으며 바람직하지 못한 식습관, 스트레스, 우울, 자살 및 자살시도와 같은 부정적인 영향을 미친다.

(4) 흡입제와 환각물질

① 청소년들 사이에 불법 마약을 대신해 합법적으로 통용되는 약을 환각제로 사용하는 경우가 있다.

② 감기약에 들어있는 덱스트로메토판은 아편류로, 청소년 사이에서 이 약의 남용이 심각한 문제이다. 주의력 및 기억력 장애를 불러오고, 심한 경우 경련 및 혼수상태에 빠질 수 있다.

③ 치료보다는 가정 및 학교 사회의 관심을 통한 예방이 효과적이다.

(5) 학교폭력

① 학교폭력은 목격자의 신고가 없는 경우가 많고, 또래에 의한 폭행은 공포감과 수치감을 높이기도 한다.

② 가해자에 대한 처벌이 약해 피해자는 신고해도 소용이 없다 여겨 자포자기하는 것이 특징이다.

③ 청소년은 마음속으로 구조를 요청하지만 타인에게 전달되지 않아서 도움을 받을 수 없다고 여길 때가 많다.

④ 가해 청소년이 다수인 경우에는 따돌림을 주도하는 학생을 찾아 집중 지도하는 것이 필요하다.

⑤ 집단 따돌림을 당하는 청소년 중 소극적이거나 내성적인 성격을 가진 청소년에게는 자기주장 훈련이나 사회성 개발 프로그램에 참여할 기회를 준다.

더 알아두기

학교폭력

학교폭력이란 학교 안이나 밖에서 학생을 대상으로 발생하는 상해, 폭행, 감금, 협박, 약취, 유인, 명예훼손, 공갈, 모욕, 성폭력, 따돌림, 사이버 폭력 등으로 신체, 정신 또는 재산상의 피해를 주는 모든 행위를 말한다.

---

(6) 자살

① 청소년 사망 원인의 1순위가 자살, 2순위가 운수사고이다.

② 자살률은 남자가 여자에 비해 높은 반면, 자살에 대한 생각이나 자살시도는 여자에게서 높게 나타난다.

③ 자살을 생각하는 이유로는 인간관계문제, 성적에 대한 압박감 및 학업 스트레스, 개인의 성격문제 등이 있다.

④ 자살예방을 위해서는 주변의 관심이 중요하다. 자살시도 전 보내는 메시지를 무시하지 말고 적극적으로 받아들여야 한다.

⑤ 자살하려는 사람을 돕기 위해서는 긴밀하게 대화할 수 있는 장소에서 충분한 시간을 갖고 경청하는 것이 필요하다.

⑥ 욕구좌절, 불신, 희망의 상실 등을 치유하는 기술을 배우기 위해 전문가에게 도움을 청하도록 설득한다.

> **더 알아두기**
>
> **자살**
>
> 청소년의 자살은 자살생각, 자살시도, 자살행동으로 나뉜다. 청소년의 자살은 성적 및 학교생활과 관련된 문제로 인한 자살이 많으며, 친구와의 동일시로 인한 집단자살도 있다.

⑦ **청소년이 보내는 자살 경보신호**

   ㉠ 언어로 나타나는 단서 : 죽음·내세·자살에 대한 직접적 표현이 있는 일기, 편지, 작문

   ㉡ 행동으로 보이는 단서
   - 신체적 이상을 자주 호소함
   - 외모에 지나치게 무관심함
   - 식사량이 지나치게 많아지거나 적어짐
   - 행동의 변화(활달한 성격이 위축됨)
   - 학업 및 행동 문제(성적이 떨어짐)
   - 갖고 있는 소유물을 포기함
   - 알코올 및 약물을 남용하는 일이 증가함
   - 사람들의 모임을 피하고 위축되어 감
   - 우울의 증후나 불만감이 나타남
   - 수면과 식생활이 불규칙해지고 잠을 못 자고 피곤함이 뚜렷이 나타남

   ㉢ 환경상의 단서
   - 중요한 인간관계가 끊어짐
   - 가정에서의 큰 변화가 나타남
   - 환경적 적응의 어려움을 표현하며 이로 인해 자신감을 잃음

01 2차 정서는 우리가 가지고 있는 자기감의 손상이나 증대를 포함하고 있기 때문에 자기 의식적, 평가적 정서라고 불린다.

01 유아의 정서에 대한 설명으로 옳지 <u>않은</u> 것은?

① 선천적인 정서 중 가장 빨리 나타나는 것은 기쁨의 감정이다.

② 2차 정서는 사람들과 상호작용에 의해 발달되며 수치심, 부끄러움, 죄책감, 자부심 등이다.

③ 1차 정서는 자기 의식적 정서라고도 한다.

④ 보통 수치심과 죄책감은 18개월경 나타난다.

02 낯가림과 분리불안은 영아들에게 나타나는 자연스러운 현상이다.

유아의 애착
할로우와 짐머만의 대리모 실험은 애착발달의 주요 요인이 수유욕구의 충족만이 아니라 접촉위안에 있음을 시사하였다.

02 유아의 애착에 대한 설명으로 옳지 <u>않은</u> 것은?

① 보울비는 애착을 부모와 영아 사이의 애정의 끈이라고 묘사하였다.

② 낯가림은 영아가 자신에게 친숙한 애착대상에 대해 형성해 놓은 도식과 어긋나는 대상에 대해 불안 또는 공포를 느끼는 반응이다.

③ 애착형성은 모든 영아의 공통적 특성이다.

④ 낯가림과 분리불안은 애착형성이 안 되어 있는 영아에게서 나타난다.

정답 01 ③ 02 ④

03 다음은 애착의 유형 중 어느 것에 대한 설명인가?

> • 어머니의 부재에 대해 불안을 느낀다.
> • 어머니가 돌아오면 접촉 추구와 함께 분노나 저항을 보이면서도 곁에 머무르려 하는 양가적 행동을 보이며 잘 놀지 않고 달래어지지 않는다.
> • 어머니가 있을 때조차 낯선 사람을 경계한다.

① 안정애착
② 불안정 회피애착
③ 불안정 저항애착
④ 불안정 혼돈애착

04 할로우와 짐머만(Harlow & Zimmerman)의 원숭이 대리모 실험은 어떤 이론의 근거가 되는가?

① 정신분석이론
② 학습이론
③ 인지발달이론
④ 동물행동학적 이론

03 • 안정애착 : 어머니와 안정적인 애착관계가 형성되어 있다.
• 불안정 회피애착 : 어머니를 쳐다보거나 말을 거는 일이 극히 적고, 제한적인 상호작용을 보인다.
• 불안정 저항애착 : 말과 행동에서 어머니에 대한 친근함이나 의존을 과장되게 드러내는 경향을 보인다.
• 불안정 혼돈애착 : 부모에 대해 자신이 부모역할을 하려는 독특한 행동을 보인다.

04 정신분석이론은 프로이트의 수유욕구에 대한 설명을 발전시켜 에릭슨은 영아에게 수유욕구를 만족시켜주는 것뿐 아니라 자녀의 욕구에 대한 어머니의 전반적인 반응성이 더 중요하다고 하였다.

정답 03 ③ 04 ①

05 중다 애착단계에서는 양육자 외에 친밀한 몇 사람에게만 애착을 보이며 낯가림과 분리불안이 나타난다.

애착의 정의
- 애착은 주 양육자와 아동 간에 맺어진 강한 정서적 유대를 말한다.
- 할로우(H. Harlow)의 실험에서 어린 원숭이가 우유가 나오는 철사 대리모보다 따뜻하고 보드라운 담요 대리모를 더 선호하는 것을 통해, 애착형성에는 접촉과 편안함이 중요하다는 것을 알 수 있다.
- 유아는 울며 보채거나 혹은 옹알이를 하거나 미소를 짓는 등 자신의 생존에 필요한 애착대상의 보살핌과 보호를 이끌어낼 수 있는 유발자극을 선천적으로 가지고 있다.
- 애착대상에 대해 강한 집착을 보이며 분리불안을 나타내는 것은 '애착단계'에 이루어진다.
- 양육방식(태도), 아동의 기질에 따라 서로 다른 애착을 형성한다.

06 ㄴ. 어머니와의 애착형성에 어려움이 있는 유아들은 아버지, 조부모, 또래 등 어머니를 대신하는 애착대상을 가질 수도 있다.
ㅁ. 전통적 아버지상에서는 간접적 방식으로 애착형성에 기여하였지만, 현대사회에서는 아버지도 직접적 접촉방식으로 애착형성에 기여한다.

05 애착에 관한 설명으로 옳지 <u>않은</u> 것은?

① 영아가 지니고 있는 귀여운 모습은 애착을 이끌어내는 한 요인이 된다.
② 낯선 이에 대한 불안과 분리불안은 주 양육자에 대한 인지적 표상이 형성되었음을 말해준다.
③ 양육자와 분리될 때 아동이 보이는 반응은 양육방식의 문화적 차이로 인해 달라질 수 있다.
④ 중다 애착관계에서는 낯가림과 분리불안이 사라진다.

06 아버지와의 애착에 관한 설명으로 옳은 것을 모두 고른 것은?

ㄱ. 아버지의 민감하고 반응적인 양육은 안정애착 발달에 기여한다.
ㄴ. 어머니와 불안정애착을 형성한 경우, 아버지와는 안정애착을 형성할 수 없다.
ㄷ. 아버지와의 안정애착은 자녀의 정서적 안정 및 사회적 유능성에 긍정적 영향을 준다.
ㄹ. 아버지는 주로 신체적 놀이를 통해서 자녀와 애착 관계를 형성한다.
ㅁ. 아버지는 어머니 양육을 지원하는 간접적 방식으로만 애착형성에 기여한다.

① ㄱ, ㄴ
② ㄱ, ㄷ
③ ㄱ, ㄷ, ㄹ
④ ㄱ, ㄷ, ㄹ, ㅁ

정답 05 ④ 06 ③

07 기질과 애착에 관한 설명으로 옳은 것을 모두 고른 것은?

> ㄱ. 주 양육자가 아동의 기질을 고려하여 적절하게 양육한
> 다면 아동의 까다로운 기질이 반드시 불안정애착으로
> 이어지는 것은 아니다.
> ㄴ. 불안정-회피애착 아동은 주 양육자에게 과도한 집착
> 을 보인다.
> ㄷ. 내적 작동모델(Internal Working Model)은 아동의 대
> 인관계에 대한 지표 역할을 한다.
> ㄹ. 기질은 행동 또는 반응의 개인차를 설명해 주는 생물학
> 적 기초를 가지고 있다.

① ㄱ, ㄹ

② ㄱ, ㄴ, ㄷ

③ ㄱ, ㄷ, ㄹ

④ ㄴ, ㄷ, ㄹ

08 다음은 무엇에 대한 설명인가?

> • 자기와 타인이 서로 독립된 존재라는 것을 안다.
> • 평가의 대상인 객체로서의 위치를 뜻한다.

① 공적 자아　　　　② 사적 자아

③ 자아개념　　　　④ 자아인식

07 ㄴ. 불안정 회피애착의 유아는 낯선 상황에서 어머니(주 양육자)가 떠나가는 것에 대해 별 반응을 보이지 않고 무시하는 모습을 보인다. 처음 분리 상황에서도 어머니(주 양육자)를 찾는 행동은 없다.

**내적 작동모델
(Internal Working Model)**
자기와 타인에 대한 인지적 표상으로 애착 인물과의 관계로부터 전개된다. 이는 애착 필요의 통제와 성취에 의해 형성되며, 과거 행동과 경험에 대한 표상으로 조직되고, 새로운 관계에 대한 이해와 사회적 상호작용을 이끄는 틀을 제공한다(Shaver, Collins & Clark).

08 ① 공적 자아 : 외현적으로 드러나 타인이 알 수 있는 자아
② 사적 자아 : 자신만이 알고 있는 내적·주관적 자아
③ 자아개념 : 자신이 누구인지를 정의하는 특성, 능력, 태도와 가치에 대한 총체적인 개념

정답　07 ③　08 ④

09 까다로운 기질과 성장 후의 문제행
동과는 유의미한 관계가 있다.

09 기질에 대한 설명으로 옳지 않은 것은?

① 연령이 변화해도 어느 정도 지속성은 나타내지만 기질유형
이 완전하게 고정되어 있지는 않다.
② 까다로운 기질과 성장 후의 문제행동과는 관계가 없다.
③ 아동의 기질에 따른 부모의 양육방식이 중요하며 조화의 적
합성 개념이 필요하다.
④ 부모가 유아의 기질에 만족할수록 자녀만족도가 높으며,
아동은 자기능력에 대한 긍정적 지각도 높아진다.

10 ② 사회적 자극가설은 비정상적인
발달은 영아의 사회적 신호에 반
응하는 사람이 없을 때 발생한다.
이는 학습된 무력감으로 위축감
과 무능감을 이끌고, 나중에 사회
생활에 부정적 영향을 끼친다.
③ 큐피인형효과는 로렌츠가 언급
한 것으로, 아기 같은 얼굴 특징
이 어른의 호의적인 반응을 유발
하는 것이다.
④ 동시적 일과는 상대의 감정이나
행동에 대한 반응으로, 자신의 행
동을 조절하는 두 사람 간의 조화
로운 상호작용이다.

10 다음은 무엇에 대한 설명인가?

- 영아가 한 사람의 중요한 양육자와 애착관계가 형성되지
못하면 정상적인 발달 경로로 가지 못한다는 가설이다.
- 어머니가 없거나 있더라도 어머니로서 적당한 역할을 수
행하지 못할 경우, 아동에게 사회에 대한 불신감이 형성
되며, 아동의 신체발달이나 지적·사회적·정서적 도덕
성 발달에 영향을 미친다.

① 모성실조가설　　　　② 사회적 자극가설
③ 큐피인형효과　　　　④ 동시적 일과

11 다인수(Multiple)애착은 어머니와 함
께 다른 대상에게도 동시에 애착을
형성하는 것을 말한다. 다인수 애착
은 불안정애착을 야기하는 경우가
있는 것으로 보고되고 있으나, 아이
에게 맞게 민감하게 반응해주고 관
계의 질이 좋다면 다인수애착을 걱
정할 만큼 부정적인 영향을 미치지
는 않는다.

11 애착에 관한 설명으로 옳지 않은 것은?

① 영아기에 형성된 애착유형은 성장 후에도 지속되는 경향이
있다.
② 불안정애착은 정서발달에 부정적인 영향을 준다.
③ 애착은 지적 호기심과 학업성취도 등의 인지발달에 영향을
준다.
④ 다인수(Multiple)애착은 사회성과 정서발달에 부정적 영향
을 주며, 불안정애착으로 발전한다.

정답 09 ② 10 ① 11 ④

12 유아기에 형성된 애착의 유형에 대한 설명으로 옳지 <u>않은</u> 것은?

① 안정애착 영아는 불안정애착 영아보다 적극적인 탐색행동과 인지적 호기심을 보인다.

② 불안정 회피애착 유형은 어머니를 쳐다보거나 말을 거는 일이 극히 적고, 제한적인 상호작용을 보인다.

③ 불안정 저항애착은 말과 행동에서 어머니에 대한 친근함이나 의존을 과장되게 드러내는 경향을 보인다.

④ 안정 혼돈애착은 부모에 대해 자신이 부모역할을 하려는 독특한 행동을 보인다.

13 다음의 현상을 나타내는 개념은?

> 영아의 기질과 어머니의 성격 및 양육방식 간의 관계를 나타내는 개념으로, 어머니가 영아의 타고난 기질적 성향을 파악하고 수용하여 양육방식을 조절함으로써 아동발달을 최적화 할 수 있다는 것을 의미한다.

① 안정애착 형성
② 조화의 적합성
③ 허용적 양육태도
④ 민주적 양육태도

12 ④는 불안정 혼돈애착에 대한 설명이다.

13 토마스와 체스(Thomas & Chess)는 영아의 이상적 발달은 영아의 기질과 부모의 기질이 얼마나 조화를 이루는가에 달려 있으며, 부모가 영아의 기질에 따라 양육행동을 조절한다면 그 결과는 더 조화로운 관계가 될 수 있다는 조화의 적합성이론을 주장하였다.

정답 12 ④ 13 ②

14 ② 갑작스러운 환경변화나 부모의 양육태도로 인한 지속적인 환경의 영향력에 의해 기질이 변할 수 있다.
③ 기질에 대한 입장은 생득론적 입장이 더 우세하다.
④ 더딘 아동(적응이 느린 아동)에 대한 설명이다.

14 다음 중 기질에 대한 설명으로 옳은 것은?

① 기질의 차이가 비교적 일찍 나타나며 이란성 쌍생아보다 일란성 쌍생아의 기질이 더 유사하다.
② 기질은 갑작스러운 환경변화나 부모의 양육태도로 인한 지속적인 환경의 영향력에 의해서도 변하지 않는다.
③ 기질에 대한 입장은 단정짓기 어려우나 연구결과에 의하면 환경적인 영향이 더 우세하다.
④ 까다로운 아동은 낯선 상황에서 처음에는 움츠러들지만 곧바로 불안이 없어지고 흥미를 갖는다.

15 ①·④ 6~10세 아동의 특성
③ 1~2세 유아의 특성

15 자아존중감의 발달에서 3~5세의 특성으로 옳은 것은?

① 자신을 다른 사람의 평가의 대상으로 간주하고 타인의 수용과 인정을 중요하게 여긴다.
② 모든 영역에서 자신이 능력이 있는 것으로 평가하는 경향이 있다.
③ 자기중심적인 경향으로 자신의 능력과 사회적 승인을 구별하지 못한다.
④ 자신에 대한 여러 요건을 종합하여 총체적인 자기상으로 인식한다.

16 ① 정체감 유예에 대한 설명이다.
③ 정체감 성취는 완성된 것이 아니라 형성되는 과정이며, 성인이 되어서도 여러 생활 가운데 정체감 문제에 부딪힐 수 있다.
④ 정체감 혼미에 대한 설명이다.

16 마샤(Marcia)의 자아정체감에 대한 설명으로 옳은 것은?

① 정체성 위기로 격렬한 불안을 경험하지만 아직 명확한 역할에 전념하지 못하는 것을 정체감 상실이라 한다.
② 정체감 형성은 보통 '정체감 혼미·유실 → 정체감 유예 → 정체감 성취'의 단계를 거친다.
③ 정체감 성취는 정체감의 완성을 의미한다.
④ 정체성 위기를 경험하지 않았으며 명확한 역할에 대한 노력도 없는 상태는 정체감 유예이다.

정답 14 ① 15 ② 16 ②

17 자아통제에 대한 설명으로 옳은 것은?

① 어린아이들의 행동은 자기규범에 의해 통제된다.

② 3세경에 양육자의 지시에 따르지 않고 뜻대로 하려는 고집과 반항이 나타난다.

③ 언어발달수준과 만족지연능력은 관계가 없다.

④ 자아통제는 학령기에 나타나서 청소년기에 최고조에 이른다.

18 셀만(Selman)의 역할수용에 대한 설명으로 옳지 <u>않은</u> 것은?

① 역할수용은 타인이 생각하고 느끼는 것을 사고하는 조망수용능력과 비슷한 개념이다.

② 제1수준은 사회적 정보적 역할수용으로 다른 사람이 다른 정보를 가졌기 때문에 자신과 견해가 다르다고 생각한다.

③ 제2수준은 자신의 관점과 타인의 관점을 동시에 고려할 수 있게 된다.

④ 아동들은 자신이 옳다고 생각하는 것을 다른 사람들도 똑같이 생각할 것이라고 믿는다.

>>>🔍

[조망수용능력 단계]

미분화수준	3~6세	자기중심적, 미분화된 관점
제1수준 (사회적·정보적 역할수용)	6~8세	• 제한된 사회, 정보적 역할 수용 • 다른 사람이 다른 정보를 가졌기 때문에 자신과 견해가 다르다고 인식
제2수준 (자기반성적 역할수용)	8~10세	자신의 견해와 타인의 견해가 일치하지 않을 수 있음을 알게 됨
제3수준 (상호적 역할수용)	10~12세	자신의 관점과 타인의 관점을 동시에 고려할 수 있게 됨
제4수준 (사회적 역할수용)	12~15세	타인의 관점을 상황, 맥락적으로 파악하고 이해

17 ① 어린아이들의 행동은 자신보다 부모에 의해 통제된다.
③ 언어발달수준과 만족지연능력은 관계가 높은 것으로 나타났으며 언어를 내면화하여 혼잣말을 사용함으로 반응을 억제할 수 있다는 비고츠키의 입장을 지지해주는 가설이다.
④ 자아통제는 유아기에 나타나서 학령전기 동안 점차적으로 증진한다.

18 자신의 관점과 타인의 관점을 동시에 고려할 수 있게 되는 것은 제3수준에 대한 설명이다.
[문제 하단의 표 참고]

정답 17② 18③

19 벰(Bem)의 성역할기준
- 이전의 남성성과 여성성은 단일차원, 즉 한 가지 경향만을 갖는 것을 의미했지만 생물사회적 입장에서는 남성성과 여성성을 두 가지의 분리된 차원으로 본다.
- 남성성이 높다고 해서 여성성이 자동으로 낮아지는 것이 아니라, 한 사람이 높은 남성성과 여성성을 동시에 지닐 수 있다.
- 성역할의 고정관념의 틀에서 벗어나 한 문화에서 규정된 남성성이나 여성성을 뛰어넘는 정신건강 개념을 주장하였다.

19 다음 성역할기준에 대한 설명으로 옳지 않은 것은?

① 성고정관념에서 남성은 수단적, 여성은 표현적 특징을 지닌다.

② 성도식은 남성과 여성에 대한 조직화된 신념과 기대를 말한다.

③ 성역할에는 생물학적 요인과 환경적 요인이 작용하며 생물사회적 입장은 이 두 가지가 결부된 것으로 본다.

④ 벰(Bem)은 남성성과 여성성은 단일차원의 경향을 가지며 남성성이 높으면 여성성이 낮아진다고 주장하였다.

20 아동들은 사회적 영향을 받기 전에 스스로 능동적으로 사회화하여 이를 이해하기 시작한다.

20 콜버그의 성유형에 대한 입장으로 옳지 않은 것은?

① 성역할 발달은 인지발달에 달려 있다.

② 아동들은 사회적 영향을 받으면서부터 성역할이 발달하기 시작한다.

③ 아동은 3세가 되면 스스로 남아, 또는 여아로 확고하게 명명하고 점점 성안정성과 성정체성이 형성된다.

④ 외양의 변화나 활동에 상관없이 사람의 성이 변하지 않는다는 것을 성일관성이라 한다.

21 ① 놀이를 하면서 종종 아무 생각 없이 타인을 해칠 수 있는 행동이다.
② 우연히 다른 사람을 다치게 하거나 타인의 권리를 방해하는 신체적 활동을 통해 즐거움을 찾을 때 생기는 것이다.
③ 도구적 공격성과 달리 타인에게 고통이나 해를 가하는 자체가 목적이다.

21 다음은 어떤 공격성의 유형에 대한 설명인가?

> 어떤 목적을 달성하기 위해 또는 아동이 자신이 원하는 것과 자신의 소유물이라고 여기는 것을 지키기 위해 노력할 때, 누군가를 해치려는 의도가 없이 나타난다.

① 우연적 공격성
② 표현적 공격성
③ 적의적 공격성
④ 도구적 공격성

정답 19 ④ 20 ② 21 ④

22 공격성의 통제방법으로 옳지 <u>않은</u> 것은?

① 대체반응법

② 보상제공법

③ 일시격리법

④ 감정정화법

23 아동의 이타성을 증진하는 방법으로 옳지 <u>않은</u> 것은?

① 아동의 이타적 행동에는 부모의 역할이 가장 중요하다.

② 긍정적 피드백과 사회적 책임규준을 내면화하도록 한다.

③ 부모가 연역적 훈육법을 사용하도록 한다.

④ 타인에 대한 조망수용력을 높여준다.

24 공격성에 관한 설명으로 옳지 <u>않은</u> 것은?

① 반응적 공격성은 타인의 행동을 적대적으로 해석하고 그것에 대한 보복으로 활용되는 공격성을 의미한다.

② 적대적 공격성은 개인적 목표를 획득하거나 힘을 과시하기 위한 전략으로 활용되는 공격성을 의미한다.

③ 부모의 비일관적 훈육과 애정철회는 자녀의 공격성 발달에 영향을 미친다.

④ 관계적 공격성은 사회적 배척을 통하여 또래관계에 손상을 가하는 행동을 의미한다.

---

22 공격성의 통제방법은 보상제거법이며, 공격적 행동으로 원하는 것을 얻었을 때 그것을 제거하는 것이다.
① 대체반응법은 바람직하지 않은 행동은 무시하고 바람직한 행동이 나타나면 즉시 강화해주는 것이다.
③ 일시격리법은 공격적인 행동을 한 아동을 그 상황에서 격리시켜 공격적 행동이 강화받지 않도록 하는 것이다.
④ 감정정화법은 타인에게 해를 주지 않으면서 공격 충동을 적절한 간격으로 방출하며 해소하는 것이다.

23 귀납적 훈육법을 사용하도록 한다. 귀납적 훈육은 아동의 행동에 대하여 납득할 만한 근거를 제시해줌으로써 도덕성의 인지적, 정서적, 행동적 차원을 통합하여 더 나은 성숙으로 이끈다.

24 적대적 공격성은 타인에게 해를 가하는 것 자체가 목적이다. 어떠한 목적을 달성하기 위해 또는 아동이 자신이 원하는 것과 자신의 소유물이라고 여기는 것을 지키기 위해 노력할 때, 누군가를 해치려는 의도가 없이 도구적 공격성이 나타난다.

정답 22 ② 23 ③ 24 ②

25 ③은 두 번째 단계에서 나타난다.

26 남성은 여성에 비해 친밀감보다 정체감 형성이 높다는 면에서 길리건(Gilligan)과 같은 입장에 속한다.
① 초기 청소년기에 정체감 위기가 일어나고 15~18세경이 되면 대부분 벗어난다.
② 정체감의 탐색과정은 위기의 과정이다.
③ 발달단계가 남성과 여성에게 각기 다른 순서로 진행될 수 있다.

25 콜버그의 도덕발달이론의 첫 번째 단계에서 나타나는 것으로 옳지 않은 것은?

① 옳은 것은 행위에 관계없이 벌을 받는 것에 달려 있다.
② 상호호혜적인 평등에 입각해서 타인지향 행동은 자신에게 결국은 이득이 된다고 믿는다.
③ 착한 소년소녀를 지향한다.
④ 들키지 않아서 벌을 받지 않았으면 그 행동은 나쁘지 않다고 믿는다.

»»O

전인습수준(4~10세)	
• 규칙이 내면화되지 않았으며 행위의 결과에 따른 보상과 처벌의 정도에 따라 규칙을 따름	
• 옳은 것은 벌을 받지 않는 것 또는 개인적으로 만족을 주는 것으로 인식	
1단계 : 처벌 및 복종지향	2단계 : 도구적 상대주의
• 행위의 옳고 그름은 결과에 달려 있음 • 행위의 결과, 처벌의 양, 객관적인 손상의 정도가 중요함 • 들키지 않아서 벌을 받지 않았다면 그 행동을 나쁘다고 생각하지 않음	• 쾌락주의 원칙 • 자신의 이익, 보상에 따라 규칙을 따름 • 타인지향행동은 궁극적으로 이득이 돌아오리라는 상호호혜적인 평등에 입각

26 에릭슨의 정체감 형성에 대한 설명으로 옳은 것은?

① 많은 청소년이 정체감 혼미나 유실에 머물러 있다가 21세쯤 벗어난다.
② 정체감 위기에도 불과하고 청소년들이 자신에 대해 긍정적으로 느낀다.
③ 일반적으로 남자와 여자 모두 같은 연령에 정체감 성취에 이른다.
④ 남성은 여성에 비해 친밀감보다 정체감 형성이 높다.

27 애착형성의 영향으로 다음은 어떤 것에 대한 설명인가?

> • 영아의 사회적 신호에 반응하는 사람이 없을 때 발생한다.
> • 영아들이 양육자의 관심을 이끌어내고자 해도 소용이 없으면 학습된 무력감으로 위축감과 무능감이 발달하게 되고, 이는 나중에 사회생활에 부정적 영향을 끼친다.

① 내적 작동모델
② 모성실조가설
③ 사회적 자극가설
④ 애착유형의 지속성

28 로스바트(Rothbart) 모형에서 다음 괄호 안에 들어갈 용어로 옳은 것은?

> 기질은 (   )과 (   ) 두 차원에 있어서 아동의 생리적 기능의 개인차이다.

① 정서성, 자기통제
② 반응성, 자기규제
③ 활동성, 자기통제
④ 사회성, 자기규제

>>>𝒪

차원	
반응성	활동수준
	주의력 간격
	강한 고통
	고통 민감성
	긍정적 정서
자기규제(조절)	주의통제

27 ① 부모와 자녀 간의 상호작용을 통해 자신과 타인에 대한 인지적 표상이 발달한다는 보울비의 이론이다.
② 영아가 한 사람의 중요한 양육자와 애착관계가 형성되지 못하면 정상적인 발달 경로로 가지 못한다는 가설이다.
④ 만 1세 이전에 형성된 애착유형이 성장한 후에도 지속되는 것으로, 네 가지 애착유형을 보인다.

28 로스바트 모형에서 기질은 반응성과 자기규제의 두 가지 차원이다.
• 반응성 : 자극에 대한 반응속도를 강조한다.
• 자기규제 : 아동이 자신의 반응을 증가 또는 감소시키는 통제능력을 말한다.
[문제 하단의 표 참고]

정답 (27 ③ 28 ②)

25

29 ① 자신이 누구인지를 정의하는 특성, 능력, 태도와 가치에 대한 총체적인 개념이다.
② 평가의 대상인 객체로서의 자기에 대한 인식을 뜻하며, 자기와 타인이 서로 독립된 존재라는 주체로서의 인식이다.
④ 내가 누구이고 앞으로 어떠한 사람이 될 것이며 사회 속에서의 나의 역할은 무엇인가와 같은 개인이 추구하는 가치, 신념과 목표로 구성되어 있는 안정되고 조직화된 성숙한 자아 정의이다.

29 다음은 자아의 종류 중 어느 것에 대한 설명인가?

> 자신에 의해서 만들어지는 평가적 측면을 말하며, 자신의 가치에 대해 형성한 개인적 판단과 그와 관련된 감정을 말한다.

① 자아개념   ② 자아인식
③ 자아존중감   ④ 자아정체감

30 ① 성역할 : 남성이 해야 할 일과 여성이 해야 할 일의 역할분담을 하는 것
② 성도식 : 남성과 여성에 대한 조직화된 신념과 기대
③ 성고정관념 : 남성과 여성이 가져야 한다고 여겨지는 특성에 관한 일반적 관념

30 다음은 무엇에 대한 설명인가?

> 성에 대한 문화적 고정관념에 부합하는 방식으로 생물학적 성과 연관된 대상, 행위, 습성, 역할 등을 말한다.

① 성역할   ② 성도식
③ 성고정관념   ④ 성유형화

정답   29 ③   30 ④

31 사회인지에 대한 설명으로 옳지 <u>않은</u> 것은?

① 사람과 관련되는 모든 대상의 제반 특성에 관한 사고와 판단을 의미한다.

② 다른 사람의 특성을 알아내고 생각을 추리하며 행동을 예측하는 것이다.

③ 사회인지 요소 중 개인의 내재적 특성에는 우정, 공격성, 이타성 등이 있다.

④ 타인의 관점, 생각, 판단, 감정을 이해하고자 하는 욕구는 사회인지의 두 번째 발달단계에 속한다.

>>>○

[사회인지의 사고, 이해, 판단, 개념화의 요소]

개인의 내재적 특성	감정, 정서, 의도, 욕구, 성격, 신념, 행동의 원인
개인 간의 특성	우정, 공격, 이타성
사회와 조직 내의 상호관계	정의, 인습, 도덕성 등

31 우정, 공격성, 이타성은 사회인지의 요소에서 개인 간의 특성이다.
[문제 하단의 표 참고]

32 자아존중감에 대한 설명으로 옳지 <u>않은</u> 것은?

① 자아존중감은 신체, 능력, 친구 등 각 특성에 대한 것일 수도 있고 전체적인 것이 될 수도 있다.

② 일반적으로 아동 중기에서 청소년기까지 자아존중감의 개인차는 점차 안정되어 간다.

③ 사춘기 때 급격한 발달은 청소년의 자존감을 위축시키기도 한다.

④ 아동기 때는 어느 단계보다 신체 이미지가 자아존중감에 중요한 영향을 미친다.

32 신체 이미지가 자아존중감에 중요한 영향을 미치는 시기는 청소년기이다.

정답 31 ③ 32 ④

33 **친사회적 도덕추론**
친사회적 행동은 갈등상황에서 자신이 선택해야 할 행동을 도덕적으로 어떻게 판단하는가와 밀접하게 관련되어 있다.

33 친사회적 행동에 대한 설명으로 옳지 <u>않은</u> 것은?

① 2세 이전의 영아들도 친사회적 행동특성을 보여줌으로써 친사회적 행동이 인간본성의 일부임을 보여준다.

② 아동의 연령이 증가함에 따라 친사회적 행동도 증가하는 경향이 있지만 자발적인 자기희생적 친사회적 행동은 드물게 나타난다.

③ 강화는 친사회적 행동을 증진시키는 데 효과가 있지만, 물질적 강화는 자칫 아동의 동기를 훼손시킬 수 있다.

④ 친사회적 행동은 갈등상황에서 자신이 선택해야 할 행동을 도덕적으로 어떻게 판단하는 것과는 관련이 없다.

34 친사회적 행동은 아동기에 연령과 함께 증가하며, 인지능력의 발달을 반영한다.

34 친사회적 행동에 관한 설명으로 옳지 <u>않은</u> 것은?

① 이타성이 행동으로 나타난 것을 말한다.

② 연령과 인지능력의 발달과는 무관하다.

③ 이타적 자기도식과 관련성이 높다.

④ 사회적 조망수용능력과 높은 관련성이 있다.

35 ② 콜버그(Kohlberg)의 도덕성 발달의 최종단계는 보편 윤리적 도덕성의 단계로, 개인의 양심과 보편적인 윤리원칙에 따라 옳고 그름을 인식한다.
③ 길리건(Gilligan)은 남성의 도덕성을 구성하는 핵심개념으로 정의(Justice)를 주장하였고, 여성의 도덕성으로 인간관계와 상호 의존성, 책임을 강조하는 배려 도덕성을 주장하였다.
④ 콜버그의 정의 지향적 도덕성과는 달리 길리건은 대인 지향적 도덕이론을 제시하였다.

35 도덕성 발달에 관한 설명으로 옳은 것은?

① 피아제(Piaget)의 자율적 도덕성에서는 규칙이란 절대적인 것이 아니라 바뀔 수 있는 임의의 것이다.

② 콜버그(Kohlberg)의 도덕성 발달의 최종단계는 사회적 계약 지향 단계이다.

③ 길리건(Gilligan)은 여성의 도덕성을 구성하는 핵심개념으로 정의(justice)를 주장한다.

④ 콜버그는 대인 지향적 도덕성, 길리건은 정의 지향적 도덕성 이론을 제시하였다.

정답 33 ④ 34 ② 35 ①

36 길리건(Gilligan)은 남성과 여성이 지향하고 선호하는 도덕성이 다르다고 본다. 다음에서 남성과 여성의 도덕성 특징이 바르게 연결된 것은?

	남성	여성
①	정의	배려
②	원칙	책임감
③	책임감	정의
④	정의	친밀감

37 공격성의 통제방법 중 다음 내용에 해당하는 것은?

> 바람직하지 않은 행동은 무시하고 바람직한 행동이 나타나면 즉시 강화해주는 것이다.

① 공감훈련　　　　② 대체반응법
③ 보상제거법　　　④ 일시격리법

38 다음은 하인즈(Heinz) 딜레마에 관한 반응의 예이다. 콜버그(Kohlberg)의 도덕발달단계 중 어디에 해당하는가?

> • 절도에 찬성하는 이유 : 만일 약제사가 누군가를 죽게 내버려둔다면 잘못된 것이다. 그리고 자신의 아내를 구하는 것은 하인즈의 의무이다. 그러나 하인즈는 법을 어겨서는 안 된다. 그는 약제사에게 값을 치르고 훔친 것에 대한 벌을 받아야 한다.
> • 절도에 반대하는 이유 : 하인즈가 아내를 구하려고 하는 것은 당연하다. 그러나 훔치는 것은 여전히 나쁜 것이다. 개인의 감정이나 특별한 상황에 상관없이 법을 따라야 한다.

① 처벌-복종 지향
② "착한 소년", "착한 소녀" 지향
③ 사회질서유지 지향
④ 사회계약 지향

---

36 길리건(Gilligan)의 도덕성
　• 남성의 도덕성 : 개인의 권리와 독립성을 강조하는 정의 도덕성
　• 여성의 도덕성 : 인간관계와 상호의존성, 책임을 강조하는 배려 도덕성

37 ① 아동의 공격적인 행동을 유발하는 분노를 공감으로 대치하거나 공감을 증진시키는 훈련을 통해 공격성을 감소시킨다.
③ 공격적 행동으로 원하는 것을 얻었을 때 그것을 제거하는 방법이다.
④ 공격적인 행동을 한 아동을 그 상황에서 격리시켜 공격적 행동이 강화받지 않도록 하는 것이다.

38 제시문은 콜버그(Kohlberg)의 도덕발달단계 중 4단계 '법과 질서 지향'에 대한 하인즈의 딜레마이다. 이 단계는 권위·고정된 규칙·사회적 질서를 지향한다. 자신의 의무를 다하며, 권위자를 존중하며, 사회적 질서를 유지하는 것은 옳은 행동으로 보고 있다.

정답　36 ①　37 ②　38 ③

39 틀린 믿음이 발달하는 4세경에 마음이론이 발달한다. 4세 이상에서는 어떤 사실에 대한 우리의 생각이 사실과 다를 수 있다는 믿음의 표상적 특성을 이해하게 되어 사람이 틀린 믿음을 가질 수 있다는 것을 이해한다.

39 마음이론의 발달에 관한 설명으로 옳지 않은 것은?

① 내적 욕구와 바람이 행동을 결정한다는 사실에 대한 이해는 2세경에 발달한다.

② 틀린 믿음에 대한 이해는 6세경에 발달한다.

③ 형제가 있는 아동은 없는 아동보다 틀린 믿음을 더 잘 이해한다.

④ 마음이론의 발달에는 생물학적 요인이 작용한다.

40 가족 구성원 간의 상호작용은 순환적이다. 부모와의 관계가 부정적일수록 자녀는 반항적이거나 위축되는 일이 많고 자녀의 행동이 부정적일수록 부모는 더 엄격해지므로 상호작용은 순환적이다.

40 가족의 특성에 대한 설명으로 옳지 않은 것은?

① 가족은 다양한 체계로 구성되며 자녀의 사회화 등 다양한 기능을 담당한다.

② 가족은 배우자, 형제, 부모-자녀 관계 등과 같은 하위체계로 구성된다.

③ 가족 구성원 간의 상호작용은 대립적이다.

④ 가족은 재화와 서비스의 생산과 소비기능을 담당함으로써 경제적 역할을 수행한다.

41 허용적인 양육 유형은 충동적이거나 반항적이고 과도한 요구를 하는 경우가 많으며, 참을성이 없고 학교생활에서 적응의 어려움을 겪는다. 무관심한 양육 유형은 자녀와의 애착관계, 인지발달, 놀이, 사회성 발달 등 거의 모든 영역에 걸쳐 부정적 영향을 주어 학업 수행이 떨어지고 공격적, 적대적, 자기중심적인 성향을 갖는다.

41 가족의 상호작용에서 부모의 양육태도 유형과 적응 행동의 연결이 적절한 것은?

① 권위 있는 양육 유형 : 자율성이 낮아 타인에게 의존적, 반항적, 공격적 성향을 보임

② 권위주의 양육 유형 : 책임감과 자신감이 있으며 높은 자존감을 보임

③ 허용적인 양육 유형 : 충동적이고 반항적이며 과도한 요구가 많음

④ 무관심한 양육 유형 : 참을성이 없고 학교생활 적응에 어려움을 가짐

정답 39 ② 40 ③ 41 ③

42 형제관계에 대한 설명 중 옳지 <u>않은</u> 것은?

① 형제관계를 통해 인간관계의 기본 틀을 연습할 수 있다.

② 형제자매의 경쟁적인 행동은 공격성으로 나타난다.

③ 형제간의 갈등은 성장에 방해가 되므로 최대한 없어야 한다.

④ 긍정적인 부모–자녀 관계는 형제간의 친사회성에 긍정적 영향을 미친다.

43 조부모의 양육 유형에 대한 설명으로 옳지 <u>않은</u> 것은?

① 적극 참여형 : 같이 살거나 가까운 곳에 거주하며 손자녀 양육 및 지도에 적극적이다.

② 동료적 유형 : 손자녀와 같이 거주하면서 독립성과 자율성을 유지하고 즐거움에 치중한다.

③ 조언자 유형 : 연륜을 토대로 가정에서 권위를 유지하고 손자녀에게 다양한 조언을 한다.

④ 대리 부모형 : 부모를 대리하여 손자녀를 대리양육한다.

44 한부모 가정의 부모역할에 대한 설명으로 옳지 <u>않은</u> 것은?

① 일반가정과 달리 한쪽 부모가 자녀양육 책임을 지고 있다.

② 경제적·심리적 어려움, 사회적 편견, 부모–자녀 갈등에 대해 잘 대처해야 한다.

③ 자녀가 한 부모의 부재로 성역할에 어려움을 갖지 않도록 이웃과의 유대관계는 지양한다.

④ 지역사회 연계 서비스를 활용하여 자녀의 적응을 돕도록 한다.

42 형제간의 갈등은 유아의 자아발달, 가족 규칙의 이해, 대인관계에의 적응, 사회에 대한 이해 등에 긍정적으로 기여한다.

43 동료적 유형은 손자녀와 따로 거주하면서 독립성과 자율성을 유지하는 유형으로, 활동을 즐기고 즐거움에 치중한다.

44 자녀가 한 부모의 부재로 성역할에 어려움을 갖지 않도록 아버지, 어머니, 주변 친척, 이웃과의 유대관계를 갖도록 노력해야 한다.

정답 42 ③ 43 ② 44 ③

45 증상의 원인은 명확하지 않으나 두뇌 특정 부분의 이상으로 보는 견해가 우세하다. 부모의 양육이나 애착과는 큰 관련이 없다.

45 자폐스펙트럼 장애에 대한 설명으로 옳지 <u>않은</u> 것은?

① 소아정신과 의사인 Leo Kanner가 발견한 증상이다.
② 자폐스펙트럼 장애로 의사소통과 사회적 상호작용 이해 능력의 저하를 갖는다.
③ 증상의 원인은 부모의 양육과 관련이 깊다.
④ 개인마다 증상에 차이가 있고, 꾸준한 약물치료와 심리상담치료의 병행이 필요하다.

46 ADHD는 부주의, 과잉행동, 충동성의 3가지 패턴으로 나타난다. 부주의 패턴은 주의를 집중하지 못하고 실수를 잘하며 규칙이나 지시 수행에 어려움을 보이는 것이다. 과잉행동 패턴은 손이나 발을 가만두지 못하고 항상 움직이거나 몸을 비트는 행동을 많이 보이는 것이다. 충동성 패턴은 질문이 끝나기 전에 답을 해버리거나 다른 사람이 하는 일을 방해하거나 간섭하는 것이다.

46 주의력결핍과잉행동장애(ADHD)에 대한 설명으로 옳지 <u>않은</u> 것은?

① 학령기 아동의 10~15%가 겪는 장애이다.
② 부주의, 과잉행동, 충동성, 게임중독의 패턴으로 나타난다.
③ 선천적인 신경 화학적 문제를 원인으로 보는 견해가 많으며, 전전두엽 피질부위의 기능 저하와 관련이 깊다.
④ 약물치료와 더불어 사회적·학업적 행동을 강화해 줄 수 있는 행동치료 프로그램 병행이 필요하다.

47 학습장애는 듣기, 말하기, 읽기, 쓰기, 계산능력 등 정보의 습득과 정보처리상의 어려움이 있는 장애로, 지능검사로 측정되는 지적능력과 성취검사로 측정되는 수행 간에 큰 차이를 보이나, 지능은 정상범주이다.

47 학습장애에 대한 설명으로 적절한 것은?

① 듣기, 말하기, 읽기, 쓰기, 계산능력 등 정보의 습득과 정보처리상의 어려움이 아니라, 학습노력의 부족함 때문에 발생한다.
② 지능검사로 측정되는 지적능력과 성취검사로 측정되는 수행이 유사하다.
③ 지능이 또래보다 낮아 또래와 비교하여 실제 수행능력이 2년 정도 뒤떨어진다.
④ 낮은 학업성취로 인한 자신감 결여, 대인관계 미숙함 등으로 학교현장에서 곤란을 경험한다.

정답 45 ③ 46 ② 47 ④

48 불안장애에 관한 설명으로 가장 옳지 <u>않은</u> 것은?

① 스트레스를 유발하는 구체적인 자극이 사라졌음에도 불구하고 심리적인 불안 상태가 지속된다.

② 불안으로 인해 과제를 미리 수행하고, 항상 미리 준비하는 습관이 있어서 학교 적응을 잘한다.

③ 만성적 불안장애 아동은 새로운 상황을 싫어하고 과잉행동을 하나 무기력하지는 않다.

④ 부정적 사고를 하며 지나치게 자기비판적인 특성을 보인다.

48 불안장애는 정도가 지나쳐 일상적인 생활에 어려움을 초래할 때 진단된다. 적당한 불안은 일상생활에 긍정적으로 작용한다.

49 다음 설명은 어떤 심리적 어려움에 관한 것인가?

- 학교 가기를 거부하는 증상으로 불안과 연결되어 있음
- 아침식사 시간에 머리가 아프다거나 토할 것 같다는 호소가 많음
- 억지로 학교에 가더라도 집에 일이 생기지 않을까 염려되어 학업 전념에 어려움을 겪음
- 학습부진, 또래와의 관계실패 문제가 함께 발생함
- 원인이 명확하지 않으나 자신의 능력에 대한 전반적인 불안, 교우 및 교사관계, 분리불안장애와 관련이 높음

① 학교공포증 ② 분리불안
③ 우울증 ④ 섭식장애

49 제시된 설명은 학교공포증과 관련된 설명이다.

50 소아우울증과 성인우울증의 차이점을 가장 잘 설명한 것은?

① 소아우울과 성인우울은 거의 유사해서 구별하기가 쉽지 않다.

② 성인우울은 무기력한 신경과민 상태가 2주 이상 지속된다.

③ 소아우울도 무기력함이 주요 특징이다.

④ 성인우울은 화를 내거나 짜증내며 산만함이나 난폭함, 반항 등의 직접적 행동으로 표출된다.

50 ① 소아우울과 성인우울은 명확한 차이점을 지닌다.
③·④ 성인우울은 무기력한 신경과민 상태가 2주 이상 지속되나, 소아우울은 무기력하기보다는 직접적인 행동으로 더 많이 표현된다.

정답 48 ② 49 ① 50 ②

51 게임에 장시간 노출시키기보다는, 점진적으로 게임시간 등을 조절할 수 있도록 돕는 것이 유익하다.

51 다음 중 게임중독 치료방법으로 옳지 <u>않은</u> 것은?

① 치료를 위해 게임이 지겨워질 때까지 계속하도록 노출시켜 둔다.

② 게임의 내용을 점검하고 건전한 게임으로 유도한다.

③ 폭력적인 게임에서 비폭력적인 게임으로 항목을 바꾸어 나가도록 지도한다.

④ 가정이나 학교에 비치되어 있는 컴퓨터에서 게임 프로그램들을 하나씩 지워 나가도록 한다.

52 인터넷 사용이 문제행동이 되는 것은 아니나, 과다 사용 시 문제가 될 수 있다. 실제로 청소년들 사이에 인터넷 중독문제는 심각한 수준이다.

52 다음 중 청소년 문제행동에 포함되지 <u>않는</u> 것은?

① 인터넷 사용　　　② 성 문제

③ 약물 남용　　　④ 학교폭력

53 성에 대해 부모가 부끄러워하지 말고 편하게 이야기할 수 있는 분위기를 만드는 것이 중요하다.

53 가정 내 성교육의 방법으로 옳지 <u>않은</u> 것은?

① 성에 관하여는 가정에서 다룰 수 있는 것이 없으므로 학교 성교육을 활용한다.

② 초경이나 몽정에 대해 미리 알려준다.

③ 자신이 원하지 않는 성 표현을 분명히 이야기하도록 한다.

④ 자신이 원하는 성 표현의 수위를 분명히 표시하도록 한다.

정답　51 ①　52 ①　53 ①

54 온라인 과다사용의 문제에 대한 설명으로 옳지 <u>않은</u> 것은?

① 온라인 게임 과다 사용자는 충동조절, 보상처리, 중독과 관련된 문제를 갖는다.

② 온라인 게임은 사용자의 사고력, 창조력을 높이는 역할을 한다.

③ 마약인 코카인 중독자의 뇌와 인터넷 게임 과다 사용자의 뇌가 유사하게 나타났다.

④ 온라인 과다사용을 방지하기 위해 부모와 자녀가 메일을 주고받거나 인터넷 서핑을 함께하는 것은 도움이 된다.

55 인터넷 중독 유형별 특성에 대한 설명 중 옳은 것은?

① 고위험 사용자군은 하루 2시간 20분 이상, 주 2~3회 게임을 하는 사용자이다.

② 잠재적 위험 사용자군은 하루 2시간 이상 인터넷 매체를 사용하고 주 2~3회 게임을 한다.

③ 일반 사용자군은 하루 1시간 30분 이하로 인터넷 매체를 사용하고 주 1~2회 이하 게임을 한다.

④ 일반 사용자군은 게임세계에서 가상의 친구를 사귀어 사회성을 높인다.

56 약물 남용에 대한 설명으로 옳지 <u>않은</u> 것은?

① 약물 남용 습관은 어린 시절 시작되면 의지로 중단이 가능하다.

② 약물 남용은 우울증, 품행장애, 주의력결핍과 과잉행동장애, 불안장애와 공존한다.

③ 약물 복용 후에는 판단력이 상실되어 사회규범에 어긋나는 난폭한 행동을 하기도 한다.

④ 청소년이 주로 사용하는 약물에는 니코틴(담배), 암페타민(필로폰), 코카인, 술, 수면제, 진정제, 신경안정제, 흡입제(본드, 가스) 등이 있다.

---

54 온라인 게임 과다 사용자는 충동조절, 보상처리, 중독과 관련해 결정적인 영향을 미치는 대뇌의 높은 활동성을 보인다. 대뇌의 적당한 활성화는 사고력, 창조력을 키워주지만 대뇌가 과하게 활성화되는 경우 뇌가 고르게 자극되지 않아 다양한 문제가 발생한다.

55 ① 고위험 사용자군은 하루 2시간 20분 이상 매일 게임을 한다.
② 잠재적 위험 사용자군은 하루 2시간 이상 인터넷 매체를 사용하고, 주 5~6회 게임을 한다.
④ 일반 사용자군은 하루 1시간 30분 이하로 인터넷 매체를 사용하고 주 1~2회 이하 게임을 하며, 게임 습관을 스스로 조절할 수 있고 게임과 현실 세계에 대한 구분이 명확하다.

56 약물 남용 습관은 한번 시작되면 중단이 어렵고, 신체뿐 아니라 정신적 파괴를 가져온다. 어린 시절 시작되면 중독과 연결되어 중단이 더욱 어렵다.

정답 54 ② 55 ③ 56 ①

57 ① 음주로 인한 폭력행위, 절도, 기물 파손과 같은 행동 문제를 비롯하여 더 위험한 약물 사용의 가능성을 높일 수 있다.
③ 감기약에 들어 있는 덱스트로메토판은 아편류로, 이 약의 남용 문제는 심각하다.
④ 유해 약물 사용은 치료보다는 가정 및 학교 사회의 관심으로 예방하는 것이 효과적이다.

57 유해 약물에 대한 설명으로 가장 옳은 것은?

① 음주는 폭력, 절도, 기물 파손과 같은 행동 문제를 일으켜 더 위험한 약물 사용을 방지한다.

② 니코틴이 일시적으로 중추신경을 흥분시켜 정신적 안정감을 주고 긴장감을 해소시켜 준다.

③ 감기약에 들어 있는 덱스트로메토판은 단순 치료제로 건강상 문제를 일으키지 않는다.

④ 유해 약물 사용은 예방보다 치료가 더 중요하므로 조기 발견하여 병원에 의뢰해야 한다.

58 자살을 생각하는 이유로는 인간관계 문제, 성적에 대한 압박감 및 학업 스트레스, 개인의 성격문제 등이 있다.

58 다음 중 자살의 원인에 해당하지 <u>않는</u> 것은?

① 인간관계문제

② 성적에 대한 압박감 및 학업 스트레스

③ 개인의 성격문제

④ 죽음에 대한 호기심

59 자살 경보신호는 언어적 단서와 행동적 단서, 환경상 단서로 나뉜다. 환경상 단서에는 중요한 인간관계가 끊어짐, 환경적 적응의 어려움을 표현하며 이로 인해 자신감을 잃음 등이 있다.

59 청소년의 자살 경보신호에 해당하지 <u>않는</u> 것은?

① 식사량이 지나치게 많아지거나 적어짐

② 행동의 변화(활달한 성격이 위축됨)

③ 친구와 자주 어울림

④ 갖고 있는 소유물을 포기함

정답 (57 ② 58 ④ 59 ③)

제 5 장

성인기 및
노년기 발달

행운이란 100%의 노력 뒤에 남는 것이다.

− 랭스턴 콜먼 −

제 5 장 | 성인기 및 노년기 발달

제1절 성인기(18~65세) 발달

1 발달단계 구분

(1) 나이로 인한 구분

    ① **성인 전기**: 청소년기~30대 후반

    ② **성인 중기**: 40~50대

    ③ **성인 후기**: 60~65세

(2) 생활연령 기준

    ① **연대기적 연령**: 나이에 따른 구분

    ② **신체 생리적 연령**: 신체의 기능과 건강상태에 따른 구분

    ③ **심리적 연령**: 각 개인의 주관적 인식에 따른 구분

    ④ **사회적 연령**: 사회 경험 양의 기준

더 알아두기

사회적 시계(Neugarten & Neugarten)
- 연령 규준에 기초해서 생의 특정시기에 각 개인이 경험해야 할 인생과업
- 전 생애 동안 어떤 규범적 사건을 경험해야 할 시기를 알려주는 사회적 기준, 사회적 적령기 제시

---

2 성인발달이론

(1) 성인기 발달의 이해

    ① 성인기의 발달단계는 전 생애적 접근으로 이해하는 것이 필요하다.

    ② **볼츠(Balts)의 성인기 개념**

        ㉠ 성인기의 각 시기에 나타나는 변화를 연령으로 구분하거나 개념화하는 것이 최상이 아니라고 하였다.

ⓛ 즉, 성인기의 발달은 발달과정의 획득과 상실의 양면성을 이해하는 것이다.

　　⑩ 노년기의 발달과정의 획득(삶의 지혜)과 상실(신체적 노화)의 양면성

ⓒ 여러 특성의 발달은 각각 상이한 과정과 방향을 가지며 가소성이 있어 환경이나 경험에 따라 변할 수 있다.

ⓔ 성인기의 발달은 다양한 사회문화적 요인의 영향을 고려해야 하므로 맥락주의 입장을 견지한다.

(2) 발달단계이론

① 에릭슨(Erickson)의 성인발달과업

　ⓐ 친밀감 대 고립감 : 성인 전기

　　• 직업 선정과 배우자 선택이 주요 과제이다.

　　• 직장에서의 인간관계와 배우자와의 결합을 통한 새로운 가족관계에서 심리적 유대를 형성하는 것이 중요하다.

　　• 청소년기에 정체성이 확립되지 못한 경우 자신감이 결여되어 상대방과 진정으로 친밀한 관계를 형성하지 못하게 된다.

　ⓑ 생산성 대 침체성 : 성인 중기

　　• 생산적인 일을 함과 동시에 다른 사람을 돌봐주고 베푸는 등의 활동을 통해 자신감을 촉진시키는 단계이다.

　　• 에릭슨은 성인기에 성취해야 할 생산성을 네 가지로 구분하였다.

　　• 생산성 욕구는 성인 전기에 가장 높은 반면, 유능감은 성인 중기에 최고조로 느껴진다. 성인 후기에는 생산성이 상황과 대상에 관계없이 발휘되고 성취된다.

　　• 성인기 생산성

　　　– 생물학적 생산성 : 임신과 출산

　　　– 양육자적 생산성 : 부모로서 자녀의 양육과 훈육

　　　– 기술적 생산성 : 숙련된 기술의 교육과 전수

　　　– 문화적 생산성 : 사회문화적 가치의 전수, 멘토쉽의 발휘 등

　　• 이 시기의 덕목은 돌봄이며, 이러한 생산성은 다음 세대의 발달을 고취하고 뒷받침하는 데 참여하므로 생긴다.

　　• 이 시기를 적절하게 보내지 못하면 타인을 보살피는 데 관심을 갖기보다는 자신에게만 몰두하고 이기적인 특성을 갖게 된다.

　ⓒ 자아통합 대 절망감 : 노년기 **기출**

　　• 자신의 모습과 삶을 돌아보면서 의미를 부여하는 시기이다.

　　• 삶에 대해 수용적인 자세를 가진 경우 자아통합이 이루어질 수 있고, 자신의 삶이 잘못되었고 인생을 무의미하다고 느끼면 절망감이 생길 수 있다.

② **하비거스트(Havighurst)의 성인발달과업**

㉠ 발달과업은 한 개인이 생의 특정시기에 성취해야 하는 주요 과업이다.

㉡ 한 단계에서의 발달과업의 성취가 만족스럽지 못하면 다음 단계의 발달에 지장을 초래하게 된다.

㉢ 발달과업의 성취여부가 개인의 사회적 적응과 매우 밀접한 관계가 있는 것으로 보며, 발달의 연속성을 지지하는 입장을 취한다.

㉣ 하비거스트(Havighurst)의 성인발달단계

성인 전기 **(18~35세)**	• 배우자 선택 • 결혼한 배우자와 함께 사는 법 배우기 • 가족 구성하기 • 아이 낳기 • 가정 관리 • 직업 가지기 • 시민의 의무를 완수 • 서로 취미가 맞는 사회 집단 찾기
성인 중기 **(35~60세)**	• 시민으로서 의무와 사회적 의무 완수 • 생활의 경제적 기준을 확립하고 유지 • 10대 자녀들을 책임 있고 행복한 성인이 되도록 선도 • 여가 활용 • 배우자와 인간적인 관계 맺기 • 중년기의 생리적 변화를 인정하고 적응 • 노년기의 부모에 대한 적응
성인 후기 **(60세 이후)**	• 체력 감소에 대처하기 • 은퇴와 수입 감소에 적응하기 • 배우자의 죽음에 대처하기 • 동년배 집단과 유대관계 확고히 하기 • 사회적, 시민적 의무 수행 • 생활에 적합한 물리적 환경 조성

③ **레빈슨(Levinson)의 인생주기**

㉠ 성인기 남성의 장기간에 걸친 면접연구로 전 생애적 접근방식의 필요에 따라 질적 연구법을 적용하였다.

㉡ 생애구조란 일정한 시기에서의 개인의 생에 내재된 양식과 설계를 말한다.

㉢ 개인의 선택에 따라 생애구조는 달라지며 생애구조에 맞추어 발달단계가 설정될 수 있다.

㉣ 인생을 25년 주기의 4개의 국면으로 나누며 각 단계는 생애구조의 변화를 기초로 구성된다.

㉤ 각 시기 사이에 세 번의 전환기를 설정하였다.

㉥ 레빈슨은 남성에 대한 연구를 바탕으로 여성도 연구하였으며, 여성도 유사한 생애주기를 갖는 것을 발견하였다.

㉦ 다만, 여성은 평균수명이 길기 때문에 성인 후기의 후기를 경험한다고 하였고, 성 역할의 구분에 의해 남성보다 여성이 훨씬 더 어려운 삶을 산다는 것을 강조하였다.

◎ 성인 인생주기

성인 전기	성인 전기 전환기	17~22세	자신의 정체감을 확립하고 부모로부터 독립하여 성인으로 살기 위한 준비시기
	성인 전기 초보	22~28세	성인으로서 중요한 선택을 하고 자신의 삶을 계획하는 시기
	30세 전환기	28~33세	인생구조를 재평가하고 개별화. 가능성 탐색
	성인 전기 절정	33~40세	사회생활에서 안정적 입장에 위치
성인 중기 전환기		40~45세	• 노화의 증거가 나타나기 시작. 지나온 삶을 평가하고 이후의 삶을 준비하는 단계 • 상실감과 회의를 경험하는 중년의 위기단계
성인 중기	성인 중기 초보	45~50세	• 중년의 위기를 극복 • 지나온 삶의 결실을 맺는 생산적인 시기
	50세 전환기	50~55세	• 중년 입문기의 인생구조 재평가 • 자아와 세계에 대한 탐색 • 발달적 위기의 가능성
	성인 중기 절정	55~60세	중년기의 중요한 야망과 목표 성취
성인 후기 전환기		60~65세	은퇴와 더불어 사회적 영향력이 축소되면서 심리적 위축이나 우울감을 경험하거나 긍정적인 마음으로 노년기로 들어갈 인생구조의 기반을 마련하는 시기

더 알아두기

전환기

• 현재의 인생구조를 재평가하여 종결하고 그 다음 국면을 위해 준비하는 단계이다.
• 각 전환기마다 그 다음의 안정적인 인생구조를 준비하기 위한 독특한 과제에 대해 다양한 가능성과 대안을 탐색하게 된다.
• 전환기는 갈등이나 혼란을 겪을 수 있는 불안정한 시기이기도 하다.

ⓩ 성인기 발달과제
  • 자신의 과거에 대해 재평가하기
  • 인생의 남은 부분을 새로운 시기로서 시작하기
  • 양극단의 통합에 의한 개별화하기

④ **베일런트(Vailant)의 적응이론**
  ㉠ 아동기의 발달결과가 성인기까지 지속되지는 않는다는 사실에 근거하였다.
  ㉡ 하버드대 2학년 남학생 268명을 60여 년에 걸쳐 연구한 것으로 인간의 전 생애를 동시적으로 연구했다.
  ㉢ 어릴 때 가정환경이나 성격이 삶을 좌우하지 않고, 성인 전기와 중기의 삶의 습관이 노년의 삶을 결정한다고 본다.
  ㉣ 즉, 성인 전후기에 중요한 것은 대인관계이며 중년기의 가장 큰 과업은 생의 의미유지이다.

ⓜ 행복의 조건 중 5~6가지를 충족할 경우 50%가 행복한 노년을 보낸다고 하였다.

ⓑ 성인기 발달과제

정체성 (Identity)	부모로부터 독립된 자기만의 가치, 견해, 열정, 취향 등을 가지는 것
친밀감 (Intimacy)	다른 사람에 대한 관심의 확대, 자기중심주의 극복
직업적 안정 (Career Consolidation)	사회적 정체성의 확립
생산성 (Generativtity)	다음 세대를 헌신적으로 지도할 만한 능력
의미의 수호자 (Keeper of the Meaning)	과거의 문화적 성과를 대변하고 인류의 집단적 성과물, 문화와 제도를 보호, 보존
통합(Integrity)	'나'라는 존재와 인생의 유한함과 죽음을 있는 그대로 겸허히 받아들이는 것, 세상의 이치와 영적 통찰에 도달하는 경험

더 알아두기

적응의 주된 형태로서의 방어기제

• 베일런트는 프로이트와 달리 방어기제를 불안에 대처하기 위한 무의식적 전략이 아니라 성숙한 방
  어기제가 존재한다고 보았다.
• 성숙한 방어기제는 현실을 더 적게 왜곡하고 더 품위가 있고 덜 불쾌한 방식으로 어려움에 대처할
  수 있게 해준다.
• 일상생활의 어려움에 효과적으로 대처하는 성인일수록 더 성숙한 방어기제를 가지고 있다.

ⓢ 행복의 조건
  • 고난에 대처하는 자세(이타주의, 예술적 창조, 유머)
  • 평생에 걸친 교육
  • 안정적인 결혼 생활
  • 45세 이전의 금연
  • 알콜 중독 경험 없는 적당한 음주
  • 규칙적인 운동
  • 적당한 체중

⑤ **펙(Peck)의 성인기 발달과제와 이슈**

  ㉠ 에릭슨이론의 영향을 받아 중년기에 성공적으로 적응하기 위해 심리적으로 4가지를 성취해야 한
     다고 하였다.
  ㉡ 에릭슨의 생산성 대 침체감 시기를 좀 더 확장하고 세분화하였다.

ⓒ 성인기의 발달과제

지혜에 가치부여 대 물리적 힘에 가치부여	육체적 활동에서 정신적 활동으로의 전환을 말하며 성공한 중년은 쇠퇴해가는 물리적 힘, 젊음의 매력 등이 쇠퇴해져도 자신이 지니고 있는 지혜가 이를 상쇄하고도 남음을 안다.
대인관계의 사회화 대 성 역할화	• 남성과 여성이라는 기본적 성 개념에서 성 역할을 재정의하는 것이 심리적으로 건강하다. • 특정성으로 인식하기보다는 개인, 친구, 동료로서 감정이입, 동정, 더 깊은 이해심에 이를 수 있다.
정서적 유연성 대 정서적 빈곤성	• 정서적 유연성은 어떤 활동에서 다른 활동으로 정서적 관심을 쏟는 것을 말한다. • 부모, 친척 등의 죽음이나 자녀의 독립, 거주지의 이전 등으로 관계의 단절을 경험할 때 정서적 빈곤성을 겪게 되지만 유연성으로 극복할 수 있다.
정신적 유연성 대 정서적 경직성	• 중년기는 이제까지의 경험에 의한 자신만의 사고와 방식에 안주하여 새로운 사상에 폐쇄적일 때 정서적 경직성을 가져오게 된다. • 자신의 틀을 깨고 새로운 사고에 수용적이며 융통성 있는 태도가 필요한 시기이다.

ⓔ 성인기의 4가지 이슈
- 지혜를 중요시할 것인가 아니면 육체적 힘을 중요시할 것인가
- 대인관계를 사회화할 것인가 아니면 성적 대상화할 것인가
- 정서적 융통성 대 정서적 빈곤
- 지적 융통성 대 지적 엄격성

⑥ **굴드(Gould)의 성인기에 벗어나야 할 5가지 비합리적 가정**
- ㉠ 안전이 영원히 지속될 것이라는 가정
- ㉡ 자신과 자기가 사랑하는 사람들에게 죽음이 일어나지 않을 것이라는 가정
- ㉢ 배우자 없이 사는 것이 불가능하다는 가정
- ㉣ 가족 밖에서는 어떠한 삶이나 변화도 존재할 수 없다는 가정
- ㉤ 자신이 순수하다는 가정

⑦ **뉴만(Newman)의 건강한 결혼관계 유지를 위한 3가지 조건**
- ㉠ 부부는 각자의 개인적인 성장과 부부로서의 성장에 헌신하여야 한다.
- ㉡ 부부는 효과적인 대화체계를 개발해야 한다.
- ㉢ 갈등을 창의적으로 활용해야 한다.

⑧ **융(Jung)의 전체성**
- ㉠ 발달의 궁극적인 목표는 전체성(Psychic totality)이며, 인간의 성격이 모든 면에서 조화롭게 융합되는 것을 전체성 실현으로 보았다.
- ㉡ 정신의 전체성을 자각하는 과정을 개성화 과정이라고 하였다.
- ㉢ 인생의 전반기의 개성화 과제는 사회적응에 있으며, 인생의 후반기는 내면세계의 적응에 있다.
- ㉣ 중년기는 인생의 전반기에 달성한 자아강화를 바탕으로 정신의 본질이자 주체가 되는 진정한 자기가 되는 과정이다.
- ㉤ 이 시기는 무의식적 남성성과 여성성이 표출되는 시기로서, 남성과 여성이 반대의 성적 특성을 나타내기도 한다.

⑨ 샤이에(Schaie)의 성인기 인지발달이론 [기출]

　　⑤ 습득단계 : 아동 및 청소년기 → 감각운동 기능에서 형식적 조작사고에 이르기까지 기본 인지구조의 발달

　　⑥ 성취단계 : 성인 전기 → 성취와 독립의 목표를 지향하는 인지행동

　　⑦ 책임단계 : 성인 중기 → 일상의 문제해결에 있어서 개인적 목표와 가족 및 사회적 책임의 통합

　　⑧ 실행단계 : 성인 중기 → 보다 복잡한 조직적 위계와 책임을 갖는 문제해결

　　⑨ 재통합단계 : 성인 후기 → 자신의 흥미, 가치에 적합한 문제 및 과제의 선택

3 신경 및 생물학적 변화

(1) 성인기의 신체변화

① 아직 양호한 건강과 에너지를 가지고 있으나, 신체적 능력과 건강은 감퇴하기 시작한다.

② 신진대사의 저하가 일어나고, 체중이 늘기 시작한다.

③ 스트레스를 받거나 신체의 한 부분에 이상이 있은 뒤 회복 능력이 감소한다.

④ 시력저하, 청각 신경세포의 둔화 등 감각기관의 능력이 감소한다.

⑤ 여성의 경우 40대 후반에서 50대 초반에 여성호르몬인 에스트로겐의 감소와 함께 폐경을 경험한다.

⑥ 갱년기 현상이 나타나며, 특히 남성의 갱년기는 여성의 갱년기에 비해 늦게 시작되어 서서히 진행된다.

⑦ 직업적 스트레스의 누적으로 암, 고혈압, 심장질환, 뇌졸중 등의 질병에 걸릴 위험이 매우 높은 시기이다.

⑧ 급격한 에너지 소모를 필요로 하는 일보다 지구력을 요하는 일이 더 유리하다.

(2) 내적 변화

① **심장혈관계통**

연령이 증가함에 따라 심장조직이 딱딱해지고 탄력성이 감소하며 심박력과 혈액의 양이 감소한다.

② **신경계통**

신경자극이 뇌에서 신체의 근육조직으로 전달되는 속도가 50세까지 5% 감소한다.

③ **호흡기계통**

　　⑤ 중년기의 호흡 능력은 75%로 감소한다.

　　⑥ 폐의 탄력성이 감소하고, 흉곽도 작아진다.

(3) 감각기능의 변화

① **시각**

    ㉠ 시력의 감퇴는 중년기에 일어나는 눈에 띄는 변화 중의 하나이다.

    ㉡ 눈의 수정체가 나이가 듦에 따라 탄력성을 잃게 되면 초점이 잘 모이지 않아 가까이 있는 물체를 잘 볼 수 없다.

    ㉢ 동공이 점점 작아져 동공을 통과하는 빛의 양이 적어져 중년들은 더 밝은 조명을 필요로 한다.

② **청각**

    ㉠ 중년기에는 청각이 점진적으로 감퇴(노인성 난청)된다.

    ㉡ 낮은 진동수의 소리에 대해서는 별로 변화가 없지만 높은 진동수의 소리에 대해서 청력이 감퇴된다.

    ㉢ 대부분의 청력감퇴는 일상생활에 큰 지장을 주지 않기 때문에 잘 감지되지 않는다.

③ **기타 감각**

    ㉠ 미각은 50세 정도에 감퇴하기 시작하여, '맛의 미묘한 차이'를 구별하는 능력이 떨어진다.

    ㉡ 후각은 제일 나중에 쇠퇴하는 감각 중의 하나이다.

더 알아두기

중년기의 질병

- 우울증 : 절망감, 허무감, 죄책감, 흥미 상실, 성욕 감퇴, 식욕 감퇴, 새벽에 일찍 깸, 체중 감소, 전반적 사고, 운동 속도가 느려짐을 특징으로 하며, 이는 세로토닌과 멜라토닌이 원인으로 지목되고 있다.
- 알츠하이머 : 치매를 일으키는 가장 흔한 퇴행성 뇌질환으로, 서서히 나타나서 지속적으로 진행하는 질환이다. 유전의 가능성도 있으며 초기에 가장 두드러진 증상은 기억력 장애이다. 기출
- 파킨슨병 : 느린 운동, 정지 시 떨림, 근육 강직, 질질 끌며 걷기, 굽은 자세와 같은 파킨슨 증상들을 특징으로 하는 진행형 신경 퇴행성 질환이다.
- 헌팅턴병 : 유전성, 퇴행성 신경계 질환으로서, 아동기·청년기·성년기까지는 별 문제가 없으나, 중년기가 되어 신경세포가 손상되기 시작하면서 환각, 망상, 우울증, 성격 변화를 포함한 정신장애와 근육이 무력해지는 운동기능장애가 나타난다.

---

4 인지·사고·기억의 변화

(1) 인지 변화의 특성

① 단기기억력은 약화되지만 장기기억력에는 변화가 없고, 오랜 인생의 경험에서 터득한 지혜 때문에 문제해결능력은 높아진다.

② 유동성 지능은 10대 후반에 절정에 도달하고, 성년기에는 중추신경 구조의 점차적인 노화로 인해 감소하기 시작한다.

③ 결정성 지능은 교육이나 경험의 축적된 효과를 반영하므로 생의 말기까지 계속 증가한다.

④ 기계적 지능은 연령이 증가하면서 감소한다.

⑤ 실재적 지능은 문화적 요인이 영향을 미치므로 결정성 지능과 마찬가지로 연령이 증가하더라도 감소하지 않는다.

⑥ 정신기능의 잠재력은 거의 변화가 없고, 인지기능은 성인기 후반까지 향상되지만 잠재능력에 비해 수행능력은 떨어진다.

⑦ 개성화(Individuation)를 통해 자아의 에너지를 외적·물질적인 차원에서 내적·정신적인 차원으로 전환한다.

⑧ 웩슬러 성인지능검사에 의하면 어휘력은 안정적이거나 증가하며, 숫자문제는 연령이 증가함에 따라 감퇴한다.

⑨ 웩슬러의 언어성 검사는 결정화된 지능을 측정하고 동작성 검사는 유동적 지능을 측정한다. 동작성 검사 중에서는 블록짜기와 그림완성에서 제일 먼저 감퇴를 보였다.

더 알아두기

유동성 지능과 결정성 지능

유동성 지능	결정성 지능 기출
• 유동성 지능을 구성하는 대표적인 능력으로 귀납적 추리력, 형태지각의 융통성, 통합능력, 그리고 결정성 지능과 연합되어 영향을 미치는 논리적 추리력과 일반적 추리력이 있다. • 타고난 지능으로, 생물학적으로 결정되며 경험이나 학습과는 무관하다. • 귀납적 추리, 기억용량, 도형 지각능력 등으로, 나이가 들수록 개인차는 안정적이다.	• 학교교육과 일상생활에서의 학습경험에 의존하는 정신능력을 반영한다. • 지식, 경험, 훈련, 의사소통능력, 판단력, 사회 규범적 지식, 합리적인 사고 등의 영향을 받는다. • 결정성 지능을 구성하는 기본 정신능력은 언어 이해력, 개념형성, 일반적 추리력 등으로, 나이가 들수록 개인차가 커진다.

---

(2) 성인기 지능 연구 기출

① 유동성 지능은 10대 후반에 절정에 도달하고, 성년기에는 중추신경 구조의 점차적인 노화로 인해 감소하기 시작한다.

② 결정성 지능은 교육이나 경험의 축적된 효과를 반영하므로 생의 말기까지 계속 증가한다(Horn & Dobalson).

③ Dixon & Baltes은 혼과 카텔의 유동성 지능과 결정성 지능에 기초하여 성인기의 지적 기능에 관한 이중모델을 제안하였다.

④ 중년기 이후에는 교육, 직업, 인생경험 등에서 얻은 정보와 기술을 실제로 활용하는데, 이러한 실재적 지능은 기계적 지능보다 더 가치가 있음을 밝혔다.

기계적(mechanics) 지능	실제적(pragmatics) 지능
• 인간의 정보처리 체계의 기초적 지능으로서 감각, 지각, 기억과 같은 '정신적 하드웨어'를 반영한다. • 주로 단순한 과제를 수행할 때 속도와 정확성으로 측정된다. • 유동성 지능과 마찬가지로 연령이 증가하면서 감소한다.	• 특정 문화권의 구성원들이 이해하는 실제적이고 책략적인 지식의 일반체계, 특정 직업을 가진 사람들의 지식 특수체계, 그리고 문제를 효율적으로 해결하기 위해서 서로 다른 종류의 지식을 어떻게 활용하는지에 대한 이해를 포함하는 '정신적 소프트웨어'를 말한다. • 일상생활의 크고 작은 문제들을 해결하는 책략(strategy)인 지혜를 발달시킨다. • 생물학적 요인이 아니라 문화적 요인이 영향을 미치므로 결정성 지능과 마찬가지로 연령이 증가하더라도 감소하지 않는다.

⑤ Berg & Stemberg의 실용 지능

　㉠ 아동기와 달리 성인기의 지능은 일상생활에서 실질적인 문제를 다루고 응용하는 것에 더 의미를 둔다.

　㉡ 실용지능은 자신의 삶을 성공적으로 이끌어 나가는 데 필요한 지능으로 성공적 지능이라고도 한다.

⑥ Schaie & Crandall는 자극적이지 못한 생활양식, 배우자 사망, 사회적 고립도 노화에 영향을 미치며, 노년기의 지적 감퇴는 정상적인 노화에서라기보다는 질환에 의한 병리적 노화에 가깝다고 하였다.

⑦ 연구방법에 따른 지능 측정

종단적 방법	50세까지 증가하며 60세 정도에서 안정, 지능저하가 일어나지 않음
횡단적 방법	아동기, 청년기, 성년기까지 발달하다가 중년기부터 감소. 동년배의 효과를 무시함으로써 비판을 받음

(3) 사고의 변화

① 문제발견적 사고 : 아르린(Arlin)

　㉠ 아르린은 청년기의 형식적 조작기 다음에 '문제발견의 단계'라는 5단계가 있다고 주장하였다.

　㉡ 이 단계의 특징은 창의적 사고, 확산적 사고, 새로운 문제해결 방법의 발견 등이다.

② 변증법적 사고 : 리겔(Riegel)과 바세체스(Basseches)

　㉠ 리겔은 '성숙한 사고'가 성인기 사고의 특징이라 하였다.

　㉡ 이는 어떤 사실이 진실일 수도 있고, 아닐 수도 있음을 받아들이는 것이다.

　㉢ 사고의 모순된 상태를 기술하기 위해 철학에서 변증법적이란 용어를 빌려와 다섯 번째의 인지발달단계를 변증법적 사고의 단계라고 하였다.

더 알아두기

변증법적 사고

• 일상의 갈등과 문제를 해결하기 위해 융통적이고 실용적인 사고가 필요하며, 문제해결과정의 한계를 인식하면서 다양한 해결책을 모색하여 각 상황에 맞게 해결방안을 수립하는 과정이다.

• 변증법적 사고는 정반합의 논리에 따라 더 높은 차원의 인식에 도달함으로써 갈등을 해결한다.

• 고정적인 사고에서 탈피하여 현실에 내재하는 모순을 인식한다. 따라서 변증법적 사고를 하는 사람은 항상 불평형 상태에 있게 된다.

---

③ **실용적 사고 : 라보비-비에프(Labouvie-Vief)와 샤이에(Schaie)**

  ㉠ 라보비-비에프(Labouvie-Vief)
  - 성인기에 새로운 사고의 통합이 발생한다.
  - 성인기에는 문제를 해결함에 있어 논리적 사고에 덜 의존하게 되고, 현실적인 면을 많이 고려하게 된다.

  ㉡ 샤이에(Schaie)
  성인기가 되면 형식적·조작적 사고를 넘어서지는 않지만, 지식의 습득단계에서 아는 지식을 실생활(직업발달이나 가족발달 등)에 적용하는 단계로 전환하게 된다고 믿는다.

④ **다원론적 사고 : 시노트(Sinnott)와 페리(Perry)**

  ㉠ 시노트(Sinnott)
  - 성인기에 다차원의 세계와 복잡한 인간관계에 직면하면서 인지발달이 이루어진다고 하였다.
  - 지식이란 절대적이고 고정 불변의 것이 아니라, 여러 개의 타당한 견해 중 하나일 수 있다는 사실을 이해하게 된다.
  - 이러한 견해는 성인기의 인지능력은 절대적인 것이 아니고, 상대적이라는 페리의 견해와 일치한다.

  ㉡ 페리(Perry)
  - 피아제의 형식적 조작기 이후에 나타나는 높은 인지발달 단계를 후형식적 사고라 하였다.
  - 즉, 객관적이고 다면적으로 문제를 평가하면서 선택과 해답의 상태성과 불완전성을 인정하는 단계이다.
  - 이 단계는 형식적 조작기의 특성을 넘어서서 어떤 선택에도 장단점이 있으며, 선택한 것이 반드시 옳은 것도 아니라는 개인적 한계나 사고의 모순까지도 인정한다.
  - 모든 성인들이 이 단계의 사고를 보이는 것은 아니라고 하였다.

⑤ **후형식적 사고 : 크레이머(Kramer)**

  ㉠ 지식은 절대적인 것이 아니고 상대적이며, 어떤 사람에 대한 자신의 감정이 애증이라는 상반된 감정으로 나타나듯이 모순을 현실세계의 기본 양상으로 받아들인다.
  ㉡ 서로 모순되는 사고나 감정 또는 경험을 통합하는 능력이 있다.

더 알아두기

후형식적 사고(postformal thought)
- 후형식적 사고란 상대적 사고, 변증법적 사고를 말한다.
- 이러한 사고는 창조적이고 실제 생활에서도 정서를 논리적으로 통합해서 일상의 문제들을 새로운 조망으로 성숙하게 해결할 수 있는 지혜를 만들어 준다.

상대적 사고
상대적 사고를 하는 사람은 지식의 본질을 상대적으로 이해하기 때문에 지식과 가치의 본질이 맥락에 따라 달라질 수 있으며, 자신과 다른 가치 체계가 존재할 수 있다는 것을 인정한다.

---

(4) 기억의 변화

① **정보처리 과정에서의 변화**

ㄱ 성인 중기의 기억능력 감퇴의 느낌은 정보처리시간이 지연되는 것에 기인한다.

ㄴ 이는 기억과제 연습량의 감소에 따른 것이며, 성인 중기 이후에는 교육의 기회가 더 적기 때문으로 생각된다.

ㄷ 적절한 정보를 찾고 부적절한 정보에는 주의를 통제하는 선택과 통제 두 가지 기능이 감소하게 된다.

ㄹ 선택적 주의에서는 의식적인 주의나 통제를 요하지 않는 부분보다 필요로 하는 분야에서 수행이 저하된다. 즉, 익숙한 일보다 새로운 일을 수행하는 것을 현저히 어려워하게 된다.

5 사회정서발달

(1) 성인 초기

① 성인 초기는 에릭슨의 친밀감 대 고독감의 단계로, 애정을 나눌 수 있는 대상과 친근한 관계를 맺지 못하면 고립감에 빠져들게 된다.

② 성인 초기의 친밀감 형성에 요구되는 정서적 경험은 사랑이다.

③ 스턴버그(Sternberg)는 열정, 친밀감, 헌신의 세 가지 요소를 축으로 사랑을 정의하였다.

④ **사랑의 종류**

낭만적 사랑	열정과 친밀감은 있으나 헌신이 없는 사랑
동반자적 사랑	열정은 없으나 친밀감과 헌신만 존재하는 사랑
환상적 사랑	열정과 헌신은 있으나 친밀감이 부재한 사랑
이상적 사랑	열정, 헌신, 친밀감을 모두 갖춘 사랑
무사랑	이 세 가지가 모두 없는 사랑

(2) 성인 중기 및 후기

① **습관화와 과잉습관화 : Kastenbaum**

중년기의 특성으로 습관화와 과잉습관화가 일어날 수 있다고 하였다.

ㄱ 습관화 : 일상의 반복적 자극에 대해 주의가 감소되는 현상

ㄴ 과잉습관화 : 모든 변화를 두려워하고 미래에 직면하기를 회피하며 이전과 같은 방식으로 생활하려는 극단적인 연속성에 집착을 보이는 현상

② **심리적 안정 : Villant**

성인 전기보다 중기에 더 심리적 안정과 행복을 느끼고 통합된 존재로 자신을 느낀다고 주장하였다.

③ **중년기의 4대 위기**：Marmor

중년기의 4대 위기를 신체의 노화, 사회·문화적 스트레스 증가, 경제적 스트레스 증가, 정신적 스트레스 증가로 보았다.

더 알아두기

빈둥지 증후군(Empty Nest Syndrome)
• 자녀가 부모와 떨어져 생활한 적이 없는 가정의 경우, 자녀의 독립은 가정에 변화를 가져오게 된다. 이 시기 남편은 일에 몰두하면서 여성이 빈집을 지키게 되고, 이로 인해 우울증을 겪는다.
• 갱년기 우울증과 같은 심리적 상태가 이 시기에 많이 발생하는데, 이러한 현상을 빈둥지 증후군이라 한다.

---

(3) 기타 특성

① **전문성의 획득**

    ㉠ 성인 중기는 학습과 경험으로 실용성 지식과 결정성 지능이 증가함으로써 최고의 능력을 발휘할 수 있는 인지적 절정기이며, 각 분야에서 전문적 능력을 획득한 경우가 많다.

    ㉡ 전문성은 어느 특정 분야에만 해당되며, 삶의 다른 영역에까지 적용되는 것은 아니다.

    ㉢ 분야 전문성은 특정 전문분야의 문제를 해결하는 데 있어 지식과 경험 및 역량적 측면에서 지속적인 인정을 받는 전문적 능력을 말한다.

    ㉣ 분야 전문성의 특징
      • 특정 문제를 지속적으로 해결해 내는 능력
      • 전문성의 내용이 특정 분야에 집중
      • 장기훈련을 통해 이러한 분야 전문성을 개발
      • 융통성 있고 창의적인 전략적 사고활용 능력

② **지혜의 발달**

    ㉠ 지혜는 가치와 지식뿐 아니라 정서를 포함하는 특징을 갖고 있다.

    ㉡ 성인기 이후로 자신의 한계 및 모순에 직면하여 상대적인 사고가 필수적이기 때문에 지혜가 발달한다고 본다.

③ **은퇴의 단계**

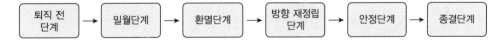

제2절   **노년기(65세 이후) 발달**

1 노년기의 개념

(1) 노년기에 대한 일반적 정의

① 인간의 노화과정에서 생리적 · 환경적 · 심리적 변화나 행동의 변화가 상호작용을 하는 복합과정에 있는 65세 이상의 사람을 말한다.

② 환경변화에 적당히 반응할 수 있는 생리적 조직기능이 감퇴되어 가고 있는 사람이다.

③ 인체의 조직, 기능, 기관 등에 감퇴 현상이 일어나는 시기에 도달해 있는 사람이다.

④ 조직의 대비능력이 감퇴하여 적응이 올바르게 되지 않고 생체 자체 통합능력이 떨어져 있는 사람이다.

(2) 노년기의 구분

① 신체적으로 건강하면서 자립적인 활동이 가능한 노년 전기(65~74세)와 신체적 기능의 약화로 인해 일상생활을 타인에게 전적으로 의존할 수밖에 없는 노년 후기(75세 이후)로 구분한다.

② 쇠약해지는 체력에 적응하고, 알맞은 운동 및 섭생, 지병이나 쇠약함에 대해 적절히 대처해야 한다.

2 노화이론

(1) 계획이론(예정설)

① **개념**: 노화과정은 유전자에 의해 생득적으로 전해지며 특정 몇몇 유전자들이 더 결정적 영향을 미친다.

② **유전적 노화이론**

㉠ 어떤 정해진 시기에 이르면 노화를 일으키는 특정 유전자가 작용하여 세포를 노화시킨다.

㉡ 유전자가 출생에서부터 사망까지의 프로그램을 설정한다고 간주한다. 즉, 세포는 생물적 시계를 가지고 있거나 죽도록 프로그램되어 있다.

③ **오류이론**

㉠ 신경내분비이론

- 호르몬과 다른 신체요소들을 지배하는 생화학 물질의 연결망이라 할 수 있는 신경호르몬 체계에 중점을 둔 이론이다.
- 노화로 인하여 호르몬분비가 감소되면 신체는 자신을 회복시키고 조절하는 능력을 저하시킨다.
- 따라서 노화에 관련된 성장호르몬, 성호르몬, 갑상선 호르몬, 멜라토닌, DHEA 등 혈액 속에 존재하는 호르몬 수치를 측정하여 감소된 만큼 호르몬을 보충해 주는 방법으로 노화를 지연시킬 수 있다고 본다.

ⓛ 면역이론
- 흉선은 면역계를 지배하는 분비선이며 목 근처 갑상선 주위에 위치하며 크기는 출생 이후 계속 작아진다.
- 흉선의 소실은 신체 면역계 약화로 이어져 여러 질병에 쉽게 노출된다.
- 면역체계가 자신의 정상세포들을 공격하는 비정상적 자가면역증은 노화를 촉진한다.

ⓒ 텔로미어(Telomere)이론
- 텔로미어는 염색체 끝에 연결된 일련의 핵산으로 구성되어 있다.
- 텔로미어는 세포가 분열할 때마다 점점 짧아져 노화와 관련된 세포손상과 사망을 초래하게 된다.
- 텔로머라제는 텔로미어의 길이가 짧아지는 것을 막아서 세포증식을 무제한적으로 가능하게 하고 세포의 수명을 연장시킨다.
- 암세포에는 텔로머라제가 활발히 작용하므로 억제하는 것이 암세포의 증식을 막아준다.

(2) 손상이론(마모설)

① **개념**
ⓐ 계획이론과 달리 예측할 수 없고 무계획적으로 노화를 보이기 때문에 무선오류이론으로 불린다.
ⓑ 기계를 장시간 사용하면 마모현상으로 노후화되듯이, 주요 세포와 조직이 오래되고 닳아 없어지면서 신체기관에 기능의 노화가 발생한다.

② **종류** 기출
ⓐ 노폐물누적이론
- 살아가면서 인체 내부에 해로운 물질과 노폐물이 점진적으로 쌓이고 축적된 노폐물이 정상적인 세포기능을 방해하면서 노화현상이 생긴다.
- 예로써 세포의 지방갈색소, 자유기 축적, 그리고 칼륨에 대한 세포의 과도한 투과성 등이 있다.

ⓑ 교차결합이론
- 인체 내에 단백질 중 가장 많은 부분을 차지하는 콜라겐은 피부, 힘줄, 각막, 골격 등의 주요 성분이다. 콜라겐 분자들 간에 교차결합이 생기면 영양과 노폐물의 이동이 어려워지면서 단백질이 굳어진다.
- 세포 내부의 분자들이 상호교착되면 활동성을 잃고 둔감해지거나 분자의 교착으로 기능상의 문제를 가진 단백질이 세포와 조직에 상처를 주면서 신체의 기능 저하를 야기하고 노화를 이끈다.

ⓒ 세포돌연변이이론(DNA손상이론, 오류이론)
- 유전자 변형에 영향을 주는 환경적 요인들을 강조하는 이론이다.
- 즉, 방사능이나 유독성이 있는 화학물질에 노출되면 염색체가 손상되거나 단백질 합성과정에 오류가 발생할 수 있다. 이로 인해 염색체 구조가 돌연변이 형태를 나타낼 수 있으며 노화를 초래한다.

ⓓ 자유기이론(활성산소이론) 기출
- 자유기란 전통적인 분자와는 달리 자유로운 전자를 하나 더 가지고 있어 매우 불안정하고 파괴적인 방식으로 다른 분자들과 반응한다.

• 활성산소는 몸에 지나치게 축적되면 세포막 구조를 공격하여 대사성 쓰레기 물질을 생성함으로써 노화반점의 원인이 된다.
• 최근에는 이를 방지하기 위해 비타민, 미네랄 및 조효소 Q10 등의 산화방지제를 쓴다.

더 알아두기

세포적 관점

유전적 계획이론 (Genetic Program Theory)		• 이미 계획된 유전자에 의해 예정된 순서에 맞추어 노화가 진행되는 것으로 보는 이론 • 내분비체계와 면역체계의 변화 및 기능상실로부터 노화가 시작된다고 주장 • 노화가 특정 유전자에 의해 미리 정해진다는 관점의 계획된 '노쇠이론'과 노화의 원인을 호르몬 분비를 통해 신체기능을 조절하는 내분비계 기능의 저하로 보는 '신경내분비 이론'이 있음
오류이론	마모이론 (Wear and Tear Theory)	신체기관들을 장기간 사용하면 기능 및 구조가 약해져 결국 신체가 낡고 노화된다는 이론
	산화기이론 (Free Radical Theory)	• 젊을 때는 몸에서 충분한 항산화제가 나오나 나이가 들면 항산화제의 생산이 떨어져 노화가 일어남 • Denham Harman에 의해 주창된 이론
	자동면역이론 (Auto Immune Theory)	면역성을 지닌 세포가 바이러스나 세균 등 외부의 이물질과 자신을 구별하지 못하고, 자신의 물질에 저항하는 항체를 생성하여 자체의 세포를 공격함으로써 노화를 일으킴
	교차연결이론 (Cross-Linking Theory)	뼈나 피부 내에 존재하는 단백질의 일종인 콜라겐 분자들이 서로 부착되어 움직일 수 없게 되고, 세포 분열을 불가능하게 만들어 영양과 노폐물의 이동이 어려워져 단백질을 굳게 만들며, 각막 및 피부 등에 탄력성을 잃게 하여 노화를 촉진

---

(3) 사회적 노화이론

① 1세대 이론(기능적 관점)

㉠ 은퇴이론, 분리이론(Disengagement Theory) : 노인과 사회가 자발적으로 분리되는 것, 즉 노인들은 스스로 사회활동을 줄이고 내면의 성찰에 주목하여 바쁜 일상에서 벗어나 평온한 삶을 살아간다. 그러나 이런 현상이 보편적인 것은 아니다.

㉡ 활동이론(Activity Theory) : 하비거스트는 성공적인 노화를 위해서는 기존에 하던 활동과 비슷한 일이나 내용을 대치시켜 안정된 활동을 하는 것이 삶에 대한 만족도가 높다고 하였다.

㉢ 역할이론(Role Theory) : 노인이 되면서 직업, 배우자, 부모 등의 역할의 상실이 무용감을 느끼기 때문에 노인의 역할을 새롭게 부여해 줌으로써 새로운 기능을 하여 행복함을 느끼게 한다.

㉣ 연속이론(Continuity Theory) : 사회적 역할이나 관계를 바꾸기보다는 이전의 성격, 관심, 흥미, 대인관계 역할기술을 유지하려고 노력하는 시기이다.

㉤ 사회정서적 선택이론(Socioemotional Selectivity Theory) : 노년기에 축소된 대인관계 속에서 사회심리적 욕구를 충족시키는 것을 연구한 것으로 가까운 소수의 사람들과 사회적 정서가 깊어짐으로써 행복감을 느끼는 것이다.

ⓑ 하위문화이론(Subculture Theory) : 노인들은 그들의 공통된 특성과 사회·문화적인 요인으로 인해 그들만의 집단을 형성하며, 이러한 집단 내부에서의 상호작용에 의해 노인 특유의 하위문화가 생성된다.

② 2세대 이론(구조적 관점)

ⓐ 현대화이론(Modernization Theory) : 생산기술의 발달, 도시화 및 교육의 대중화 등 현대화의 제양상으로 인해 노인들의 지위는 낮아지고 역할은 상실된다.

ⓑ 연령계층이론(Age Stratification Theory) : 사회는 연령층으로 구분되어 있으며, 각각의 연령층에 따라 사람들은 동시대의 유사한 경험을 가진다. 그로 인해 그들의 관념이나 가치, 태도 등은 동 연령대의 사람들과 거의 흡사하지만, 다른 연령대의 사람들과는 사뭇 다르다. 이러한 차이로 인해 각각의 연령층에 부여되는 권리와 특권 또한 다르게 나타난다.

ⓒ 교환이론(Exchange Theory) : 사회적 행동을 적어도 두 사람 사이의 활동의 교환으로 보며 노인은 대인관계나 보상에서 불균형을 초래하게 된다. 노인들이 젊은이와 상호작용 시 훨씬 적은 권한을 가지고 있으며, 이는 노인들이 가지고 있는 자원의 부족(낮은 수입, 낮은 교육 등) 때문이다.

③ 3세대 이론

ⓐ 사회심리학적 관점 : 사회적 와해이론(Social Breakdown Theory) → 사회적으로 일부 노인들에 대한 부정적인 인식이 전체 노인으로 확산되면서 사회적 활동은 위축되고, 노인들은 사회적으로 와해상태에 이르게 된다.

ⓑ 정치적·경제적 관점 : 정치적·경제적으로 약자이므로 제정 등에 있어서 노인을 배려하지 않는 정책의 결과로 노인문제가 발생한다고 본다.

3 노년기의 인지적 변화

(1) 정보처리과정에서의 변화

① **선택적 정보와 부호화** : 연령이 많을수록 부호화의 단계가 느려지므로 과제제시를 느리게 하거나 충분한 연습량이 필요하다.

② 노년기에는 의식적인 주의를 필요로 하지 않는 처리과정인 자동적 조작에서는 수행에 크게 저하가 없었지만 의도적 조작에서는 연령이 증가함에 따라 수행이 저하되었다(Hasher & Zacks).

③ 노년기의 인지적 수행이 전반적으로 느린 것은 중추신경계의 노화로 인한 것이다. 즉, 신경계의 변화와 뉴런의 연결망 손상으로 정보의 이미지가 흐려지고 손실된다(Birren).

(2) 단기기억과 작업기억

① 단기기억이 장기기억보다 빨리 쇠퇴하지만 단기기억 저장 용량은 연령증가에 따른 감소가 적다.

② 작업기억은 기억과제가 복잡할수록 능력이 떨어진다.

③ 노인들은 시각 및 청각적 정보처리보다 의미론적 정보처리 능력에서 더 떨어지는 경향이 있다.

④ 한 가지 자극에 다양한 처리과정을 동시에 적용하는 데 어려움을 느낀다.

⑤ 명시적 기억은 연령의 증가에 따라 저하되며 암묵적 기억은 그대로 유지된다.

명시적 기억 (서술적 기억)	저장과 인출이 모두 의식적이고 의도적으로 처리되는 기억
암묵적 기억 (비서술적 기억)	• 의식적 노력이나 지각없이 저장되고 인출되는 기억 • 주로 지각운동능력과 기술에 관여하며 점화 과제로 촉진된다.

⑥ 노년기의 장기기억 저하는 일화기억, 의미기억, 절차기억 순으로 나타난다.

일화기억	중요한 시간, 인상적 사건, 자신이 방문한 장소 등 개인적 경험에 관한 것
의미기억	단어의 뜻이나 개념과 같은 일반적 지식
절차기억	어떤 일을 수행하는 순서와 절차

⑦ 능동적이고 동시적인 처리가 필요한 작업기억에서 저하를 보이며 이런 변화는 궁극적으로 장기기억에 영향을 준다.

더 알아두기

점화과제(ignition task)

• 둘 이상의 자극이 순차적으로 주어지는 과제에서 첫번째 자극이 두 번째 자극에 대한 식별이나 판단을 촉진하거나 억제하는 관계가 되도록 구성한 과제이다.

• 먼저 제시되는 과제를 점화 자극이라 하고, 나중에 제시되는 자극을 표적자극이라 한다.

---

(3) 인지적 변화

① 노인의 지적능력의 감퇴는 다양한 측면에서 일어나며, 단기기억이 장기기억보다 더욱 심하게 감퇴한다. 특히 일화기억이 노화로 인해 가장 많이 쇠퇴하게 된다.

② 노년 후기에는 정보를 과정화하는 속도와 같은 인지적 측면에서 감소하는 경향이 있으나, 논리적 추리력 등 경험의 축적을 통해 습득된 능력은 유지된다.

③ 지능지수는 다소 감소하지만 문제해결능력이나 지혜 등은 발달한다.

④ 노인들은 인지기능의 쇠퇴에 직면하여 목표범위를 좁혀나가는 등의 최적화 책략을 사용한다.

⑤ 관련 없는 정보를 억압하는 능력이 점차 감퇴되어 과제에 집중하기 힘들어진다.

⑥ 알고 있는 정보이지만 밖으로 인출되지 못하는 설단기억현상을 보인다.

⑦ 자극이 무엇인지 확인하는 데 시간이 걸리고 인지적 반응이 둔화되어 새로운 환경변화에 대처하기 어렵다.

⑧ 일상생활을 수행하는 데 필요한 기억으로 언제 무슨 일을 해야 하는지는 기억하지만 그 일을 해야 하는 특정시간을 기억하는 것에 어려움을 느낀다.

4 성공적 노화의 개념

(1) 성공적인 노화의 구성

① 질병이나 장애의 확률이 낮다.

② 높은 신체적, 육체적 기능을 유지한다.

③ 적절한 대인관계를 유지하며 자신의 생활과 사회에 적극적으로 참여한다.

(2) 보상을 수반한 선택적 최적화 : Baltes & Baltes

① 성공적인 노화이론으로서 SOC모델(model of selective optimization with compensation)을 제시했다.

② SOC모델은 성공적 노화를 선택(selection), 적정화(optimization), 보상(compensation)이라는 세 가지 생애전략과 관련된 과정으로 본다.

③ 즉, 한 개인이 노화과정에 따라 어떻게 적절하게 대응하고 활용하느냐 하는 문제이며 생애과정에서 노화의 손실을 최소화하여 상실된 부분의 능력을 보완하는 것이다.

④ 목표나 기대수준을 현실적 수준으로 낮춤으로써 성취감을 경험하는 것이 긍정적 자아개념 형성에 도움이 된다.

선택	주어진 환경 속에서 개인의 생활목표(신체적 건강, 가치 등)에 대한 기회와 기능, 역할의 범위를 고려해 활동의 양과 질 및 종류를 선택하는 것이다.
적정화	다양한 수단과 방법으로 개인이 선택한 목표와 영역을 최대한 달성하는 일이다. 자신의 강점과 잠재적 기능을 동원해 성공적인 사회활동은 물론 건강관리, 레저생활, 사회봉사 등으로 노후생활을 활기차게 만드는 일이다.
보상	활동의 제약과 질병으로 인한 손실을 최소화하면서 긍정적인 역할로, 그리고 주위의 자원을 활용하여 지속적인 성장을 이뤄나가는 것이다.

⑤ 개인이 연령 증가에 따른 신체의 손실이 있음에도 불구하고 현재 있는 가능한 자원을 동원할 때 성공인 삶을 살아갈 수 있다(Freund & Baltes).

⑥ 잠재된 능력에 집착하기보다는 현재 보존하고 있는 능력을 최적화하여 주관적인 만족을 이끌어 낼 것을 강조하였다(Rowe & Kahn).

(3) 노년기 발달과제 및 인생의 마무리

① 노년기의 발달에 관한 펙(Peck)의 3가지 이슈

㉠ 자아분화 대 직업역할에 대한 몰두 : 은퇴에 대한 대처, 자기가치 재평가

㉡ 신체 초월 대 신체 몰두 : 건강 및 외모의 변화에 대한 적절한 대처

㉢ 자아 초월 대 자아 몰두 : 인생의 종합 및 죽음을 초월한 이상적·종교적인 삶

② 하비거스트(Havighurst)의 노년기 발달과제

㉠ 신체적 힘과 건강의 약화에 따른 적응

㉡ 퇴직과 경제적 수입 감소에 따른 적응

㉢ 배우자의 죽음에 대한 적응

　　　　ⓔ 자기 동년배 집단과의 유대관계 강화

　　　　ⓜ 사회적 역할에 적응하고 융통성 있게 수행하는 일

　　　　ⓗ 생활에 적합한 물리적 생활환경의 조성

　③ **뉴가튼(Neugarten)의 조부모 역할유형**

공식적 유형	손자녀에게 관심을 가지고 때때로 필요할 때 돌봐주기도 하지만, 자녀양육 문제에 간섭하는 것을 삼간다.
즐거움을 추구하는 유형	손자녀와 비공식적이고 재미있는 상호작용을 유지한다.
대리부모형	부모가 모두 직업을 가진 경우, 아이의 양육을 대신 책임진다.
가족의 지혜원천	조부모가 지혜, 기술, 자원을 베풀고 부모 및 손자녀는 이에 복종하는 다소 권위적인 관계이다.
원거리형	생일 또는 명절 때나 방문하며, 보통 손자녀와 거의 접촉이 없는 유형이다.

　④ **퀴블러로스(Kubler-Ross)의 죽음에 대한 태도** 기출

부정단계	자신이 곧 죽는다는 사실을 부인한다.
분노단계	자신의 죽음에의 이유를 알지 못하여 주위 사람들에게 질투, 분노를 표출한다.
타협단계	죽음을 받아들이기 시작하며 인생과업을 마칠 때까지 생이 지속되기를 희망한다.
우울단계	이미 죽음을 실감하기 시작하며 극심한 우울상태에 빠진다.
수용단계	절망적인 단계로 거의 감정이 없는 상태이다.

　⑤ **죽음수용의 태도**

중립적	죽음을 삶의 자연스러운 과정으로 여기며 두려워하지 않고 여러 인생 사건 중 하나로 받아들인다.
탈출적	현재의 삶이 너무나 고통스러워 차라리 죽는 것이 더 낫다고 생각한다.
접근적	죽음 후에 내세를 믿으며 현세에서 착하게 살면 천국이나 천당으로 갈 수 있다고 생각한다.

제3절　노인 부양과 학대

1　노인학대의 정의

(1) 가정 내 노인의 배우자, 성인자녀, 친척 등에 의해 노인에게 발생하는 신체적 · 정신적 피해이다.

(2) 신체적, 정서적, 재정적 학대 및 방임을 지칭한다.

(3) 노인학대는 피해자인 노인과 가해자 모두가 피해를 입게 되는 '인간의 기본권과 생존에 관련된 문제'이다.

(4) 직접적이고 구체적인 예방과 대응방법이 중요하다.

2 노인학대의 원인

(1) 급속한 고령화 추세로 노인인구가 증가하고 있다.

(2) 전통적 노인부양의식의 약화로 노인에 대한 공경이 사라지고 있다.

(3) 사회적 안전망의 부족은 노인학대를 증가시킨다.

(4) 경제적 능력이 없는 여성 노인인구의 증가가 학대로 이어지는 경우가 있다.

(5) 질병 장애 노인의 증가로 부양부담이 가중화되면서 노인학대가 증가하고 있다.

3 노인학대 개입의 문제점

(1) 노인학대 사례 발견의 어려움이 크다.
　　① 학대 발생 시 자녀를 학대자로 신고하지 못해 학대상황을 은폐하는 경우가 많다.
　　② 피해노인들은 외부로부터 고립되어 있으므로 사례 발견이 어렵다.
　　③ 피해노인은 유일한 수발제공자를 잃는 것에 대한 두려움으로 신고를 기피한다.

(2) 노인학대에 대한 인식이 부족하다.
　　① 일반인, 공무원, 경찰, 의료전문인, 사회복지사 등 전문분야 실무자들이 노인학대에 대한 인식이 부족한 경우가 많다.
　　② 연계기관의 소극적 자세로 지역자원 활용에 어려움이 있으며 이로 인한 발굴 지원이 어렵다.

(3) 노인학대 개입에 활용할 수 있는 의료서비스, 노인시설, 약물치료센터, 정신보건센터 등 관련 시설 및 서비스 자원이 부족하다.

(4) 노인학대 개입을 위한 서비스 연계가 제한적이다.
　　① 노인학대예방센터나 상담기관이 관련기관에 협조를 요청하는 방식으로 진행되어 연계에 제한이 있다.
　　② 효과적인 연계망 구축에 대한 법률적 근거 마련 및 관련기관 종사자들의 역할을 규정하는 법률장치의 보완이 필요하다.

4 노인학대 유형 및 학대행위

학대유형		개념	학대행위의 예시
신체적 학대		신체의 상해, 손상, 고통, 장애를 유발할 수 있는 물리적 힘에 의한 폭력적 행위	때리기, 치기, 밀기, 차기, 화상, 신체의 구속, 멍, 타박상, 골절, 탈구 등을 가하는 것
정서적 · 심리적 학대		정신적 또는 정서적인 고통을 주는 것	모멸, 겁주기, 자존심에 상처 입히기, 위협, 협박, 굴욕, 어린애 취급하기, 의도적인 무시, 멸시, 비웃기, 대답 안 하기, 고립시키기, 짓궂게 굴기, 감정적으로 상처 입히기 등
언어적 학대		언어로 정신적인 고통을 주는 것(정서적 학대에 포함)	욕설, 모욕, 협박, 질책, 비난, 놀림, 악의적인 놀림 등
성적 학대		노인의 동의가 없는 모든 형태의 성적 접촉 또는 강제적 성행위를 하는 것	노인의 동의 없이 옷을 벗기는 것, 기타 성적 행위를 하는 것
재정적 · 물질적 학대		자금 · 재산 · 자원의 불법적 사용 또는 부당한 착취, 오용 및 필요한 생활비 등을 주지 않는 것	재산이나 돈의 악용, 훔치기, 경제적으로 의존하기, 함부로 사용하는 것, 무단으로 사용하는 것, 허가 없이 또는 속이고 자기 명의로 변경하는 것, 무단으로 신용카드나 소유물을 사용하는 것, 연금 등의 현금을 주지 않거나 가로채서 사용하는 것, 노인 소유의 부동산을 무단으로 처리하는 것, 경제적으로 곤란한 노인에게 생활비 · 용돈 등을 주지 않는 것
방임	적극적 방임	의도적으로 서비스나 수발을 제공하지 않는 것 또는 보호의무의 거부, 불이행	일상생활에 필요한 것(식사, 약, 접촉, 목욕 등) 주지 않기, 생활자원 주지 않기, 신체적인 수발이 필요한 사람 수발 안 하기, 보호가 필요한 사람 보호 안 하기, 의도적으로 필요한 보건 · 복지 · 의료서비스의 이용을 거부하는 것, 노인에게 필요한 의치 · 안경을 빼앗는 것, 복용해야 할 약을 복용시키지 않기
	소극적 방임	비의도적으로 서비스나 수발을 제공하지 않는 것 또는 보호의무의 거부, 불이행	노인을 혼자 있게 하기, 고립시키기, 존재조차 잊어버리기, 수발자가 비의도적으로 적절한 보호를 하지 않거나 방치한 결과 신체적 · 정신적 고통이나 건강의 악화가 일어난 것, 수발자의 쇠약 또는 체력 부족 · 역량 부족 · 지식 부족으로 적절한 수발과 보호가 이루어지지 않았거나 보건 · 복지 · 의료서비스에 대한 인식 부족으로 서비스를 이용하지 않아서 케어가 제공되지 않은 경우
자기 방임	적극적 자기 방임	본래 자기가 해야 할 신변의 청결, 건강관리, 가사 등을 본인이 할 수 있는 능력이 있어도 스스로 포기하여 하지 않은 결과, 심신의 건강상의 문제가 생기는 것	스스로 의식적으로 식사와 수분을 섭취하지 않거나, 질병으로 인한 식사제한을 지키지 않거나, 필요한 치료와 약 복용을 중지한 결과 건강상태가 악화된 경우 등
	소극적 자기 방임	기본적인 일상생활을 본인의 체력 · 지식 · 기능 부족 또는 어떤 사정으로 인해 본인도 모르는 사이에 못하게 된 결과 신체 및 심리적 기능에 문제가 발생하는 것	자신의 체력, 지식, 능력의 부족 또는 기타의 사정으로 자신도 모르게 신변의 청결, 건강관리, 가사 등을 수행하지 못함으로써 심신의 건강상의 문제가 일어나는 것

5 노인학대 이론

(1) 의존성이론

① 노화로 인한 기능의 저하와 사회적·심리적 변화는 타인의 지원을 요하는 의존성을 증가시킨다.

② 노인의 의존욕구로부터 야기된 스트레스가 부양자로부터의 학대를 유발한다.

③ 부양자의 우선순위에 대한 갈등이 학대를 발생시킬 수 있다.

④ 신체적·정서적·재정적 의존욕구 증가에 따라 적절한 자원이 공급되지 않을 때 부양가족의 스트레스가 증가하면서 학대로 연결되기도 한다.

> **더 알아두기**
>
> **부양자의 우선순위 갈등**
>
> 부모와 자신의 자녀에 대한 지원 사이에 갈등이 고조되면 학대가 일어날 수 있다. 자녀로서 부모를 모시고 싶은 마음과, 성장기 자녀에게 경제적·물질적 지원을 하고 싶은 마음 사이의 갈등은 부양자의 큰 스트레스가 된다.

(2) 생태학적 접근이론

① 노인학대 원인에 대한 다양한 관점으로, 체계적 분석을 중요하게 생각하며 노인학대를 통합적 원인의 산물로 본다.

② 노인 개인의 특성, 가해자의 특성, 가족관계의 역동 및 지역사회 특성이 상호작용하여 나타난다.

③ 인간과 환경 간의 관계를 강조한다.

④ 개인과 환경의 상호작용에 초점을 둔다.

> **더 알아두기**
>
> **개인과 환경 간의 상호작용에 영향을 주는 요인**
>
> • 개인적 특성 : 성별, 연령, 결혼상태, 교육수준, 의존성, 자아존중감
> • 가족적 특성 : 동거자녀의 사회인구학적 특성, 동거자녀와의 정서적 유대감, 자녀와의 관계만족도, 부양기대감, 비동거 자녀와의 결속력
> • 사회·문화적 특성 : 사회적 고립, 지역사회서비스 이용, 노인차별주의, 가족주의

(3) 가정폭력적 접근이론

① 동거 가족뿐 아니라 같은 가구 내에서 생활하는 근친을 포함한 모든 가족 구성원들 간의 물리적 · 정신적 폭력 행위를 포함하는 총체적 개념이다.

② 사회학습이론, 상징적 상호작용론, 상황모델, 스트레스모델 등이 포함된다.

③ 아동기에 학습된 학대경험이 노인학대에 사용되는 경우가 많다.

(4) 사회학습이론

① 사회적 환경을 중요하게 여기는 이론이다.

② 개인은 타인의 행동을 관찰하므로 학습 및 변화가 가능하다.

③ TV, 라디오, 신문, 다른 사람의 이야기를 통해 알게 된 행동도 학습효과가 있다.

④ 폭력행위를 모방함으로써 새로운 공격행동 기술을 습득하고 공격행위에 대한 양심의 가책이나 죄의식 없이 폭력을 사용하게 된다.

⑤ 학대경험을 겪거나 부모가 학대하는 장면을 목격한 경우 부모가 연로해졌을 때 노부모를 학대하는 경우들이 많다.

(5) 상징적 상호작용이론

① 가족연구에서 가장 많이 사용되는 이론이다.

② 밀(Meal)에 의해 제창되고 블루머(Blumer)가 계승 · 발전시킨 이론이다.

③ 자아와 타자 사이의 상호작용 안에서 교환되는 상징 및 의미의 중요성을 언급하였다.

④ 부양자가 주체적으로 해석한 노인에 대한 부정적 의미는 노인으로 하여금 무력한 존재라는 부정적 자아개념을 만들게 할 수 있다.

⑤ 부정적 자아개념은 타인에게 무시하고 함부로 할 수 있는 사람이라는 인식을 심어주어 학대 발생의 원인이 된다.

(6) 심리병리적 이론

① 가해자가 가진 문제에 초점을 두고 학대를 이해하는 관점이다.

② 가해자의 정신상태가 주요 원인으로 작용한다.

③ 구체적으로는 가해자의 우울증, 약물중독, 음주, 폭력적 행위 가담경험, 체포경험, 정신병원 입소경험, 실직, 부양기술의 부족, 부양 책임수행을 위한 자원이 부족한 경우 등이다.

④ 피부양자에게 의존적이게 되어 학대가 발생하는 경우가 있다.

(7) 상황적 모델

① 학대의 원인을 가해자와 노인을 둘러싸고 있는 직접적인 환경으로 본다.

② **노인의 특성**: 신체적·감정적 의존성, 정신상태의 손상, 건강상태의 악화, 다루기 어려운 성격

③ **구조적 요인**: 감정적 긴장, 사회적 고립 및 환경적 문제

④ **가해자의 특성**: 부양·삶의 위기로 인한 피로감 및 소모감

(8) 노인학대의 유형별 분류

① **신체적 학대**: 물리적 힘 또는 도구를 이용하여 노인에게 신체 상해 및 손상, 고통 및 장애를 일으키는 모든 형태의 폭력행위이다.

② **정서적 학대**: 비난, 모욕, 위협 등 언어 및 비언어적 행위를 통해 노인에게 정서적으로 고통을 유발시키는 행위이다.

③ **성적 학대**: 성적 수치심 유발 행위 및 성폭력 등 노인의 의사에 반하여 강제적으로 행하는 모든 성적 행위이다.

④ **경제적 학대(착취)**: 노인의 의사에 반하여 노인으로부터 재산 또는 권리를 빼앗는 행위이다. 경제적 착취, 노인 재산에 관한 법률권리 위반, 경제적 권리와 관련된 의사결정에서의 통제를 하는 행위 등이 있다.

(9) 방임

① 부양의무자로서의 책임이나 의무를 거부·불이행·포기하여 노인의 의식주 및 의료를 적절하게 제공하지 않는 행위이다.

② **자기방임**: 노인 스스로 의식주 제공 및 의료 처치 등 최소한의 자기보호 관련 행위를 의도적으로 포기하거나 비의도적으로 관리하지 않아 심신이 위험한 상황이나 사망에 이르는 행위이다.

③ **유기**: 보호자 또는 부양의무자가 노인을 버리는 행위이다.

6 노인보호서비스 체계 현황

(1) 개정 「노인복지법」

① 2004년 「노인복지법」 개정으로 서울을 비롯한 전국 16개 시도에 1개소씩 노인학대예방센터가 설립되었고 노인학대 신고용 24시간 긴급전화(1389)가 설치되었다.

② 노인학대에 대한 정의와 학대금지유형을 명확히 하였다.

③ 노인학대 신고를 의무화하였다.

④ 국가와 지방자치단체에 긴급신고전화 설치, 노인전문보호기관에 대한 설치운영 및 비용보조 근거를 만들어 노인학대에 대한 사회적 개입 장치를 마련했다.

(2) 노인학대 예방 및 보호 네트워크

노인학대의 예방, 신고접수, 조사, 보호, 치료에 이르는 과정에서 다양한 관련기관들의 협력과 조정을 통한 서비스 제공 노력을 하였다.

더 알아두기

노인보호 네트워크 각 부분의 역할

유형	역할
행정기관	• 격리보호가 필요하여 보호조치를 의뢰받은 노인에 대한 행정조치 • 피학대 노인 및 보호자, 가해자의 신분조회 협조 • 빈곤으로 인한 학대발생 가정 및 격리보호가 필요한 피해노인에 대한 기초생활보장수급자 선정 협조
사법경찰	• 112에 신고된 노인학대사례를 노인학대예방센터에 의뢰 • 노인학대사례 현장조사 협조 • 노인학대행위자의 형사재판 수사 전담 • 응급조치를 요하는 사례를 일시보호시설 또는 의료기관에 조치 의뢰
의료기관	• 의료행위 시 학대의심사례 신고 • 의료체계 내 학대노인보호팀 구성 및 노인학대 피해노인에게 종합적 의료서비스 제공 • 노인학대 판정을 위한 의학적 진단, 소견 및 증언 진술
노인복지시설	• 노인학대사례 조기발견, 신고 • 피해노인에 대한 치료적 개입 협조 • 피해노인의 생활기록 등 관련자료 제공 • 학대행위자의 예방, 치료계획을 위한 지원 • 노인학대 예방을 위한 교육지원 및 종사자 교육프로그램 실시
법률기관	• 피해노인의 법률적 보호 및 학대행위자에 대한 보호처분 등에 협조 • 학대행위자의 처벌 및 판정, 후견인 지정, 가족으로부터 노인 격리

---

7 노인학대 예방과 개입

(1) 노인학대 지역사회 협의체를 구성하여 협력한다.

(2) 노인 부양자의 부양부담 감소를 위한 지원을 확대한다.

(3) 노인학대 관련 전문성 확보 및 실무자 교육을 충실히 한다.

(4) 노인학대 종합서비스시스템을 구축·활용한다.

더 알아두기

우리나라 노인인권보호와 노인학대 예방사업 – 「노인복지법」 제39조 주요 내용
- 노인학대에 대한 용어 규정
- 긴급전화 설치
- 노인보호전문기관 설치
- 노인학대발견자의 신고의무 규정
- 노인학대신고접수자의 현장출동 및 응급조치, 관계공무원 등의 조사책임
- 노인학대행위유형에 따른 처벌 규정
- 노인학대와 관련한 업무 종사자의 비밀누설금지 규정

노인학대 예방대책 – 법적, 제도적, 사회적 대책
- 노인학대방지법 제정
- 노인학대상담 신고창구 제고
- 노인학대 예방을 위한 거점센터 구축 및 활용
- 접수판정 기준인 '학대사례 스크리닝 척도'와 접수단계 매뉴얼 개발
- 학대사례 개입 한계성에 대한 대책 강구
- 노인생활시설의 노인학대 예방을 위한 실태조사 및 옴부즈맨제도 도입
- 노인돌봄서비스를 활용한 노인학대 예방사업의 활성화 모색

01 ① 성인의 인생을 크게 네 개의 시기
　　로 나누고, 각 시기 사이에 세 번
　　의 시기 간 전환기를 설정하였다.
　③ 꿈이나 도전과 같은 인생구조적
　　요인은 남녀 모두에게 동일하지
　　않다. 남성의 '꿈'이 직업적 성취
　　에 맞추어져 있다면 여성의 '꿈'
　　은 직업목표와 결혼목표로 분할
　　되었다.
　④ 6~7년 정도 지속되는 안정기에는
　　생애구조를 확립하여 풍부하고 안
　　정된 생활을 영위하며 4~5년 정
　　도 지속되는 전환기에는 생애구조
　　를 수정·변화시켜 다음 단계를
　　준비한다.
　[문제 하단의 박스 참고]

01 레빈슨(Levinson)의 인생의 사계절이론에 관한 설명으로 옳은 것은?

① 인생주기 중 모두 4번에 걸친 전환기를 설정한다.

② 인생(생애)구조란 개인의 인생 기초가 되는 설계를 의미한다.

③ 꿈이나 도전과 같은 인생구조적 요인은 남녀 모두에게 동일하다.

④ 전환기에서는 개인의 요구와 사회적 요구를 조화시키며 인생구조를 형성한다.

>>>◯

[레빈슨(Levinson)의 인생의 사계절이론]

- 인생주기를 네 개의 계절(혹은 시대)로 구분한다.
- 인생(삶) 구조의 진화 과정을 단계별로 제시한다.
- 인생의 어느 한 시기에 개인의 생활양식이나 설계로, 삶의 기본 뼈대를 말한다.
- 성인 초기나 중기는 직업, 결혼관계가 삶의 핵심부, 노년기는 우정, 여가, 종료 등이 삶의 중심 구조이다.
- 중년기 전환기는 성인기를 마무리하고 중년기를 시작하는 단계로 두 단계를 구분해 주는 동시에 연결해 주는 기간이며, 그 기간은 대략 40~45세까지이다. 이 시기의 주된 과업은 성인 초기의 생애구조에 대한 평가, 다가올 중년기에 대한 가능성 탐구, 새로운 생애구조형성(restructuring)을 위한 선택 등이다.

정답 01 ②

02 에릭슨의 성인기 발달과업에 대한 설명으로 옳은 것은?

① 성인 중기의 발달과업은 친밀감 대 고립감이다.

② 생산성 욕구는 성인 중기에 가장 높은 반면, 유능감은 성인 초기에 최고조로 느껴진다.

③ 돌봄은 노년기 자아통합 시기의 덕목이다.

④ 생활에 적합한 물리적 환경조성은 성인 후기의 발달과업에 속한다.

03 다음 중 중년기의 인지적 변화에 대한 설명으로 옳지 <u>않은</u> 것은?

① 통합적 사고능력이 향상되어 문제해결능력이 정점에 이른다.

② 장기기억력이 단기기억력에 비해 떨어진다.

③ 정신기능의 잠재력에는 거의 변화가 없다.

④ 인지기능은 성인기 후반까지 향상되지만 잠재능력에 비해 수행능력은 떨어진다.

04 다음 중 펙(Peck)이 제시한 중년기 발달과업으로 옳지 <u>않은</u> 것은?

① 지혜의 중시 대 육체적 힘 중시

② 대인관계의 사회화 대 성적 대상화

③ 정서적 융통성 대 정서적 빈곤

④ 신체 몰두 대 신체 초월

---

02 ① 친밀감 대 고립감은 성인 초기의 발달과업이다.
② 생산성 욕구는 성인 전기에 가장 높은 반면, 유능감은 성인 중기에 최고조로 느껴진다.
③ 돌봄은 성인 중기(생산성 시기)의 덕목이다.

03 단기기억력이 장기기억력에 비해 떨어진다.

04 신체 몰두 대 신체 초월은 펙(Peck)이 제시한 노년기의 발달과업에 해당한다.

정답 (02 ④ 03 ② 04 ④)

05 애칠리(R. C. Atchley, 1976)는 퇴직의 과정을 7단계로 설명하였다(종종 6단계로 설명되기도 한다).
[문제 하단의 표 참고]

05 다음 중 은퇴의 단계를 순서대로 올바르게 나열한 것은?

① 퇴직 전 단계 → 안정단계 → 방향재정립단계 → 환멸단계 → 밀월단계 → 종결단계
② 퇴직 전 단계 → 밀월단계 → 환멸단계 → 안정단계 → 방향재정립단계 → 종결단계
③ 퇴직 전 단계 → 환멸단계 → 밀월단계 → 방향재정립단계 → 안정단계 → 종결단계
④ 퇴직 전 단계 → 밀월단계 → 환멸단계 → 방향재정립단계 → 안정단계 → 종결단계

퇴직 전 단계	먼 단계 (Remote Phrase)	구체적인 계획이나 생각이 없는 단계
	근접단계 (Near Phrase)	퇴직으로 인한 구체적인 수입에 대해서 생각하는 단계
밀월단계 (Honeymoon Phrase)		퇴직 직후 직장에서 벗어나 홀가분해지는 단계
환멸단계 (Enchantment Phrase)		경제적인 이유나 소외감 등으로 환멸이나 우울증을 느끼는 단계
방향재정립단계 (Reorientation Phrase)		자신의 현실을 직시하고 현실에 맞춰 방향을 재정립하는 단계
안정단계 (Stability Phrase)		재적응에 성공하여 안정단계에 접어듦
종결단계 (Termination Phrase)		노화로 인해 다른 사람에게 의존하고 퇴직 생활을 종결짓는 단계

06 발테스와 발테스(Baltes & Baltes)의 SOC(Selective Optimization with Compensation)이론에서의 보상이란 생물학적·사회적·인지적 기능의 상실이 일어났을 때, 어떠한 학습이나 보조기구, 외부적 도움, 심리적 보상기제 등으로 상실을 보완하는 것을 말한다.

06 발테스와 발테스(P. Baltes & M. Baltes)의 SOC(Selective Optimization with Compensation)이론에 관한 설명으로 옳지 않은 것은?

① 전 생애적 관점에서 연령에 따른 획득의 최대화와 상실의 최소화를 적응적 발달로 본다.
② 선택, 최적화, 보상을 발달적 조절의 세 가지 중심적 과정으로 제안한다.
③ 노화에 따른 내적·외적 자원의 제약과 상실로 인해 선택과정이 필요한 것으로 본다.
④ 노화에 따른 상실을 보상하기 위해서는 타인의 도움이나 부가적 자원의 동원 없이 스스로 대응해야 한다고 제안한다.

정답 05 ④ 06 ④

07 성인기 이후의 인지 발달의 특징에 관한 설명으로 옳지 <u>않은</u> 것은?

① 결정화된 지능은 성인기 동안 감퇴하지 않고 오히려 증가하기도 한다.

② 크레이머(Kramer)의 절대주의자 단계는 후형식적 사고 유형에 해당된다.

③ 작업기억은 성인 후기가 될수록 급격하게 감퇴한다.

④ 후형식적 사고는 성인기 이후에 발달한다.

07 크레이머(Kramer)의 후형식적 사고에 의하면, 지식은 절대적인 것이 아니고 상황에 따라 상대적이며, 모순을 현실세계의 기본 양상으로 받아들인다. 즉, 상대적이며 서로 모순되는 사고나 감정 또는 경험을 통합하는 능력을 말하며 성인기 이후 발달한다.

08 성인기 정신장애에 관한 설명으로 옳은 것을 모두 고른 것은?

> ㄱ. 우울증은 낮은 세로토닌 수준과 관련이 있다.
> ㄴ. 알츠하이머병은 아세틸콜린의 부족과 관련이 있다.
> ㄷ. 파킨슨병에서는 매우 느리게 걷고 손을 떠는 증상이 나타난다.
> ㄹ. 헌팅턴병에서는 팔과 다리가 불수의적으로 춤추듯이 움직이는 증상이 나타난다.

① ㄱ, ㄴ
② ㄱ, ㄴ, ㄷ
③ ㄱ, ㄷ, ㄹ
④ ㄱ, ㄴ, ㄷ, ㄹ

08 성인기 정신장애

- 우울증 : 절망감, 허무감, 죄책감, 흥미 상실, 성욕감퇴, 식욕감퇴, 새벽에 일찍 깸, 체중감소, 전반적 사고, 운동 속도가 느려짐을 특징으로 하며 세로토닌과 멜라토닌이 원인으로 지목되고 있다.
- 알츠하이머 : 치매를 일으키는 가장 흔한 퇴행성 뇌질환으로, 신경전달물질인 아세틸콜린의 양이 절대적으로 부족하다.
- 파킨슨병 : 느린 운동, 정지 시 떨림, 근육 강직, 질질 끌며 걷기, 굽은 자세와 같은 파킨슨 증상들을 특징으로 하는 진행형 신경 퇴행성 질환이다.
- 헌팅턴병 : 유전성, 퇴행성 신경계 질환으로서, 아동기·청년기·성년기까지는 별문제가 없으나, 중년기가 되어 신경세포가 손상되기 시작하면서 환각, 망상, 우울증, 성격 변화를 포함한 정신장애와 근육이 무력해지는 운동기능장애가 나타난다.

정답 07 ② 08 ④

09 레빙거(Loevinger)의 자아발달이론 특징

- 인간의 전 생애주기 동안에 일어나는 인간발달이나 인격의 성장에 관한 연구를 하였다.
- 인간의 자아발달이 점점 더 세련된 수준의 인간을 만들며 자아발달단계를 10단계로 구성하였다.
- 각 발달단계가 특정한 연령과 관련되어 있지 않다. 즉, 동일한 연령의 성인이라도 자아의 발달단계는 다를 수 있다.
- 다음 단계로의 이동은 이전 단계의 발달을 완전하게 이룬 후에야 가능하다.
- 개인이 각 단계를 이동하는 속도와 도달하는 마지막 단계는 개인에 따라 다르다.

09 성인기 성격특성에 관한 설명으로 옳은 것을 모두 고른 것은?

> ㄱ. 5요인 성격특성에 관한 코스타와 멕크레(Costa & McCrae)의 볼티모어 종단연구 결과에 의하면, 성격은 나이에 따라 변하기보다는 안정적이다.
> ㄴ. 나이가 들수록 남성과 여성 간 성역할 정체성의 차이는 감소하는 경향이 있다.
> ㄷ. 레빙거(Loevinger)는 연령이 같으면 자아발달단계도 같다고 가정한다.

① ㄱ
② ㄷ
③ ㄱ, ㄴ
④ ㄴ, ㄷ

---

10 안정기는 다음 시대를 적절하게 살아가기 위해 새로운 삶의 구조(Life Structure)를 형성하는 시기이다.

10 레빈슨(Levinson)의 성인발달이론에 관한 설명으로 옳지 않은 것은?

① 안정기는 삶을 침체시키거나 새롭게 만드는 시기이다.
② 인생주기를 네 개의 계절(혹은 시대)로 구분한다.
③ 인생주기는 기본적이고 보편적인 양상에 따라 진행되는 출생에서부터 죽음까지의 과정을 의미한다.
④ 인생(혹은 생애)구조에는 직업, 가족, 결혼, 종교와 같은 요소들이 포함된다.

---

11 노년기 인지발달은 의미기억보다 일화기억(예 쇼핑하러 가서 사야 할 물건을 빠뜨리고 귀가)이 더 많이 쇠퇴한다. 의미기억은 쉽게 변하거나 망각되지 않고 비교적 영구적으로 유지된다.

11 노년기 인지발달의 특징에 관한 설명으로 옳지 않은 것은?

① 일화기억보다 의미기억이 더 많이 쇠퇴한다.
② 노년기 인지기능의 저하는 처리속도의 감소와 관련이 있다.
③ 노인들은 인지기능의 쇠퇴에 직면하여 목표 범위를 좁혀나가는 등의 최적화 책략을 사용한다.
④ 관련 없는 정보를 억압하는 능력이 점차 감퇴되어 과제에 집중하기 힘들다.

정답 09 ③ 10 ① 11 ①

12 노화의 원인에 관한 이론 중 유전적계획이론을 설명한 것으로 옳은 것은?

① 인체를 장기간 사용함으로써 기능이 약화되고 구조가 와해되어서 노화가 발생한다고 주장한다.

② 내분비체계와 면역체계의 변화 및 기능상실로부터 노화가 시작된다고 주장한다.

③ 활성산소의 독성 때문에 암이나 관절염 등의 질병이 발생하고 이것의 축적으로 노화가 발생한다고 주장한다.

④ DNA의 손상이 노화를 일으킨다고 주장한다.

13 알츠하이머병에 관한 설명으로 옳지 <u>않은</u> 것은?

① 뇌혈관의 폐쇄로 발병하는 치매이다.

② 연령이 증가하면서 발병률이 증가한다.

③ 유전 가능성이 있다.

④ 초기에 가장 두드러진 증상은 기억력 장애이다.

14 다음 중 노년기의 인지적 변화에 대한 설명으로 옳지 <u>않은</u> 것은?

① 지능지수는 다소 감소한다.

② 문제해결능력이나 지혜 등은 발달한다.

③ 단기기억보다 장기기억이 더욱 빨리 쇠퇴한다.

④ 자극이 무엇인지 확인하는 데 시간이 오래 걸린다.

---

12 ① 사용마모이론에 관한 설명이다.
③ 활성산소이론 또는 유해산소이론에 관한 설명이다.
④ 유전자오류이론에 대한 설명이다.

유전자계획이론
유전인자 속에 노화의 속성이 미리 프로그램화되어 있다가 유기체가 적절한 시간이 경과함에 따라 그 노화의 속성이 나타남으로써 노화현상이 생긴다고 보는 이론이다.

13 알츠하이머병은 치매를 일으키는 가장 흔한 퇴행성 뇌질환으로 서서히 나타나서 지속적으로 진행하는 질환이다. 치매는 정상적으로 생활해오던 사람이 후천적으로 다양한 원인으로 인해 기억, 언어, 판단력 등의 여러 영역의 인지기능이 떨어져서 일상생활에 상당한 지장을 주는 질병이다.

14 노인의 지적능력 감퇴는 다양한 측면에서 일어나며, 특히 단기기억이 장기기억보다 더욱 빨리 쇠퇴한다.

정답 12 ② 13 ① 14 ③

15 해당 보기의 내용은 노화에 대한 설명이다. 노화는 치매나 수면저하, 만성피로처럼 특정한 질환이나 증상이 아니라 중년기 이후 본격적으로 나이가 들면서 발생하는 자연스러운 현상이다.

15 다음 〈보기〉의 괄호 안에 들어갈 내용으로 옳은 것은?

> ┌ 보기 ┐
>
> ( )의 신체적 징후들은 이미 중년기에 시작되며, 피부의 건조화, 탄력의 감소, 주름살 등이 더욱 심해지고 노인성 반점도 생기게 되며, 근육이 위축되어 근육의 강도와 운동력이 감소된다. 또한, 평형감각, 동작 조정의 능력이 감소하여 신체의 균형을 잃고 넘어지기를 잘하며 민첩성도 상실된다.

① 노화   ② 치매
③ 수면저하   ④ 만성피로

16 ① 활동이론은 노인이 활동의 참여 정도가 높을수록 심리적 만족감과 생활 만족도가 높다는 것이다.
② 교환이론은 노인이 상대적으로 젊은이들에 비해 훨씬 적은 권한을 가짐으로 인해 사회에서 노인의 대인관계나 보상에서의 불균형이 나타난다는 것이다.
③ 현대화이론은 생산기술의 발달, 도시화 및 교육의 대중화 등 현대화의 제 양상으로 인해 노인들의 지위는 낮아지고 역할은 상실된다는 것이다.

16 다음 중 〈보기〉의 내용과 연관된 이론은?

> ┌ 보기 ┐
>
> 노인은 젊은이에 비해 건강이 약화되고 죽음에 임하게 될 확률이 높으므로, 점차 자신의 내면에 주의를 기울이면서 안정감을 유지하려고 한다.

① 활동이론   ② 교환이론
③ 현대화이론   ④ 분리이론

정답 (15 ①   16 ④)

17 다음 중 1세대 이론에서의 노화이론이 <u>아닌</u> 것은?

① 은퇴이론
② 역할이론
③ 하위문화이론
④ 연령계층이론

17 연령계층이론은 2세대 이론, 구조적 관점에 속한다.

1세대 이론, 기능적 관점에서의 노화이론
- 은퇴이론, 분리이론(Disengagement Theory) : 노인은 젊은이에 비해 건강이 약화되고 죽음에 임하게 될 확률이 높으므로 개인의 입장에의 최적의 만족과 사회체계 입장에서의 중단 없는 계속을 위해 노인과 사회는 상호간에 분리되기를 원하며, 이러한 분리는 정상적이고 피할 수 없는 것이다.
- 활동이론(Activity Theory) : 노인의 활동의 참여 정도가 높을수록 노인의 심리적 만족감과 생활 만족도가 높다.
- 하위문화이론(Subculture Theory) : 노인들은 그들의 공통된 특성과 사회·문화적인 요인으로 인해 그들만의 집단을 형성하며, 이러한 집단 내부에서의 상호작용에 의해 노인 특유의 하위문화가 생성된다.
- 역할이론(Role Theory) : 노인이 되면서 직업, 배우자, 부모 등의 역할의 상실이 무용감을 느끼기 때문에 노인의 역할을 새롭게 부여해줌으로써 새로운 기능을 하여 행복함을 느끼게 한다.

18 노년기의 인지적 변화로 옳지 <u>않은</u> 것은?

① 자동적 조작에서는 수행에 크게 저하가 없지만 의도적 조작에서는 수행이 저하된다.
② 명시적 기억은 연령의 증가에 따라 지하되며 암묵적 기억은 그대로 유지된다.
③ 노년기의 장기기억 저하는 일화기억, 의미기억, 절차기억 순으로 나타난다.
④ 작업기억은 기억과제가 단순할수록 능력이 떨어진다.

18 작업기억은 기억과제가 복잡할수록 능력이 떨어진다.

정답 17 ④ 18 ④

19 라보비-비에프(Labouvie-Vief)와 샤이에(Schaie)의 실용적 사고에 대한 설명으로 성인기에는 문제를 해결함에 있어 논리적 사고에 덜 의존하게 되고, 현실적인 면을 많이 고려하게 된다.

19 다음 중 성인기 사고의 특색이 아닌 것은?

① 변증법적 사고는 어떤 사실이 진실일 수도 있고, 아닐 수도 있음을 받아들이는 것이다.
② 변증법적 사고를 하는 사람은 항상 불평형 상태에 있게 된다.
③ 문제발견적 사고는 창의적 사고, 확산적 사고, 새로운 문제 해결 방법의 발견과 관계가 있다.
④ 문제를 해결함에 있어 현실적인 면보다 논리적 사고에 더 의존하게 된다.

20 임종의 5단계
• 부정단계 : 자신이 곧 죽는다는 사실을 부인한다.
• 분노단계 : 자신의 죽음에의 이유를 알지 못하여 주위 사람들에게 질투, 분노를 표출한다.
• 타협단계 : 죽음을 받아들이기 시작하며, 인생과업을 마칠 때까지 생이 지속되기를 희망한다.
• 우울단계 : 이미 죽음을 실감하기 시작하며, 극심한 우울상태에 빠진다.
• 수용단계 : 절망적인 단계로 거의 감정이 없는 상태이다.

20 다음 중 퀴블러로스가 제시한 임종의 5단계를 순서대로 올바르게 나열한 것은?

① 분노 – 부정 – 타협 – 우울 – 수용
② 분노 – 부정 – 우울 – 타협 – 수용
③ 부정 – 우울 – 타협 – 분노 – 수용
④ 부정 – 분노 – 타협 – 우울 – 수용

정답 19 ④ 20 ④

21 다음 설명에 해당하는 이론은 무엇인가?

> • 젊을 때는 몸에서 충분한 항산화제가 나오나, 나이가 들면 항산화제의 생산이 떨어져 노화가 일어난다.
> • Denham Harman에 의해 주창된 이론이다.

① DNA와 유전자이론
② 유리(산화)기이론
③ 세포시계이론
④ 교차결합이론

22 노인학대의 원인으로 옳지 <u>않은</u> 것은?

① 급속한 고령화
② 전통적 노인부양의식의 약화
③ 경제적 능력이 없는 노인인구의 증가
④ 의학기술 발전으로 질병 장애 노인들에 대한 부담 경감

23 노인학대의 유형과 설명이 <u>잘못</u> 연결된 것은?

① 신체적 학대 – 폭력이나 육체적 해를 가하는 행위
② 정서적 학대 – 정신적 고통, 공포 혹은 불안을 야기하는 위협, 폭언, 모욕
③ 방임 – 노인에 대한 부양의무의 불이행, 무관심, 권리 침해
④ 경제적 학대 – 노인에게 생활비를 주지 않는 것만 해당

---

21 ① 우리 몸은 태어날 때부터 DNA에 입력된 정보에 의해 노화가 진행되는 것으로 노화 시계에 따라 정신적·육체적 노화가 진행된다.
③ 세포의 분열 횟수는 정해져 있고, 세포가 분열될수록 염색체의 끝부분이 더 짧아지므로 더 이상 분열하지 못해 노화가 진행된다.
④ 포도당이 산소와 함께 단백질을 구속하여 포도당화를 시킴으로써 여러 문제를 일으키는 것이다.

22 질병 장애 노인의 증가로 부양부담이 가중되어 노인학대로 연결되는 일이 많다.

23 경제적 학대에는 노인에게 생활비를 주지 않는 것 외에 노인의 자산이나 돈을 횡령하는 것 등도 포함된다.

정답 (21 ② 22 ④ 23 ④)

24 가정폭력적 접근이론으로, 아동기에 학습된 학대경험이 있는 부양자가 성인이 되어 부모에게 투사적으로 학대를 행할 가능성이 높다는 것이다.

24 노인학대 원인과 관련된 이론 중 아동기에 학습된 학대경험이 원인이 된다고 보는 이론은 무엇인가?

① 의존성 이론
② 생태학적 접근이론
③ 상징적 상호작용이론
④ 가정폭력적 접근이론

25 자기방임도 방임의 한 형태이다.

25 방임과 관련된 내용으로 옳지 <u>않은</u> 것은?

① 방임은 부양의무자로서의 책임과 의무를 거부하는 것이다.
② 자기방임은 자발적인 선택이므로 방임에 들어가지 않는다.
③ 자기방임에는 의도적 자기보호 포기와 비의도적인 자기방임이 있다.
④ 유기는 방임의 한 형태이다.

26 ① 2004년 「노인복지법」 개정으로 서울을 비롯한 전국 16개 시도에 1개소씩 노인학대예방센터가 설립되고 노인학대 신고용 24시간 긴급전화(1389)가 설치되었다.
③ 노인학대 신고를 의무화했다.
④ 노인전문보호기관에 대한 설치운영 및 비용보조 근거도 마련되었다.

26 개정된 「노인복지법」에 해당하는 것은?

① 2021년 「노인복지법」 개정으로 서울을 비롯한 전국 16개 시도에 5개소씩 노인학대예방센터가 설립되고 노인학대 신고용 24시간 긴급전화(1389)가 설치되었다.
② 노인학대에 대한 정의와 학대금지유형을 명확히 하였다.
③ 노인학대는 개인 가정사이므로, 가족 외에는 신고할 수 없다.
④ 노인전문보호기관에 대한 설치운영 및 비용보조 근거는 아직 마련되지 않고 있다.

정답 24 ④ 25 ② 26 ②

부록

최종모의고사

또 실패했는가? 괜찮다. 다시 실행하라. 그리고 더 나은 실패를 하라!

– 사뮈엘 베케트 –

제한시간: 50분 | 시작 ___시 ___분 – 종료 ___시 ___분

➡ 정답 및 해설 261p

01 다음 중 사람도 동물의 일종이라는 전제로 인간행동과 발달에 대해 연구한 학자는?

① 스키너
② 프로이트
③ 다윈
④ 루소

02 다음 중 프로이트(Freud) 정신분석이론의 주요 특징에 해당하지 <u>않는</u> 것은?

① 유전 강조
② 리비도 강조
③ 정신적 결정론
④ 과거경험의 중요성

03 다음 중 피아제(Piaget)의 이론에 대한 설명으로 옳은 것은?

① 언어의 발달이 사고의 발달에 선행한다.
② 인간은 객관적인 존재로 환경과 상호작용한다.
③ 도식은 동화와 조절을 통해 평형을 유지하려는 선천적인 경향이다.
④ 아동이 범하는 오류는 그의 인지구조를 파악할 수 있도록 하는 유용한 근거이다.

04 다음 중 자기중심적 언어에 대한 비고츠키의 견해로 옳은 것은?

① 내적 언어단계 이전에 나타난다.
② 보존개념으로 설명된다.
③ 자기중심적 사고의 반영이다.
④ 아동은 스스로의 세계를 구조화하고 이해하는 존재라고 생각한다.

05 다음 중 일정시점에 나타나는 현상의 단면을 분석하는 정태적인 조사는 무엇인가?

① 설명적 조사
② 탐색적 조사
③ 종단적 조사
④ 횡단적 조사

06 다음 중 유기체의 유전적 기질을 무시하면서 관찰을 통해 환경이 어떻게 유기체의 행동을 통제하는지 연구한 학자는?

① 스키너
② 왓슨
③ 반두라
④ 파블로프

07 다음 중 발달에 대한 견해가 <u>다른</u> 하나는?

① 아동은 어떤 언어를 듣더라도 언어획득 장치에 의해 단어를 결합하여 의미 있는 문장을 만들 수 있다.

② 이중언어학습 시 사춘기 이전에는 두 개 이상의 언어를 쉽게 학습하나 사춘기 이후에는 어렵다.

③ 아동이 사용하는 언어는 때로 문법적으로 부적절하며, 이 부적절한 표현들은 많은 경우 모방된 것이다.

④ 모든 인간의 언어에는 보편적 문법이 작용한다.

08 다음은 조작적 조건형성이론의 어떤 원리에 따른 것인가?

> 실험자 또는 치료자가 원하는 방향 안에서 일어나는 다양한 반응들만을 강화하고, 원하지 않는 방향의 행동에 대해 강화받지 못하도록 하여 결국 원하는 방향의 행동을 할 수 있도록 하는 것이다.

① 소거의 원리
② 변별의 원리
③ 근접성의 원리
④ 조형의 원리

09 다음 중 지능의 환경적 요인을 뒷받침해 주는 연구가 <u>아닌</u> 것은?

① Klineberg 누적가설
② Ginsburg 지능발달
③ Flynn 효과
④ Jensen 수준별 지능

10 지능검사에 대한 설명으로 옳지 <u>않은</u> 것은?

① 비네의 지능검사는 유소년뿐만 아니라 성인지능 측정에도 유효하다.

② 웩슬러 지능검사는 편차IQ의 개념을 사용한다.

③ 지능검사는 일반적으로 집단보다는 개인을 단위로 평가가 이루어진다.

④ 웩슬러 지능검사는 언어성 검사와 동작성 검사로 이루어져 있다.

11 사회정서발달에 관한 설명으로 옳지 <u>않은</u> 것은?

① 수치심과 죄책감은 1차 정서이다.

② 전 생애 동안 애착의 유형은 변할 수 있으나 생물학적·심리학적 기능은 유지된다.

③ 일반적으로 아동의 정서조절은 외적 규제에서 내적 자기조절로 발달한다.

④ 조망수용능력은 타인에 대한 이해와 관련이 있다.

12 다음 중 성인기에 대한 학자들의 입장을 올바르게 연결한 것은?

① 피아제 – 형식적 조작기
② 프로이트 – 잠복기
③ 에릭슨 – 생산성 대 침체기
④ 홀 – 제2의 탄생기

13 〈보기〉는 아동기 언어발달에서 언어의 구성 요소 중 어느 것에 해당되는가?

> 보기
> 어휘와 관련되며 단어와 단어의 조합으로 개념을 표현하는 방법

① 음운론   ② 의미론
③ 구문론   ④ 화용론

14 다음 〈보기〉는 기억전략 중 어느 것에 대한 설명인가?

> 보기
> 서로 관계가 없는 정보, 즉 같은 범주에 속하지 않는 기억재료 사이에 관계를 설정해 주는 것

① 시연   ② 조직화
③ 정교화   ④ 인출

15 스턴버그(Sternberg)가 제시한 지능의 구조에 대한 이론 중 경험적 지능과 연관된 것은?

① 직관력과 통찰력을 통해 새로운 문제를 신속하게 처리하는 능력
② 사물의 본질적인 부분과 비본질적인 부분을 분간하는 능력
③ 현실상황에 대한 적응 및 환경과의 조화를 이루는 능력
④ 새로운 지능을 획득하고 이를 논리적 문제의 해결에 적용하는 분석적 능력

16 다음은 무엇에 대한 설명인가?

> 자신이 누구인지를 정의하는 특성, 능력, 태도와 가치에 대한 총체적인 개념

① 공적 자아
② 사적 자아
③ 자아개념
④ 자아인식

17 할로우의 대리모 연구에서 어린 유기체가 어미에게서 형성하는 애착에 더 중요한 영향을 미치는 가장 큰 요인은?

① 먹이 제공
② 안락한 접촉
③ 자극 제공
④ 호기심

18 다음 중 공격성의 사회적 요인에 해당하는 것은?

① 공격성이 높은 아동은 상대방이 적대감이 있다고 잘못 해석하는 적대적 귀인편견을 갖고 있다.
② 가정 내에서 부모와의 상호작용 유형이 공격성에 영향을 미친다.
③ 공격적인 아동은 대체로 공격적 행동의 결과에 대해서 보다 긍정적인 기대를 갖는다.
④ 공격성이 타인의 나쁜 행동을 멈추게 하고 자신의 자존감을 높여 준다고 믿는다.

19 친사회적 갈등상황에서의 아동의 도덕적 추론능력 발달 과정에 대한 설명으로 옳지 <u>않은</u> 것은?

① 욕구지향 : 타인의 욕구를 근거로만 이타성을 고려
② 안전지향 : 타인을 돕는 것이 자신에게 이익이 될 때만 이타적
③ 공감적 : 이타행위에 대한 기쁨과 죄의식 느낌
④ 내재적 원리 : 가치, 규준, 책임감, 확신에 근거한 이타성

20 다음은 무엇에 대한 설명인가?

> 성에 대한 문화적 고정관념에 부합하는 방식으로 생물학적 성과 연관된 대상, 행위, 습성 등

① 성역할
② 성도식
③ 성고정관념
④ 성유형화

21 영아가 한 사람의 중요한 양육자와 애착관계가 형성되지 못하면 정상적인 발달 경로로 가지 못한다는 가설은?

① 내적 작동모델
② 모성실조가설
③ 사회적 자극가설
④ 애착유형의 지속성

22 콜버그의 도덕발달이론의 두 번째 단계에서 나타나는 것으로 옳지 <u>않은</u> 것은?

① 자신의 이익, 보상에 따라 규칙을 따른다.
② 상호호혜적인 평등에 입각해서 타인지향 행동은 자신에게 결국은 이득이 된다고 믿는다.
③ 들키지 않아서 벌을 받지 않았다면 그 행동을 나쁘다고 생각하지 않는다.
④ 쾌락주의 원칙에 따른다.

23 노년기 인지발달의 특징에 관한 설명으로 옳지 <u>않은</u> 것은?

① 일화기억보다 의미기억이 더 많이 쇠퇴한다.
② 노년기 인지기능의 저하는 처리속도의 감소와 관련이 있다.
③ 노인들은 인지기능의 쇠퇴에 직면하여 목표 범위를 좁혀나가는 등의 최적화 책략을 사용한다.
④ 연령에 따른 지능의 변화 양상은 지능의 하위 능력에 따라 다르다.

24 성인기 사고의 특색이 <u>아닌</u> 것은?

① 문제발견적 사고
② 변증법적 사고
③ 다원론적 사고
④ 절대적 사고

25 레빙거(Loevinger) 자아발달이론의 특징이 <u>아닌</u> 것은?

① 자아발달단계를 10단계로 구성하였다.
② 같은 연령대의 자아발달단계는 동일한 과정을 거친다.
③ 다음 단계로의 이동은 이전 단계의 발달을 완전하게 이룬 후에야 가능하다.
④ 인간의 전 생애주기 동안에 일어나는 인간발달이나 인격의 성장에 관한 연구이다.

26 피아제와 비고츠키의 관점비교로 옳지 <u>않은</u> 것은?

① 비고츠키는 언어는 인지발달에 주도적 역할을 한다고 하였다.
② 피아제는 인지발달이 개인에 따라 다양하게 나타난다고 하였다.
③ 비고츠키는 학습이 아동의 발달을 주도한다고 하였다.
④ 언어에서 피아제는 자기중심적 과정이 사회적 과정으로 변화하는 과정이라 하였다.

27 인간 발달의 개념에 대한 설명 중 가장 합당한 것은?

① 인지발달에 중점을 둔 성숙을 의미한다.
② 영유아 및 아동기의 성장만을 의미한다.
③ 성장, 학습, 성숙에 의해 이루어진다.
④ 성장은 경험·학습에 의한 정신적 측면의 질적 변화이다.

28 발달에 관한 설명으로 옳지 <u>않은</u> 것은?

① 발달은 다양한 맥락의 영향을 받지만 결과는 동일하다.
② 발달은 양적 변화와 질적 변화를 포괄한다.
③ 발달은 기능과 구조가 쇠퇴하는 부정적 변화도 포함한다.
④ 신체적·도덕적·사회적 발달은 독립적이라기보다는 통합적·총제적이다.

29 엘렉트라 컴플렉스와 연관된 프로이트의 심리성적 발달단계는?

① 구강기   ② 항문기
③ 남근기   ④ 생식기

30 개를 대상으로 한 파블로프의 고전적 조건형성 실험에서 조건반응(A)과 무조건반응(B)에 해당하는 것을 순서대로 바르게 연결한 것은?

> 연구자는 개 앞에 있는 창에 불빛을 비춘다. 몇 초 후에 약간의 고기가루가 접시에 공급되고 불빛이 꺼진다. 개는 배가 고픈 상태이고 상당한 타액을 분비한다. 이러한 과정을 몇 차례 되풀이한 후에 개는 고기가루가 공급되지 않아도 불빛에 대한 반응으로 타액을 분비하게 된다.

	A	B
①	고기 덩어리	타액 분비
②	타액 분비	타액 분비
③	불빛	고기 덩어리
④	타액 분비	불빛

31 사회학습이론에 입각한 성격에 관한 설명으로 옳은 것은?

① 사회학습이론에서는 성격에 대한 인지과정이나 동기에 의한 영향을 인정하지 않는다.

② 사회학습이론에서는 관찰학습과 모델링을 통해서 보상받은 행동을 대리적으로 학습한다고 한다.

③ 사회학습이론에서는 행동에 대한 환경적 변인의 독립적인 영향을 강조한다.

④ 반두라는 개인이 자신의 노력으로 원하는 결과를 얻을 수 있다는 신념이나 기대를 자기존중감(Self-Esteem)이라고 하였다.

32 콜버그의 도덕발달단계 중 '칭찬과 인정, 사회적 질서유지와 규범준수가 주요 동기'가 되는 단계는?

① 전인습수준   ② 인습수준
③ 후인습수준   ④ 추론수준

33 여러 상이한 연령에 속하는 사람들로부터 동시에 어떤 특성에 대한 자료를 얻고 그 결과를 연령 간 비교하여 발달적 변화과정을 추론하는 연구방법은?

① 종단적 연구
② 횡단적 연구
③ 교차비교 연구
④ 단기종단적 연구

34 영아들을 대상으로 한 시각절벽(Visual Cliff) 실험을 통해 알 수 있는 것은?

① 신생아들은 새로운 자극을 제시하면 맥박이 평상시보다 빨라진다.

② 생후 6개월 이하의 영아들은 깊이지각능력을 가지고 있다.

③ 신생아들은 정지해있는 물건보다 움직이는 물건을 더 선호한다.

④ 신생아들은 일반적인 도형보다 사람 얼굴을 더 선호한다.

35 정보처리이론의 정보저장소와 관련된 내용으로 옳지 않은 것은?

① 감각등록기는 감각수용기관을 통해 정보를 최초로 저장하는 곳이다.

② 감각등록기는 수용량에 제한이 없다.

③ 단기기억은 소량의 정보만 저장할 수 있다.

④ 장기기억은 기억주기가 길 뿐 용량에는 제한이 있다.

36 사회성 발달에 있어 애착에 관한 설명으로 옳지 않은 것은?

① 영아기에 형성된 애착유형은 성장 후에도 지속된다.

② 불안정애착은 정서발달에 부정적 영향을 미친다.

③ 애착은 지적 호기심, 학업성취도 등 인지발달에도 영향을 준다.

④ 다인수(Multiple)애착은 사회성 및 정서발달에 부정적 영향을 준다.

37 에인스워드(1973)의 애착유형 중 엄마가 떠나도 별다른 동요를 보이지 않으며 재회 시에도 엄마에게 다가가려 하지 않고 무시하는 행동을 보이는 유형은?

① 안정애착
② 불안-회피애착
③ 불안-저항애착
④ 불안-혼돈애착

38 유전이 성격특질에 미치는 효과를 알아보기 위한 방법으로 가장 적절한 것은?

① 함께 자란 일란성 쌍생아의 비교
② 양육환경이 다른 일란성 쌍생아의 비교
③ 함께 자란 이란성 쌍생아의 비교
④ 양육환경이 다른 이란성 쌍생아의 비교

39 구체적 조작기 아동의 인지발달에 대한 설명에 해당하지 <u>않는</u> 것은?

① 보존개념을 획득한다.
② 자신이 직접 경험한 세계에 한정된 사고를 한다.
③ 타인의 감정・인지를 추론하는 것이 가능하다.
④ 추상적 사고가 활발하다.

40 청소년기의 신체적 특징에 대한 설명으로 옳지 <u>않은</u> 것은?

① 여아가 남아에 비해 2~3년 정도 빠른 신체적 성장을 보인다.
② 섭식장애의 발병률은 남성보다 여성이 더 높다.
③ 사춘기에는 몸통의 성장이 손・다리의 성장보다 빠르다.
④ 신체적 이미지가 자아존중감에 중요한 영향을 미친다.

제한시간: 50분 | 시작 ___시 ___분 - 종료 ___시 ___분

⊒ 정답 및 해설 266p

01 다음은 발달의 어떤 원리를 설명한 것인가?

> 발달은 기초안에 따라 부분적으로 발달 하며 이전 단계의 발달과업에 기초한다.

① 연속성
② 점성원리
③ 방향성
④ 결정적 시기

02 사회학습이론의 주요 개념이 <u>아닌</u> 것은?

① 모방
② 직접적 강화
③ 자기강화
④ 자기효능감

03 아동이 개에 대한 공포를 가지고 있을 때 이를 극복하게 하기 위한 방법으로 아이스크림을 제공하였다. 이때 사용한 행동주의 방법은?

① 습관화
② 탈습관화
③ 역조건형성
④ 일반화

04 다음 중 에릭슨(Erikson)의 심리사회이론에 서 청소년기에 해당하는 것은?

① 신뢰감 대 불신감
② 근면성 대 열등감
③ 자아정체감 대 정체감 혼란
④ 자율성 대 수치심

05 다음 중 발달과정 초기에 문화적으로 취약한 환경에서 성장한 아동이 발달상 결손을 가져 온다는 것을 설명하는 것은?

① 준비도
② 결정적 시기
③ 문화실조
④ 아노미

06 종단적 연구와 횡단적 연구에 대한 설명으로 옳지 <u>않은</u> 것은?

① 종단적 연구는 검사 결과상 비교불능으로 연구 도중 사용하던 도구를 변경할 수 없다.
② 종단적 연구는 초기와 후기의 인과관계를 규명하는 주제에 용이하다.
③ 횡단적 연구는 연령에 따른 성장의 특성 을 밝혀 일반적인 성향을 파악한다.
④ 횡단적 연구는 한 대상에게 반복적으로 같은 도구를 사용하므로 신뢰성이 문제시 된다.

07 브론펜브레너의 생태체계이론에서 다음은 어느 체계에 대한 설명인가?

> • 아동을 직접 포함하지 않으나 아동의 경험에 영향을 미치는 사회적 상황
> • 예 부모의 취업, 정부기관의 정책, 아동센터, 대중매체의 영향

① 미시체계
② 중간체계
③ 외체계
④ 거시체계

08 전조작기의 가장 큰 특징으로 유아가 상대방을 고려하지 않고 대화하는 것과 관계있는 것은?

① 중심화
② 상징놀이
③ 자기중심성
④ 실재론

09 다음 중 지능에 대한 연구가 <u>잘못</u> 연결된 것은?

① 써스톤 – 다요인설
② 가드너 – 다중지능이론
③ 스턴버그 – 삼원지능이론
④ 스피어만 – 복합요인설

10 다음 괄호 안에 들어갈 적절한 말은?

> 형태가 서로 다른 두 개의 그릇을 준비한 후 같은 양의 물을 넣는다. 물의 양이 동일함에도 불구하고 (　　)이(가) 발달되지 않은 아이의 경우 어느 한 쪽 그릇에 담긴 물의 양이 더 많다고 말한다.

① 유목화
② 보존개념
③ 가역성
④ 대상영속성

11 다음 중 새로운 대상에 맞도록 기존도식을 변경하여 인지하는 과정은?

① 조절
② 도식
③ 동화
④ 조직화

12 다음 중 타인에게 고통이나 해를 가하는 자체가 목적인 공격은?

① 우연적 공격성
② 표현적 공격성
③ 도구적 공격성
④ 적의적 공격성

13 콜버그(Kohlberg)의 도덕성발달이론에서
후인습적 수준의 내용에 해당하지 <u>않는</u> 것은?

① 법과 질서
② 사회계약
③ 인간의 존엄성
④ 절대적 자유

14 다음 중 비고츠키의 사회문화이론과 관계가
<u>없는</u> 것은?

① 아동은 보다 유능한 협력자의 도움을 통해
문제해결방식을 습득한다는 이론이다.
② 학습이 발달을 유도한다고 보고 능동적인
사회적 환경을 강조하였다.
③ 아동의 인지기능이 어느 정도 발달이 이
뤄진 뒤 학습이 이루어진다.
④ 사회적 활동 중에 생긴 기능이 점점 능숙
해 질수록 내면화가 이루어진다.

15 아동이 어려움에 처한 사람을 도울 것인지
갈등하는 상황에서 자신이 취할 행동을 선택
하고 판단하는 것은?

① 역할수행기술
② 친사회적 도덕추론
③ 친사회적 행동
④ 사회적 참조

16 아동이 차를 말할 때 버스, 기차, 트럭과 같이
모든 차를 지칭하는 것을 무엇이라 하는가?

① 과잉확장
② 과소확장
③ 과잉조정 현상
④ 과잉일반화 현상

17 다음 중 행동주의이론의 조작적 조건형성에
대한 내용으로 옳지 <u>않은</u> 것은?

① 인간이 환경의 자극에 수동적으로 반응하
여 나타내는 행동인 조작적 행동을 설명
한다.
② 인간의 자아나 인지기능보다는 행동에 연
구의 초점을 둔다.
③ 보상과 행동의 재현의 상관관계를 강조
한다.
④ 행동이 발생한 이후의 결과에 관심을 가
진다.

18 다음 중 관찰학습의 과정에서 모델을 모방하
기 위해 심상 및 언어로 기호화된 표상을 외
형적인 행동으로 전환하는 단계에 해당하는
것은?

① 주의집중과정
② 운동재생과정
③ 동기화과정
④ 보존과정

19 다음은 무엇에 대한 설명인가?

> 유전인자가 극히 한정된 결과만을 일으
> 키는 경우를 말한다.

① 민감기　　　② 반응범위
③ 성숙　　　　④ 운하화

20 성인기 인지변화에 대한 설명으로 옳지 <u>않은</u> 것은?

① 단기기억력은 약화되지만 장기기억력에는 변화가 없다.
② 결정성 지능은 생의 말기까지 계속 증가한다.
③ 기계적 지능은 연령이 증가하면서 감소한다.
④ 실재적 지능은 연령이 증가함에 따라 감소한다.

21 다음 중 에인스워드(Ainsworth)의 낯선 상황실험에서 불안정애착의 가장 심한 형태에 해당하는 것은?

① 저항애착
② 혼란애착
③ 회피애착
④ 불안애착

22 다음 중 성숙이론에 의한 발달의 원리로 옳지 <u>않은</u> 것은?

① 발달은 기능상 대칭을 이루어야 효과적이다.
② 성숙은 외적 요인에 의해 영향을 거의 받지 않는다.
③ 발달의 방향은 성숙에 의해 지속적으로 지시를 받는다.
④ 아동은 자기규제를 통해 자신의 수준과 능력에 맞게 성장을 조절해 나간다.

23 다음 중 염색체 이상과 관련이 있는 장애로서 21번 염색체가 3개이며, 신체적으로 특징적인 외모를 가진 장애에 해당하는 것은?

① 터너증후군(Turner's Syndrome)
② 다운증후군(Down's Syndrome)
③ 아스퍼거증후군(Asperger's Syndrome)
④ 클라인펠터증후군
　　(Klinefelter's Syndrome)

24 다음 중 학령전기(4~6세) 아동의 발달 특성에 대한 설명으로 옳지 <u>않은</u> 것은?

① 자신의 성역할을 인식한다.
② 자신과 타인을 구분할 수 있지만 타인의 관점을 고려할 수 없다.
③ 가족과 사회의 도덕적인 규칙을 신뢰하고 내면화한다.
④ 피아제의 전조작기 중 직관적 사고단계에 해당한다.

25 다음은 마샤의 정체감이론 중 어느 것에 해당하는가?

> 고2인 A양은 자신의 직업이나 이념 선택에 대해서 한 번도 생각해본 적이 없고 이제까지 그것으로 크게 고민이나 갈등을 해본 적이 없다.

① 정체감 혼미
② 정체감 유예
③ 정체감 유실
④ 정체감 성취

26 다음 중 펙(Peck)이 제시한 중년기 발달과업으로 옳지 않은 것은?

① 신체 몰두 대 신체 초월
② 대인관계의 사회화 대 성적 대상화
③ 정서적 융통성 대 정서적 빈곤
④ 지적 융통성 대 지적 경직성

27 발달의 특성에 관한 설명으로 옳은 것은?

① 발달은 유전과 환경의 상호작용을 통해 이루어진다.
② 발달은 순서가 불규칙적이다.
③ 발달은 개인차가 없다.
④ 발달은 청소년기에 완성된다.

28 발달의 원리에 대한 설명으로 옳은 것을 모두 고른 것은?

> 가. 발달은 계속적인 과정이다.
> 나. 발달은 일정한 속도로 이루어진다.
> 다. 발달은 일정한 순서대로 이루어진다.
> 라. 발달의 각 영역은 상호밀접한 관련성을 가진다.
> 마. 발달은 다양한 영역에서의 학습을 의미한다.

① 가, 나, 마
② 가, 다, 라
③ 나, 다, 라
④ 다, 라, 마

29 에릭슨의 심리사회적 단계에서 초기 성인기에 겪는 위기는?

① 신뢰감 대 불신감
② 정체감 대 혼미감
③ 친밀감 대 고립감
④ 생산성 대 침체감

30 다음의 학습방법에 해당하는 것은?

> 실험자는 쥐가 지렛대를 누르게 하고자
> 첫 단계에서 쥐가 지렛대 근처에 오기만
> 해도 먹이를 준다. 다음에는 지렛대를
> 건드리는 행동을 했을 때, 셋째 단계는
> 지렛대를 누르는 올바른 반응을 했을 때
> 만 먹이를 준다.

① 조형
② 자극일반화
③ 혐오적 조건형성
④ 체계적 둔감화

31 피아제의 인지발달이론에 대한 비판과 가장 거리가 먼 것은?

① 사회환경의 역할에 대한 과대평가
② 도식과 행동의 불명확한 연결
③ 단계에 따른 질적 차이의 증거 부족
④ 성인의 형식적 추론과 구체적 추론의 문제

32 비고츠키의 발달에 관한 견해와 거리가 먼 것은?

① 발달은 사회문화적 맥락의 영향을 받는다.
② 발달은 변증법석 과정을 통해 이루어진다.
③ 근접영역발달은 실제적 발달수준과 잠재적 발달수준 사이의 영역을 말한다.
④ 실제적 발달수준은 부모 혹은 교사 등의 도움을 받아 과제를 해결할 수 있는 수준이다.

33 다음 사례에 가장 적절한 연구방법은?

> 학교의 교실에서 발생하는 아동의 우정
> 관계를 연구하기 위해 아동의 모든 또래
> 관계 상호작용을 정확하게 알아보려고
> 한다.

① 관찰법
② 실험법
③ 설문조사법
④ 상관연구법

34 피아제의 인지발달이론 단계 중 전조작기 단계의 아동이 보이는 사고의 주된 특징은?

① 대상영속성 개념의 결핍
② 감각운동 도식에 의해 세상 이해
③ 자아중심성
④ 부분-전체 관계에 대한 통찰

35 다음에서 설명하고 있는 비고츠키이론의 개념은?

> • 학습자가 주어진 과제를 잘 수행할 수
>   있도록 도움을 주는 또래나 성인교사
>   등의 역할을 지칭
> • 근접발달영역 내에서 개인정신 간 국
>   면이 개인정신 내 국면으로 전환하
>   는 것

① 통찰   ② 순환반응
③ 비계설정   ④ 문제해결

36 다음 실험을 실시한 심리학자와 실험 결과가 바르게 짝지어진 것은?

> 어미로부터 격리된 새끼 원숭이에게 (A) 철사로 만들어졌지만 우유병이 있는 모조 어미 원숭이 및 (B) 부드러운 천으로 만들어진 모조 어미 원숭이와 각각 시간을 보낼 수 있도록 했을 때 새끼 원숭이는 어떤 행동을 보일까?

① 할로우 : (A)보다 (B)와 더 많은 시간을 보낸다.
② 할로우 : (B)보다 (A)와 더 많은 시간을 보낸다.
③ 보울비 : (A)보다 (B)와 더 많은 시간을 보낸다.
④ 보울비 : (B)보다 (A)와 더 많은 시간을 보낸다.

37 기질에 대한 설명으로 적절하지 <u>않은</u> 것은?

① 연령이 변화해도 어느 정도 지속성은 나타나지만 기질유형이 완전히 고정되어 있지는 않다.
② 까다로운 기질과 성장 후의 문제행동과는 관련이 없다.
③ 아동의 기질에 따른 부모의 양육방식이 중요하며 조화의 적합성이 필요하다.
④ 부모가 유아 기질에 만족할수록 자녀의 만족도와 자기능력에 대한 긍정적 지각도 높아진다.

38 가드너(Gardner)는 기존의 획일적 지능관을 비판하면서 인간의 지적 능력이 서로 독립적이면서 상이한 여러 종류의 능력으로 구성되었다고 주장하였다. 이 이론은 무엇인가?

① 지능의 삼원이론
② 다중지능이론
③ 실용적 지능론
④ 근접발달영역론

39 인간발달에 대한 유전과 환경의 영향을 알기 위하여 사용하는 연구방법으로 볼 수 <u>없는</u> 것은?

① 개인차 연구
② 일란성 쌍생아 연구
③ 이란성 쌍생아 연구
④ 가계 연구

40 아동의 사회화 과정에서 기제역할을 하는 것으로 보기 <u>어려운</u> 것은?

① 동일시   ② 관찰학습
③ 처벌   ④ 상호작용

01	02	03	04	05	06	07	08	09	10	11	12	13	14	15	16	17	18	19	20
③	①	④	①	④	①	③	④	④	①	①	③	②	③	①	③	②	②	②	④
21	22	23	24	25	26	27	28	29	30	31	32	33	34	35	36	37	38	39	40
②	③	①	④	②	②	③	①	③	②	②	②	②	②	④	④	②	②	④	③

01 정답 ③

③ 다윈(Darwin)은 생물학자로서 「종의 기원」을 통해 인간도 동물의 일종이며, 자연의 법칙에서 면제된 독특한 존재가 아니라고 주장하였다. 즉, 인간 특유의 행동패턴도 동물들과 마찬가지로 본능적이고 생리적인 것이라 생각하였으며, 인간행동에 대한 연구도 자연과학의 일부로 하나의 학문이 될 수 있다고 역설하였다.

02 정답 ①

프로이트의 정신분석이론의 주요 특징

• 정신적 결정론(심리결정론)
• 무의식의 강조
• 리비도의 강조
• 과거경험의 중요성

03 정답 ④

① 단순사고인 경우 사고의 발달이 언어의 발달에 선행하며, 깊이 있는 사고인 경우 언어의 발달이 사고의 발달에 선행한다.
② 인간은 주관적인 존재로서 환경과 상호작용한다.
③ 도식은 동화와 조절을 통해 평형을 유지하려는 후천적인 경향이다.

04 정답 ①

① 비고츠키(Vygotsky)는 피아제와 달리 자기중심적 언어(Egocentric Speech)의 사용은 단순히 자기생각을 표현하는 것이 아니라 문제해결을 위한 사고의 도구라고 생각했다. 아동의 문제해결 초기단계에는 비언어적인 사고가 사용되지만 아동이 2세 정도 되었을 때 사고와 언어가 결합된다. 이후 4~6세의 아동은 자기중심적 언어 사용, 즉 혼잣말(Self talk)을 빈번히 한다. 예를 들어, 놀이과정 중 "이젠 밥을 먹어야지."라고 먼저 말한 뒤 밥을 먹는다. 7~8세경에는 자신의 머릿속에서 무성 형태로 언어를 조작하는 법을 배우는데, 이를 내적 언어단계라고 한다.

05 정답 ④

④ 횡단적 조사는 일정시점에 나타나는 현상의 단면을 분석하는 정태적인 조사이다.
① 설명적 조사는 사실과의 관계를 파악하여 인과관계를 규명하거나 미래를 예측하기 위한 조사에 해당한다.
② 탐색적 조사는 조사설계를 확정하기 이전 타당성을 검증하거나, 연구문제에 대한 사전지식이 부족한 경우 실시하는 조사이다.
③ 종단적 조사는 둘 이상의 시점에서 동일한 분석단위를 연구하는 동태적인 조사이다.

06 정답 ①

행동주의이론과 강화이론

스키너는 파블로프와 왓슨의 반응적 행동에 관한 연구와는 달리 유기체 스스로가 임의로 조작하는 행동을 통해 이루어지는 조작적인 조건형성에 대해 연구를 하였다. 유기체는 스스로 우연한 행동을 하게 되고 그 결과 정적인 보상을 받게 되면 후에 그와 비슷한 행동을 반복하여 나타내게 된다는 것이다. 이처럼 특정반응 뒤에 보상을 얻을 수 있게 함으로써 반응률을 높이는 과정을 '강화'라고 하는데, 그는 인간의 행동이 강화와 벌에 의해 조작될 수 있다고 보았다. 이와 같은 그의 이론은 '강화이론'이라고도 한다.

07 정답 ③

①·②·④는 언어의 생득적 입장이고, ③은 환경적 입장이다.

08 정답 ④

소거의 원리	• 일정한 반응 뒤에 강화가 주어지지 않으면 반응은 사라진다. • 예를 들어, 학습자가 공손하게 인사를 해도 윗사람이 인사를 받아주지 않고 무시해버린다면 인사하는 빈도는 줄어들게 되고, 마침내 인사행동은 사라지게 된다.
조형의 원리	• 조형은 실험자 또는 치료자가 원하는 방향 안에서 일어나는 다양한 반응들만을 강화하고, 원하지 않는 방향의 행동에 대해 강화 받지 못하도록 하여 결국 원하는 방향의 행동을 할 수 있도록 하는 것이다. • 조형은 스키너의 이론에서 중요한 기법인 행동수정의 근거가 되는 개념이다.

변별의 원리	• 변별은 보다 정교하게 학습이 이루어지는 것으로, 유사한 자극에서 나타나는 조그만 차이에 따라 다른 반응을 보이는 것이다. • 예를 들어, 어려서 어른에게 인사하는 법과 친구에게 인사하는 법을 구별하여 학습하게 되는 것은, 친구들과 인사하는 방식으로 어른에게 인사했을 때 그 결과가 달랐기 때문에 변별 학습한 것이다.
근접성의 원리	학습내용의 파지를 촉진하기 위하여 새로운 학습내용을 설명한 후 바로 학생들이 이미 알고 있는 것과의 관계를 설명하는 것이다.

09 정답 ④

④ 개인과 개인, 또는 인종과 인종 간의 표현형수준에서 유전적 요인과 환경적 요인의 상대적 기여도를 이해하기 위한 유전가능비(Hereditary Ratio)로 유전적 소인이 차지하는 비중이 큼을 시사하였다.
① 빈곤한 환경이 아동의 지적성장을 억제하며 이러한 억제효과는 시간이 지남에 따라 누적되어 간다는 환경누적가설이다.
② 저소득층의 아동들이 빈곤한 환경으로 인해 어떻게 지능발달이 지체되는가를 연구한 것이다.
③ 한 세대에서 다음 세대로 넘어가면서 꾸준하게 지수가 증가되는 현상이다.

10 정답 ①

① 비네의 지능검사는 유소년 일반지능을 측정하는 데 유효하지만, 성인의 지능측정에는 합리적이지 않다는 지적을 받는다.

11 정답 ①

① 수치심, 죄책감, 질투심, 자부심 등은 출생 후 자신에 대한 의식이 생겨난 이후에 보이는 정서, 즉 '2차적 정서'에 해당한다. 인류가 보편적으로 경험하는 기본 정서에는 행복, 기쁨, 분노, 공포, 슬픔 등이 있으며, 이렇듯 선천적으로 타고난 정서를 '1차적 정서'라고 한다.

12 정답 ③

③ 에릭슨(Erikson)은 성인기의 심리사회적 위기를 생산성 대 침체라고 하였다. 생산성이란 자녀를 양육하고, 능동적으로 직업에 몰두할 수 있으며, 사회의 발전에 관심을 갖는 것을 말한다. 반대로 침체란 심리적 성장의 결핍으로 자신의 에너지와 기술을 오로지 자기 확대와 자기만족을 위해 사용하는 것을 의미한다.

13 정답 ②

① 음운론 : 자음과 모음을 각각 구분하고 그 발성적 특징을 이해하는 것이다.
③ 구문론 : 언어의 문법적인 면을 말한다.
④ 화용론 : 같은 뜻을 가진 낱말이나 문장도 맥락에 따라 달리 표현되는 것을 말한다.

14 정답 ③

① 시연 : 간단하면서도 효과적인 기억전략으로, 기억해야 할 정보를 여러 번 반복해서 암송하는 것을 뜻한다.
② 조직화 : 기억하려는 정보를 서로 관련 있는 것끼리 묶어서 범주나 집단으로 분류하여 기억의 효율성을 높이려는 전략이다.
④ 인출 : 저장된 수많은 정보들 중에서 필요한 정보를 인출하기 위한 기억전략이다.

15 정답 ①

스턴버그(Sternberg)의 삼원지능이론
• 성분적 지능 : 새로운 지능을 획득하고 이를 논리적 문제의 해결에 적용하는 분석적 능력 또는 정보처리능력
• 경험적 지능 : 직관력과 통찰력을 통해 새로운 문제를 신속하게 처리하는 능력으로 창의적 능력
• 상황적 지능 : 현실상황에 대한 적응 및 환경과의 조화를 이루는 융통적이고 실용적인 능력으로 실제적 능력

16 정답 ③

① 공적 자아 : 외현적으로 드러나 타인이 알 수 있는 자아
② 사적 자아 : 자신만이 알고 있는 내적, 주관적 자아
④ 자아인식 : 평가의 대상인 객체로서의 위치를 뜻한다.

17 정답 ②

할로우의 애착실험
• 원숭이를 이용한 접촉실험이다.
• 신체접촉이 어린 유기체가 어미에게서 형성하는 애착에 더 중요한 영향을 미친다는 것을 말해준다.
• 애착에 있어서 중요한 것은 질적으로 높은 신체접촉을 통한 정서적 유대이다.

18 정답 ②

①·③·④는 기질적 요인이며, ②는 사회적 요인에 속한다.
공격성의 사회적 요인은 공격성은 모방과 강화에 의해 획득되는 경향이 높으므로, 아동이 성장하고 있는 사회 환경은 공격성 발달에 중요한 영향을 미친다는 입장이다.

19 정답 ②

②는 자기중심적 쾌락추구에 대한 설명이다.
안전지향은 타인의 욕구를 근거로만 이타성을 고려한 것으로, 공감이나 죄의식이 주요인이 된다.

20 정답 ④

① 성역할(Sex Role) : 남성이 해야 할 일과 여성이 해야 할 일의 역할분담을 하는 것
② 성도식 : 남성과 여성에 대한 조직화된 신념과 기대
③ 성고정관념 : 남성과 여성이 가져야 한다고 여겨지는 특성에 관한 일반적 관념

21 정답 ②

① 부모와 자녀 간의 상호작용을 통해 자신과 타인에 대한 인지적 표상이 발달한다는 보울비의 이론이다.

③ 영아의 사회적 신호에 반응하는 사람이 없을 때 발생한다.

④ 만 1세 이전에 형성된 애착유형이 성장한 후에도 지속되는 것으로 네 가지 애착유형을 보인다.

22 정답 ③

③은 첫 번째 처벌 및 복종지향 단계에서 나타난다.

전인습수준(4~10세)	
• 규칙이 내면화되지 않았으며, 행위의 결과에 따른 보상과 처벌의 정도에 따라 규칙을 따름 • 옳은 것은 벌을 받지 않는 것, 또는 개인적으로 만족을 주는 것으로 인식	
1단계 : 처벌 및 복종지향	2단계 : 도구적 상대주의
• 행위의 옳고 그름은 결과에 달려 있음 • 행위의 결과, 처벌의 양, 객관적인 손상의 정도가 중요함 • 들키지 않아서 벌을 받지 않았다면 그 행동을 나쁘다고 생각하지 않음	• 쾌락주의 원칙 • 자신의 이익, 보상에 따라 규칙을 따름 • 타인지향행동은 궁극적으로 이득이 돌아오리라는 상호호혜적인 평등에 입각

23 정답 ①

① 노년기 인지발달은 의미기억보다 일화기억(예 쇼핑하러 가서 사야 할 물건을 빠뜨리고 귀가)이 더 많이 쇠퇴한다. 의미기억은 쉽게 변하거나 망각되지 않고 비교적 영구적으로 유지된다.

24 정답 ④

④ 시노트와 페리는 성인기의 인지능력은 절대적인 것이 아니고, 상대적이라고 하였다.

25 정답 ②

② 개인이 각 단계를 이동하는 속도와 도달하는 마지막 단계는 개인에 따라 다르다.

26 정답 ②

② 피아제는 모든 아동의 인지발달은 비슷한 단계를 거친다고 하였고, 비고츠키는 인지발달이 개인에 따라 다양하게 나타난다고 하였다.

27 정답 ③

① 발달은 인지, 정서, 행동 등 모든 부분에서의 성장·성숙을 의미한다.

② 발달은 생애 전과정을 의미한다.

④ 성장은 경험과 학습에 의하여 이루어지는 정신적 측면뿐만 아니라 신체적 측면의 양적 변화도 포괄한다.

28 정답 ①

발달의 결과는 유전적 요인 및 환경적 요인의 역동적 상호작용에 의해 달라질 수 있다.

29 정답 ③

남근기(The Phallic Stage)

남근기 동안 남아는 오이디푸스 콤플렉스를 경험하고, 여아는 사랑의 짝으로 아버지를 원하나 어머니에 의해 좌절되는 엘렉트라 콤플렉스를 경험한다.

30 정답 ②

• 파블로프의 개 실험에서 먹이는 무조건자극(UCS), 먹이자극에 침을 흘리는 것은 무조건반응(UCR), 종소리는 중성자극(NS), 중성자극이었던 종소리는 무조건자극과 연합한 후 조건자극(CS)이 되고, 이러한 종소리에 대한 반응은 조건반응(CR)이 된다.

- 본 예시에서 볼 때 고기가루는 무조건자극, 불빛은 중성자극이었다가 후에 조건자극이 되고, 고기가루에 타액이 분비되는 것은 무조건반응, 불빛에 타액이 분비되는 것은 조건반응이 된다.

31 정답 ②
① · ③ 사회학습이론에서는 밖으로 드러나는 행동에만 초점을 맞추는 행동주의학습이론과 달리, 인간의 내면에서 일어나는 인지과정도 중시된다.
④ 반두라는 사람들이 상황을 지배하며 원하는 변화를 가져올 수 있는 개인의 신념 또는 기대를 자기효능감(Self-Efficacy)이라고 하였다.

32 정답 ②
인습수준에 대한 내용으로 3단계(착한 소년소녀 지향) 및 4단계(법과 질서 지향)가 해당된다.

33 정답 ②
횡단적 연구방법은 인간의 발달과 관련된 연구 결과를 이해하는 데 있어서 동시대 집단효과(Cohort Effect)를 고려해야 하는 연구방법에 해당한다.

34 정답 ②
시각절벽 실험은 영아의 깊이지각능력을 알아보기 위한 실험이다.

35 정답 ④
장기기억의 용량은 무제한에 가깝다.

36 정답 ④
다인수 애착이란 어머니 이외의 여러 사람에게도 애착을 형성하는 것을 의미하는데, 아이의 요구에 민감하게 반응해 주고 애착관계의 질이 좋을 경우 사회성 및 정서발달에 긍정적 영향을 미친다.

37 정답 ②
해당 특성은 불안-회피애착 아동이 보이는 행동 특성이다.

38 정답 ②
쌍생아 연구는 유전적 요인의 영향력을 보기 위한 주요 주제로 연구되어왔다. 특히 일란성 쌍생아는 하나의 접합자(Zygote)로부터 생겨나기 때문에 서로 완전히 동일한 유전자를 지니게 된다. 일란성 쌍생아가 동일한 성격특성을 나타낸다면 이는 유전적인 영향이 미쳤다고 볼 수 있는 것이다. 반면 쌍생아는 유전자가 동일한 것도 있지만, 같은 부모, 같은 가정, 같은 학교, 같은 교우관계 등 거의 유사한 환경에서 자랐기 때문에 쌍생아의 성격 특성이 유사하다고 볼 수도 있는 것이다. 따라서 쌍생아를 통해 유전의 영향을 보기 위해서는 다른 환경에서 자란 일란성 쌍생아가 유사한 특징을 보일 경우 유전의 영향에 대한 보다 확실한 증거가 될 수 있다.

39 정답 ④
④는 형식적 조작기에 대한 설명이다.

40 정답 ③
③ 사춘기에는 손 · 다리의 성장이 몸통의 성장보다 빠르다.

01	02	03	04	05	06	07	08	09	10	11	12	13	14	15	16	17	18	19	20
②	②	③	③	③	④	③	③	④	②	①	④	①	③	②	①	①	②	④	④
21	22	23	24	25	26	27	28	29	30	31	32	33	34	35	36	37	38	39	40
②	①	②	③	①	①	②	②	③	①	①	②	②	③	③	①	②	②	①	④

01 정답 ②

① 연속성 : 전 생애를 통해 연속적으로 지속되
지만 발달의 속도는 일정하지 않다.

③ 방향성 : 상부에서 하부, 중심에서 말초부위,
전체운동에서 특수운동, 미분화운동에서 분
화운동으로 진행된다.

④ 결정적 시기 : 신체발달 및 심리발달에는 발
달이 가장 용이하게 이루어지는 가장 적절한
시기가 있다.

02 정답 ②

• 사회학습의 주요 개념은 모방, 인지, 자기강
화, 자기효능감으로, 강화는 조작적 조건형성
에서 사용되는 개념이다.

• 아동이 자신의 행동에 대해서 직접적인 강화를
받지 않더라도 관찰과 모방을 통해서 학습이
이루어진다.

03 정답 ③

행동주의 학습의 원리

습관화	반사를 유발하는 소리, 광경 및 기타 자극을 반복해서 제시할 때 반사 강도가 작아지거나 또는 반사의 빈도가 줄어드는 방식으로 제시자극에 익숙해지는 과정
탈습관화	같은 자극의 반복 제시에 의해서 반응이 감소된 습관화된 자극과 지각적으로 변별이 가능한 새로운 자극을 제시했을 때 반응행동으로서 반사 강도나 빈도가 회복되는 것
역조건형성	부적응적인 조건형성을 없애는 치료적 방법으로서 자연적으로 조건형성이 소멸되는 소거와는 다름
일반화	조건 자극에 대한 조건반응으로서, 유사한 다른 자극에도 반응을 일으키는 것

04 정답 ③

에릭슨의 심리사회적 발달단계

• 유아기(출생~18개월) : 신뢰감 대 불신감

• 초기 아동기(18개월~3세) : 자율성 대 수치심
· 회의

• 학령전기 또는 유희기(3~5세) : 주도성 대 죄
의식

• 학령기(5~12세) : 근면성 대 열등감

• 청소년기(12~20세) : 자아정체감 대 정체감
혼란

• 성인 초기(20~24세) : 친밀감 대 고립감

• 성인기(24~65세) : 생산성 대 침체성

• 노년기(65세 이후) : 자아통합 대 절망감

05 **정답** ③

③ 브룩스에 의하면, 문화적으로 실조된 아동이
란 마땅히 지녀야 할 풍부한 경험들로부터 유
리된 아동을 말한다. 이와 같은 유리현상은
그의 가정환경의 지적 자원이 빈약한 것 또는
그의 주위 연장자들의 문맹, 무관심 혹은 그
의 지역사회 전반의 풍토에 기인한다.

06 **정답** ④

④는 종단적 연구에 대한 설명이다.

07 **정답** ③

아동을 둘러싼 여러 체계

미시체계	• 환경의 가장 안쪽에 있는 층 • 아동과 상호작용하거나 아동이 활동하는 직접적인 환경(가족, 또래)
중간체계	• 환경의 두 번째 층 • 두 가지 이상의 미시체계들 간의 상호작용 • 가정, 형제관계, 부모와 교사 간 관계, 또래 친구, 이웃, 보육기관 등
외체계	아동을 직접 포함하지 않으나 아동의 경험에 영향을 미치는 사회적 상황 예 부모의 취업, 정부기관의 정책, 아동센터, 대중매체의 영향
거시체계	• 개인의 생활에 직접적으로 개입하지는 않지만 간접적으로도 강한 영향력을 발휘하며 하위체계에 대한 지지기반과 가치 준거의 틀을 제공 • 사회의 문화적 가치나 규범, 신념, 태도, 전통, 관습, 법률 등
시간체계	시간경과에 따른 사람과 환경의 변화

08 **정답** ③

실재론	마음의 생각이 실제로도 존재한다는 믿음을 가짐
중심화	여러 요소들이 관련되어 있음에도 불구하고 한 요소만을 고려하는 성향. 외양적 지각적 특성에만 의존
상징놀이	물리적으로 존재하지 않는 것으로, 아이의 내적인 표상에 따라 대상을 만들고 놀이를 하는 것
자기 중심성	전조작기의 가장 큰 특징으로, 상대방을 고려하지 않고 대화하는 자기중심적 언어와도 관계가 있음

09 **정답** ④

④ 복합요인설은 길포드가 주장한 것으로 지능
구조를 3차원적 입체모형(내용의 차원, 조작
의 차원, 결과의 차원)으로 설명한 것이다.
스피어만은 일반요인(G요인), 특수요인(S요
인)의 2요인설을 주장하였다.

10 **정답** ②

보존개념
• 수, 길이, 넓이, 부피 등을 차례나 형태를 바꾸
어 여러 방법으로 보여주어도 그것이 변하지
않는다는 것을 인식하는 개념이다.
• 이러한 보존개념은 전조작기에서부터 어렴풋
이 이해되기 시작하여 구체적 조작기에 이르러
확립된다.

11 **정답** ①

② 도식 : 사물이나 사건에 대한 전체적인 윤곽
또는 지각의 틀
③ 동화 : 자신이 이미 가지고 있는 도식이나 행
동양식에 맞춰가는 인지과정
④ 조직화 : 유기체가 현재 가지고 있는 도식을
새롭고, 더욱 복잡한 도식으로 변화시키는 것

12 정답 ④

공격성의 유형

우연적	놀이를 하면서 종종 아무 생각 없이 타인을 해칠 수 있는 행동을 의미한다.
표현적	우연히 다른사람을 다치게 하거나 권리를 방해함으로써 즐거움을 찾는 것으로 분노, 적대감정, 좌절을 수반하지 않는다.
도구적	어떤 목적을 달성하기 위해 또는 아동이 자신이 원하는 것과 자신의 소유물이라고 여기는 것을 지키기 위해 노력할 때, 누군가를 해치려는 의도가 없이 나타난다.
적의적	도구적 공격과 달리 타인에게 고통이나 해를 가하는 자체가 목적이다.

13 정답 ①

① 법과 질서에 의한 도덕성은 인습적 수준에 해당한다.

콜버그의 도덕성 발달단계

전인습적 수준	제1단계	벌과 강제에 의한 도덕성 기준(힘)
	제2단계	욕구충족수단으로서 도덕성 기준(자신의 욕구 충족)
인습적 수준	제3단계	대인관계 유지를 위한 도덕성 기준(원만한 대인관계 유지)
	제4단계	법과 질서에 의한 도덕성 기준(법과 질서)
후인습적 수준	제5단계	사회계약으로서의 도덕성 기준(다수)
	제6단계	보편적 도덕원리 기준(생명존중, 인간존엄성, 절대적 자유, 절대적 평등)

14 정답 ③

③은 인지가 학습에 선행한다는 피아제의 이론에 해당한다.

15 정답 ②

① 역할수행기술 : 다른 사람의 입장에서 그 사람의 생각, 행동, 감정을 이해하는 것으로 상대방이 도움이 필요하다는 것을 알 수 있는 것을 의미한다.

③ 친사회적 행동 : 다른 사람과의 관계에 있어서 사회적으로 바람직한 행동으로서 나누기, 돕기, 협조하기, 위로하기, 보살피기 등의 행동을 의미한다.

④ 사회적 참조 : 영아들이 엄마가 미소를 지으면 주변에 있는 낯선 장난감에 다가가서 놀지만, 엄마가 찡그리면 낯선 장난감에 다가가지 않는다. 이처럼 애매한 상황의 의미를 알기 위해서 다른 사람들의 정서적 반응을 활용하는 현상을 말한다.

16 정답 ①

② 과소확장 : 어떤 단어를 그 단어의 실제 의미가 허용하는 것보다 더 적은 범위의 지시물에 적용하여 사용하는 것을 말한다.

③ 과잉조정 현상 : 과거형을 만들 때 모든 문장에 같은 형태를 추가하며 불규칙 동사를 활용하지 못한다.

④ 과잉일반화 현상 : 일반적으로 복수형을 만들 때 오류가 나타난다.

17 정답 ①

① 인간의 자극에 대한 수동적·반응적 행동에 몰두하는 블로프의 고전적 조건형성과 달리 스키너의 조작적 조건형성은 인간이 환경의 자극에 능동적으로 반응하여 나타내는 행동인 조작적 행동을 설명한다.

18 정답 ②

② 관찰학습의 과정은 '주의집중과정 → 보존과정 → 운동재생과정 → 동기화과정'으로 이어진다.

주의집중과정	모델의 행동에 주의를 집중한다.
보존과정	모방한 행동을 상징적 형태로 기억 속에 담아둔다.
운동재생과정	모델을 모방하기 위해 심상 및 언어로 기호화된 표상을 외형적인 행동으로 전환한다.
동기화과정	강화가 학습된 행동의 수행가능성을 높인다는 사실을 입증한다.

19 정답 ④

① 민감기 : 특정한 능력이 발달하는 최적의 시기로 아동은 이 시기에 특정 환경의 자극에 대하여 더 민감하게 반응한다.
② 반응범위 : 개인이 갖고 있는 유전형이 표현형으로 나타날 때 개개인의 경험에 따라 달라질 수 있다는 개념을 말한다.
③ 성숙 : 경험, 훈련 등의 환경보다 나이 드는 과정의 결과로 유전적 특성에 의해 이루어지는 신체적·심리적 변화를 말한다.

20 정답 ④

④ 실재적 지능은 문화적 요인이 영향을 미치므로 결정성 지능과 마찬가지로 연령이 증가하더라도 감소하지 않는다.

21 정답 ②

② 혼란애착은 불안정애착의 가장 심한 형태로, 회피애착과 저항애착이 혼합된 유형이다. 혼란애착 유아는 어머니와 함께 있거나 어머니와 떨어져 있어도 어머니에게 굳은 표정을 보이고, 어머니가 안아주어도 다른 곳을 쳐다보는 등 혼란스럽고 모순된 행동을 보인다. 이런 유형의 유아는 다른 사람과의 관계에 있어서도 적대적 또는 거부적 반응을 나타내 보인다.

22 정답 ①

① 발달은 구조상 대칭적이더라도 기능상 약간 불균형을 이루어서 어느 한 쪽이 우세한 경우 오히려 더욱 기능적이다(기능적 비대칭의 원리).
② 개별적 성숙의 원리
③ 발달 방향의 원리
④ 자기규제의 원리

23 정답 ②

② 다운증후군은 몽고증이라고도 하며, 염색체의 이상으로 생긴다. 대부분(약 95%)은 21번째 염색체가 3개(정상은 2개) 있어서 전체가 47개(정상은 46개)로 되어 있는 기형이다. 흔히 나이가 많은 초산부(35세 이상)에게서 이런 아이가 태어나며 600~700명 중 1명 꼴로 있다.
① 터너증후군은 성염색체 이상으로 X 염색체가 1개이며, 전체 염색체 수가 45개이다. 외견상 여성이지만 2차적 성적 발달이 나타나지 않는다.
③ 아스퍼거증후군은 지적수준이나 언어적 발달은 정상적이나 의사소통과 사회적 상호작용에 심각한 어려움을 나타내는 장애이다.
④ 클라인펠터증후군은 성염색체가 XXY, XXXY 등의 여러 가지 이상한 형태를 나타낸다. 남성염색체가 있음에도 불구하고 유방이 발달하는 등 여성의 신체적 특성을 보인다.

24 정답 ③

③ 학령전기에는 아직 기초적인 수준에서 가족과 사회의 도덕적인 규칙을 내면화하는 단계이다.

25 정답 ①

마샤의 청소년 정체감이론

정체감 성취	자아정체감의 위기를 성공적으로 극복하여 신념, 직업, 정치적 견해 등에 대해 스스로 의사결정을 할 수 있는 상태를 말한다.
정체감 유예	현재 정체감 위기의 상태에 있으면서 자아정체감 형성을 위해 다양한 역할, 신념, 행동 등을 실험하고 있으나 의사결정을 내리지 못한 상태를 말한다.
정체감 유실	자신의 신념, 직업선택 등의 중요한 의사결정에 앞서 수많은 대안에 대하여 생각해 보지 못하고, 부모나 다른 사람의 역할모델의 가치나 기대 등을 그대로 수용하여 그들과 비슷한 선택을 하는 경우를 말한다.
정체감 혼란 (혼미)	자아에 대해 안정되고 통합적인 견해를 갖는데 실패한 상태를 말한다. 이는 위기를 경험하지 않았고 직업이나 이념 선택에 대한 의사결정을 하지 않을 뿐만 아니라 이러한 문제에 관심도 없다.

26 정답 ①

① 신체 몰두 대 신체 초월은 펙(Peck)이 제시한 노년기의 발달과업에 해당한다.

27 정답 ①

② 발달은 일정한 순서에 따른다.
③ 발달은 개인차가 존재한다.
④ 발달은 전 생애에 걸쳐 이루어진다.

28 정답 ②

나. 발달의 속도는 일정하지 않다.
마. 발달은 성숙·학습에 의존한다.

29 정답 ③

Erikson의 심리사회적 발달단계
성인 초기 : 친밀감 vs 고립감

30 정답 ①

조형(Shaping)은 학습하기 원하는 행동이나 기술을 습득시키기 위해 사용하는 방법으로, 원하는 행동에 근접해 갈수록 이를 계속해서 강화하는 조작적 조건형성 방법이다.

31 정답 ①

피아제의 이론은 인지적 기능을 중시하여 사회환경의 역할에 대하여 과소평가하는 경향이 있다.

32 정답 ④

실제적 발달수준은 혼자서 과제를 처리할 수 있는 수준을 의미한다.

33 정답 ①

관찰법은 실험할 수 없는 현상에 대하여 취할 수 있는 과학적 방법으로 보기의 사례를 연구하는 데 가장 적합하다.

34 정답 ③

자아중심성을 주된 특징으로 한다.

35 정답 ③

보기의 내용은 비고츠키이론의 주요 개념 중 비계설정에 대한 설명이다.

36 정답 ①

할로우(Harlow)의 가짜 엄마 원숭이 실험에 대한 내용으로, 새끼 원숭이는 대부분의 시간을 먹이가 제공되는 철사 엄마 원숭이보다, 먹이가 제공되지 않는 헝겊 엄마 원숭이와 보냈다.

37 정답 ②

까다로운 기질과 성장 후의 문제행동은 유의미한 관계가 있다.

38 정답 ②

가드너는 인간의 지능을 언어지능, 논리–수학지능, 공간지능, 신체–운동지능, 음악지능, 대인관계지능, 개인 내적 지능의 7가지로 구분하였다.

39 정답 ①

개인차 연구는 개인이 지닌 특성을 연구하기 위해 사용된다.

40 정답 ④

아동은 동일시, 관찰·모방, 보상과 처벌 등을 통하여 사회화된다.

SD에듀와 함께, 합격을 향해 떠나는 여행

독학학위제 2단계 전공기초과정인정시험 답안지(객관식)

컴퓨터용 사인펜만 사용

★ 수험생은 수험번호와 응시과목 코드번호를 표기(마킹)한 후 일치여부를 반드시 확인할 것.

전공분야

성 명

수 험 번 호

(1) 2 — —

(2) ① ● ③ ④

과목코드	응시과목
	1 ① ② ③ ④ 21 ① ② ③ ④
	2 ① ② ③ ④ 22 ① ② ③ ④
	3 ① ② ③ ④ 23 ① ② ③ ④
	4 ① ② ③ ④ 24 ① ② ③ ④
교시코드	5 ① ② ③ ④ 25 ① ② ③ ④
	6 ① ② ③ ④ 26 ① ② ③ ④
	7 ① ② ③ ④ 27 ① ② ③ ④
	8 ① ② ③ ④ 28 ① ② ③ ④
	9 ① ② ③ ④ 29 ① ② ③ ④
	10 ① ② ③ ④ 30 ① ② ③ ④
	11 ① ② ③ ④ 31 ① ② ③ ④
	12 ① ② ③ ④ 32 ① ② ③ ④
	13 ① ② ③ ④ 33 ① ② ③ ④
	14 ① ② ③ ④ 34 ① ② ③ ④
	15 ① ② ③ ④ 35 ① ② ③ ④
	16 ① ② ③ ④ 36 ① ② ③ ④
	17 ① ② ③ ④ 37 ① ② ③ ④
	18 ① ② ③ ④ 38 ① ② ③ ④
	19 ① ② ③ ④ 39 ① ② ③ ④
	20 ① ② ③ ④ 40 ① ② ③ ④

답안지 작성 시 유의사항

1. 답안지는 반드시 컴퓨터용 사인펜을 사용하여 다음 보기와 같이 표기할 것.
   보기 잘된 표기: ●
   잘못된 표기: ⓥ ⊗ ① ◐ ◑ ○ ●
2. 수험번호 (1)에는 아라비아 숫자로 쓰고, (2)에는 "●"와 같이 표기할 것.
3. 과목코드는 해당과목의 코드번호를 찾아 표기하고,
   응시과목란에는 응시과목명을 한글로 기재할 것.
4. 교시코드는 문제지 전면 의 교시를 해당란에 "●"와 같이 표기할 것.
5. 한번 표기한 답은 긁거나 수정액 및 스티커 등 어떠한 방법으로도 고쳐서는
   아니되고, 고친 문항은 "0"점 처리함.

[이 답안지는 마킹연습용 모의답안지입니다.]

컴퓨터용 사인펜만 사용

전공분야

성 명

응시자수

관리번호

(연번)

※ 감독관 확인란

(인)

과목코드	응시과목
	1 ① ② ③ ④ 21 ① ② ③ ④
	2 ① ② ③ ④ 22 ① ② ③ ④
	3 ① ② ③ ④ 23 ① ② ③ ④
	4 ① ② ③ ④ 24 ① ② ③ ④
교시코드	5 ① ② ③ ④ 25 ① ② ③ ④
	6 ① ② ③ ④ 26 ① ② ③ ④
	7 ① ② ③ ④ 27 ① ② ③ ④
	8 ① ② ③ ④ 28 ① ② ③ ④
	9 ① ② ③ ④ 29 ① ② ③ ④
	10 ① ② ③ ④ 30 ① ② ③ ④
	11 ① ② ③ ④ 31 ① ② ③ ④
	12 ① ② ③ ④ 32 ① ② ③ ④
	13 ① ② ③ ④ 33 ① ② ③ ④
	14 ① ② ③ ④ 34 ① ② ③ ④
	15 ① ② ③ ④ 35 ① ② ③ ④
	16 ① ② ③ ④ 36 ① ② ③ ④
	17 ① ② ③ ④ 37 ① ② ③ ④
	18 ① ② ③ ④ 38 ① ② ③ ④
	19 ① ② ③ ④ 39 ① ② ③ ④
	20 ① ② ③ ④ 40 ① ② ③ ④

독학학위제 2단계 전공기초과정인정시험 답안지(객관식)

컴퓨터용 사인펜만 사용

★ 수험생은 수험번호와 응시과목 코드번호를 표기(마킹)한 후 일치여부를 반드시 확인할 것.

전공분야

성명

수험번호

응시과목

과목코드

교시코드

답안지 작성시 유의사항

1. 답안지는 반드시 컴퓨터용 사인펜을 사용하여 다음 보기와 같이 표기할 것.
   보기) 잘된표기: ● 잘못된 표기: ⊘ ⊗ ⊙ ◑ ○ ○ ●
2. 수험번호 (1)에는 아라비아 숫자로 쓰고, (2)에는 "●"와 같이 표기할 것.
3. 과목코드는 뒷면 "과목코드번호"를 보고 해당과목의 코드번호를 찾아 표기하고,
   응시과목란에는 응시과목명을 한글로 기재할 것.
4. 교시코드는 문제지 전면의 교시를 해당란에 "●"와 같이 표기할 것.
5. 한번 표기한 답은 긁거나 수정액 및 스티커 등 어떠한 방법으로도 고쳐서는
   아니되고, 고친 문항은 "0"점 처리함.

※ 감독관 확인란

(인)

관 리 번 호 (연번)

(응시자수)

[이 답안지는 마킹연습용 모의답안지입니다.]

절취선

독학학위제 2단계 전공기초과정인정시험 답안지(객관식)

★ 수험생은 수험번호와 응시과목 코드번호를 표기(마킹)한 후 일치여부를 반드시 확인할 것.

전공분야

성 명

수 험 번 호								
(1)								
2	-	-		-				
(2)								
①	①	①		①	①		①	①
②	②	②		②	②		②	②
③	③	③		③	③		③	③
●	④	④		④	④		④	④
	⑤	⑤		⑤	⑤		⑤	⑤
	⑥	⑥		⑥	⑥		⑥	⑥
	⑦	⑦		⑦	⑦		⑦	⑦
	⑧	⑧		⑧	⑧		⑧	⑧
	⑨	⑨		⑨	⑨		⑨	⑨
	⑩	⑩		⑩	⑩		⑩	⑩

※ 감독관 확인란

(인)

관 리 번 호
(연번)
(응시자수)

답안지 작성시 유의사항

1. 답안지는 반드시 컴퓨터용 사인펜을 사용하여 다음 [보기]와 같이 표기할 것.
   [보기] 잘된 표기: ● 잘못된 표기: ⊗ ⊘ ⊙ ◑ ◐ ◎
2. 수험번호 (1)에는 아라비아 숫자로 쓰고, (2)에는 "●"와 같이 표기할 것.
3. 과목코드는 뒷면 "과목코드번호"를 보고 해당과목의 코드번호를 찾아 표기하고,
   응시과목란에는 응시과목명을 한글로 기재할 것.
4. 교시코드는 문제지 전면 의 교시를 해당란에 "●"와 같이 표기할 것.
5. 한번 표기한 답은 긁거나 수정액 및 스티커 등 어떠한 방법으로도 고쳐서는
   아니되고, 고친 문항은 "0"점 처리함.

과목코드

교시코드		응시과목				
① ②	①	1	①	②	③	④
② ②	②	2	①	②	③	④
③ ③	③	3	①	②	③	④
④ ④	④	4	①	②	③	④
	⑤	5	①	②	③	④
	⑥	6	①	②	③	④
	⑦	7	①	②	③	④
	⑧	8	①	②	③	④
	⑨	9	①	②	③	④
	⑩	10	①	②	③	④
		11	①	②	③	④
		12	①	②	③	④
		13	①	②	③	④
		14	①	②	③	④
		15	①	②	③	④
		16	①	②	③	④
		17	①	②	③	④
		18	①	②	③	④
		19	①	②	③	④
		20	①	②	③	④
		21	①	②	③	④
		22	①	②	③	④
		23	①	②	③	④
		24	①	②	③	④
		25	①	②	③	④
		26	①	②	③	④
		27	①	②	③	④
		28	①	②	③	④
		29	①	②	③	④
		30	①	②	③	④
		31	①	②	③	④
		32	①	②	③	④
		33	①	②	③	④
		34	①	②	③	④
		35	①	②	③	④
		36	①	②	③	④
		37	①	②	③	④
		38	①	②	③	④
		39	①	②	③	④
		40	①	②	③	④

과목코드

교시코드		응시과목				
① ②	①	1	①	②	③	④
② ②	②	2	①	②	③	④
③ ③	③	3	①	②	③	④
④ ④	④	4	①	②	③	④
	⑤	5	①	②	③	④
	⑥	6	①	②	③	④
	⑦	7	①	②	③	④
	⑧	8	①	②	③	④
	⑨	9	①	②	③	④
	⑩	10	①	②	③	④
		11	①	②	③	④
		12	①	②	③	④
		13	①	②	③	④
		14	①	②	③	④
		15	①	②	③	④
		16	①	②	③	④
		17	①	②	③	④
		18	①	②	③	④
		19	①	②	③	④
		20	①	②	③	④
		21	①	②	③	④
		22	①	②	③	④
		23	①	②	③	④
		24	①	②	③	④
		25	①	②	③	④
		26	①	②	③	④
		27	①	②	③	④
		28	①	②	③	④
		29	①	②	③	④
		30	①	②	③	④
		31	①	②	③	④
		32	①	②	③	④
		33	①	②	③	④
		34	①	②	③	④
		35	①	②	③	④
		36	①	②	③	④
		37	①	②	③	④
		38	①	②	③	④
		39	①	②	③	④
		40	①	②	③	④

절취선

독학학위제 2단계 전공기초과정인정시험 답안지(객관식)

컴퓨터용 사인펜만 사용

★ 수험생은 수험번호와 응시과목 코드번호를 반드시 확인할 것.

전공분야

성명

과목코드

응시과목

응시과목						응시과목					
1	①	②	③	④		21	①	②	③	④
2	①	②	③	④		22	①	②	③	④
3	①	②	③	④		23	①	②	③	④
4	①	②	③	④		24	①	②	③	④
5	①	②	③	④		25	①	②	③	④
6	①	②	③	④		26	①	②	③	④
7	①	②	③	④		27	①	②	③	④
8	①	②	③	④		28	①	②	③	④
9	①	②	③	④		29	①	②	③	④
10	①	②	③	④		30	①	②	③	④
11	①	②	③	④		31	①	②	③	④
12	①	②	③	④		32	①	②	③	④
13	①	②	③	④		33	①	②	③	④
14	①	②	③	④		34	①	②	③	④
15	①	②	③	④		35	①	②	③	④
16	①	②	③	④		36	①	②	③	④
17	①	②	③	④		37	①	②	③	④
18	①	②	③	④		38	①	②	③	④
19	①	②	③	④		39	①	②	③	④
20	①	②	③	④		40	①	②	③	④

교시코드 ① ② ③ ④

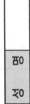

※ 감독관 확인란 (인)

관리번호 (응시자수) (연번)

답안지 작성시 유의사항

1. 답안지는 반드시 컴퓨터용 사인펜을 사용하여 다음 보기와 같이 표기할 것.
   보기 잘 된 표기: ●
   잘못된 표기: ⊗ ⊗ ⊙ ● ○ ○

2. 수험번호 (1)에는 아라비아 숫자로 쓰고, (2)에는 "●"와 같이 표기할 것.

3. 과목코드는 뒷면 "과목코드번호"를 보고 해당과목의 코드번호를 찾아 표기하고, 응시과목란에는 응시과목명을 한글로 기재할 것.

4. 교시코드는 문제지 전면 의 교시를 해당란에 "●"와 같이 표기할 것.

5. 한번 표기한 답은 긁거나 수정액 및 스티커 등 어떠한 방법으로도 고쳐서는 아니되고, 고친 문항은 "0"점 처리됨.

[이 답안지는 마킹연습용 모의답안지입니다.]

절취선

독학학위제 2단계 전공기초과정인정시험 답안지(객관식)

★ 수험생은 수험번호와 응시과목 코드번호를 표기(마킹)한 후 일치여부를 반드시 확인할 것.

전공분야

성명

(1) 2

(2) ④ ③ ● ①

수험번호

※ 감독관 확인란

(인)

관 리 번 호

(연번)

(응시자수)

과목코드 / 응시과목

교시코드	응시과목
① ② ③ ④	1 ① ② ③ ④ 21 ① ② ③ ④
	2 ① ② ③ ④ 22 ① ② ③ ④
	3 ① ② ③ ④ 23 ① ② ③ ④
	4 ① ② ③ ④ 24 ① ② ③ ④
	5 ① ② ③ ④ 25 ① ② ③ ④
	6 ① ② ③ ④ 26 ① ② ③ ④
	7 ① ② ③ ④ 27 ① ② ③ ④
	8 ① ② ③ ④ 28 ① ② ③ ④
	9 ① ② ③ ④ 29 ① ② ③ ④
	10 ① ② ③ ④ 30 ① ② ③ ④
	11 ① ② ③ ④ 31 ① ② ③ ④
	12 ① ② ③ ④ 32 ① ② ③ ④
	13 ① ② ③ ④ 33 ① ② ③ ④
	14 ① ② ③ ④ 34 ① ② ③ ④
	15 ① ② ③ ④ 35 ① ② ③ ④
	16 ① ② ③ ④ 36 ① ② ③ ④
	17 ① ② ③ ④ 37 ① ② ③ ④
	18 ① ② ③ ④ 38 ① ② ③ ④
	19 ① ② ③ ④ 39 ① ② ③ ④
	20 ① ② ③ ④ 40 ① ② ③ ④

답안지 작성시 유의사항

1. 답안지는 반드시 컴퓨터용 사인펜을 사용하여 다음 [예]와 같이 표기할 것.
   [예] 잘된표기: ●   잘못된표기: ⊗ ⊖ ① ⊘ ◑ ◐ ○ ◓
2. 수험번호 (1)에는 아라비아 숫자로 쓰고, (2)에는 " ● "와 같이 표기할 것.
3. 과목코드는 뒷면 "과목코드번호"를 보고 해당과목의 코드번호를 찾아 표기하고,
   응시과목란에는 응시과목명을 한글로 기재할 것.
4. 교시코드는 문제지 전면 의 교시를 해당란에 " ● "와 같이 표기할 것.
5. 한번 표기한 답은 긁거나 수정액 및 스티커 등 어떠한 방법으로도 고쳐서는
   아니되고, 고친 문항은 "0"점 처리함.

[이 답안지는 마킹연습용 모의답안지입니다.]

독학학위제 2단계 전공기초과정인정시험 답안지(객관식)

컴퓨터용 사인펜만 사용

★ 수험생은 수험번호와 응시과목 코드번호를 표기(마킹)한 후 일치여부를 반드시 확인할 것.

전공분야	
성명	

수험번호

(1) 2 - ① ● ③ ④

(2)

응시과목

과목코드	응시과목
	1 ① ② ③ ④
	2 ① ② ③ ④
	3 ① ② ③ ④
	4 ① ② ③ ④
	5 ① ② ③ ④
	6 ① ② ③ ④
	7 ① ② ③ ④
	8 ① ② ③ ④
	9 ① ② ③ ④
	10 ① ② ③ ④
	11 ① ② ③ ④
	12 ① ② ③ ④
	13 ① ② ③ ④
	14 ① ② ③ ④
	15 ① ② ③ ④
	16 ① ② ③ ④
	17 ① ② ③ ④
	18 ① ② ③ ④
	19 ① ② ③ ④
	20 ① ② ③ ④

21 ① ② ③ ④
22 ① ② ③ ④
23 ① ② ③ ④
24 ① ② ③ ④
25 ① ② ③ ④
26 ① ② ③ ④
27 ① ② ③ ④
28 ① ② ③ ④
29 ① ② ③ ④
30 ① ② ③ ④
31 ① ② ③ ④
32 ① ② ③ ④
33 ① ② ③ ④
34 ① ② ③ ④
35 ① ② ③ ④
36 ① ② ③ ④
37 ① ② ③ ④
38 ① ② ③ ④
39 ① ② ③ ④
40 ① ② ③ ④

교시코드 ① ② ③ ④

답안지 작성시 유의사항

1. 답안지는 반드시 컴퓨터용 사인펜을 사용하여 다음 보기와 같이 표기할 것.
   보기 잘된표기: ● 잘못된표기: ⊗ ⊗ ⊙ ◑ ◐ ●
2. 수험번호 (1)에는 아라비아 숫자로 쓰고, (2)에는 "● "와 같이 표기할 것.
3. 과목코드는 "과목코드번호"를 보고 해당과목의 코드번호를 찾아 표기하고, 응시과목란에는 응시과목명을 한글로 기재할 것.
4. 교시코드는 문제지 전면 의 교시를 해당란에 "● "와 같이 표기할 것.
5. 한번 표기한 답은 긁거나 수정액 및 스티커 등 어떠한 방법으로도 고쳐서는 아니되고, 고친 문항은 "0"점 처리함.

※ 감독관 확인란	
	(인)

관 리 번 호	
(연번)	(응시자수)

절취선

SD에듀 독학사 심리학과 2단계 발달심리학

개정6판1쇄 발행	2024년 02월 07일 (인쇄 2023년 12월 15일)
초 판 발 행	2017년 02월 10일 (인쇄 2017년 01월 12일)
발 행 인	박영일
책 임 편 집	이해욱
편 저	독학학위연구소
편 집 진 행	송영진 · 김다련
표지디자인	박종우
편집디자인	김기화 · 윤준호
발 행 처	(주)시대고시기획
출 판 등 록	제10-1521호
주 소	서울시 마포구 큰우물로 75 [도화동 538 성지 B/D] 9F
전 화	1600-3600
팩 스	02-701-8823
홈 페 이 지	www.sdedu.co.kr
I S B N	979-11-383-4780-8 (13180)
정 가	27,000원